MARC CHAGALL
1908-1985

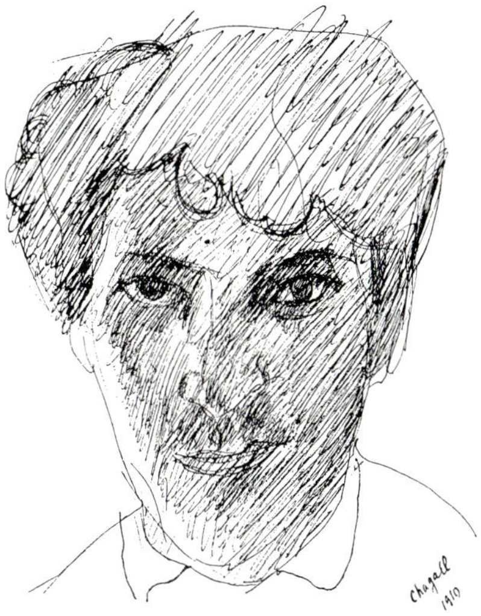

Ferrara, Palazzo dei Diamanti
20 Settembre 1992 - 3 Gennaio 1993

Comune di Ferrara

La mostra è stata resa possibile dalla collaborazione di

CASSA DI RISPARMIO DI FERRARA® S.p.A.

COMITATO FERRARA ARTE
Comune di Ferrara
Amministrazione Provinciale di Ferrara

La mostra
è posta sotto l'Alto Patronato del
Presidente della Repubblica
Oscar Luigi Scalfaro

Il Comitato Ferrara Arte desidera esprimere la propria riconoscenza
e il proprio ringraziamento alle Personalità
che hanno reso possibile questa esposizione

Madame Ida Chagall

Jack Lang
Ministro della Cultura di Francia

Evgenij Jur'evič Sidorov
Ministro della Cultura della Federazione di Russia

Alberto Ronchey
Ministro dei Beni Culturali e Ambientali

Philippe Cuvillier
Ambasciatore di Francia in Italia

Anatolij Leonidovič Adamiscin
Ambasciatore della Federazione di Russia in Italia

Jacques Sallois
Direttore dei Musei di Francia

Dominique Bozo
Presidente del Centre d'Art et de Culture
Georges Pompidou

Viera Aleksandrovna Lebedeva
Direttrice del Dipartimento Musei
Ministero della Cultura della Federazione di Russia

Francesco Sisinni
Direttore Generale del Ministero per i Beni Culturali e Ambientali

Andrea Emiliani
Soprintendente ai Beni Artistici e Storici
di Bologna, Ferrara, Ravenna e Forlì

Un ringraziamento particolare a Silvio Carletti,
Presidente della Cassa di Risparmio di Ferrara

Il volume è stato curato e realizzato da
Artificio Srl, Firenze

Direzione editoriale
Claudia Beltramo Ceppi Zevi

Redazione, traduzioni
e coordinamento tecnico
Paolo Piazzesi s.a.s.

Progetto grafico, impaginazione e copertina
Silvia Garofoli Kihlgren

Traduzioni
Rosa Patrizia Chiriacò
Lucia Tonini Steidl
Isabella Luccarelli

Segreteria di redazione
Simona Merlino

Fotocomposizione
Linograf, Scandicci (Fi)

Fotolito
Studio Lito 69, Antella (Fi)

Montaggio - Stampa - Legatura
Amilcare Pizzi s.p.a. - arti grafiche,
Cinisello Balsamo (Mi)

ISBN 88-7813-449-X

MARC CHAGALL
1908-1985

Saggi

Sylvie Forestier, Nicoletta Misler, Dmitrij Sarab'janov, Lionello Venturi

Schede critiche e filologiche

Sylvie Forestier

Biografia dell'artista

Laura Lombardi

ARTIFICIO EDIZIONI

LEONARDO-DE LUCA EDITORI

MARC CHAGALL 1908-1985

20 Settembre 1992 - 3 Gennaio 1993
Ferrara, Palazzo dei Diamanti

COMITATO FERRARA ARTE

Comune di Ferrara
Amministrazione Provinciale di Ferrara

Coordinamento scientifico e organizzativo
Franco Farina
Direttore delle Gallerie Civiche d'Arte Moderna di Ferrara

Segreteria - Palazzo dei Diamanti di Ferrara
Elisabetta Lopresti, Nella Martelli, Lorenzo Magri, Maurizia Ghelli, Gabriella Mainardi

Immagine e comunicazione
CLP Relazioni Pubbliche - Milano

Promozione
Daniele Pironi, Barbara Celati, Saura Schiavina

Ufficio stampa
Renzo Dall'Ara, Marco Prina, Gian Pietro Testa

Allestimento
Direzione delle Gallerie Civiche d'Arte Moderna

Coordinamento
Centrovideoarte - Palazzo dei Diamanti
Lola Bonora, Carlo Ansaloni, Giovanni Grandi

Servizi didattici
Vanni Borghi, Carla Crestanello

Organizzazione e prenotazione visite
Servizi di mostra
Forum - Ferrara

Visite guidate
Associazione Guide Turistiche di Ferrara

Abbigliamento del personale di custodia
Zanolini abbigliamento - Ferrara

Guardiania
Coopservice - Ferrara

Impianti di sicurezza
Ditta Chiarati s.n.c. - Ferrara

ARTIFICIO MOSTRE

Curatore scientifico
Sylvie Forestier
Direttrice del Musée national Message Biblique Marc Chagall di Nizza

Coordinamento generale
Filippo Zevi

Segreteria di produzione
Mara Martini, Silvia Bacci, Emanuela Andreatta

Amministrazione
Tiziana Moretti

Assicurazioni
Gras Savoye, Parigi - Cabinet Diot, Parigi
Smap, Liegi

Trasporti e imballi
André Chenue et fils, Parigi - Hasenkamp, Colonia - Maertens, Bruxelles - Mat Security, Zurigo - Baumer & Model Co. Ltd., Tel Aviv - Panzironi Art Transport, Milano - Trans Container, Ferrara - MC Trasporti, Firenze

Cornici opere grafiche
Atelier Soardi, Nizza

Voli internazionali
AUSTRIAN AIRLINES

Documentazione fotografica
Gruppo 3M Italia 3M

Il Comitato Ferrara Arte, la curatrice Sylvie Forestier, gli organizzatori della mostra desiderano ringraziare tutti coloro che in modo diverso ne hanno reso possibile la realizzazione.

La mostra non sarebbe stata possibile senza l'amichevole collaborazione di Madame Ida Chagall e di sua figlia Meret Meyer, cui vanno, innanzitutto, i più caldi ringraziamenti degli organizzatori.

Si ringraziano poi per la generosa disponibilità i direttori di tutti i Musei che hanno voluto concedere in prestito opere affidate alla loro custodia. In particolare:

Germain Viatte, direttore del Musée National d'Art Moderne, Centre Georges Pompidou, Parigi;
Suzanne Pagé, direttrice del Musée National d'Art Moderne de la Ville de Paris;
Bernard Blistene, direttore dei Musées de la ville de Marseille e Olivier Cousinou, conservatore del Musée Cantini, Marsiglia;
Henry-Claude Cousseau, conservatore generale dei Musei di Francia, direttore del Musée des Beaux-Arts di Nantes;
Philippe Durey, direttore del Musée des Beaux-Arts di Lione;
Serge Lemoine, direttore del Musée de peinture et de sculpture di Grenoble;
Bernard Ceysson, direttore del Musée d'Art Moderne di Saint-Etienne e Jacques Beauffet, conservatore.
Sylvie Forestier, direttrice del Musée national Message Biblique Marc Chagall, Nizza;
Jean-Louis Prat, direttore della Fondation Marguerite et Aimé Maeght, Saint-Paul de Vence;
Françoise Safin, conservatore del Musée d'Art Moderne, Liegi.
Yona Fisher, direttore del Tel Aviv Museum of Art, e Nehama Guralnik, curatore dell'Arte moderna e contemporanea;
Annamaria Petrioli Tofani, direttrice della Galleria degli Uffizi, Firenze;
Vladimir A. Gusev, direttore e Evgenija N. Petrova, vicedirettore del Museo Statale Russo, San Pietroburgo, e Aleksandrov Timofej Germanovič, capo dipartimento relazioni esterne;
Ekaterina Vasilevna Grišina del Museo delle belle Arti, San Pietroburgo;
la direzione della Galleria Armena d'Arte, Erevan.

Un contributo rilevante e insostituibile a questa mostra è stato dato dagli attuali proprietari di opere che hanno assunto ormai un'importanza storica.
In particolare, sono presenti in mostra opere provenienti dalle collezioni di: Heinz Berggruen, Olivier Berggruen, Roberto Casamonti, Ida Chagall, Gaetano Fiorito, Fondiaria Spa, Yves Lebouc, Galleria Marescalchi, Michard Pélissier, Leslie e David Mc Neil, Galleria Enrico Navarra, Maître Prat, Clodo Righi, Alice Tériade.

Per la prima volta in Italia sono presenti opere provenienti da grandi collezioni private russe che qui di seguito elenchiamo:
E.B. Čudnovskaja, Valerij Dudakov, D.G. Efros, Zinaida Gordeeva, Vera Kozinceva, Victoria S. Sandler, Nadejda Simina.

Hanno inoltre prestato una preziosa e amichevole collaborazione nel superamento degli ostacoli che si sono posti nel corso del lungo lavoro di preparazione di questa mostra:
La soprintendenza ai Beni Artistici e Storici di Bologna e in particolare Alfonso Galdi, Caterina Caneva e la segreteria della Galleria degli Uffizi, Jean-Louis Prat, Alixia Boschetti, Catherine Aletschenkoff, Frederic Leiris e tutti i membri dello staff del Musée national Message Biblique Marc Chagall di Nizza.

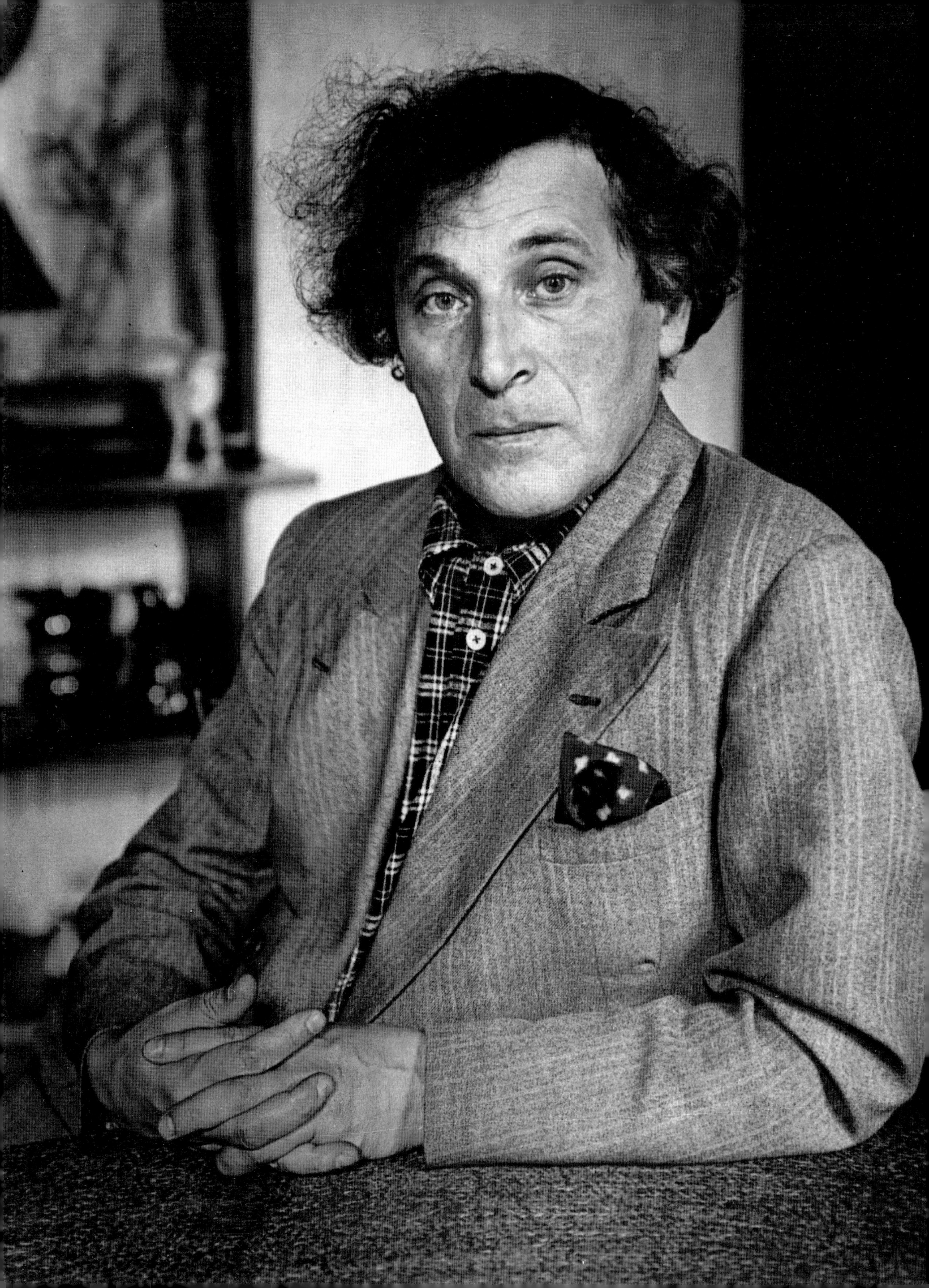

Sommario

Premessa

Non è senza soddisfazione che il Comitato Ferrara Arte presenta questa grande retrospettiva dedicata a Marc Chagall.
Il complicato lavoro preparatorio ci ha consentito di organizzare una mostra di grande completezza in omaggio a questo protagonista della cultura figurativa novecentesca, in grado di percorrerne il lunghissimo itinerario creativo dall'epoca della formazione giovanile fino agli ultimi e pur sempre fecondi anni, trascorsi nella laboriosa quiete provenzale.
Con il convinto sostegno offertoci da Madame Ida Chagall, generosa prestatrice di importanti dipinti, in molti Paesi ci sono state aperte le porte di prestigiosi musei e di collezioni private, cui spetta un doveroso ringraziamento per la disponibilità dimostrata.
Una particolare emozione ci ha destato la possibilità di esporre opere di grandissimo pregio, che per la prima volta hanno lasciato la Russia per offrirsi all'ammirazione del pubblico italiano ed europeo, consentendoci di ricostruire con una notevole ricchezza di proposte la complessità del percorso chagalliano.
Crediamo quindi che questa mostra si collochi a buon titolo nella migliore tradizione espositiva delle Gallerie Civiche di Palazzo dei Diamanti, che ormai da decenni rappresentano, a livello nazionale, un punto di riferimento importante per i cultori delle arti figurative contemporanee.
Il Comune di Ferrara e l'Amministrazione Provinciale, riunendosi nel Comitato Ferrara Arte, hanno inteso rafforzare gli effetti e la qualità del proprio impegno nel campo della cultura, in una città che ha l'ambizione di coniugare il suo straordinario patrimonio storico e artistico con la capacità di creare sempre nuovi eventi culturali, in un colloquio proficuo ed incessante con l'Europa intera.
Di questa sua vocazione, orgogliosamente coltivata da tutta la comunità locale, Ferrara ha fatto anche una risorsa preziosa per il suo sviluppo economico e sociale.
La stessa partecipe ed intelligente collaborazione con cui la Cassa di Risparmio sostiene l'attività del Comitato Ferrara Arte sottolinea quanto questo progetto sia condiviso e perseguito dalla società ferrarese nel suo insieme.
Rivolgiamo infine il nostro più vivo ringraziamento a coloro che si sono adoperati per la realizzazione di «Marc Chagall 1908-1985», ed in particolare a Madame Sylvie Forestier, che ci ha messo a disposizione la sua autorevole ed infaticabile competenza.
Confidiamo del resto che gli sforzi di tutti quanti vengano giustamente ricompensati dall'interesse e dall'apprezzamento del pubblico e della critica, che la mostra certamente merita.

Il Presidente del Comitato Ferrara Arte
Roberto Soffritti
Sindaco di Ferrara

La mostra di Marc Chagall a Ferrara

La mostra di Marc Chagall costituisce sicuramente un altro fortunato ed inseguito traguardo nella normale e continuata attività di informazione artistica che Palazzo dei Diamanti conduce da sempre con il criterio del pubblico servizio e secondo modalità che trascendono superate demagogie e falsi problemi.
Infatti, la Figura e l'Opera del Maestro russo rientrano d'autorità nel contesto di una programmazione aperta alle problematiche del contemporaneo anche per l'originale immaginario che si impone da subito per un assoluto formale entro il quale corrono evidenti ed articolate situazioni e connessioni che rispondono ad una logica, forse remota, e pertanto difficilmente indagabile. È il caso di precisare, onde evitare possibili fraintendimenti, che il rompere gli schemi tradizionali di spazio e di tempo per istituire un diverso ordine, una costruzione autonoma in grado di testimoniare in modo originale stati d'animo, emozioni e bellezza estetica, in pratica la conquista di una nuova rappresentazione coinvolgente ed affascinante, lo porta ad essere inconfondibilmente Chagall con gli innumerevoli e non gratuiti attributi che sono raccolti nella sua ricchissima bibliografia in oltre settant'anni di proficua e laboriosa attività.
Una personalità determinata che, pur aderendo idealmente alle teorie artistiche novatrici con implicazioni appena tangenziali e con riferimenti non sempre espliciti alle distinte avanguardie europee, quasi un dialogo a distanza, fino a farsi coinvolgere in situazioni esaltanti ed impegnative come la rivoluzione russa alla quale ha aderito con entusiasmo, Marc Chagall rimane un grande isolato nel contesto dell'arte contemporanea mondiale perché non omologabile a nessuna particolare corrente artistica.
L'itinerario percorso dal Maestro di Vitebsk si immerge in una pacata e spesso ironica introspezione e si mescola con portati fabulistici al proprio vissuto attraverso immagini di una realtà abitata dalla fantasia, mai totalmente disgiunta dalla memoria delle cose e dagli avvenimenti esistenziali: in pratica un vissuto organico capace di generare pulsioni ed eventi artistici vitali che focalizzano anche le problematiche di questo nostro tempo.
È bene sottolineare che Marc Chagall è sicuramente l'interprete di un universo spirituale che trascende un particolare credo tanto da esternare con efficacia estetica le lucide visioni di una estesa religiosità.
La sua poetica è in verità contrassegnata da un campionario figurativo che investe la famiglia, il paese d'origine, la vita dei contadini, i sogni ad occhi aperti della giovinezza, il circo, il rito e le tradizioni ebraiche askenazite e gli animali, figurazioni che variamente assemblate consentono letture e suggestioni diverse dove lo stupefacente impiego del colore suggerisce più minuziose letture dell'insieme, insieme determinato da un sempre nuovo ordine delle cose: in ultima analisi una gamma complessa di impressioni visive cadenzate da ritmi formali inusitati che danno luogo ad un sistema figurale che è anche filosofico e che attraverso il contingente e l'immediato vuole alludere ad una visione globale del pianeta uomo.
Una visione personale quindi, dove poesia e lirismo coesistono con passato e presente, interferendosi per costruire una dimensione pittorica alta ed altra e dove la struttura del quadro, sempre coerente negli assunti, sottolinea il fondamentale valore dell'individuo e delle sue potenzialità filtrate da una rigorosa visione estetica.
Infatti, pochi hanno avvertito, come Marc Chagall ha avvertito, l'esigenza categorica di essere se stesso affidando il proprio futuro ad una iconografia che si è modificata gradualmente nel tempo, ubbidendo e seguendo un percorso di progressivo affinamento nel mezzo pittorico.
Tutto questo ed altro ancora — il più in verità — è agevolmente riscontrabile visitando questa mostra, una rassegna rispettosa delle poetiche dichiarate dall'Artista — senza alcun dubbio la più organica ed esaustiva finora allestita in Italia.

Franco Farina
Direttore delle Civiche Gallerie
d'Arte Moderna e Contemporanea di Ferrara

REFERENZE FOTOGRAFICHE

Atelier 53, Parigi, pagg. 139 - 140 - 141 - 189
Susanne Bellmann, Enskede, pag. 196
Archivi Ida Chagall, Paris, pagg. 73 - 81 - 153 - 155 - 157 - 161 - 163 - 165 - 169 - 171 - 175
Dal catalogo *Tracing An-Sky*, Jewish collections from the State Ethnographic Museum in St. Petersburg, 1992, pagg. 39 (a sinistra e a destra) - 44
Fondation Maeght, Saint-Paul de Vence, pag. 199
Fotocine Meridionale Spa, Bari, pag. 125
Galerie Enrico Navarra, Parigi, pagg. 71 - 185 - 207; Foto Ph. Sebert: pag. 183; Foto J. Hyde: pag. 201
Galleria Tret'jakov, Mosca, pag. 35 - 68 (in basso) - 94 (a sinistra) - 110 - 244/245 (particolare) - 279
The Peggy Guggenheim Collection - Foto David Heald / Photograph © 1991, The Solomon R. Guggenheim Foundation, pag. 280
Jacqueline Hyde, pag. 137
A. Kertész © Ministère de la Culture - France, pagg. 17 - 294
David Mc Neil, Parigi, pagg. 79 - 117
Musée d'Art Moderne de la Ville de Paris © by Spadem 199 - pagg. 119 - 123 - 131 - 293 (in alto a sinistra, destra e in basso) - 295 (in basso) - 296 (in alto, al centro e in basso) - 297
Musée d'Art Moderne, Liegi, pag. 115
Musée National d'Art Moderne, Centre Georges Pompidou, Paris, pagg. 20 - 22/23 - 27 - 32 - 159 - 205 - 268/269 - 286 - 287 (in alto) - 290 - 291 (al centro); Foto Migeat, pagg. 67 - 75 - 133 - 143 - 145 - 147 - 149 - 151 - 167 - 173 - 177 - 179 - 191 - 195 - 272; Foto Bahier-Migeat, pag. 129
Musée national Message Biblique Marc Chagall, Nice, pagg. 21 (in alto) - 209 - 212 - 287 (in basso), nonché le immagini che illustrano le serie grafiche «Dafni e Cloe», «Il circo», «Poesie», «Odissea»; Foto Patric Gérin: tutte le foto in b/n che illustrano le serie grafiche «Le anime morte», «Favole», «La Bibbia»; Foto Giancarlo Botti - Sygma, pag. 298/299
Archivio fotografico Museo d'Arte Moderna Ca' Pesaro, Venezia, pag. 134 (in basso)
Fototeca del Museo Statale russo, San Pietroburgo, pagg. 69 - 77 - 83 - 87 - 85 - 89 - 93 - 95 - 97 - 99 - 101 - 103 - 105 - 106 - 107 - 109 - 111 - 113
Photo Service - Gruppo Editoriale Fabbri; Foto Loprieno, pagg. 248 - 251; Foto Bevilacqua, pag. 271
Roger-Viollet, Paris, pag. 288 (in alto); Foto Martinie-Viollet: pag. 288 (al centro); © Harlingue-Viollet: pagg. 288 (in basso) - 289; © Collection Viollet: pagg. 291 (in alto) - 295 (in alto); © Lipnitzki-Viollet: pagg. 292 (in alto a sinistra, destra e in basso)
Stedelijk Van Abbemuseum, Eindhoven, The Netherlands, pag. 247

L'editore resta a disposizione degli eventuali aventi diritto per le restanti immagini non di pubblico dominio.

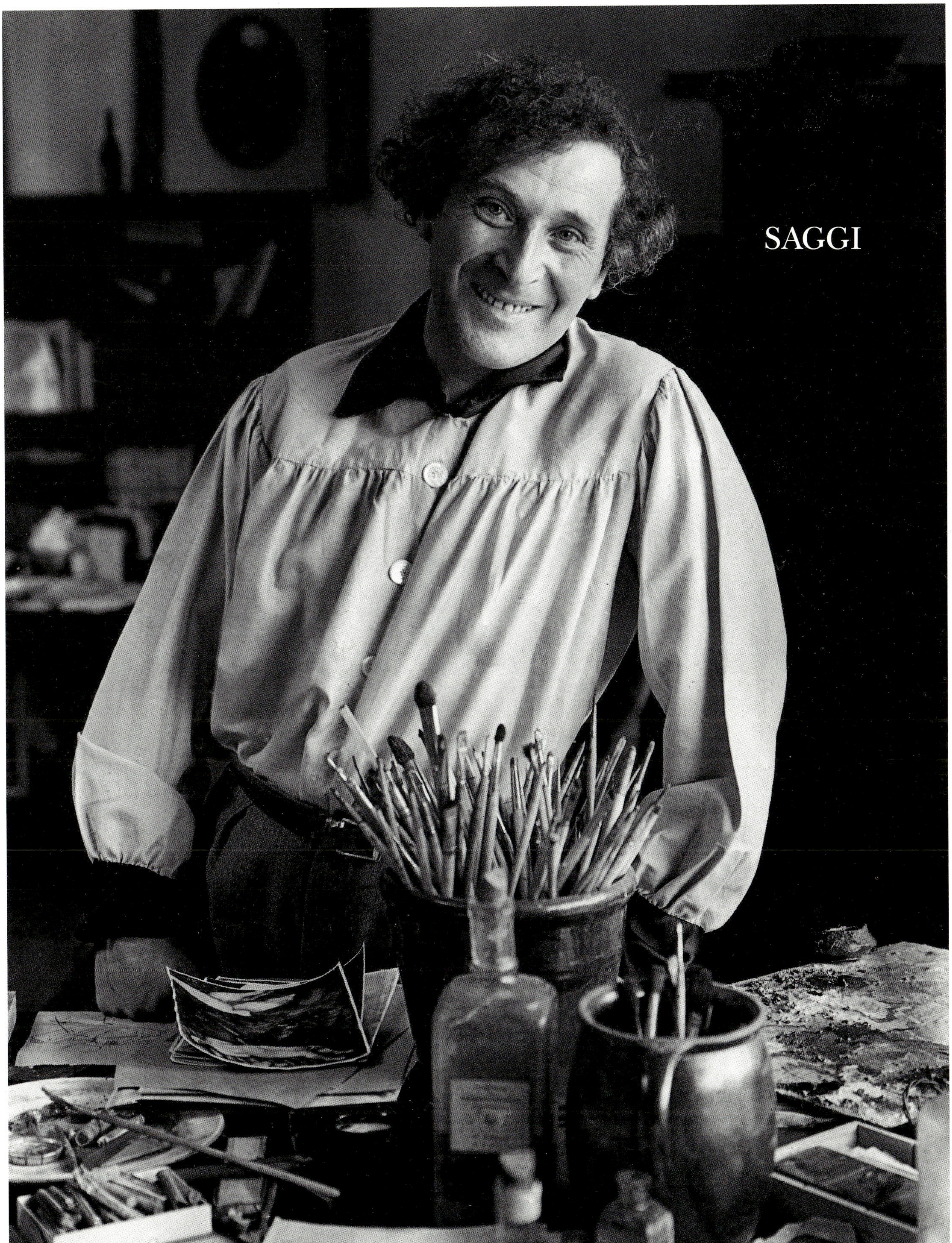

SAGGI

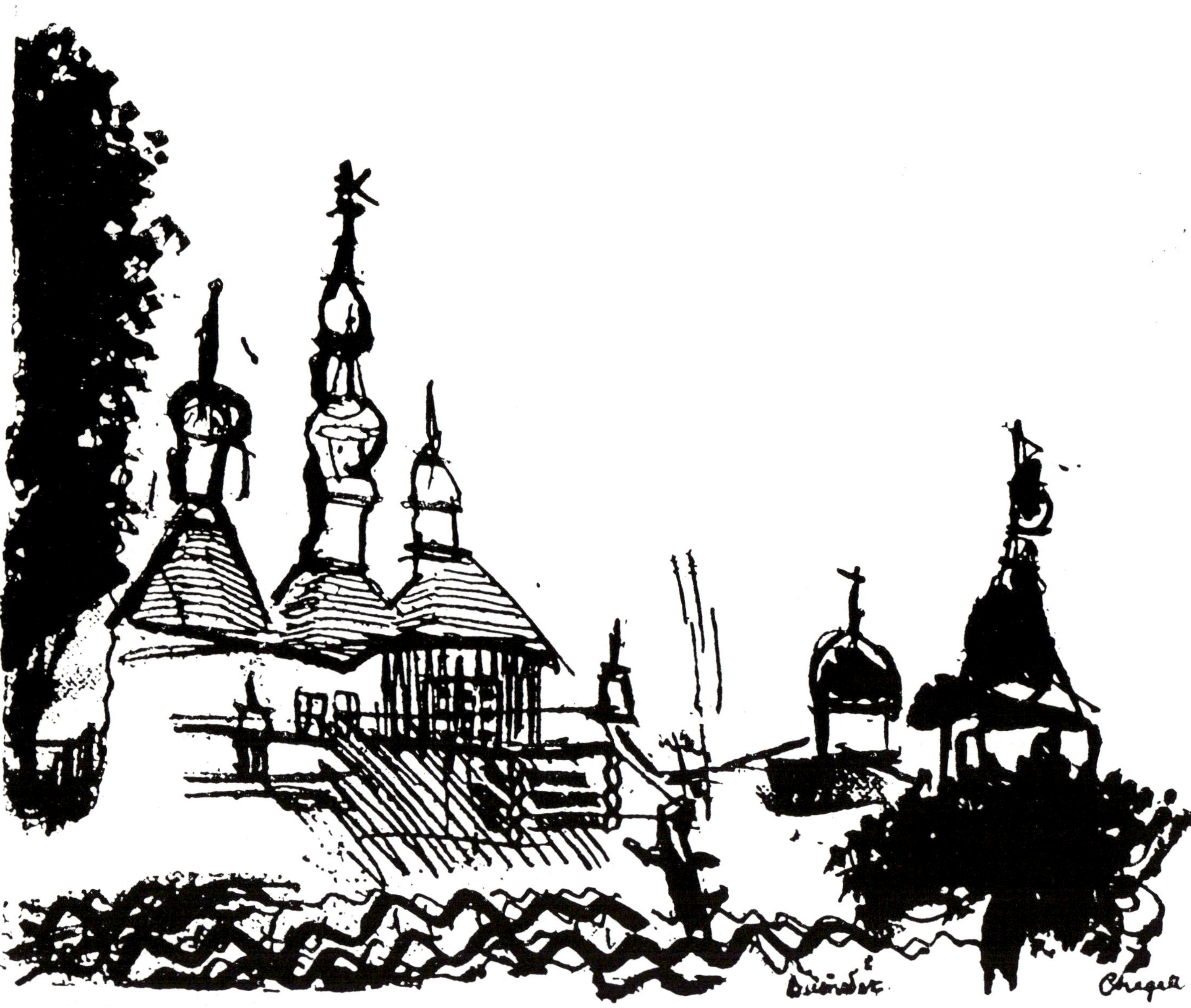

Vitebsk, *1908, disegno a penna, collezione privata. Alla pagina precedente, Marc Chagall nel suo studio parigino in una fotografia del 1933 di Andrej Kertesz*

Il paese che sta nella mia anima...

Sylvie Forestier

Per uno di quei curiosi capovolgimenti della storia, che mutano la sorte d'un uomo in un destino, ecco che un esule, morto in esilio, ritrova la propria terra natale. A partire dalla mostra delle sue opere organizzata nel 1987 al museo Puškin di Mosca, che ha incontrato – come abbiamo avuto modo di constatare – uno straordinario successo di pubblico, Marc Chagall nasce una seconda volta. Finalmente, la Russia di oggi lo riconosce; ed esibisce le sue opere, che vengono a riannodare il filo di un destino eccezionale.

Ecco dunque che il pittore, probabilmente il più singolare del XX secolo, ottiene ciò che è stato l'oggetto della sua ricerca interiore: l'amore della 'sua Russia'. E così la speranza espressa nelle ultime righe di *Ma Vie* (*La mia vita*), il resoconto autobiografico che l'artista interrompe nel 1922, al momento di partire per l'Occidente – «... e forse l'Europa mi amerà, e con essa anche la mia Russia» – giunge infine a realizzarsi.

La prova che questo è vero ci è data oggi dallo sforzo di riflessione che, al di là di un fenomeno, tutto sommato naturale, di riappropriazione culturale del pittore, è la testimonianza di un interesse autentico, di un impegno analitico, di una visione originale che riaprono gli studi chagalliani. Contrariamente a quel che si potrebbe ritenere, questi finora hanno acquisito, dal punto di vista storico, ben poche certezze. Già nel suo lavoro pubblicato nel 1961,[1] ancor oggi opera insostituibile di riferimento, Frantz Meyer lo sottolineava: ad esempio, è assai problematico ricostruire l'ordine cronologico delle opere. Chagall, infatti, non amava datare i propri dipinti, oppure li datava *a posteriori*. Da questo semplice fatto può derivare una discreta dose di approssimazione: ad esso si aggiungano, per lo studioso occidentale, l'assenza di fonti comparative e spesso la mancata conoscenza della lingua russa. Perciò ci si deve rallegrare di lavori recenti, come quello di Jean-Claude Marcadé[2] che, facendo seguito alle ricerche pionieristiche di Camilla Gray[3] e di Valentine Vassutinsky-Marcadé,[4] viene a sottolineare l'importanza dell'*humus* rappresentato dalla cultura russa nell'opera di Chagall. Perciò, ci si deve rallegrare ancor di più della pubblicazione di recenti fatiche di storici dell'arte russi, come il volume di Alexandre Kamensky,[5] quello di Marina Bessonova,[6] o i cataloghi che accompagnavano, prima a Martigny, e poi a Francoforte, la scoperta delle opere degli anni russi e dei pannelli del Teatro Ebraico.

E tuttavia, Marc Chagall ha suscitato un'abbondante letteratura. Tutti i grandi studiosi di questo secolo hanno scritto sulla sua opera. Dal primo saggio decisivo, quello di Efros e Tugendhold, *L'arte di Marc Chagall*,[7] pubblicato a Mosca nel 1918 – Chagall aveva trentun anni – al catalogo erudito e rigoroso di Susan Compton, *Chagall*,[8] pubblicato nel 1985, anno della morte dell'artista, in occasione della mostra organizzata a Londra dalla Royal Academy, completato dal catalogo della mostra «Mein Leben, mein Traum» [La mia vita, il mio sogno],[9] gli studi critici non hanno certamente fatto difetto. Ma, nonostante questo, non si è riusciti a portare in luce la cifra propria dell'arte di Chagall. Talvolta collegata alla scuola di Parigi, oppure accostata all'espressionismo o al surrealismo, la sua opera sembra destinata a dar luogo a interpretazioni contraddittorie. È possibile che Chagall sfugga a qualsiasi tentativo di inchiesta storica, di investigazione estetica? In effetti, la ricerca potrebbe rivelarsi sterile, in assenza di documenti certi, alcuni dei quali evidentemente perduti per errore. La supposizione di una peculiarità del pittore, la cui arte sfuggirebbe a qualsiasi tentativo di teorizzazione, o di categorizzazione, è d'altro canto confortata da un'osservazione complementare. Gli approcci più suggestivi ed evocativi, le intuizioni più rivelatrici si nutrono della parola dei poeti o dei filosofi. Parola analogica, quant'altre mai,

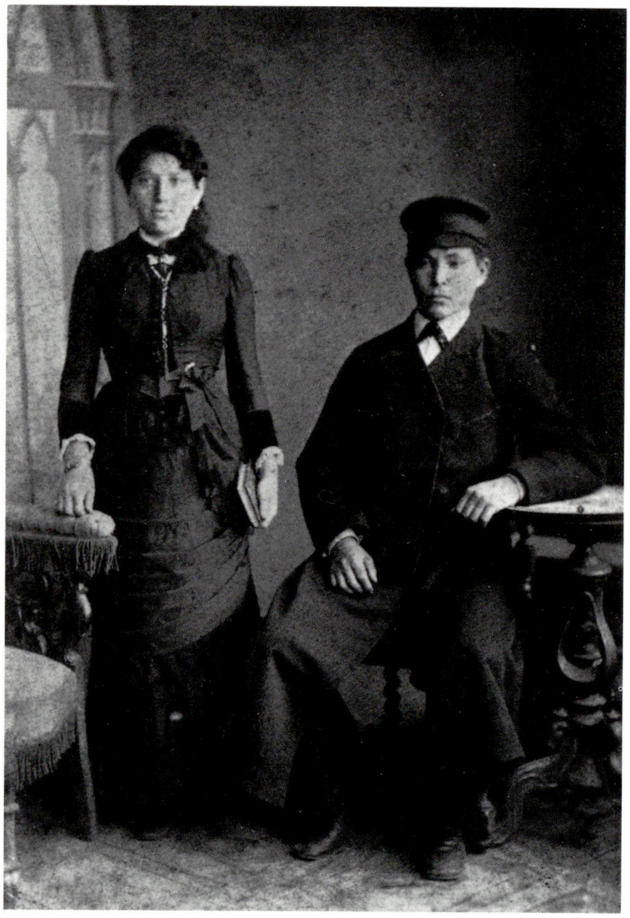

I genitori di Chagall, Feiga-Ita e Zakhar Lazarovič Šagal

com'è quella di Cendrars, di Apollinaire, di Aragon, di Malraux, di Maritain o di Bachelard... Parola che rivela la difficoltà di elaborare qualsiasi discorso critico, come sottolinea lo stesso Aragon nel 1945. «Ogni mezzo di espressione ha i propri limiti, le proprie virtù, i propri difetti. Niente è più arbitrario che tentare di sostituire la parola scritta al disegno, alla pittura. Questo si chiama 'critica d'arte', e non mi pare di rendermene colpevole in questo momento.»[10] Una testimonianza che rivela la natura, essa stessa fondamentalmente poetica, dell'arte di Chagall. Se ritenere arbitrario ogni discorso critico pare quindi ancor più giustificato nel caso di Chagall, ciò significa che dovremmo rinunziare a qualsiasi tentativo di interpretazione, se non di un'opera, il cui mistero rimarrebbe comunque intatto, almeno di un'esperienza plastica e di una pratica pittorica? Che quindi dovremmo recepire solo attraverso l'effusione della parola lirica una delle individualità maggiormente creative dei nostri tempi? Dovremmo dunque abbandonare la ricerca a livello estetico, o al contrario persistere nel credere che essa scaturisce dalla vita intima e multiforme delle idee, nel loro libero e talvolta contraddittorio scambio? Se tale è, invece, il necessario presupposto metodologico di qualsiasi passo del pensiero, allora il discorso su Chagall può arricchirsi oggi dello spessore di una nuova conoscenza, recataci dalle opere inedite delle collezioni russe, dagli archivi finalmente aperti, dalle testimonianze degli studiosi contemporanei; e il raffronto coi nuovi dati può consentirci di comprendere in profondità un'arte selvaggia, che qualsiasi concettualizzazione si sfinirebbe invano nel tentativo di addomesticare.

Le opere riunite per questa eccezionale mostra danno conto delle radici culturali russe da cui ha tratto alimento l'arte di Chagall: per esempio l'influenza del *lubok*, un genere popolare cui il pittore era molto affezionato, o dell'arte delle icone. Ma esse mettono in luce anche il meccanismo mnemonico che si trova al cuore della pratica pittorica e delimita un concetto maggiore – si è quasi tentati di dire un 'tempo' maggiore –, quello di 'tempo-movimento', percepibile nell'organizzazione plastica dell'opera. Ed ecco che si rivela assai più comprensibile il fenomeno della vivente fioritura di una pittura che in verità è ciclica, solo apparentemente ripetitiva (e perché, poi?), e che potremmo definire un essere organico, evocando il senso ontologico della creazione proprio del pensiero di Berdjaev.

Lo sgorgare primordiale della pittura, che destò l'ammirazione di Cendrars e di Apollinaire, l'imperioso furore pittorico che detta la propria legge all'artista e gli impone una finalità teurgica, delinea un'estetica e un'etica della

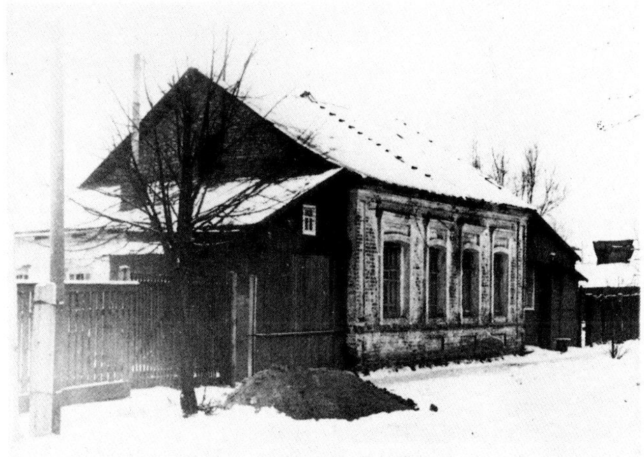

La casa dell'artista a Vitebsk (l'immagine, eseguita nel dopoguerra, ne documenta uno stato trasformato rispetto ai tempi di Chagall)

predestinazione che, per quanto possiamo, desidereremmo esplicitare. È nell'immediatezza della pratica pittorica, nell'immediatezza di una decisione creativa in cui si costituisce l'identità che Chagall trova se stesso. Questo rivelarsi a se stesso, che conduce dalla persona all'artista, ci è riferito dallo stesso Chagall.

L'autobiografia intitolata *Ma Vie*, scritta in russo, fu pubblicata per la prima volta nel 1931, a Parigi, nella traduzione in francese fattane da Bella Chagall. Testimonianza infinitamente preziosa di una parte decisiva della vita dell'artista, benché tenero, vivace, comico, il testo è rivelatore, al di là dell'aneddoto, dei temi fondamentali dell'opera chagalliana e soprattutto della sua problematica. D'altra parte la narrazione, nel suo insieme, evoca per qualche verso le biografie di artisti studiate da Ernst Kris e Otto Kurz,[11] che ne definiscono una tipologia. Fin dalle prime righe, una frase singolare richiama l'attenzione: «La prima cosa che mi è saltata agli occhi è stata una tinozza.» Così, fin dalle prime ore della sua vita, Chagall si inscrive nel campo del vedere. Apertasi nel tono della fiaba, questa biografia non può essere che quella di un pittore. E, più oltre, Chagall, ricordando le sofferenze della sua nascita, aggiunge: «Ma innanzitutto, sono nato morto. Non volevo vivere. Immaginatevi una bolla bianca che non vuole vivere. Come se fosse imbottita di quadri di Chagall.»[12] E quindi, vivere significherebbe dunque liberare ciò che si ha all'interno, che è fin dall'inizio pittura? Il tema della vocazione, inscritto in quello del sogno premonitore, del segno accettato di una natura unica, annunziata da un presagio, ci sembra in tanto più determinante in quanto struttura lo svolgersi degli avvenimenti della biografia e dà significato al destino dell'artista.

Chagall è nato da una famiglia ebraica di stretta osservanza, nella quale la proibizione di rappresentare la figura umana aveva valore di dogma. Non è facile immaginarsi la

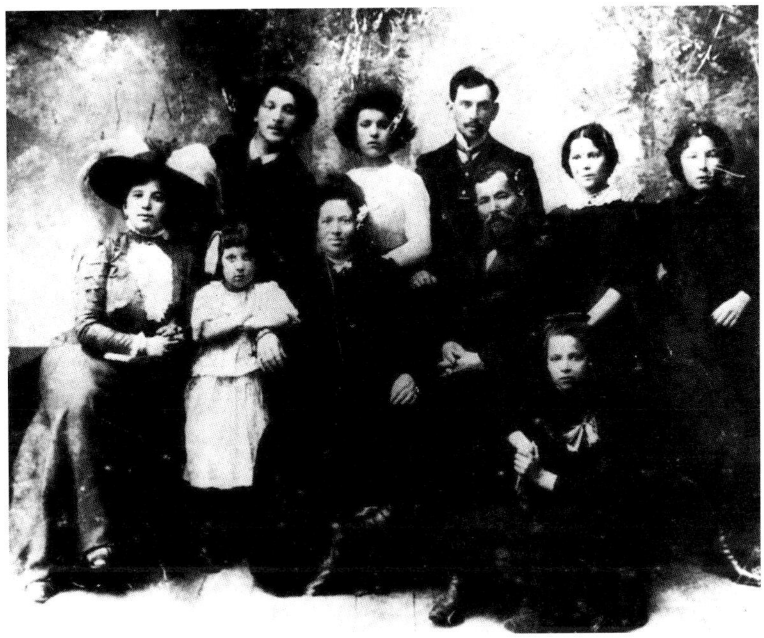

La famiglia di Chagall al completo: il pittore è il primo in piedi a sinistra, i genitori sono al centro, seduti

forza trasgressiva, l'ansia e la rabbia di vivere che trascinano il giovane Chagall a gettarsi sulla rivista «Niva» per copiarne il ritratto di Rubinstein, se si ignora la natura della tradizionale educazione ebraica. Religiosa fin dall'inizio, sottomessa alla legge storica dell'Elezione divina, essa si svolge esclusivamente nella sfera religiosa. La sua trasmissione, nel seno stesso del focolare ebraico, si effettua essenzialmente attraverso l'oralità. Ogni preghiera, ogni brano tratto dalla Torah o dal Talmud, imposti all'osservante, vengono salmodiati; ad alta voce si impara a leggere; la vita quotidiana, ritmata dal tempo ripetitivo della pratica rituale, risuona di canti, e il giorno di sabato, di solenni benedizioni. Ogni casa ebraica è luogo santificato da una liturgia della parola.

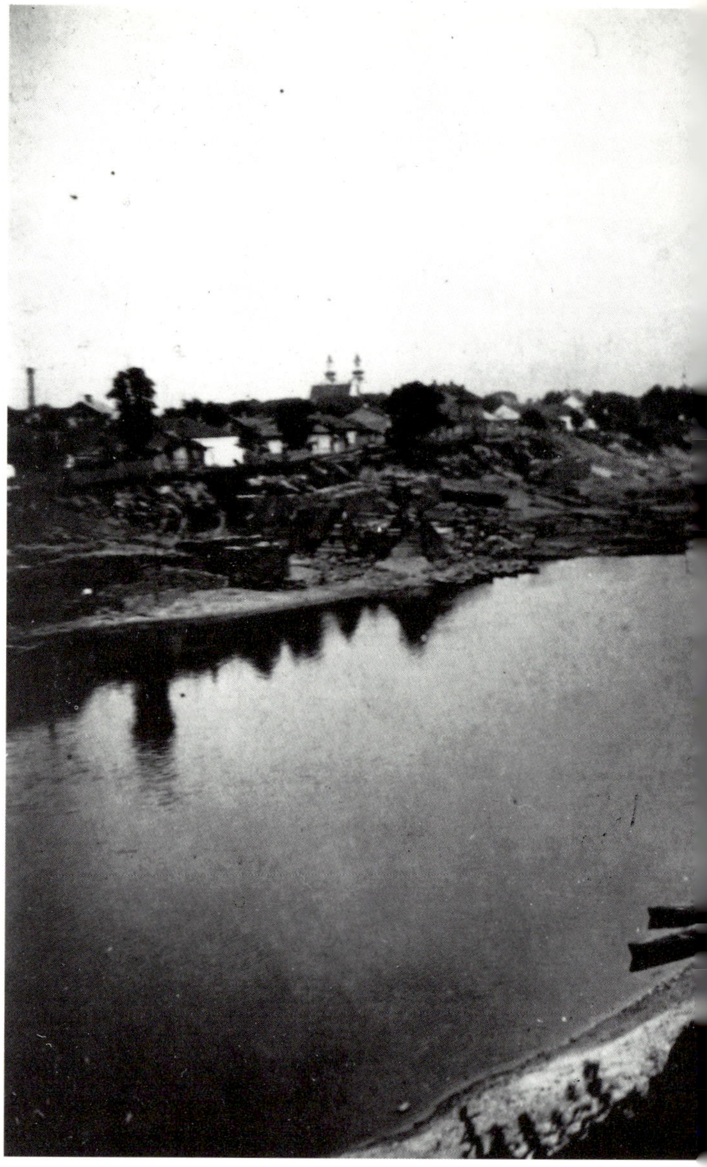

La famiglia di Chagall è di tradizione chassidica: è importante sottolineare che tale forma di religiosità – *chassid* significa «pio» – privilegia il rapporto diretto dell'individuo con Dio. Il dialogo si instaura fra il fedele e Iahvè, senza che sia necessaria la mediazione dell'apparato rabbinico. Nasce direttamente dal rituale quotidiano e si dispiega nell'esercizio della libertà personale.
Lo chassidismo sfugge alla tradizione talmudica colta, al commento istituzionale della sinagoga. Storicamente, si è diffuso fra le comunità rurali russe e polacche, ripiegate sul gruppo originario fondamentale della società ebraica, la famiglia.
Il padre di Chagall, Zakhar, era operaio addetto alla salamoia presso un commerciante di aringhe. Sensibile, riservato, taciturno, il personaggio paterno incarnava, con tutta evidenza, la dimensione tragica inerente al fato del popolo ebraico. «Tutto mi pareva enigma e tristezza in mio padre. Figura inaccessibile» scrive Chagall in *Ma Vie*. La madre, Feiga-Ita, primogenita del macellaio di Lyozno, irradiava al contrario energia vitale. L'antitesi psicologica delle persone dei genitori si trova già nei primi disegni di Chagall, e la si riscontra nella serie di acqueforti realizzate dal pittore per Paul Cassirer, a Berlino nel 1923, destinate proprio a illustrare *Ma Vie*. In tale antitesi, profondamente sentita dall'artista, si compendia l'esperienza primaria di ogni esistenza ebraica: il padre e la madre rappresentano, nella pittura di Chagall, nel seno stesso dello spazio plastico del quadro o del disegno, non solamente il vissuto specifico della memoria, ma i due aspetti contradditori costitutivi del genio ebraico e della sua storia: da un lato, la rassegnazione al fatto compiuto, nell'accettazione della volontà di Dio; dall'altro, l'energia creativa apportatrice di speranza, nella certezza incrollabile di essere gli eletti del Signore. Marc ha otto fratelli e sorelle; David, del quale farà commoventi ritratti, morto nel fiore della giovinezza, Anna, detta Anjuta, Zina, le gemelle Lisa e Manja, Rosa, Marussja e Rachele, anch'essa morta in verde età. Seppure l'esistenza familiare è difficoltosa, però non è miserabile. Essa partecipa della vita propria dello *shtetl*, la realtà culturale specificamente ebraica legata alla struttura sociale del ghetto. A Vitebsk tale realtà è inserita nella struttura contadina russa.
Alla fine del XIX secolo, Vitebsk è ancora una cittadina della Bielorussia situata alla confluenza di due fiumi, la Dvina e la Witsba. Le attività economiche sono in piena espansione. Malgrado l'arrivo della ferrovia, la stazione, le piccole industrie e il porto fluviale, la città però conserva ancora il carattere di una borgata di campagna. Anche se le chiese, piuttosto numerose, e la cattedrale ortodossa le conferiscono un aspetto quasi cittadino, la maggior parte delle abitazioni sono ancora in legno, e le strade, ghiac-

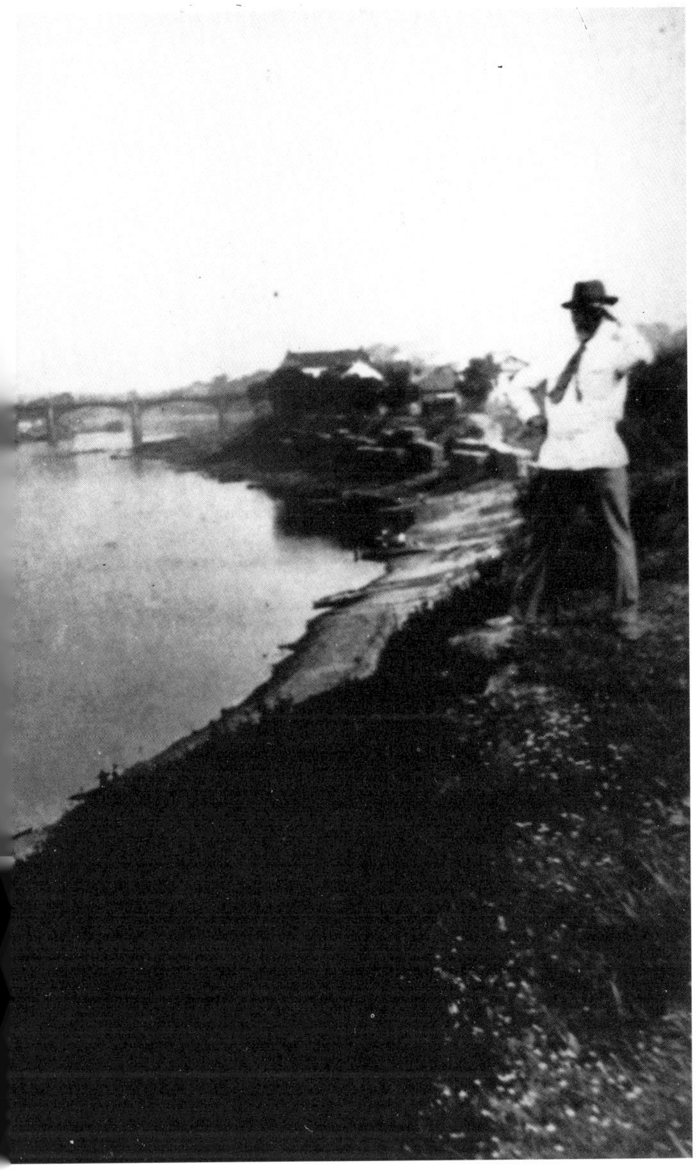

Una veduta del corso del fiume Dvina nei pressi della città di Vitebsk, situata alla confluenza con la Witsba

ciate in inverno, in primavera diventano dei torrenti, non essendo asfaltate. Ogni casa, che rappresenta la tipica unità economica elementare di un sistema domestico tradizionale, possiede il suo piccolo giardino e il suo cortile: con la loro staccionata, i loro colori vivaci, le case di Vitebsk vivranno in eterno nei quadri di Chagall.
La comunità russa ortodossa e quella ebraica convivono senza attriti. Le fratture fra le due comunità si verificano difatti più sul piano sociale che su quello confessionale. C'è una borghesia ebraica, formata di ricchi commercianti, il cui processo di integrazione passa evidentemente dalla scuola. Lo stesso Chagall andrà alla scuola comunale, benché l'istituzione non accetti bambini ebrei.
È da questo vissuto infantile che scaturiscono gli schemi pittorici del vocabolario plastico chagalliano. Essi vi si radicano e se ne alimentano come da una sorgente che perpetuamente si rinnova. Ma questi frammenti di memoria, reperibili attraverso il loro statuto di oggetti plastici fin dalle prime opere (la camera, l'orologio, la lampada, il samovar, la tavola del sabato, la strada del villaggio, la casa natale e il suo tetto, e infine Vitebsk, riconoscibile dalle cupole della sua cattedrale) hanno potuto definirsi in quanto schemi figurativi solo a conclusione di un vero e proprio procedimento di presa di distanza.
È dunque obbedendo alla propria vocazione – «Mamma, vorrei diventare un pittore»[13] –, vale a dire strappandosi al proprio ambiente familiare e sociale che Chagall si assicurerà i mezzi del proprio linguaggio formale. Il ricordo, tramutato in figura, romperà ben presto con il realismo della riproduzione per esprimere un'altra realtà che sta a fondamento del suo manifestarsi.
Alcune indicazioni tratte dalla biografia si rendono a questo punto necessarie. Chagall riesce a convincere sua madre ad iscriverlo «alla scuola di disegno e di pittura del pittore Pen». Ma rapidamente le norme dell'apprendistato, il laborioso esercizio della copia, lasciano insoddisfatto il giovane Chagall. Ciò che egli ricerca, ancora confusamente, ciò che affiora dalle sue prime audacie cromatiche, non fa parte della tradizione accademica insegnata da Pen. Ribelle a qualsiasi insegnamento, Chagall afferma, fin dal 1907, attraverso un precoce talento creativo – non utilizza forse, al di fuori di qualsiasi regola, il colore viola? –, il carattere dell'autodidatta, che è il marchio degli inventori.
Ad immagine di quelli dei protagonisti dei grandi miti di fondazione dell'inconscio collettivo, un destino di pittore si elabora. Un destino che si definisce soltanto in funzione di prove, la più decisiva delle quali rimane strapparsi al luogo natale, partire.
Chagall partirà, dunque. Nel 1907, insieme al suo amico Viktor Mekler, lascia Vitebsk, destinata a divenire una

Uno scorcio della piazza del Palazzo, antistante l'Ermitage, a San Pietroburgo, con la colonna di Alessandro

delle più grandi figure simboliche della sua opera, per San Pietroburgo.
La partenza per San Pietroburgo pone alcuni interrogativi. Chagall, in effetti, avrebbe potuto benissimo lanciarsi in un'avventura artistica che iniziasse a Mosca. La scelta di San Pietroburgo riveste significati particolari.
Chagall innanzitutto, senza saperlo, si uniforma a quella tradizione rinascimentale che faceva del viaggio una delle modalità principali di qualsiasi apprendistato. Ma se anche dipingere è un mestiere – la condizione dell'artista, malgrado le ribellioni romantiche, conserva ancora, all'alba del XX secolo, i caratteri dello statuto artigiano, così come nel XV secolo –, il riconoscimento sociale di tale statuto passa inevitabilmente attraverso la formazione accademica. San Pietroburgo è, per giunta, la capitale intellettuale e artistica della Russia imperiale. A differenza della continentale Mosca, è una città la cui particolare storia si caratterizza per una costante apertura verso l'Europa occidentale, e che dispensa, tramite l'architettura, l'urbanistica, le scuole e i salotti, un nutrimento formale e spirituale che arricchirà il giovane provinciale. Lo sguardo acuto di Chagall scruta il più minuto riflesso della trasparente luce del nord sulla superficie dei suoi canali. Il suo scopo è di conoscere quanto di meglio dia Pietroburgo. La bocciatura all'esame d'ammissione alla Scuola delle arti e dei mestieri del barone Stieglitz non gli impedisce di aggregarsi, più avanti, a quella fondata dalla Società imperiale per la protezione delle belle arti, diretta da Nicolas Rœrich.
Nicolas Rœrich (1874-1947) aveva fatto parte della rivista «Mir Iskusstva» («Il mondo dell'arte»), fondata nel 1898 da Alexandre Benois e animata fino al 1904 da Sergej Diaghilev. La rivista, con il gruppo di artisti che ad essa aderivano, avrebbe giocato un ruolo decisivo nel dibattito estetico generale che interessò la Russia nel corso del primo decennio del XX secolo. Il suo emblema, un'aquila del nord disegnata da Bakst, sintetizzava formalmente le finalità che perseguiva: creare un'arte nuova, originale perché attingeva al patrimonio russo, ma aperta agli influssi dell'Occidente, capace quindi di determinare, in un Paese che non l'aveva conosciuto storicamente, un vero rinascimento.
«Il mondo dell'arte» preconizzava un'estetica totalizzante. Erede, in qualche misura, delle teorie di Ruskin, che la rivista contribuì a far conoscere, integrò il simbolismo fra i propri principi, e la sua azione fu incontestabilmente feconda.
Nel 1908, Rœrich è un artista affermato. La sua opera multiforme, che ha giocato un ruolo non indifferente nel rinnovamento delle arti decorative e delle arti applicate predicato da «Mir Iskusstva», non deve farci trascurare che egli è stato il creatore di molte scene per il teatro e il balletto. Slavofilo convinto, all'opposto di Kandinskij, che praticava la ricerca etnografica nella maniera più minuziosa, si è opposto, in seno al gruppo della rivista, ai sostenitori dell'Occidente.
Il dibattito critico fra occidentalisti e slavofili si presenta d'altronde come uno dei dibattiti più importanti che abbiano interessato la storia intellettuale della Russia. Nel 1909, la controversia si riflette nella permanente e simbolica rivalità fra San Pietroburgo e Mosca.
Un'altra rivista, fondata da un mercante moscovita, Nicolas Riabučinskij, raccolse il testimone da «Mir Iskusstva», i cui principali animatori avevano lasciato la Russia per l'Europa occidentale. Intitolata «Il vello d'oro», rivista militante come poche altre ce ne sono state, rivendicava piena libertà di espressione artistica nel nome di uno degli antichissimi miti della Russia ancestrale, incarnazione di quella Scizia favolosa che Blok avrebbe cantato in una celeberrima poesia.

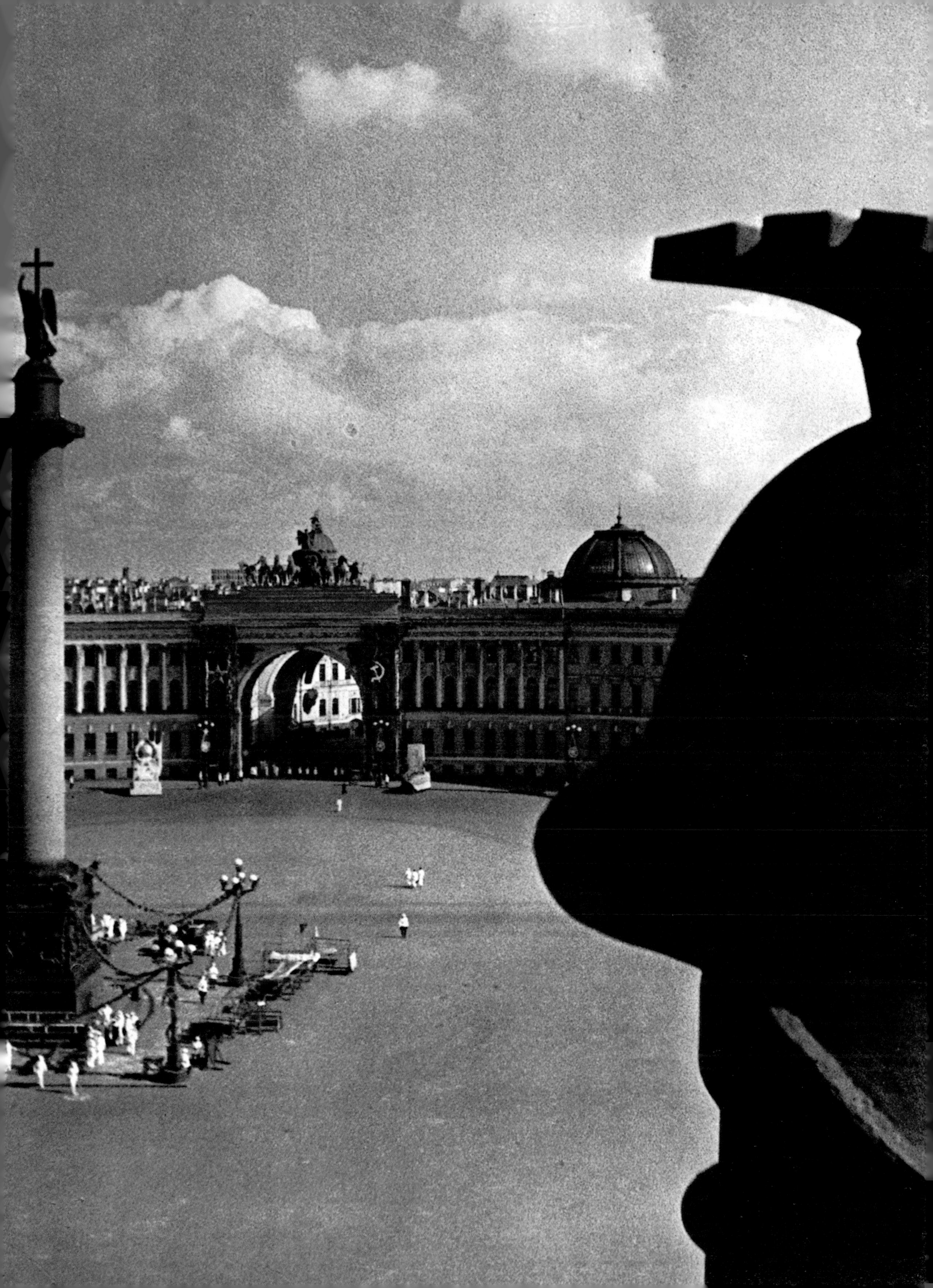

Parigi, metà degli anni Venti: Chagall, nel suo studio, ritrae Bella. Dietro la figura dell'artista si nota il dipinto Il compleanno, *del 1915 (oggi a New York, Museum of Modern Art)*

Come «Mir Iskusstva», «Il vello d'oro», che cesserà di uscire nel 1909, contribuisce ad animare la vita artistica dell'epoca. Essa fa conoscere al grande pubblico personalità assai diverse fra di loro, come quelle di Benois, di Bakst, la cui conoscenza sarà determinante per Chagall, Rœrich, Golovin, Dobužinskij, Larionov e la Gončarova. Molti intellettuali francesi vi collaborano: Charles Morice pubblica una serie di articoli concernenti «le nuove tendenze dell'arte francese»,[14] Maurice Denis uno studio su Gauguin e Van Gogh; lo stesso Matisse, che ha in Tčukin e Morozov i suoi maggiori collezionisti, analizza la propria concezione dell'arte nel saggio *Note di un pittore*. La risonanza di questi articoli, che si concretizza in una serie di mostre che la rivista organizza fra il 1908 e il 1910, è considerevole. A differenza di «Mir Iskusstva», che erigeva a proprio modello estetico il XVIII secolo francese, anche se la sua impostazione poteva ricollegarsi, a ben vedere, allo Jugendstil internazionale, «Il vello d'oro» richiama l'attenzione degli artisti russi sulla produzione contemporanea, e contribuisce di conseguenza alla riflessione, decisiva, come sappiamo, per l'evoluzione dell'arte, sulla nozione di modernità.
Certamente a Chagall giungeva, a San Pietroburgo, l'eco delle molteplici controversie che agitavano l'ambiente dei pittori. Tuttavia l'insegnamento di Rœrich, per niente diverso da quello di Pen, lo deluse. L'esercizio scolastico della copia gli pareva una perdita di tempo. «Due anni perduti in quella scuola» scrisse con amarezza. Due anni che comunque gli permisero di incontrare il suo primo protettore e collezionista, l'avvocato Goldberg, del quale raffigurò *Il salone* e *Il gabinetto da lavoro* (1908); e soprattutto il suo futuro mecenate, l'influente deputato della Duma Max Vinaver. Chagall frequentava i circoli intellettuali ebraici intorno a Vinaver, animando, con lo scrittore Pozner, il critico Sirkin e Leopold Sew, cognato di Max Vinaver, la rivista ebraica, pubblicata in lingua russa, «Voskhod» («L'alba»). La presenza dell'intelligentsija ebraica nel dibattito del tempo, al più alto livello, è incontestabile. La consapevolezza che una specifica identità culturale ebraica fosse ancora in via di formazione non escludeva affatto la volontà di darsi una nuova dimensione di universalità nazionale e internazionale. «Voskhod» era lo strumento della loro azione.
Vinaver e Sew aprirono a Chagall le porte della celebre scuola Zvanceva. La scuola, privata, era stata fondata da una donna dotata di una notevole fortuna, anch'essa pittrice, Elizaveta Nikolaevna Zvanceva, la quale, dopo un soggiorno a Parigi, aveva deciso di dar vita a un nuovo insegnamento, finalizzato a mettere a disposizione dei giovani pittori russi i mezzi tecnici per conseguire ciò che mancava loro del tutto, ossia un linguaggio pienamente contemporaneo. A San Pietroburgo, Elizaveta fece appello a coloro che erano ritenuti i migliori artisti dell'epoca, Mstislav Dobužinskij e soprattutto Léon Bakst.
Bakst ha acquisito rinomanza internazionale specialmente per la sua collaborazione con Diaghilev. Ritrattista ricercato, è anche decoratore, illustratore e soprattutto brillante creatore di costumi e di scene per il teatro e il balletto: lavora quindi con Diaghilev e con le sue stelle, Fokin, la Pavlova, la Karsavina e Nijinskij. La sua notorietà è enorme: e questo mette Chagall in grande soggezione, anche se Bakst, l'europeo, è, proprio come Chagall, un ebreo. Entrare alla scuola Zvanceva, avvicinare Bakst, viene vissuto da Chagall come un enorme privilegio. Vicino a uno dei suoi, si accinge a trovare quella diversa realtà che presagisce, che porta in sé e che cerca di oggettivare con i soli mezzi della pittura. Nella libertà dell'insegnamento dispensatogli da Bakst, Chagall elabora poco a poco il proprio linguaggio, conquista la padronanza spaziale del colore, trova progressivamente il proprio stile.

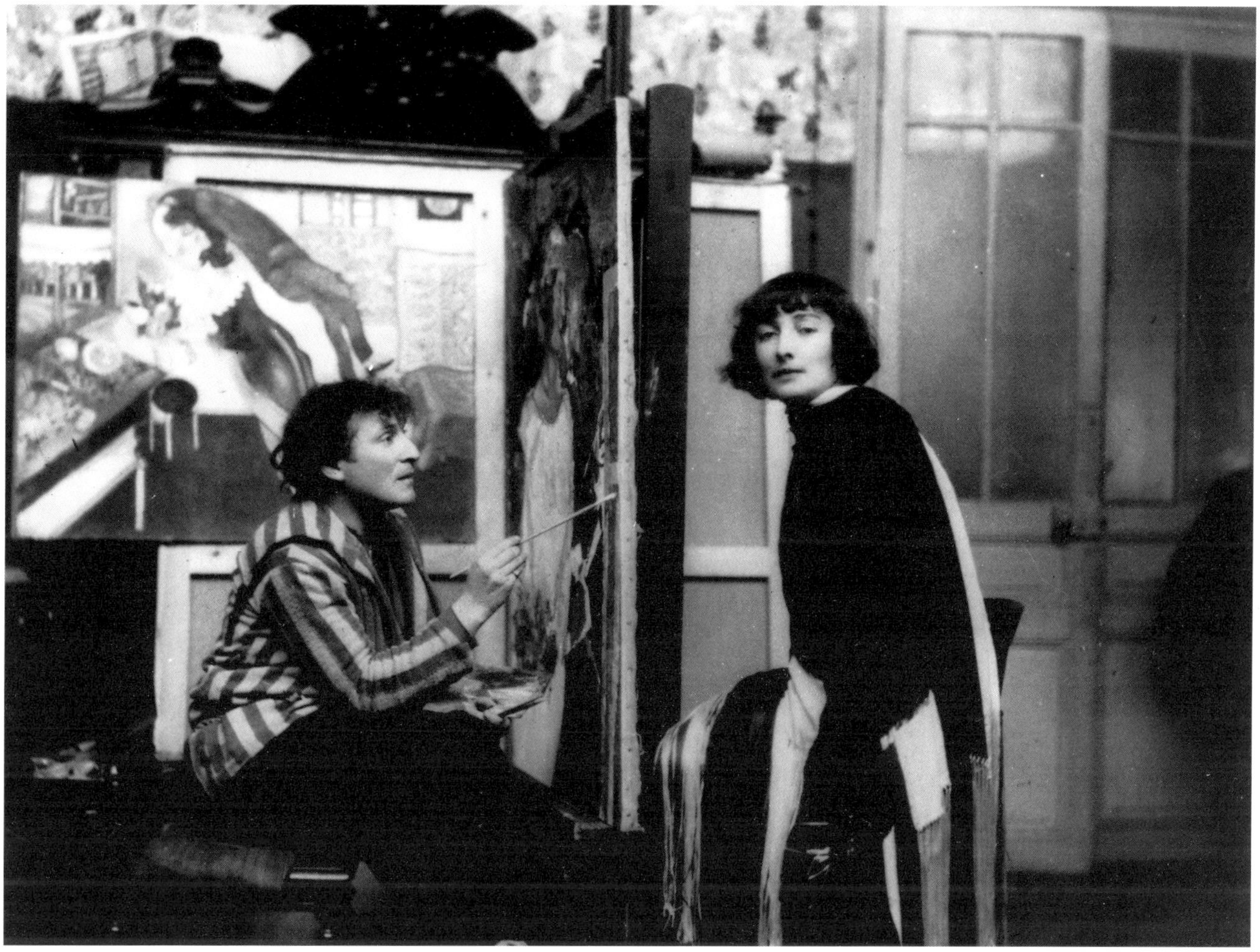

L'estetica simbolista di Bakst, il suo manierismo decorativo non lo influenzano affatto. In compenso, fa rapidamente propria una delle esigenze del pittore, ovvero «l'arte di giustapporre colori contrastanti equilibrandone la reciproca influenza...»[15]

Il piccolo salone, datato 1908, eseguito agli inizi della frequenza dell'insegnamento di Bakst, ne è la dimostrazione. Su un fondo liberamente spennellato di un rosa delicato, si disegna il bruno arabesco degli oggetti, le sedie, la mensola, il vaso dei fiori. Le forme, leggere, danzano all'interno di uno spazio aereo che rifiuta l'illusionismo della prospettiva. La profondità, senza essere descritta, è suggerita dall'uso di un verde chiaro che scava lo sfondo. In primo piano, la duplice curva della spalliera di una sedia e l'angolo mozzo di una tavola danno movimento, allo stesso modo di certi pastelli di Degas, a tutto lo spazio.

La sua maestria nell'uso del colore si rivela interamente in questo dipinto. L'audace virtuosismo della composizione manifesta con quanta disinvoltura l'artista operi, sovrano, all'interno del soggetto, nonostante che la tela sia dipinta a Lyozno, durante un soggiorno presso il nonno. Chagall, infatti, fa spesso ritorno dai suoi come per fissare meglio le immagini interiori che costituiranno il suo vocabolario plastico: dipinge i fratelli, i genitori, le scene di una vita quotidiana in cui si affina la sua visione personale.

Dipinge Vitebsk, le sue strade e le sue case di legno, Vitebsk, luogo della sua infanzia, e poi figura emblematica della terra natale.

Nell'autunno del 1909, per il tramite di una comune amica che allora posava per lui, Thea Brachmann, Chagall incontra la sua futura moglie, Bella Rosenfeld. Incontro indimenticabile, riferito diversamente da coloro che ne furono i protagonisti.

«Bruscamente avverto che non è con Thea, ma con lei che

dovrei trovarmi. Il suo silenzio è il mio. I suoi occhi sono i miei, è come se mi conoscesse da tanto, come se sapesse tutto della mia infanzia, del mio presente, del mio avvenire; come se lei vegliasse su di me, comprendendomi intimamente, benché sia la prima volta che la vedo. Sentii che era la mia donna»[16] racconta Chagall in *Ma Vie*.

E in *Lumières allumées*, Bella replica: «Non oso alzare lo sguardo per affrontare quello di quel giovanotto. I suoi occhi ora sono grigioverdi, cielo e acqua. È in quegli occhi o nel fiume che sto nuotando...»[17] *La fidanzata con i guanti neri* (1909) testimonia l'emozione di quell'incontro.

L'opera, il primo di una lunga serie di ritratti di Bella, è contemporanea ai ritratti dei familiari, di David, di Manja, di Anjuta, ma se ne differenzia per il suo carattere di solenne gravità.

Bella, con un vestito bianco ornato di un colletto di trina pieghettata, sta in piedi, al centro del quadro. Sulla testa, leggermente piegata di lato, porta un berretto dal quale esce la sua chioma bruna. La composizione spaziale e la posa stessa contribuiscono a dare al personaggio una certa monumentalità, la stessa dei ritratti ufficiali della tradizione classica. Ma il contrasto cromatico fra il bianco sfolgorante del vestito e il nero profondo dei guanti conferisce uno strano fascino a questa figura femminile, misteriosa come un'apparizione. Il simultaneo contrapporsi dei colori sottolinea una nuova concezione che rompe, a partire da questo dipinto, con le leggi del genere del ritratto e si perfezionerà ulteriormente. *La fidanzata con i guanti neri* e successivamente *Bella con il colletto bianco* sono senza dubbio dei ritratti, in virtù dell'acuta osservazione della realtà fisica e psicologica del soggetto, però quest'ultimo non resta prigioniero della propria individualità.

Immagine della donna amata, immagine dell'amore che essa suscita, Bella acquisisce una dimensione universale, diviene un tipo ideale. Il quadro è un'icona. La sua funzione non sta nel rappresentare, ma nel mostrare.

Esso *significa*.

Fin dal 1909, Chagall presagisce il grande dibattito intorno allo statuto stesso della pittura, una questione che gli è proposta dalla pratica pittorica.

Modalità di rappresentazione del visibile, la pittura sarebbe solo duplicazione illusionistica della materialità del mondo? O non è, piuttosto, il modo privilegiato di esplorazione di un mondo al di là di ciò che appare, e che ne fonda la realtà percepibile? Non è forse, come la poesia, uno dei modi in cui l'essere si rivela? Vecchia questione filosofica, che risale a Platone, questo interrogativo ricorre in tutta la storia della pittura. Esso assume in Russia una dimensione radicale, che caratterizza tutte le ricerche dell'avanguardia russa, dalla Gončarova a Malevič.

Ma Chagall rimane un ribelle a qualsiasi definizione teorica dell'arte. Ha avuto effettivamente occasione, presso Bakst, di incontrare Larionov e la Gončarova, già lanciati, nel 1909 e nel 1910, nell'avventura futurista? Non disponiamo, oggi, di nessuna testimonianza che lo confermi con certezza. Il giovane artista, malgrado la sua verosimile conoscenza dell'ampiezza e dell'effervescente vitalità del neonato movimento artistico russo, lavora in solitudine. I temi del suo bagaglio simbolico personale nascono solo dalla sua esperienza interiore, dal fantasticare che crea immagini, che apparenta pittura e poesia.

Le circostanze della partenza di Chagall per Parigi sono ben note. L'avvocato Vinaver, suo protettore e primo mecenate, gli accorda una somma in cambio di una tela, *Il matrimonio*, e di un disegno. L'ammontare della borsa, 125 franchi, permetterà al giovanotto un soggiorno di quattro anni all'estero.

Essendo un uomo di cultura umanistica, Vinaver si aspetta che Chagall parta per Roma, ma questi opta invece per Parigi. Il fascino artistico della capitale francese è incontestabile, e Chagall non s'inganna: Parigi sarà «la sua seconda Vitebsk».

Dapprima isolato, nella sua cameretta di Impasse du Maine, ben presto Chagall ritrova a La Ruche molti compatriotti, anch'essi attirati dal prestigio di Parigi: Lipchitz, Zadkin, Archipenko, Soutine, che manterranno, attorno al giovane pittore, il profumo della terra natale. Fin dal suo arrivo, Chagall vuole «scoprire tutto». E difatti, la pittura si svela ai suoi occhi sbigottiti.

Dapprima quella dei musei. Al Louvre scopre Chardin, Fouquet, Rembrandt: «È come se mi si fossero mostrati gli dei.»[18] Pittura sognata, a Vitebsk o a San Pietroburgo, pittura dell'eternità, in cui si legge l'eternità della pittura. Poi, quella più vicina, che Chagall presentiva, quella di Courbet, di Manet, di Monet, i primi rivoluzionari dello sguardo. Paragone decisivo: «Il miglior realista russo mette in crisi il realismo di Courbet. Il più autentico impressionista russo lascia perplessi se lo si confronta a Monet e a Pissarro.»[19]

Tutta la dimensione storica, tutta la dimensione estetica e culturale della storia stessa della pittura si svela a Chagall. Questo decisivo apprendistato dello sguardo si accompagna a qualche esercizio di studio, presso la *Grande Chaumière* e *La Palette*, dove insegna Le Fauconnier, la cui moglie peraltro è russa. Ma il vero nutrimento formale di Chagall, stando a quanto dichiara egli stesso, è Parigi stessa, Parigi e quella straordinaria 'luce-libertà' grazie alla quale si completerà come pittore.

In questo primo periodo parigino nascono i grandi capolavori: *Alla Russia, agli asini e agli altri* (1911-12), *Io e il villaggio* (1911), *Il santo vetturino* (1911-12), *Omaggio ad Apollinaire* (1911-12), *Autoritratto con sette dita* (1912).

La frenesia di dipingere che anima Chagall giustifica le parole che, più avanti, André Breton impiegherà per definirne l'arte: «... la totale esplosione lirica risale al 1911. È in questo istante, e con lui soltanto, che la metafora fa il suo ingresso trionfale nella pittura moderna»,[20] scrive il poeta in *Genesi e prospettiva artistica del surrealismo*, nel 1941.

Esplosione lirica totale, in effetti, è questa folgorazione pittorica che sa trovare l'immediatezza della sua particolare espressione.

Come non stupirsi del miracolo della pittura chagalliana fra il 1911 e il 1914? Come non meravigliarsi della coerenza ostinata di un progetto creativo che, trovando sulla propria strada il cubismo e il *fauvisme*, ne ritiene la lezione per liberarsene meglio?

Che il colore, nel suo eccesso, sia portatore dei valori del sensibile, Chagall intuitivamente lo sa già. Restava ancora da innalzarlo al suo punto supremo di splendore, usarlo come una sonorità rara. Chagall deve ai *fauves*, a Van Gogh, a Gauguin, a Matisse, veduti da Bernheim, l'incontro con l'assolutezza del colore. Deve a Cézanne e ai cubisti l'ossatura geometrica dei quadri dipinti fra il 1911 e il 1914, e i componenti della sua grammatica plastica. Ma la sua singolarità resiste a ogni delimitazione teorica. «Che mangino le loro pere quadrate sulle loro tavole triangolari» esclama con veemenza, a proposito dei cubisti. In quanto vero creatore, Chagall non prende dal cubismo se non ciò che serve alla sua visione personale. La pittura, per questo ribelle dell'arte, è innanzitutto volo dell'immaginazione e realtà vivente che si nutre del ricordo. La pittura si dà allora tutta intera nella tensione creativa che nasce da un'assenza, da un paradiso perduto. La pittura è allora ostinato sforzo di ricostruzione di un mondo strappato all'oblio, strappato alle sabbie mobili del tempo, un mondo affrancato dalla legge di gravità.

Si è spesso sottolineata, talvolta perfino esagerandola, l'influenza dell'arte dell'icona e del *lubok* sulla pittura di Chagall. Tale influenza ci pare accettabile solo limitatamente all'analisi del codice figurativo utilizzato dell'artista, che d'altronde sappiamo quanto fosse sensibile alla magica luce dell'icona. Chagall è in effetti, dal 1911, nel pieno possesso di un linguaggio plastico che niente deve alla tradizione occidentale. Come i suoi compatriotti, Mikhajl Larionov e Natalija Gončarova, si ricollega, al contrario, alla tradizione bizantina che ha sempre privilegiato il senso e non la rappresentazione. L'estremo allungarsi delle figure, il rifiuto della prospettiva, la plasticità dello spazio interiore, la frequente disposizione frontale, oltre all'uso, talvolta, di fondi rossi come nella scuola di Novgorod, sono elementi obbiettivi, riconoscibili nel sistema rappresentativo di Chagall. Il rifiuto di qualsiasi realismo illusionista è stato ratificato molto presto nella storia del pittore dal celebre commento di Apollinaire («Soprannaturale...»), che all'indomani del loro memorabile incontro dedicava a Chagall la poesia *Rodsoge*.

Certo, la sintassi cubista permette al pittore di tradurre in struttura spaziale l'esperienza interiore nella molteplicità dei suoi registri. Ma l'intenzione del quadro origina da una cultura spiritualista e simbolista, peculiare alla Russia, terra mistica per eccellenza. È opportuno sottolineare l'evidenza della parziale analogia fra il pensiero simbolico russo, quale si esprime ad esempio nelle teorie di Vladimir Solov'ev, riecheggiate negli articoli di Vjačeslav Ivanov, nella rivista «Il vello d'oro», nel 1908, e «Apollon», nel 1910, che Jean Laude ricorda in uno dei suoi testi, dal titolo *Nascita delle astrazioni*,[21] e la concezione di Chagall. L'analogia risiede nella teoria delle corrispondenze, formulata in Occidente da Mallarmé e Rimbaud, che assume in Russia una vera e propria dimensione cosmologica. Il rapporto intimo che lega l'uomo all'universo esprime l'unità profonda di tutto il regno del vivente. L'affermazione di una consustanzialità dell'uomo e del mondo è intuitivamente percepita da Chagall già quando scrive in *Ma Vie*: «L'arte mi pare essere soprattutto uno stato dell'anima. L'anima di tutti è santa, di tutti i bipedi su tutti i punti della Terra.»[22] E successivamente, nel 1958, Chagall aggiungerà, in un discorso pronunciato all'Università di Chicago: «La vita è evidentemente un miracolo. Siamo parte di questa vita, e passiamo, con gli anni, da una forma all'altra di essa [...] Mai un uomo potrà, tecnicamente o meccanicamente, apprendere tutti i segreti della vita. Ma con la sua anima, è legato al mondo, è in armonia con esso, forse anche solo inconsciamente.»[23] Non siamo lontani dalla nozione di *Stimmung*. Il secondo aspetto per il quale Chagall si ricollega alle maggiori correnti all'opera nella Russia a lui contemporanea è pertinente alla sua ammirazione per Gauguin e alla sua peculiare ricerca di un colore che si manifesti nella sua totalità, di un colore puro, originale, di un colore splendente, di un colore portatore di energia, magico. La vitalità delle arti popolari in Russia all'inizio del XX secolo e l'ammirata percezione del loro splendore cromatico avranno un influsso determinante sui movimenti dell'avanguardia russa, da Larionov, alla Gončarova, fino a Malevič e a Kandinskij. Pur senza riferirvisi espressamente, Chagall non ignora il neoprimitivismo russo: d'altronde, ha esposto alla «Coda d'asino» nel marzo del 1912, e nel 1913 al «Bersaglio», due manifestazioni organizzate da Larionov alle quali partecipa anche Malevič.

Malevič, che segue un cammino parallelo a quello di Chagall. Malevič, che affronterà drammaticamente Chagall nel 1919, a Vitebsk.

La Rivoluzione d'ottobre porta al pittore la speranza di una nuova dignità e l'opportunità della sua realizzazione in quanto artista. Chagall, al momento della dichiarazione di guerra, ha fatto ritorno a Vitebsk: ritrova dunque la sua terra natale, la sua famiglia, e sposa Bella. Ben presto nasce una figlia, Ida. La pienezza della felicità personale si

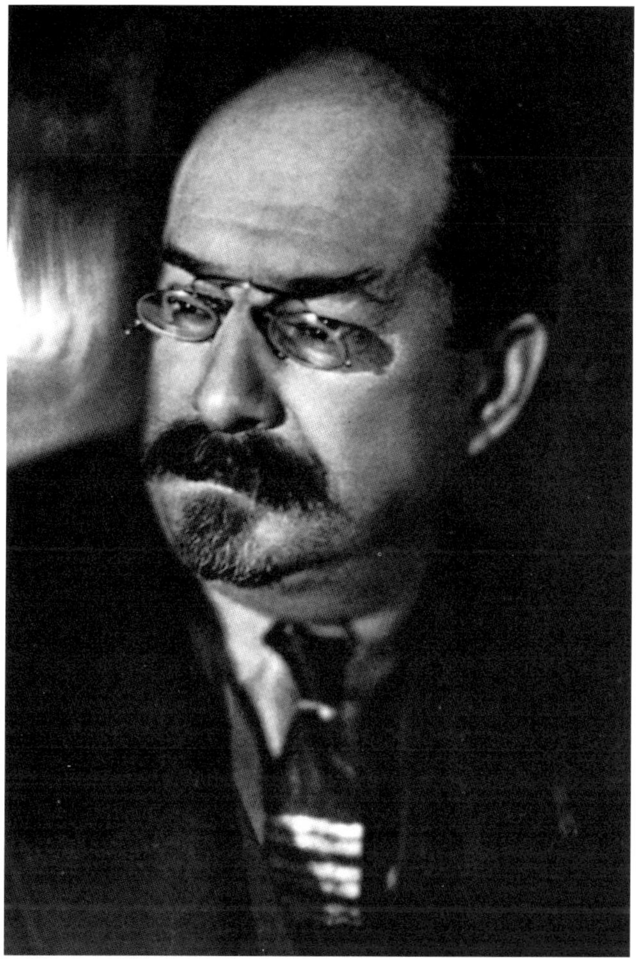

Anatolij Lunačarskij, bolscevico e capo del Narkompros (commissariato del popolo per la cultura) in una foto del 1924: il rivoluzionario ebbe grande stima di Chagall, conosciuto a Parigi, nominandolo, nel 1917, commissario alle Belle arti del distretto di Vitebsk

accresce dunque della promessa di una felicità collettiva e di una società civile da partecipare senza limiti né riserve.

Chagall crede fermamente nella rivoluzione. A Parigi ha conosciuto Anatolij Vasilevič Lunačarskij, che diviene commissario alla Cultura nel primo governo sovietico del 1917, e che si adopererà per realizzare in Russia il vasto progetto di riforma culturale di Lenin, che in qualche aspetto ricorda l'ideologia degli Ambulanti della fine del XIX secolo. Lunačarskij propone a Chagall il commissariato alle Belle arti per la regione di Vitebsk, e l'artista accetta con entusiasmo. L'arte quale principio di crescita della persona e mezzo di promozione sociale trova in Chagall il suo più attivo rappresentante. Infaticabile, il pittore appresta strutture didattiche, un museo, una scuola d'arte, un laboratorio rivoluzionario, necessario a quella rivoluzione dell'anima che cerca di innescare in ognuno dei suoi compatrioti. Fa appello a Dobužinskij, il maestro di un tempo alla scuola Zvanceva, allo stesso Pen, a Ivan Puni, a El Lissitskij.

Per il primo anniversario della Rivoluzione d'ottobre, fa «scendere l'arte per la strada», e trasforma lo scenario urbano di Vitebsk dando prova di un senso dell'allestimento scenico che si esprimerà successivamente, nel lavoro per il teatro e soprattutto per il balletto.

Questo periodo, sebbene esaltante, sarà segnato dal conflitto con Malevič. Esistono poche testimonianze che diano conto di questo conflitto. Chagall lo evoca, indirettamente, in *Ma Vie*. Ma esaminando il percorso estetico di ciascuno dei due artisti, l'antagonismo era inevitabile. In effetti, quando viene invitato dagli allievi della Scuola d'arte di Vitebsk – Chagall precisa, d'altra parte, di essere stato lui l'autore di tale iniziativa – Malevič è un artista conosciuto, che ha formulato la parte essenziale della dottrina suprematista. L'inizio dell'anno vede l'organizzazione della X esposizione statale «Creazione non oggettiva e suprematismo», in cui Malevič espone *Quadrato bianco*. La manifestazione rivela peraltro le tensioni esistenti in seno al gruppo russo degli artisti non oggettivi e di conseguenza la virulenza e l'urgenza di un dibattito estetico condizionato da atteggiamenti ideologici. La diffidenza di Chagall nei confronti di qualsiasi presa di posizione collettiva in materia artistica è più forte che mai. La sua convinzione che la pittura non può essere che un'avventura personale non si indebolisce affatto. Evidentemente, per lui, se l'artista è investito di una missione, quest'ultima rimane soggettiva. La storia della pittura è storia di pittori.

Malevič attacca violentemente i principi didattici di Cha-

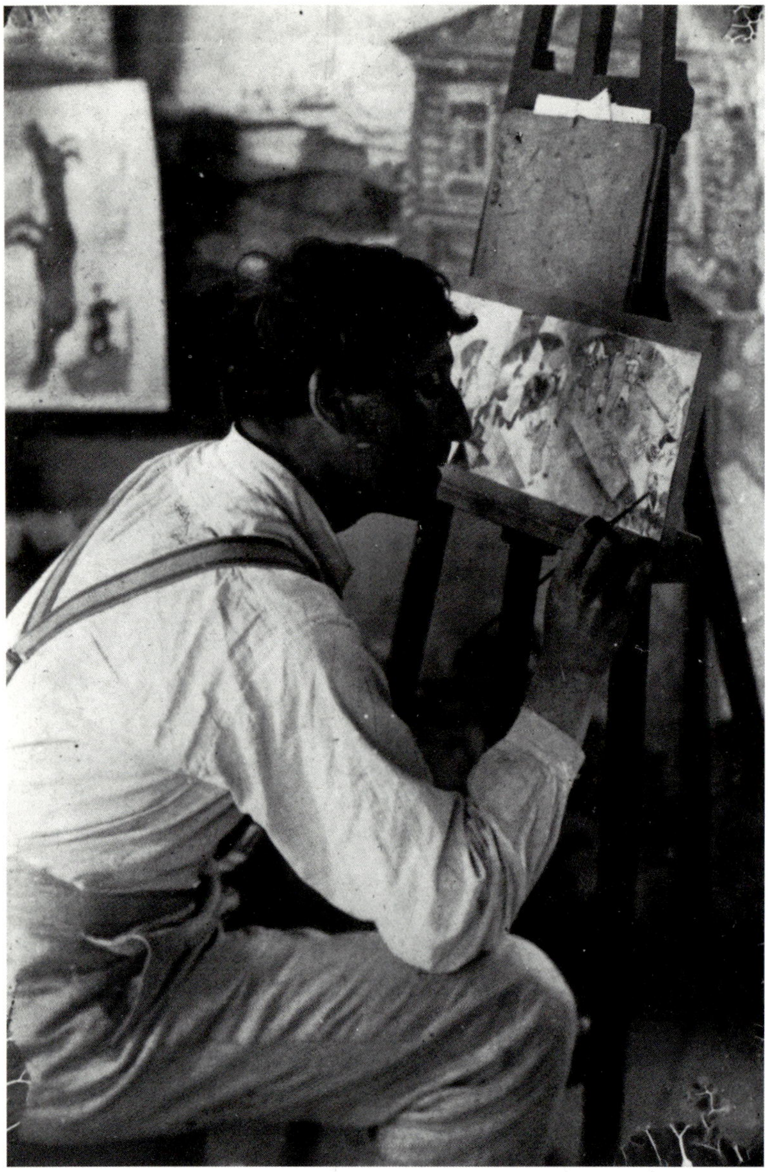

*Chagall al lavoro su un bozzetto dell'*Introduzione al Teatro Ebraico, *uno dei pannelli realizzati nel 1920 per il Teatro Ebraico da camera di Mosca, diretto da Aleksandr Granovskij*

gall e la sua concezione dell'arte, che taccia con disprezzo di naturalismo. Il temperamento di Malevič, eccessivo, talvolta violento, è agli antipodi di quello di Chagall. Che vi sia anche, in Malevič, la diffidenza istintiva del cattolico polacco, quale egli era per le sue origini, verso un ebreo slavo? Chagall, per parte sua, ribelle a qualsiasi teorizzazione dell'arte, non comprende l'impegno estetico di Malevič. Alla fine del 1919, comunque, Chagall è costretto a lasciare Vitebsk, che vede la creazione da parte di Malevič del gruppo UNOVIS, «affermazione delle nuove forme artistiche».

L'avanguardia caccia dunque Chagall, in nome di una concezione radicaleggiante. La disillusione diviene ferita profonda. Forse, in queste circostanze, si ravviva nell'artista il sentimento diffuso, ancestralmente radicato nel cuore di ogni ebreo, di essere incompreso, di essere in esilio nel mondo. «Non mi sorprenderei, se dopo una lunga assenza questa città cancellasse ogni mia traccia e non si ricordasse più di colui che, abbandonati i pennelli, si tormentava, soffriva e penava per farvi attecchire l'arte, che sognava di trasformare le case in musei e i comuni abitanti in artisti. Ed ho compreso allora che nessuno è profeta in patria. Sono partito per Mosca»[24] commenta Chagall con amarezza.

Si può capire meglio, allora, il moto di ritorno al mondo delle sue origini che si verifica in Chagall. Il pittore, a Mosca, riallaccia i rapporti con il cenacolo degli intellettuali ebrei e riscopre, attraverso il teatro, la cultura ebraica. L'incontro con Aleksandr Granovskij, direttore del Teatro Ebraico da camera, gli dà l'occasione di lavorare per le scene e di sperimentare uno spazio architettonico. La decorazione della sala rende un vero e proprio omaggio alla cultura e alla spiritualità ebraiche, non senza un tocco di humour.

Marc Chagall non riconosce più la sua Russia in preda alle inevitabili violenze della storia. Nel 1922 è costretto all'esilio, come se il suo destino di artista non potesse costruirsi che nel doloroso cimento della sorte di esule strappato alla propria terra. La vita di Chagall, ormai, si incarna in un destino di pittore, che vive la pittura come creazione sempre rinata nella certezza del suo essere.

«Dipingere. Un uomo ha passato la vita a dipingere. E quando dico la sua vita capitemi bene. Il resto è gesticolazione. Dipingere è la sua vita.»[25]

Così parlava Aragon il Poeta di Chagall delle Meraviglie. E infatti Chagall dipingerà fino al suo ultimo respiro. Fra la tela e il pittore, il muto dialogo di una vita.

Il dire del poeta attinge qui l'essenziale. Tuttavia, al di là delle analisi, che oggi mettono in luce le fonti giudaico-russe del pittore, le linee di derivazione formale sulle quali si trova o che si è scelto, ma che ha sempre sublimato, una

parte di mistero permane nell'arte di Marc Chagall. Un mistero che attiene forse alla natura stessa di quest'arte che attinge al vissuto, al ricordo. La pittura è vita, in verità, e la vita forse è pittura. L'arte di Chagall si inscrive nel flusso temporale, nel dispiegarsi di una fantasia creatrice che impone alla coscienza lo sforzo del suo divenire. La logica visuale che ordina le proprie forme nel cuore della tela obbedisce allora a categorie diverse da quelle che governano uno spazio euclideo. Le nozioni di alto e di basso sono negate. Nessuna vettorialità geometrica definisce lo spazio, la cui plasticità permette al disegno di esprimersi in tutta la sua flessuosità e la sua spontaneità.
Non è senza significato il fatto che la pittura di Chagall richiami alla penna del critico o dello storico la terminologia del linguaggio musicale. Figure e motivi percepiti come oggetti sonori, colori come ritmi e linee come melodie, la metafora si accorda intimamente alla pittura poiché anch'essa risulta, come la musica, dalla durata.

---

[1] Frantz Meyer, *Chagall*, DuMont Verlag, Colonia 1961 (trad. francese, Flammarion, Parigi 1964).

[2] Jean-Claude Marcadé, *Le contexte russe de l'Œuvre de Chagall*, in *Marc Chagall, œuvres sur papier*, Centre Georges Pompidou, Parigi 1984.

[3] Camilla Gray, *L'avant-garde russe dans l'art moderne. 1863-1922*, La Cité des Arts, l'Age d'homme, Losanna.

[4] Valentina Marcadé, *Le renouveau de l'art pictural russe*, l'Age d'homme, Losanna 1971.

[5] Alexandre Kamensky, *Chagall, période russe et sovietique. 1907-1922* (trad. francese, Editions du regard, Parigi 1988).

[6] Marina Bessonova, Irina Antonova, Andreï Voznessensky, *Chagall, collections russes et juives*, préface de Sylvie Forestier, Larousse, Parigi 1989.

[7] Abraham Efros, Yakov Tugendhold, *L'arte di Marc Chagall*, Gelikon, Mosca 1918 (in lingua russa).

[8] Susan Compton, *Chagall*, Royal Academy of Arts, Weidenfeld & Nicholson, Londra 1985.

[9] Susan Compton, *Mein Leben, mein Traum*, Prestel, 1990.

[10] Citato da Pierre Daix, *Une vie à changer*, Seuil, Parigi 1975, p. 422.

[11] Ernst Kris, Otto Kurz, *L'image de l'artiste. Légende, mythe et magie*, prefazione di E.H. Gombrich, trad. di Michèle Hechter, Rivages, Parigi-Marsiglia 1987.

[12] *Ma Vie*, testo di Marc Chagall tradotto dal russo da Bella Chagall, prefazione di André Salmon, Stock, 1931, ried. 1983, p. 12 (trad. italiana, *La mia vita*, Il Saggiatore, Milano 1960).

[13] Ivi, p. 81.

[14] V. Marcadé, *op. cit.*, p. 164.

[15] Y.L. Obolenskaja, «Alla scuola Zvanceva sotto la direzione di L. Bakst e M. Dobužinskij. 1906-1910», ms. conservato nella sezione dei manoscritti della Galleria Tret'jakov di Mosca.

[16] *Ma Vie*, cit., p. 108.

[17] Bella Chagall, *Lumières allumées*, trad. di Ida Chagall, illustr. di Marc Chagall, NRF Gallimard, Parigi 1973, p. 233.

[18] *Ma Vie*, cit., p. 143.

[19] Ivi, p. 142.

[20] André Breton, *Genèse et perspective artistiques du surréalisme*, in *Le surréalisme et la peinture 1928-1965*, Gallimard, Parigi 1979, p. 63.

[21] Jean Laude, *Naissance des abstractions*, «Cahiers du Musée national d'art moderne», 1985, n. 16, pp. 36-37.

[22] *Ma Vie*, cit., p. 160.

[23] Marc Chagall, conferenza tenuta all'Univeristà di Chicago su invito di John Nef nel febbraio del 1958 (trad. francese, dattiloscritto di pp. 18, cit. da p. 17, archivi del Musée national Message Biblique Marc Chagall, Nizza).

[24] *Ma Vie*, cit., p. 205.

[25] Louis Aragon, *Chagall l'Admirable*, «Les Lettres Françaises», 31 maggio 1972, Parigi. Raccolto in L.A., *Ecrits sur l'art moderne*, Flammarion, Parigi 1981, p. 25.

C'era una volta... Chagall in Russia 1887-1922

Nicoletta Misler

Gli aggettivi più usati per descrivere le opere di Chagall sono quelli connessi al mondo delle fiabe: magico, fantastico, favoloso, misterioso e nella maggior parte dei casi sono collegati al contesto del villaggio russo-ebraico. Inoltre, una delle prime esperienze dell'artista nel campo dell'illustrazione, nel 1917, riguarda proprio due libri di favole: il primo libro per bambini in yiddish, le *Favole in versi* di Der Nister (pseudonimo di P. Kaganovič) e *Il mago* di Isaac Peretz.[1] E infine, in uno dei pannelli per la decorazione murale per il Teatro Statale Ebraico da camera di Mosca, realizzati nel 1920[2] e esposti per la prima volta restaurati, a distanza di sessantadue anni, alla grande retrospettiva del periodo russo a Martigny[3] e Francoforte,[4] egli rappresenta la *Letteratura* nella figura dello scriba della Torah che in lettere ebraiche scrive in yiddish la formula «Amol is gewen», il «C'era una volta...» del narratore, mentre una mucca che spunta dal triangolo blu suprematista alle spalle dello scriba sillaba il nome di Chagall in caratteri ebraici.[5]

Dunque: «C'era una volta...», Chagall affabulatore è l'immagine in cui l'artista ama rappresentare se stesso in alternanza paradossale a quella dell'artista-artista[6] ed è un'immagine, quasi uno stereotipo, che si staglia sullo sfondo etnico e culturale del microcosmo di Vitebsk, elevato a sistema macrocosmico dove la ripetizione ossessiva della firma in caratteri ebraici, cirillici o latini sta a indicare la binaria (e dopo Parigi, dal 1910 in avanti, trinaria) identità culturale attraverso la quale l'artista sembra prendersi gioco del suo spettatore e interprete.[7] Un esempio di questo giocare a nascondino con la propria identità si trova in *L'ebreo in rosa*, 1915 (cat. n. 15) dove, nella cornice ovale del fondo, Chagall mimetizza nell'iscrizione anche il suo nome, nella versione ebraica di Moshe Sega[l].[8]

Nel cognome Segal è celato il rapporto con l'antenato Chaim Ben Yitzhak Halevi Segal di Slutsk,[9] che aveva dipinto i fantasiosi interni della sinagoga di legno di Mogilev nel 1740, e quindi la 'predestinazione' all'arte.

È questo uno di quei fatti biografici essenziali che Chagall inserisce come chiave di lettura dei suoi anni russi in *La mia vita*,[10] biografia che egli organizza scientemente, benché ancora appassionatamente coinvolto negli eventi recenti, tanto da evitare con cura di 'nominare' El Lissitskij (1890-1941) e Kazimir Malevič (1878-1935) nei ricordi della sua attività presso la Scuola d'arte di Vitebsk.

Nel 'sistema della fiaba' vanno a collocarsi altri fatti biografici come la nascita miracolosa durante un grande incendio (incendio realmente avvenuto a Vitebsk, i cui dati e la cui data sono stati accertati di recente[11]), il viaggio di iniziazione nella grande città di Pietroburgo nell'inverno del 1906-7 e la presentazione al 'grande artista' Lev (o Léon) Bakst (1866-1924), l'amore, prima ostacolato e poi vincente, con la Bella 'principessa', figlia del ricco gioielliere di Vitebsk eccetera eccetera.

L'artista ostentò a più riprese (non soltanto con l'uso della firma) la sua parentela con il pittore decoratore della sinagoga di Mogilev e la continuità del suo lavoro con quello dello sconosciuto bisnonno: «Ma quale è realmente la differenza che potremmo dedurre fra il mio bisnonno con la gobba, Segal di Mogilev, che aveva dipinto la sinagoga di Mogilev e me stesso, che ho dipinto il Teatro Ebraico (un buon teatro) di Mosca? Credetemi, io non avevo meno pidocchi di lui, in sinagoga, quando lo imitavo lavorando sul pavimento dello studio, in teatro. E sono anche sicuro che, se non mi radessi la barba, sarei il suo identico ritratto.

A proposito del mio antenato. L'unica differenza sta nel fatto che lui aveva ricevuto commissioni per insegne di negozi, mentre io avevo studiato a Parigi.»[12]

L'universo di Vitebsk e di Lyozno (da dove proveniva la famiglia di Chagall) viene sistematicamente smontato e

La letteratura, *1920, tempere e biacca su tela, Mosca, Galleri*
si tratta di uno dei pannelli dipinti per il Teatro Ebraico di Mo

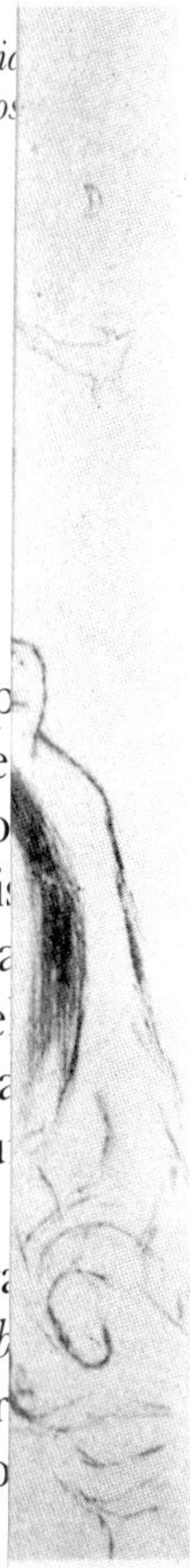

consapevolmente rimontato da Chagall con le p
con cui si smontano e rimontano le favole dove
sia personaggi umani tipizzati (il mendicante co
sulle spalle, la coppia degli innamorati, il violini
l'ebreo in preghiera), che animali umanizzati: la
gallo, la mucca, il maiale. Ciascuno di questi e
altri simili diventano pittogrammi di un vocabola
ripete nelle grandi dimensioni delle tele, dei mu
avanti delle vetrate) e nelle dimensioni quasi
della decorazione microscopica e incerta del gra
Nella grande tela dell'*Introduzione al Teatro Eb*
284×787), che fa parte della decorazione mur
Teatro Ebraico da camera di Aleksandr Grano
esempio, la giubba blu dell'attore Solomon
(1890-1948) è ornata da una fascia di pizzo rip
contatto – come usava fare talvolta David Š *gio a lui*
(1881-1948) negli stessi anni – e da una fascia sc
di motivi chagalliani (la casetta, la capretta, l'o
zante) minuti e sottili come dei graffiti. Non c'è misza, Lu-
che questo ciclo teatrale, così intensamente p
ritratti, di motivi, di temi chagalliani rappres l'interesse
piccole dimensioni del geroglifico e nelle gran e, soprat-
sioni monumentali dell'arte di propaganda (m hajl Lario-
l'esperienza rivoluzionaria delle decorazioni di per tutti gli
1918), la sintesi dell'attività di Chagall in Ru va appunto
della sua partenza per Kaunas e Berlino nel 19 lle insegne
tava infatti dell'ultima importante commissione i russe), al
Chagall dallo Stato sovietico (più di 40 metri qua getti 'vol-
dipinte, realizzate nello spazio di un mese e che opomorfi-
interamente, dalle pareti al soffitto, la sala dell i tipici del
del teatro nella via Grande Černiševskij)[13] dop el *lubok*: È
mento' didattico della Scuola d'Arte di Vitebs meraviglie'
organizzata nel 1919. *n satiro in*
La scuola, ufficialmente inagurata il 28 gennaio a provin-
aveva avuto come primo direttore uno dei maestr erno del

negozietto di barbiere dello zio (*La bottega del barbiere, Zio Sussy*, 1914, Galleria Tret'jakov, Mosca) di Chagall è gemello dei numerosi negozi di barbiere dipinti da Larionov e David Burljuk. In una seconda immagine dello stesso negozio, visto dall'esterno (*Il negozio dello zio a Lyozno*, 1914, Galleria Tret'jakov, Mosca) si possono notare l'insegna con la scritta del negozio e tre insegne dipinte, sull'uso di quelle che decoravano non soltanto i negozi della provincia russa, ma anche quelli delle metropoli, Mosca e San Pietroburgo.[23] Un'insegna di negozio si trova anche in *Farmacia a Vitebsk*, 1914 (cat. n. 9), esposto in questa mostra. Chagall stesso ci racconta nella sua autobiografia che, appena arrivato a San Pietroburgo, aveva lavorato come pittore di insegne: «Entrai quindi come apprendista presso un pittore di insegne allo scopo di ottenere il diploma in una scuola professionale [...] prendevo gusto a quelle insegne e ne feci tutta una serie.
Era piacevole vedere oscillare al mercato, sulla soglia di una macelleria o di un negozio di frutta, le mie prime insegne, presso cui si strofinava teneramente un maiale o una gallina, mentre il vento e la pioggia, noncuranti, le spruzzavano di fango.»[24]
Le qualità artigianali e la semplicità delle soluzioni formali delle insegne piacevano anche agli artisti suprematisti e l'Ermolaeva analizzò con una descrizione vagamente chagalliana le insegne di Pietroburgo: «Le insegne ben fatte sono festose, illustrative, di lunga durata. [...] Rispetto alla quantità di oggetti ritratti, le insegne dei macellai, degli ortolani e dei panettieri sono le più elaborate di tutte. E sono anche le più monumentali.»[25]
Uno dei primi maestri, e forse uno dei più amati da Chagall, Dobužinskij, era a sua volta un'ammiratore di insegne, insegne che amava inserire nelle sue opere. Ricordando le sue estati presso il villaggio in parte ebraico di Orany, vicino a Vilnius, egli racconta: «Il villaggio [...] era

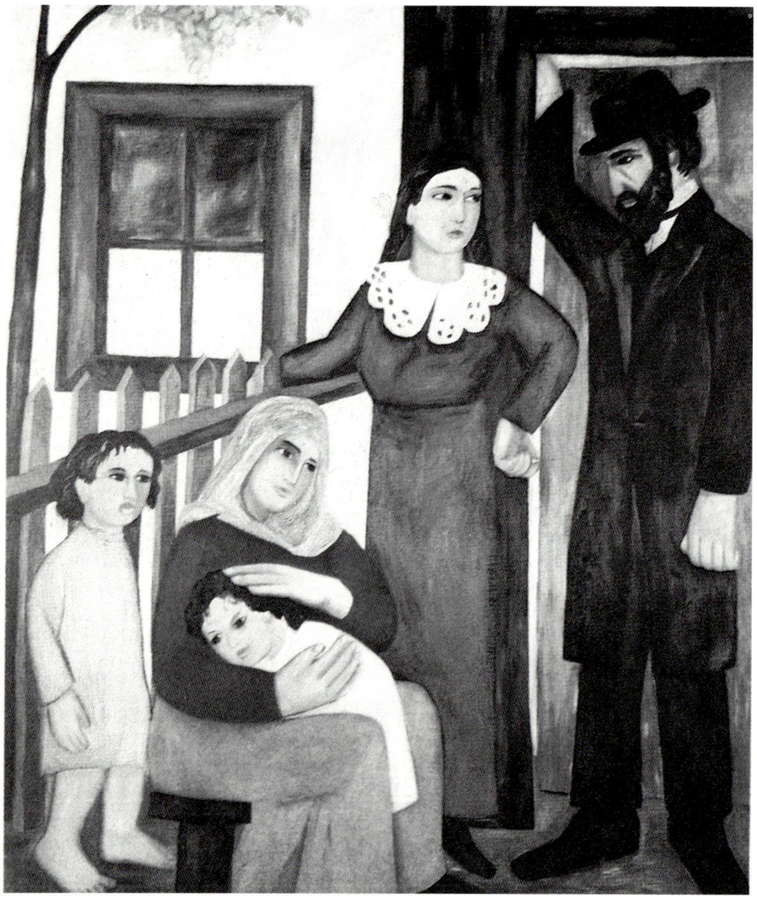

Natalija Gončarova, Famiglia ebrea, *1912, olio su tela, Colonia, collezione Ludwig*

molto vivace, sulle casupole luccicavano le insegne, spesso molto curiose, come quelle dei sarti e dei parrucchieri. Per quanto mi ricordo, avrebbero potuto essere opere di un qualche ignoto antenato di Chagall ...»[26]
Un'altra, e forse la più significativa, convergenza di Chagall con il movimento neoprimitivista dell'avanguardia russa era la ricerca di nuove espressioni figurative attraverso la riscoperta di fonti primitive autoctone che potevano andare dalle icone a tutte le espressioni figurative del folklore locale, e che sostituivano nel repertorio formale dell'avanguardia russa la scultura negra del cubismo francese. Anche Chagall fu attratto dall'aspetto immaginifico e surreale di alcune specifiche iconografie dell'icona ortodossa, anche se le interpretò con ironia o addirittura dissacrazione,[27] come quella della *Madre di Dio del Segno* che riprese in *La donna incinta* (1913, Stedelijk Museum Amsterdam) o quella di *Elia sul carro di fuoco*, che riprese nella sua opera *Il carro volante* (1913, Guggenheim Museum, New York), rappresentazione mitica dei racconti dell'incendio di Vitebsk in cui l'artista era stato dato alla luce. Si rivolse però soprattutto alle proprie tradizioni ebraiche, a cui peraltro non risparmiò ironia e dissacrazione.
Nel 1897, all'epoca del primo censimento, dieci anni dopo la nascita di Chagall, l'impero russo comprendeva ancora la più numerosa comunità ebraica del mondo, circa cinque milioni di individui che, nonostante le difficili condizioni esistenziali e le migrazioni in massa seguite ai pogrom del 1881, era caratterizzata da specifiche forme culturali, da costumi, da rituali e da abitudini pittoreschi.[28] La variegata tradizione della vita ebraica si estendeva nei territori dell'impero in cui dal tempo di Caterina II, con un decreto del 1795 (poi confermato nel 1835), era consentito di vivere agli ebrei, un enorme territorio che andava dal Mar Nero alla Lituania includendo la Polonia, e a questa tradizione folklorica si rivolse la stessa avanguardia russa. Nata-

Un vecchio ebreo con i filatteri. Le immagini sono entrambe documenti della ricerca etnografica guidata da Shlomo An-Sky fra il 1911 e il 1914 nel territorio degli insediamenti ebraici in Russia

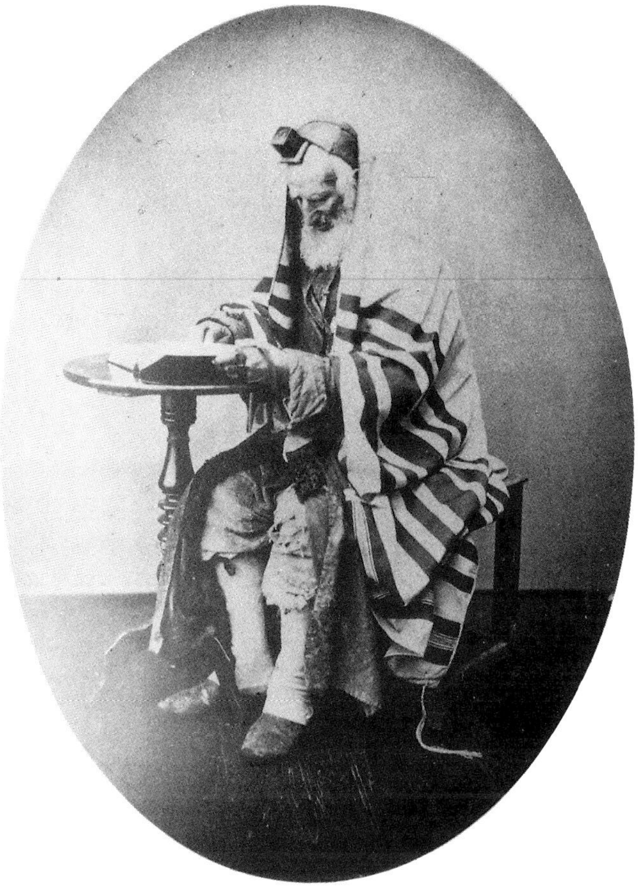

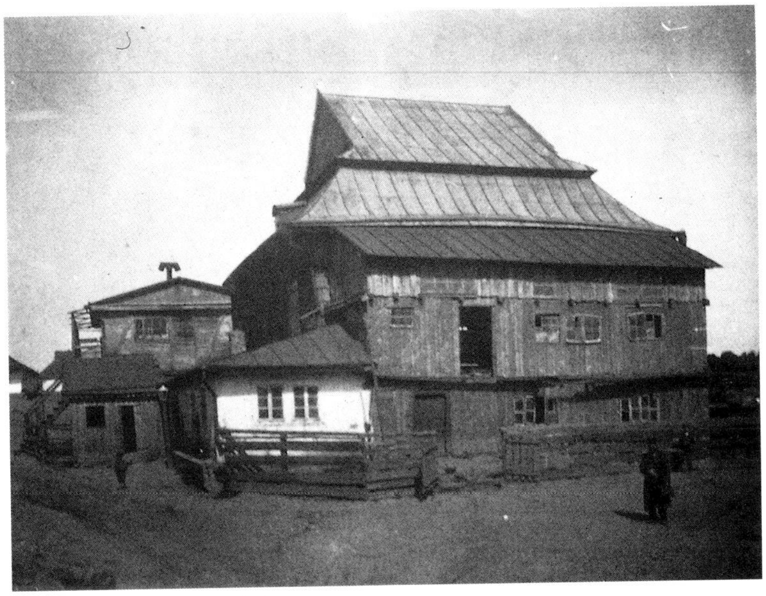

La sinagoga in legno di Ostropol

lija Gončarova, per esempio, l'esponente più battagliera del neoprimitivismo russo, ne fu seppur brevemente affascinata, tanto da etichettare come primitivo, alla sua mostra personale del 1913, un gruppo di opere che rappresentava il folklore ebreo della provincia.[29]

Chagall non fu direttamente coinvolto nel movimento neoprimitivista, dal momento che fra il 1910 e il 1914, gli anni di più intensa attività espositiva ed organizzativa del gruppo, si trovava a Parigi, e tuttavia riuscì ad esporre almeno un'opera programmatica, *Il morto* (1908, Musée National d'Art Moderne, Centre Georges Pompidou, Parigi) alla mostra della «Coda d'asino» del 1912,[30] tre opere alla mostra del «Bersaglio» del 1913,[31] e ben 45 opere alla mostra del «Fante di quadri» del 1916. Almeno cinque delle opere esposte al «Fante di Quadri»,[32] *Vecchio con le lettere* (o *L'ebreo in rosa*), *Lo specchio*, *Gli innamorati in verde*, *Gli innamorati in blu*, *Mar'jasenka*, sono presenti in questa mostra e rappresentano una parte di quella testimonianza del suo 'ritorno al villaggio' che l'artista intendeva presentare. Nel catalogo della mostra, infatti, un'annotazione preliminare sottolineava che si trattava di opere «dalla serie, realizzata in Russia (Vitebsk 1914-15)», indicandone quindi l'organicità complessiva e il loro legame con l'identità russo-ebraica di Chagall.

In effetti, è proprio con il suo ritorno da Parigi a Vitebsk, nel 1914, che Chagall organizza, ricompone e riscopre, con occhi nuovi, il suo personale patrimonio iconografico, quel folklore ebraico che poteva costituire, non diversamente dal folklore russo, ucraino, armeno o georgiano, un ricco materiale di ispirazione anche per un artista contemporaneo.

L'enfasi posta sull'identità di artista ebreo, in Chagall,

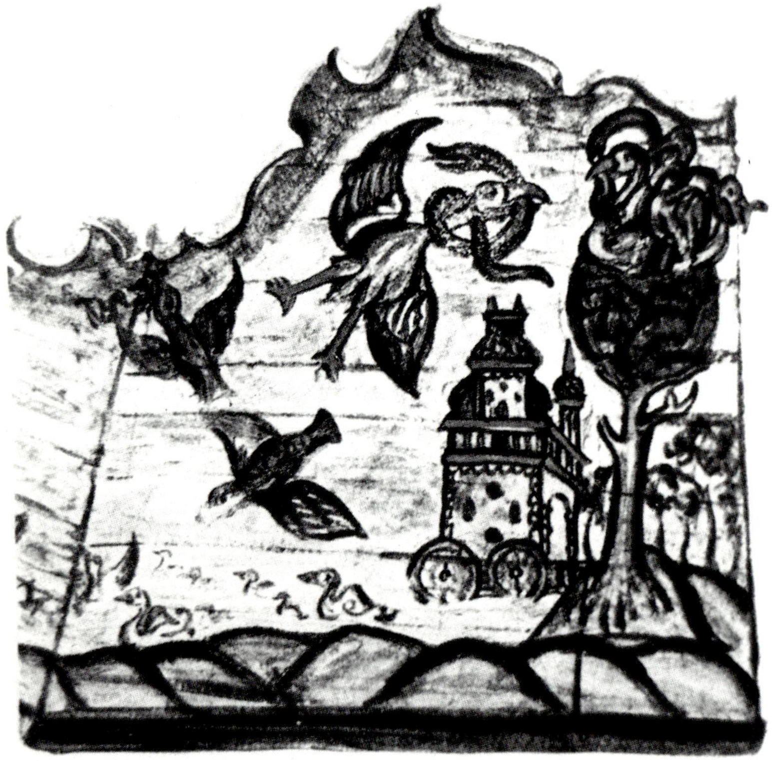

El Lissitskij: due disegni, dell'estate del 1915, che riproducono particolari della decorazione della sinagoga di Mogilev, eseguita dal bisnonno di Chagall. Entrambi i disegni vennero pubblicati in «Migroim-Rimon», n. 3, Berlino 1923

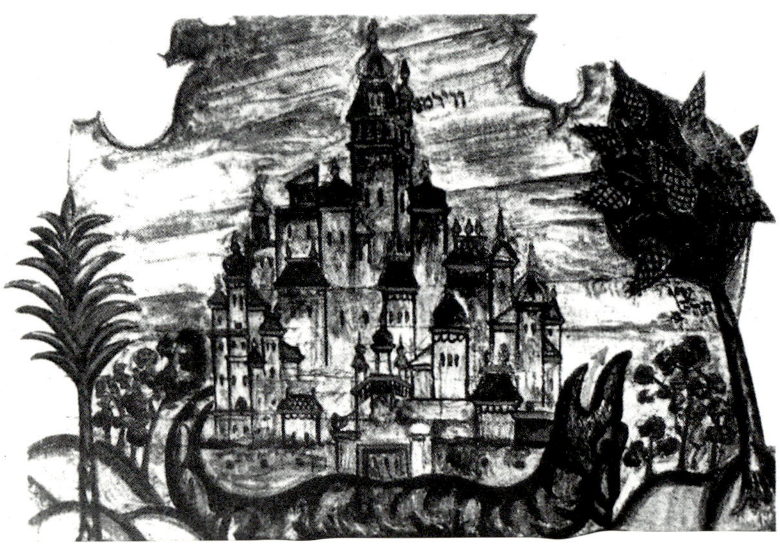

proprio in questi anni, non fu un fenomeno isolato, ma avveniva nell'ambito di quel movimento di rinascita culturale a cui parteciparono artisti e letterati ebrei, d'avanguardia e non.[33] La necessità di salvare, oltre alle vite umane minacciate dai pogrom, un patrimonio culturale fatto di oggetti antichi e preziosi, ma anche di poveri oggetti quotidiani, di costumi, di tradizioni, di rituali, venne sentita con urgenza in primo luogo dagli etnografi, che chiesero aiuto ad intellettuali e artisti per un grandioso progetto il cui entusiasta iniziatore fu lo scrittore, poeta, collezionista e studioso del folklore Shlomo An-Sky (Solomon Zanvil Rapaport). Questi era più noto quale autore del testo del *Dybbuk* per il teatro Gabima di Mosca, per il quale Chagall avrebbe dovuto realizzare le scenografie.[34] Racconta Chagall del suo primo incontro con An-sky: «Scorgendomi durante una serata, mi aveva baciato e detto allegramente: 'Sapete, ho scritto un dramma, *Dybbuk*. Solo voi dovete realizzarlo. Ho pensato a voi.'»[35]
Fu An-Sky che organizzò la grande spedizione etnografica che si svolse in diverse fasi fra il 1911-1914 nel territorio degli insediamenti ebrei in Podol'ja, Volynja, Ucraina, durante la quale la vita del villaggio ebraico fu documentata in tutti i suoi aspetti, dalla musica, agli oggetti di culto, alle sinagoghe in legno, ai costumi, agli amuleti, alle tradizioni orali, attraverso fotografie, incisioni fonografiche, registrazioni grafiche.[36] Alle diverse spedizioni parteciparono anche, in veste di esecutori di rilievi grafici, alcuni dei giovani artisti d'avanguardia, come El Lissitskij che, nell'estate del 1915, assieme ad Issachar Ber Rybak (1897-1935), copiò la fantastica decorazione della sinagoga di Mogilev, dipinta dal bisnonno di Chagall,[37] o Solomon Iudovin (1892-1954) che, in qualità di segretario di

questi problemi, e forse i rapporti a Vitebsk con
skij, anch'egli ritornato in patria nel 1914 da Darı
Il complicato simbolismo delle pitture delle vec
goghe, che aveva affascinato sia Chagall che Li
prolungava in quello delle pietre tombali de
ebraici, che Natan Al'tman (1889-1970), bench
dentemente dall'iniziativa di An-Sky, copiò nell
1913 nel cimitero di Čepetovka;[39] e il tema d
cimitero ebraico, con le sue pietre tombali pia
terra come antichi monoliti, si ritrova anche in
Il cimitero (1917) e in *I cancelli del cimitero ebr*
entrambi presso il Musée National d'Art Mode
Georges Pompidou, di Parigi.
Fra il materiale documentario sopravvissuto
zione di An-Sky si trovano anche numerose
cui si possono identificare puntualmente m
liani: poveri ambulanti con lunghe barbe i
kaftani stretti in vita da una cintura, ebrei s
volti nello scialle della preghiera, fragili e
sinagoghe di legno con i tetti sghembi.
L'ebreo in rosa, mezzo cieco, vestito di stra
pantofole diverse, sembra una tipizzazione
prio da una documentazione etnografica e
mente collegato a quel gruppo di 'documen
definì lo stesso artista) della vita di Vitebsk rea
il ritorno da Parigi, cioè a quel gruppo di sc
che Chagall realizzò fra il 1914 e il 1915, c
presentati due esempi in questa mostra: *Lo spazz*
16) e *Soldati con le pagnotte* (cat. n. 17).
Il critico Efros, uno dei più convinti assertori del
lità di coniugare tradizione folkloristica ebraic
linguaggio d'avanguardia, ultraarcaico e ultramoderno,
usò anch'egli la metafora di una favola, quella della lam-

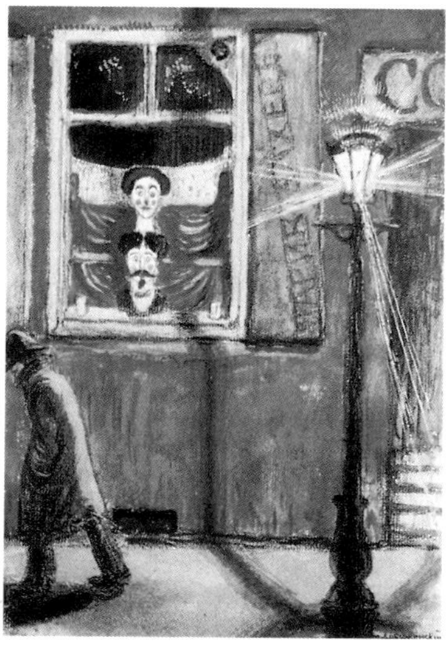

nskij, La vetrina del parrucchiere, *1906, acquerello su* *alleria Tret'jakov*

lla sedia. Quest'ultima, come avviene con figure infantili di Chagall, è un pupazzo, una bandonata, come nel bambino ritratto in *La* *il bambino* (1914, cat. n. 7), o ancor più nella *vista sul giardino* (1917, cat. n. 21), dove la nenticata sul seggiolone risponde alla bambina sommario è addirittura cancellato dalla cornestra. Queste vedute di esterni-interni e queambigui di bambole non sono né ingenui, né sono l'ultima variante del feticismo visivo degli del gruppo pietroburghese di «Il mondo del-

no (1915, cat. n. 18), nta, gigantesca proiela figura con la testa rco 'protettivo' dello

nella serie di vedute dalla finestra che questa mostra ci presenta si evidenzia infatti la derivazione di Chagall dalla scuola di Elizaveta Zvanceva, dove insegnavano due dei principali esponenti di questo gruppo: Dobužinskij e Léon Bakst (che ne era anche direttore).[44] La prima

Veduta dalla finestra a Vitebsk (1908, cat. n. 2) è infatti contemporanea all'ingresso di Chagall nella scuola della Zvanceva ed è parallela ai 'teatrini' di Dobužinskij. Anche in Dobužinskij gli oggetti alla finestra vivono una loro perversa e melanconica trasformazione, come in *La vetrina del parrucchiere* (1906, acquerello, Galleria Tret'jakov, Mosca) e in *La bambola* (1905, acquerello, Galleria Tret'jakov, Mosca), di cui la *Vista sul giardino* del Museo Brodskij è una precisa citazione-omaggio. Ma i bambini-bambolotti di Chagall rimandano anche ai personaggi-manichini di un altro esponente del «Mondo dell'arte», Konstantin Somov (1869-1939), a cui fanno pensare anche le tre versioni de *Gli innamorati* (in blu, 1914, in verde, 1914-15, in rosa 1916) nella loro immobile fissità e Bella, trascinata nell'aria come una disarticolata marionetta, in *La passeggiata*. In quest'opera la ricchezza decorativa dello scialle, come nel vestito della donna che balla in *Matrimonio ebraico* (dopo il 1910, cat. n. 14) e nell'elaborata trina del vestito della sorella *Mar'jasenka* (1914-15, cat. n. 13) è invece un ricordo degli arabeschi dei costumi teatrali di Bakst.

Viceversa, al contrario delle immagini di bambini, le immagini dei vecchi, ritratti spesso individualmente con puntiglio etnografico, sono immagini realistiche come i singoli ritratti del *Matrimonio ebraico* o il ritratto di vecchio in *L'ebreo in rosa*. La loro presenza costante nell'opera di Chagall, benché si riferisca ad una tipologia specifica (e persino più 'universale' di quella del villaggio ebraico, nei collegamenti fatti dallo stesso Chagall ai vecchi ebrei di Rembrandt), sembra in contrasto con la visione 'infantilistica' del mondo di Chagall, ma di fatto non è che un ulteriore 'scarto' stilistico al quale lo Chagall pittore si sente completamente autorizzato. Questa impazienza stilistica, l'eclettismo di cui veniva accusato già dai suoi contemporanei, lo si può notare nei suoi quattro differenti autoritratti di questa mostra, quello del 1908, i due autoritratti del 1914, quello dell'*Apparizione* del 1917-18. Inoltre le geometriche casette colorate in *La passeggiata* potrebbero essere indifferentemente riferite sia alle convergenze con il suprematismo che ad una ammorbidita versione del cubismo. Per quanto riguarda il cubismo, con il quale Chagall si era confrontato a Parigi all'inizio degli anni Dieci, si tratta, più che dei radicali esperimenti di Picasso che avevano influenzato le opere primitiviste di Gončarova e di Malevič, della raffinata variante decorativa di Albert Gleizes e, soprattutto, di Jean Metzinger, con la sfaccettatura monocroma dei piani, con l'uso testurale dei tessuti decorati, e, magari, di vortici orfisti come nella formula dell'*Apparizione*.

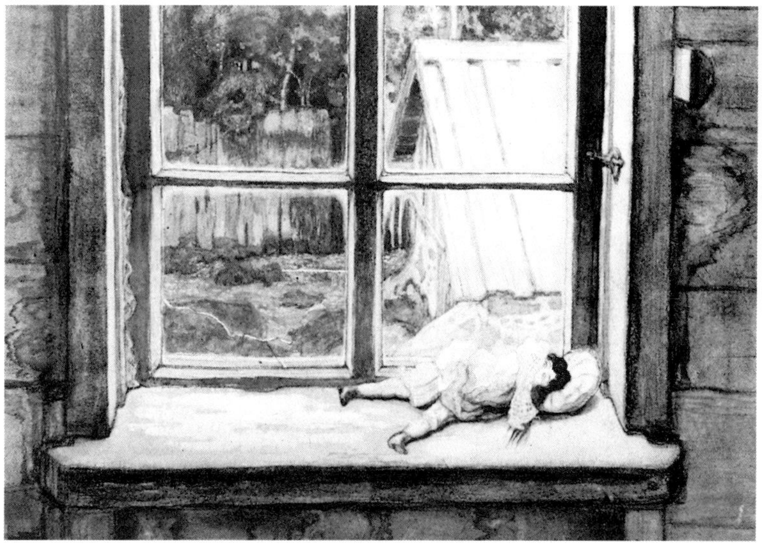

Mstislav Dobužinskij, La bambola, *1905, acquerello su carta, Mosca, Galleria Tret'jakov*

Acutamente Efros aveva delineato il problema dell'eclettismo, come ricerca di identità, nei tentativi artistici dell'avanguardia russo-ebraica (da Chagall ad Al'tman a Robert Fal'k [1886-1958]): «Il nostro primo suggello è il

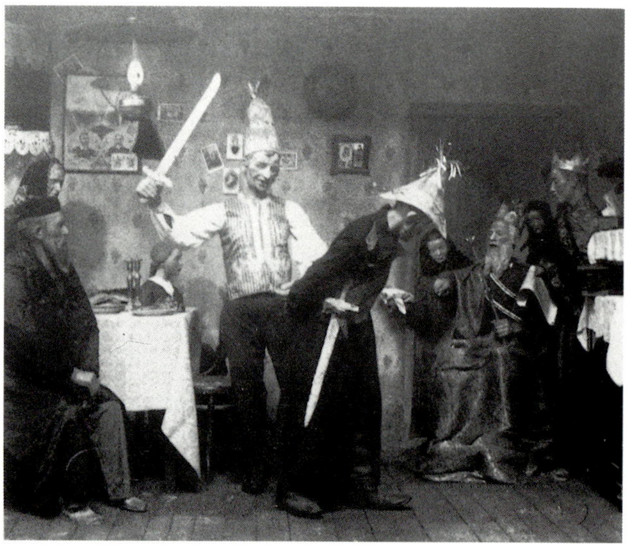

Una ricostruzione tridimensionale di Purimspiel *(letteralmente, rappresentazione per la festa ebraica di Purim), con pupazzi in legno e costumi di stoffe varie, conservata presso il Museo Etnografico di Stato di San Pietroburgo*

modernismo, l'essere 'di sinistra', la nostra giovinezza, il nostro secondo suggello è l'orientamento verso il nostro popolo, le nostre tradizioni, la nostra vecchiezza.»[45]
Ma come nel caso degli artisti neoprimitivisti e dei poeti futuristi (basti pensare ai graffiti con le prostitute di Larionov, alla coprofilia dei disegnini di Eduard Spandikov, dei testi di Terent'ev e di Kručenykh), anche l'infantilismo di Chagall non è per nulla innocente, come dimostrano alcuni personaggi nell'*Introduzione al Teatro Ebraico*: il ragazzo che fa pipì su un maiale, la figuretta alla Bosch in imbarazzante equilibrio su una foglia puntuta, l'indecoroso posizionamento sui posteriori dei due saltimbanchi (di cui uno addirittura con i filatteri rituali sulla fronte e sul braccio) di una pistola e di un foglietto con i nomi degli scrittori russi yiddish ed ebrei, Peretz, Abramowitz, Sholem Aleichem. Ma: «Io sono un acrobata» è scritto sulla cintura di uno dei due, a giustificazione della profanazione e ad imitazione della rappresentazione dei *Purimspiel* per identificare i personaggi.
Jakov Tugendhold (1872-1928) aveva sottolineato questa ambiguità del discorso chagalliano: «Le immagini [di Chagall] non contengono esseri umani, immagini proibite (o a somiglianza di Dio), egli non dipinge mai ritratti individuali, ma rappresenta tuttavia persone e animali. Le sue persone sono povere, oppresse dai princìpi ortodossi, da mitologiche paure, da un severo puritanesimo. I suoi animali sono malnutriti, sentimentali, con gli occhi dolci come gazzelle, o, al contrario, con facce bestiali.
Allo stesso modo in cui Gogol' ama i grugni dei maiali, così i musi delle vacche e delle capre si intrufolano dentro gli interni di Chagall, e appaiono perciò come simboli demoniaci di quelle tentazioni peccaminose che un tempo avevano spinto Aronne ad abbattere l'idolo del Vitello d'oro sul monte Sinai. C'è qualcosa di sodomitico ed erotico che si richiama a Bosch e a Goya in queste facce bestiali di Chagall.»[46]
L'illogica casualità con la quale l'artista sistema persone e oggetti nelle loro reciproche posizioni sembra dettata non solo e non tanto da una volontà di provocazione o di straniamento associativo (come avveniva in Dobužinskij e negli artisti del «Mondo dell'arte», in generale), quanto da un preciso rituale. Questo rituale non è un rituale necessariamente ebraico e confessionale e corrisponde piuttosto ad una tendenza di tutta l'avanguardia russa, in particolare, ma non esclusivamente, dell'avanguardia primitivista. L'importanza del rito nella vita russa, sia questo il complicato rito liturgico ortodosso o il rigido rituale religioso ebraico o il lungo elaborato rituale sciamanico della Siberia o i sopravvissuti rituali pagani nelle festività contadine, scandiva ancora negli anni Dieci anche i tempi interiori dei dissacratori artisti dell'avanguardia che, persino nelle loro provocatorie *performances*, rivelavano radicati ed

P. Filonov, Il banchetto dei re, *1912, tecnica mista su carta, San Pietroburgo, Museo Statale Russo*

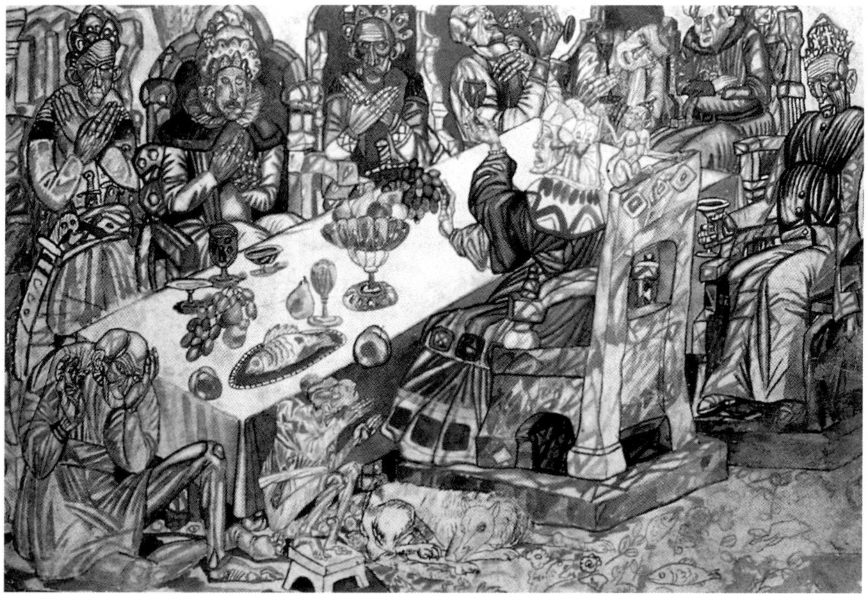

oscuri comportamenti o si rifacevano agli antiriti dei mistici: le capriole e gli sberleffi degli *Hassidim* ebrei di Lyozno[47] o il farneticare ispirato degli *jurodovye* russi. Nel fregio *Il banchetto nuziale* (1920) che adornava il Teatro Granovskij, una serie di piatti con dei pesci, delle alzate di frutta e dei pani del sabato (*challah*) si presentano all'osservatore con tutta la pregnanza simbolica di oggetti cerimoniali, dove, sebbene il pesce rimandi al simbolo chassidico di riproduzione e fertilità, ci ricorda identici piatti di pesce ricorrenti con la loro iconografia cristiana nei quadri primitivisti di un artista contemporaneo, Pavel Filonov (1881-1944). Il valore rituale dell'offerta è confermato dall'ambigua allusione al rito primordiale dell'antropofagia negli ometti offerti in altri piatti e nella faccia umana dei pesci (caratteristica anche delle metamorfosi di Filonov).

Travestito nella sua iconografia di angelone cristiano e barocco, anche l'angelo dell'*Apparizione* del 1917-18 potrebbe richiamarsi alla mistica ebraica e chassidica nella figura dell'angelo che «desta i morti e ricompone l'infranto»;[48] e la cronologia dell'*Apparizione*, coincidente con le due summenzionate immagini escatologiche dei cimiteri ebraici, colloca quest'opera in quella corrente culturale russa che interpretava misticamente gli eventi della Rivoluzione di ottobre come l'inveramento dell'Apocalisse o come l'avvento del Messia. In una delle recenti retrospettive di Chagall, *L'apparizione* porta il titolo *Autoritratto con la musa. Visione*,[49] mentre altrove il volto dell'angelo viene identificato, sulla base di un'analogia fisiognomica, con quello della moglie Bella nel 1917.[50] Ma l'angelo dell'*Apparizione* è anche il profilo speculare dell'artista (speculare anche nel senso del colore, di luce e tenebra), e potrebbe perciò indicare quell'angelo personale a cui, nella tradizione ebraica, Dio affida alla nascita ogni essere umano, angelo che diviene il suo iō trascendente e il cui nome gli

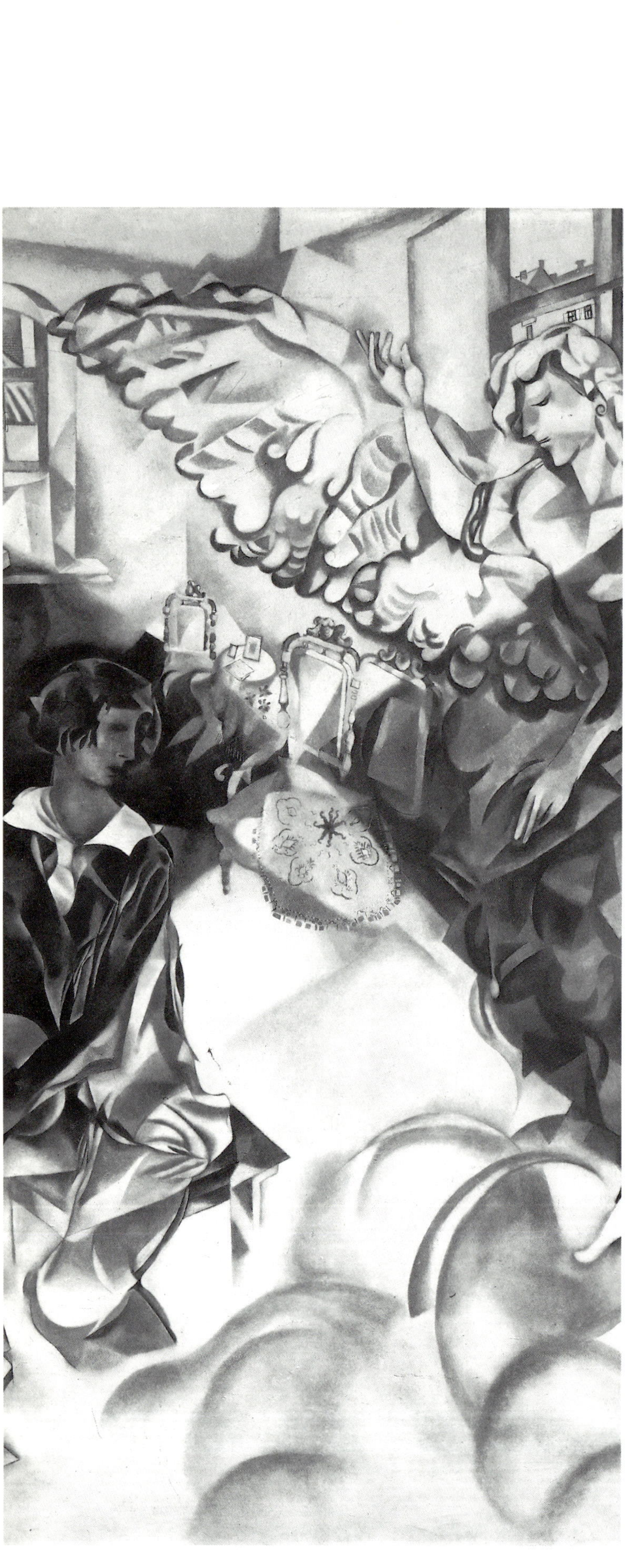

L'apparizione *(cat. n. 24), particolare*

resta segreto. I giochi di Chagall con il suo nome, la sua firma, sono forse dei tentativi per nascondere/rivelare questo 'nome' segreto, il significato segreto della sua musa, se stesso, la sua opera. L'eleganza formale del contrasto nero e azzurro smorza tuttavia i toni apocalittici di questa visione e, come il critico Efros aveva rilevato in altre opere di Chagall di quegli anni, anche qui si avverte una sorta di inadeguatezza fra «vortici, scosse e caos» e le soluzioni formali in cui vengono rappresentati.

«Non per il fatto che Chagall suona il rombo delle tempeste apocalittiche su un flauto lirico. Ci sono toni penetranti, acuti e tumultuosi nel suo lavoro. Egli è un maestro e getta su di noi le onde alte e basse delle maree della sua furia e della sua passione con l'ampiezza di tutta la forza del suo talento. Ma non è questo il pennello con cui l'artista, agitato dal terrore del cataclisma e scorticato dal malessere spirituale, batte con entrambe le mani la tela tremante e gemente. C'è qui una certa incongruenza fra i frammenti di oggetti al galoppo spezzati ed appesi nel vuoto della tela e l'inadeguatezza della fattura della superficie dipinta, semplice e severa, ma troppo raffinata e aristocratica.»[51]

Chagall, infine, offre una diversa e ulteriore interpretazione di questa sua opera cardine degli anni russi, quella della *Visione*, del sogno, di un sogno infantile con un vago carattere di buffonata: «In un angolo un letto, nel quale sto io. Cala il buio. Improvvisamente il soffitto si apre e un essere alato scende con bagliore e fragore, riempiendo la camera di un turbine di nuvole. Un palpito di ali che battono. Penso: un angelo! Ma non riesco ad aprire gli occhi, c'è troppo chiarore, troppa luce. Dopo aver frugato dappertutto, si alza di nuovo in volo ed esce dall'apertura nel soffitto, portandosi dietro tutta la luce e l'aria azzurra. Cala di nuovo il buio. Mi sveglio. Il mio quadro *L'apparizione* evoca quel sogno.»[52]

[1] Cfr. C. Abramsky, *Yiddish Book Illustrations in Russia 1916-1923*, in *Tradition and Revolution. The Jewish Renaissance in Russian Avant-garde Art 1912-1928*, The Israel Museum, Gerusalemme, giugno 1987, pp. 61-70.

[2] A. Shatskich, *Marc Chagall and the Theatre*, in AA.VV., *Marc Chagall. The Russian Years 1906-1922*, a cura di Ch. Vitali, Schirn Kunsthalle, Francoforte 1991, pp. 76-88.

[3] AA.VV., *Marc Chagall*, a cura di C. Burrus, Fondation Pierre Gianadda, Martigny 1991.

[4] AA.VV., *Marc Chagall. The Russian Years 1906-1922*, cit.

[5] A. Kampf, *Chagall in the Yiddish Theatre*, ivi, pp. 94-106.

[6] M. Chagall, *There are no Stories in my Pictures*, in *The Works of the Mind*, a cura di R.B. Heywood, Chicago 1947, pp. 34-35, cfr. sezione documentaria del presente catalogo.

[7] Si veda per esempio la cantilenante ostinazione con la quale Chagall dissemina la sua firma in caratteri latini e cirillici e anche la parola *učilišče* (scuola) sul quadro *Paesaggio cubista* del 1918 (Centre Georges Pompidou, Parigi), nel quale su un fondo curiosamente suprematista rivendica la sua centralità nell'insegnamento di Vitebsk nella figura di un piccolo ometto che esce dall'edificio miniaturizzato della scuola. Cfr. A. Kamensky, *Chagall. The Russian Years 1907-1922*, New York 1989. L'uso 'trinario' della firma in *Hommage à Apollinaire* è stato acutamente analizzato in Z. Amishai-Maisels, *Chagall's Jewish In-Jokes*, in «Journal of Jewish Art», vol. V, Spertus College of Judaica Press, Chicago 1978, pp. 76-93.

[8] Z. Amishai-Maisels, *Chagall and the Jewish Revival: Center or Periphery?*, in *Tradition and Revolution. The Jewish Renaissance in Russian Avant-garde Art 1912-1928*, cit., pp. 81.

[9] Su questa parentela, presunta o reale, ma pervicacemente ribadita dall'artista cfr. ivi, pp. 71-100, in particolare pp. 72 e 91, nn. 5-6.

[10] L'autobiografia (M. Chagall, *La mia vita*, Milano 1960), benché sia stata pubblicata ufficialmente per la prima volta in francese soltanto nel 1931 era stata scritta a Mosca fra il 1921-22 e rappresenta perciò il momento culminante della rimeditazione dell'esperienza russa di Chagall.

[11] A. Shatskich, *When and Where was Marc Chagall Born?*, in *Marc Chagall. The Russian Years 1906-1922*, cit., pp. 21-22.

[12] M. Chagall, *Bletlakh* (Foglio volante, in yiddish), in «Shtrom», n. 1, 1922, pp. 44-46; riportato integralmente in inglese in Z. Amishai-Maisels, *Chagall and the Jewish Revival: Center or Periphery?*, cit., p. 72.

[13] Alla ricostruzione filologica della sistemazione delle tele nello spazio teatrale è dedicato il saggio di A. Shatskich, *Marc Chagall and the Theatre*, cit., pp. 76-88.

[14] In realtà sino al 1920, quando Vera Ermolaeva ne assunse la direzione, la scuola si chiamava Studi superiori d'arte di Vitebsk. Cfr. A. Shatskich, *Chagall and Malevich in Vitebsk*, in *Marc Chagall. The Russian Years 1906-1922*, cit., pp. 62-67.

[15] Sulla cronologia dettagliata di questi eventi, cfr. *ibidem*. Sul conflitto Chagall, Malevič, El Lissitskij, cfr. V. Rakitin, *Eeny Meeny Miney Mo...*, in *Marc Chagall. The Russian Years 1906-1922*, cit., pp. 62-67.

[16] S. Dymšic-Tolstaja, *Vospominanija*, in *K. Malevich, 1878-1935*, catalogo della mostra, Mosca-Amsterdam 1988, p. 161

[17] Così lo definisce Jurij Annenkov (1889-1974) nei suoi diari. Cfr. *Dnevniki moich vstreč*, New York 1955, v. II, p. 165.

[18] A. Efros, *Chudožniki Teatra Granovskogo*, in «Iskusstvo», t. IV, N. 1-2, GAChN, 1928, Mosca, pp. 62-64, cit. a p. 64.

[19] A. Efros, *Profili*, Mosca 1930, pp. 177-205.

[20] *Catalog vystavki kartin i skul'ptury Obsčestva chudožnikov «Bubnovyj Valet»*, Mosca 1916, cat. no. 339, *La finestra della dacia*.

[21] G.G. Pospelov, *Bubnovyj Valet, primitiv i gorodskoj fol'klor v moskovskom živopisi 1910-x godov*, Mosca 1990.

[22] N. Rudakova, *The Russian Lubok: Two Hundred Years of Popular Prints. Mirror to a Traditional World*, catalogo della mostra, Withworth Art Gallery, University of Manchester 1990, pp. 62-71.

[23] Cfr. A. Povelikhina, E. Kovtun, *Russian Painted Shop Signs and Avant-garde Artists*, Leningrado 1991.

[24] M. Chagall, *La mia vita*, cit, p. 85.

[25] V. Ermolaeva, *Peterburgskie vyveski* (Insegne a Pietroburgo), in «Iskusstvo Kommuny», n. 8, 26 gennaio 1919, p. 2.

[26] M.V. Dobužinskij, *Vospominanija*, a cura di G.I. Čugunov, Mosca 1987, pp. 88-89.

[27] Z. Amishai-Maisels, *Chagall's Jewish In-Jokes*, cit., pp. 86-87. Sul tema del rapporto fra avanguardia russa e primitivo, cfr. N. Misler, J.E. Bowlt, *Con gli occhi dell'Oriente. Il Primitivismo e l'avanguardia russa*, in *Arte Russa e Sovietica, 1870-1930*, catalogo della mostra, Lingotto, Torino 1989, pp. 79-92.

[28] A Vitebsk, in particolare, i primi ebrei sono identificati sin dal 1551. Intorno al 1900 i 34.000 ebrei vi rappresentavano più della metà della popolazione. Cfr. Z. Gitelman, *A Century of Ambivalence. The Jews of Russia and the Soviet Union 1881 to the Present*, New York 1988.

[29] Nella prima edizione del catalogo troviamo infatti *Famiglia ebrea* (n. 417), *Ebreo* (N. 600), *Ebreo (primitivo)* (n. 605), *Ebrea* (n. 607), mentre nella seconda edizione sono indicate: 5 composizioni *'Ebreo' (primitivo)*. Cfr. *N. S. Gončarova. Vystavka kartin 1900-1913*, Mosca 1913. Alcune di queste opere vennero esposte alla mostra primitivista «Mišen'» (Il Bersaglio) del 1913 (*Ebreo*, 1912, *Ebreo*, 1911, *Donna ebrea*, 1912, nn. 34, 36, 39) dove espose anche Chagall (nn. 125-127), cfr. *Katalog Vystavki kartin gruppy chudoznikov «Mišen'»*, Mosca 1913.

[30] *Katalog Vystavki Kartin gruppy chudožnikov «Oslinyj Chvost»*, Mosca 1912, cat. n. 286.

[31] Purtroppo le opere sono indicate soltanto con i numeri in catalogo. Cfr. *Katalog Vystavki Kartin gruppy chudožnikov «Mišen'»*, cit., cat. nn. 125-127.

[32] Si tratta rispettivamente dei nn. 342, 343, 346, 347, 355. Cfr. *Katalog Vystavki Kartin i skul'ptury obščestva chudožnikov «Bubnovyj Valet»*, Mosca 1916.

[33] Cfr. J.E. Bowlt, *From the Pale of Settlement to the Reconstruction of the World*, in *Tradition and Revolution. The Jewish Renaissance in Russian Avant-garde Art 1912-1928*, cit., pp. 43-60.

[34] Sebbene la proposta di An-sky risalisse agli anni della guerra, non è chiaro se Chagall avesse cominciato a lavorare a questo progetto prima o dopo l'impresa per il Teatro di Granovskij. Cfr. Z. Amishai-Maisels, *Chagall and the Jewish Revival: Center or Periphery?*, cit., p. 89-90, 99, n. 107.

[35] M. Chagall, *La mia vita*, cit., p. 160. Cfr. M. Frost, *Marc Chagall and the Jewish State Chamber Theatre*, in «Russian History», vol. 8, fasc. 1-2, Tempe, Arizona 1981, pp. 90-107.

[36] A. Rechtman, *The Jewish Ethnographical Expedition*, in J.C.E. Belinfante, I. Dubov, a cura di, *Tracing An-sky, Jewish Collections from the State Ethnographic Museum in St. Petersburg*, catalogo della mostra, Museo Etnografico Statale, San Pietroburgo, Joods Historisch Museum, Amsterdam 1992, pp. 12-15. La storia dettagliata di questa spedizione sostenuta dai fondi della prima Società Etnografica Ebrea del barone Moisej Ginzburg non è stata ancora scritta e la stessa data della spedizione non è stata ancora definitivamente accertata.

[37] Alcuni anni più tardi, a Berlino, Lissitskij pubblicò anche una descrizione dettagliata e commentata delle decorazioni di Mogilev in yiddish. Cfr. El Lissitskij, *Ricordi della Sinagoga di Mogilev* (in yiddish e in ebraico), in «Milgroim/Rimon», n. 3, Berlino 1923, pp. 9-13. Una traduzione inglese è pubblicata in *Tradizion and Revolution. The Jewish Renaissance in Russian Avant-garde Art 1912-1928*, cit., pp. 233-234.

[38] Nel 1916 Chagall divenne membro, assieme ad Al'tman e El Lissitskij, della Società ebraica per l'incoraggiamento delle arti, e poi il coorganizzatore della sezione moscovita di Kul'tur-Liga, l'associazione culturale ebraica fondata a Kiev nel 1917. Cfr. G. Kasovsky, *Chagall and the Jewish Art Programme*, in *Marc Chagall. The Russian Years 1906-1922*, cit., pp. 53-59.

[39] *Ibidem*.

[40] A. Efros, *Lampa Aladina (K vykhodu v svet kapitalnogo izdanija S.A.Anskogo Evreiskaja narodnaia chudožestvennia starina)* in A. Sobol, E. Loiter, *Evreiskij Mir*, Mosca 1918, pp. 297-310, la citazione è a p. 299. Cfr. anche N. Misler, *The Future in Search of Its Past: Nation, Ethnos, Tradition and the Avant-garde in Russian-Jewish Art Criticism*, in *Tradition and Revolution. The Jewish Renaissance in Russian Avant-garde Art 1912-1928*, cit., pp. 143-154.

[41] Il nome, inventato dallo scrittore Shlomo Zemach significava «I preziosi»: era quello di un gruppo di artisti ebrei a La Ruche, che pubblicò diversi numeri dell'omonimo almanacco nel 1912. G. Kasovsky, *Chagall and the Jewish Art Programme*, in *Marc Chagall. The Russian Years 1906-1922*, cit., p. 55.

[42] M. Chagall, *Bletlakh* (in yiddish), in «Shtrom», n. 1, 1922, pp. 44-46; in Z. Amishai-Maisels, *Chagall and the Jewish Revival: Center or Periphery?*, cit., pp. 71-100. Nonostante queste dichiarazioni Chagall prese poi parte al movimento di rinascita dell'arte ebrea, e per esempio espose alla mostra di Kul'tur-Liga di Mosca assieme ad Al'tman e Šterenberg nel 1922. Cfr. *Kul'tur-Liga. Vystavka rabot Natana Al'tmana Marka Šagala Davida Šterenberga*, marzo-aprile 1922, Mosca.

[43] Su questo movimento russo dell'inizio del secolo esiste oggi un'ampia letteratura. Per un'informazione generale cfr. J.E. Bowlt, *The Silver Age: Russian Art of the Early Twentieth Century and The «World of Art Group»*, Newtonville, Mass, 1979.

[44] La scuola privata finanziata da Elizaveta N. Zvanceva (1864-1922) veniva definita anche Scuola di Bakst e Dobužinskij. Dobužinskij vi insegnò dal 1906 al 1911, sino al 1909 con Bakst e poi con Kuz'ma Petrov-Vodkin (dal 1910 la scuola si chiamò Scuola di Dobužinskij e Petrov-Vodkin). Cfr. M.V. Dobužinskij, *Vospominanija*, cit., pp. 405, n. 15 e G. Čugunov, *Mstislav Valerianovič Dobužinskij*, Leningrado 1984.

[45] A. Efros, *Lampa Aladina*, cit. p. 310.

[46] Ya. Tugendhold, *Mark Šagal*, in «Apollon», Pietrogrado, 1916, n. 2, p. 13.

[47] G. Sholem, *Major Trends in Jewish Mysticism*, New York 1946. Cfr. E. Debenedetti, *I Miti di Chagall*, Milano 1962.

[48] W. Benjamin, *Avanguardia e Rivoluzione*, Torino 1973, p. 23. È sulla scorta delle discussioni con G.Scholem che Benjamin interpreta l'Angelus Novus come Angelo/Messia. Cfr. G. Sholem, *Walter Benjamin e il suo angelo*, Milano 1978.

[49] AA.VV., *Marc Šagal, K 100-letju so dnja roždenija*, a cura di M.A. Bessonova e M.I. Majskaja, catalogo della mostra, Museo di arti figurative A.S. Puškin, Mosca 1987, cat. n. 29.

[50] Cioè con il ritratto *Bella con il colletto bianco*, del 1917 (Centre Georges Pompidou, Parigi). Cfr. *Chagall*, a cura di S. Compton, catalogo della mostra, Royal Academy of Arts, Londra 1985, cat. n. 53.

[51] A. Efros, *Profili*, cit., p. 195.

[52] M. Chagall, *La mia vita*, cit, p. 82.

Fiori, *1970, olio su tela, collezione privata*

torno a sé varie scuole. È chiaro che, negli ottant'anni durante i quali Chagall ha tenuto il pennello in mano, ha perfezionato la sua tavolozza, ha trovato nuovi procedimenti — più raramente nuovi soggetti — e si è anche incontrato con movimenti decisivi della pittura mondiale: l'espressionismo, il cubismo, il futurismo. Tuttavia questi incontri non hanno determinato mutamenti bruschi.

In breve, il vero cambiamento nella vita di Chagall è stato uno solo, avvenuto all'inizio degli anni Dieci. A quel tempo l'artista ha già una certa esperienza pittorica. Ha raggiunto una certa maturità espressiva in alcune scene di interni, in cui sedie e poltrone si contorcono, il rosso fiammeggiante delle cortine si espande cingendo il letto della puerpera. I personaggi di Chagall si raggrumano intorno alla tavola in posizioni goffe, con le teste capovolte. Sembra che la tensione debba dar luogo a una catastrofe generale. Ma a questo punto avviene il cambiamento che determina tutta la creazione ulteriore dell'artista: a quei sentimenti che colmavano la sua anima egli dà un indirizzo diverso. Alla base delle sue rappresentazioni stava la complessa fusione di immagini visionarie della memoria individuale e collettiva, dei riti del suo popolo, del folclore, di sogni ridestatisi, di una concezione del mondo ingenua, in certo modo elementare, di preoccupazioni infantili e di presagi inquietanti. Egli ha sviluppato tutti questi aspetti e li ha compenetrati del suo straordinario spirito artistico. Questa congiunzione ha determinato anche la peculiare mitologia di Chagall. I suoi personaggi si comportano con grande arbitrarietà: volano, vanno a testa in giù, le figure umane si trasformano in strani esseri, teste o mani saltano fuori dai corpi, donne nude si sistemano comodamente tra mazzi di fiori. Il mondo della vita quotidiana si colloca in una nuova dimensione.

La ricetta di Chagall per raggiungere questa nuova dimensione sembra molto semplice: fai volare la gente, metti le case a gambe all'aria, porta in primo piano oggetti difficilmente accostabili l'uno all'altro e l'obiettivo è raggiunto. Eppure quando Vasilij Kandinskij nel 1912, cioè nel momento in cui aveva raggiunto la maturità e affermato la sua concezione creativa, ha voluto sfruttare la 'ricetta di Chagall' dipingendo la sua *Donna a Mosca*, costruita secondo il principio dell'assurdo chagalliano, ha perso l'orientamento nello spazio fantastico e ha fallito. Solo Chagall poteva rappresentare con successo questo passaggio dalla vita quotidiana ad una nuova dimensione, dalla cittadina di provincia verso spazi universali. Solo i suoi personaggi sanno volare, solo le sue case possono reggersi con il tetto in giù, solo alle sue vacche è dato suonare il violino. Perché?

Uno dei quadri di Chagall dipinto in età già avanzata, *La caduta di Icaro* (1975, cat. n. 71), risponde a questa domanda con l'aiuto di una metafora. Icaro l'audace, volato tanto in alto che il sole sciolse la cera che tratteneva le sue ali, nei quadri dell'artista è quasi l'unico personaggio che non può volare. Cade, muore. Collocando il suo personaggio nel contesto della realtà quotidiana, è lui, e non il suo mondo che Chagall ha sottoposto a leggi estranee. Nella mitologia greca l'atto eroico di Icaro era una manifestazione del miracoloso, mentre qui nel quadro egli è divenuto la vittima della sua differenza dagli eroi abituali di Chagall, vittima della sfiducia nella realtà dell'assurdo. Evidentemente noi non percepiamo il vagare della fantasia chagalliana come ingegnoso artificio dell'artista; i comportamenti e le azioni degli innamorati volanti non ci appaiono come un miracolo fiabesco, in quel mondo essi risultano assolutamente reali. Qui tutto è giustificato da una 'mitologia della vita quotidiana' peculiare a Chagall. Solo lui è capace di inserire la memoria nel sogno conservando le cose più piccole e più effimere di questo mondo per unirle poi con quelle più grandi e durature.

Gli eroi di Chagall, gli episodi a cui prendono parte, le cose che li circondano, tutto questo può esistere in una unità inscindibile solo in determinate e particolarissime condizioni di composizione del soggetto. Spesso si può affermare che i quadri di Chagall hanno una costruzione complessa, ma quasi mai l'azione vi si sviluppa nell'unità di tempo, secondo una trama drammatica prestabilita. Il tempo si frantuma, lo spazio unitario, di regola, manca. Episodi diversi, scene distanti si sovrappongono l'una all'altra in virtù del loro significato interno o del loro valore simbolico. Intervengono associazioni: l'osservatore cerca di penetrare l'essenza del simbolo, riconoscere la legittimità di questo o quell'accostamento. Da legami di questo genere nasce l'immagine unitaria.
Per questo le opere di Chagall non si possono accostare né alle favole, né ai quadri di scuola, né all'arte primitiva che ha strutture narrative concluse. Tutto quello che concerne l'unitarietà del racconto rimane da parte, come disponendosi alla periferia dell'arte chagalliana, senza tuttavia penetrarvi. Le tracce di primitivismo presenti nelle creazioni dell'artista non lo assimilano a quella corrente, diffusa nella pittura russa nel primo decennio del secolo. Chagall ne supera i limiti. Egli non sceglie di seguire pedissequamente le stratificazioni della cultura popolare, come fanno Larionov e la Gončarova.
Il simbolismo della vita quotidiana di Chagall ne pregiudica i criteri compositivi e coloristici. Disponendo liberamente figure e oggetti sulla tela e nello spazio l'artista associa il problema compositivo formale a quello semantico. I quadri di Chagall sono sempre organismi costruiti, dove ogni particolare, ogni episodio compositivo occupa un suo posto prestabilito. Questo posto è determinato dal significato del particolare o dell'episodio, e contemporaneamente dalla costruzione di tutta l'opera nel suo complesso.
Prendiamo come esempio il quadro conservato al Museo Russo intitolato *La passeggiata* (cat. n. 23). La scena del volo fantastico di Bella (la moglie di Chagall), sollevata in un cielo vasto, aperto, che evoca letteralmente il volo, pur legata alla terra dalla mano e dalla figura dell'artista stesso, 'rientra' in modo sorprendente nella superficie della grossa tela quasi quadrata. Le linee compositive fondamentali e le macchie di colore entrano in corrispondenza l'una con l'altra, gli angoli del quadro si consolidano, si stabilisce un equilibrio dei movimenti diagonali. Ma l'armonia appare mobile, in buona misura instabile, fragile, come anche il motivo stesso del volo, come l'espressione dei volti, sia di quelli gioiosi che di quelli preoccupati. La risonanza del lilla, del rosso, del verde, 'accresciuta' e forzata, è come condizionata dalla situazione soprannaturale, ma l'equilibrio delle macchie di colore rende reale l'irreale, il che nuovamente dimostra l'obiettivo principale che l'artista si pone.
Nei quadri di Chagall si ritrovano sia il grottesco che l'ironia, il sogno, la bontà. La tenera anima romantica dell'artista s'incarna in queste qualità. Le opere di Chagall spesso si trovano in libri o in album dedicati all'arte fantastica; fra le opere dello stesso genere, i suoi quadri appaiono come eccezioni ai canoni più comuni.
Chagall non spaventa nessuno, non suscita nell'osservatore una reazione nervosa. Perfino i soggetti tragici non minacciano catastrofi. Tanto più che l'artista è estraneo al fisiologismo. Il grottesco, al quale egli ricorre costantemente, non accentua il terrore che c'è nel mondo ma, al contrario, lo addolcisce. Col suo 'mite grottesco' Chagall ricorda un clown buono, un illusionista del circo, capace non solo di far sorridere l'osservatore, ma anche di farlo credere nella verità e nella realtà di quello che succede nei suoi quadri.
Spesso nelle sue opere Chagall ritrae se stesso. I suoi

sguardi, il suo viso ci rivelano molte cose. Nell'*Autoritratto con i pennelli* (1909-1910) egli in certo modo si conferma nel ruolo di artista e guarda dall'alto in basso, il che è pienamente perdonabile ad un giovane dotato di orgoglio professionale. Nel quadro *Io e il villaggio* (1911) la testa dell'artista è circondata da un turbine di scene che ritraggono la vita nel villaggio e testimoniano la sua partecipazione, i pensieri e i ricordi che lo legano ad essa. Nell'*Autoritratto con sette dita* (1911-1912) Chagall è già assorbito interamente non da se stesso, ma dalla sua creazione. Rivolge tutta la sua attenzione e la sua anima al quadro *Alla Russia, agli asini e agli altri*, che gli sta davanti sul cavalletto, come a una cosa sacra. Nell'*Autoritratto* (1917-1918) indossa la maschera di un clown o di un mimo, e volge lo sguardo da un lato. Nel quadro che raffigura *La passeggiata* (1917-1918), un sorriso abbozzato copre una preoccupazione autentica.
Chagall è complesso, la sua fisionomia è inafferrabile, instabile. Sorge un dubbio: forse ci inganna, ci prende in giro? Rigettiamo questo dubbio. Perfino nel gioco dei suoi sguardi infatti c'è semplicità d'animo, basta vedere come guarda da dietro le tende, attraverso il vetro, nel quadro *La finestra della dacia* del 1915! Con quieta gioia e luminosa tristezza contempla il mondo della natura in fiore, il mondo dell'erba, dei fiori, degli alberi. Soltanto una persona dall'animo grande e buono può guardare in questo modo. Crediamo a Chagall, rendiamogli grazie per questa sua anima buona.

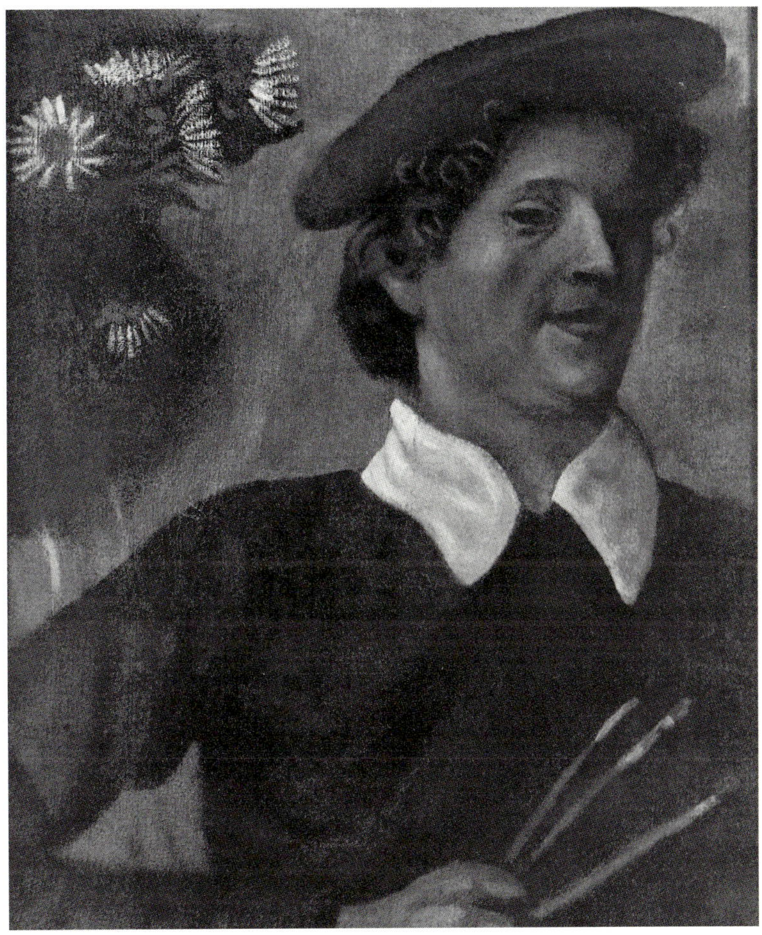

Autoritratto con i pennelli, *olio su tela, 1909-10. Oxford, collezione Alport*

Tratto da AA.VV., *Mark Šagal*, Sovetskij Chudožnik, Mosca 1988, pp. 5-9.

Traduzione di Lucia Tonini Steidl

Coniugare antinomie

Lionello Venturi

Oggi Chagall è diventato popolare. Le sue mostre sono richieste dappertutto, perché appartiene indiscutibilmente agli innovatori, senza che però ci sia bisogno, davanti alle sue tele, di imparare un nuovo linguaggio. Quel che egli ci mostra è, beninteso, differente da ciò che vediamo in natura, ma non al punto che il rapporto fra immagine e realtà non possa esser facilmente ritrovato. La popolarità di Chagall è dovuta alla magnificenza della sua pittura, ma anche a qualcosa che lo distingue fra gli artisti contemporanei: un'anima semplice. Per noi critici d'arte, che non siamo anime semplici, a volte è difficile capire Chagall, ed abbiamo bisogno di varie direttrici d'approccio. Ma può darsi che arriveremo a conoscerlo in modo meno soggettivo, proprio così come egli è.

Nel 1929 il Victoria and Albert Museum di Londra espose alcune icone antiche, prestate dal governo sovietico. I critici inglesi, colpiti dalla qualità delle opere, furono tuttavia stupefatti da un'arte tanto lontana dai canoni del gusto occidentale; neanche le pitture bizantine erano loro così estranee. Roger Fry, ad esempio, scrisse: «L'artista russo è privo del concetto di causalità. Il mondo della sua immaginazione non obbedisce ai principi della causalità: in effetti, è un mondo totalmente miracoloso, in cui qualsiasi cosa può accadere in qualsiasi momento». Queste parole potrebbero riferirsi anche ai dipinti di Chagall. Come le icone russe, essi sono carichi di una passione che si manifesta attraverso il colore più che attraverso il disegno. È un colore abbagliante, ma in modo inaspettato. I rapporti e gli effetti della luce e dell'ombra, caratteristici delle scuole pittoriche occidentali dal XVI secolo in poi, sono scientemente ignorati da Chagall, che vede in essi qualcosa di troppo razionale. Le sue tonalità, più che chiare, sono squillanti: non racchiudono una luce fisica, ma piuttosto una illuminazione psicologica.

L'icona russa, come del resto la pittura bizantina, non

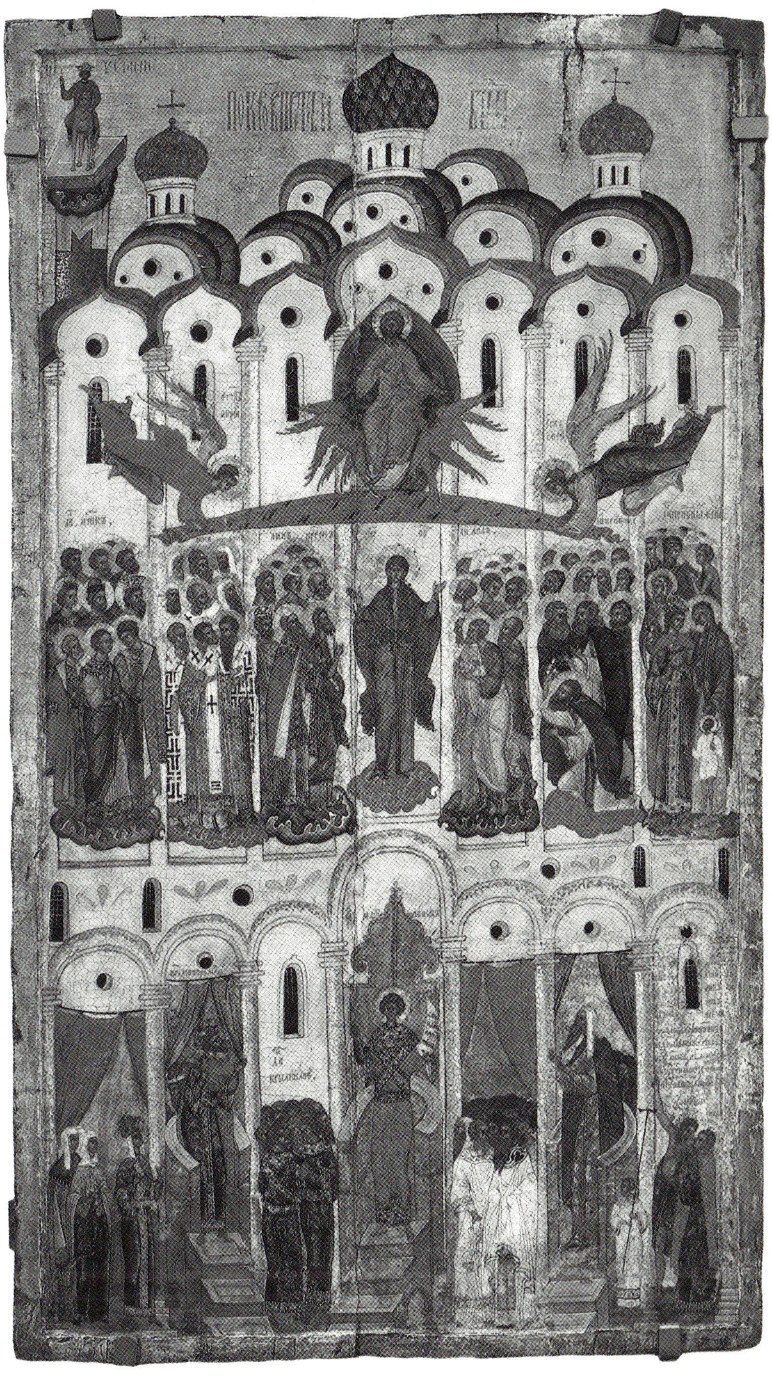

Un'icona russa del XVI secolo

Nikifor Savin, San Giorgio e il drago, *icona del XVII secolo*

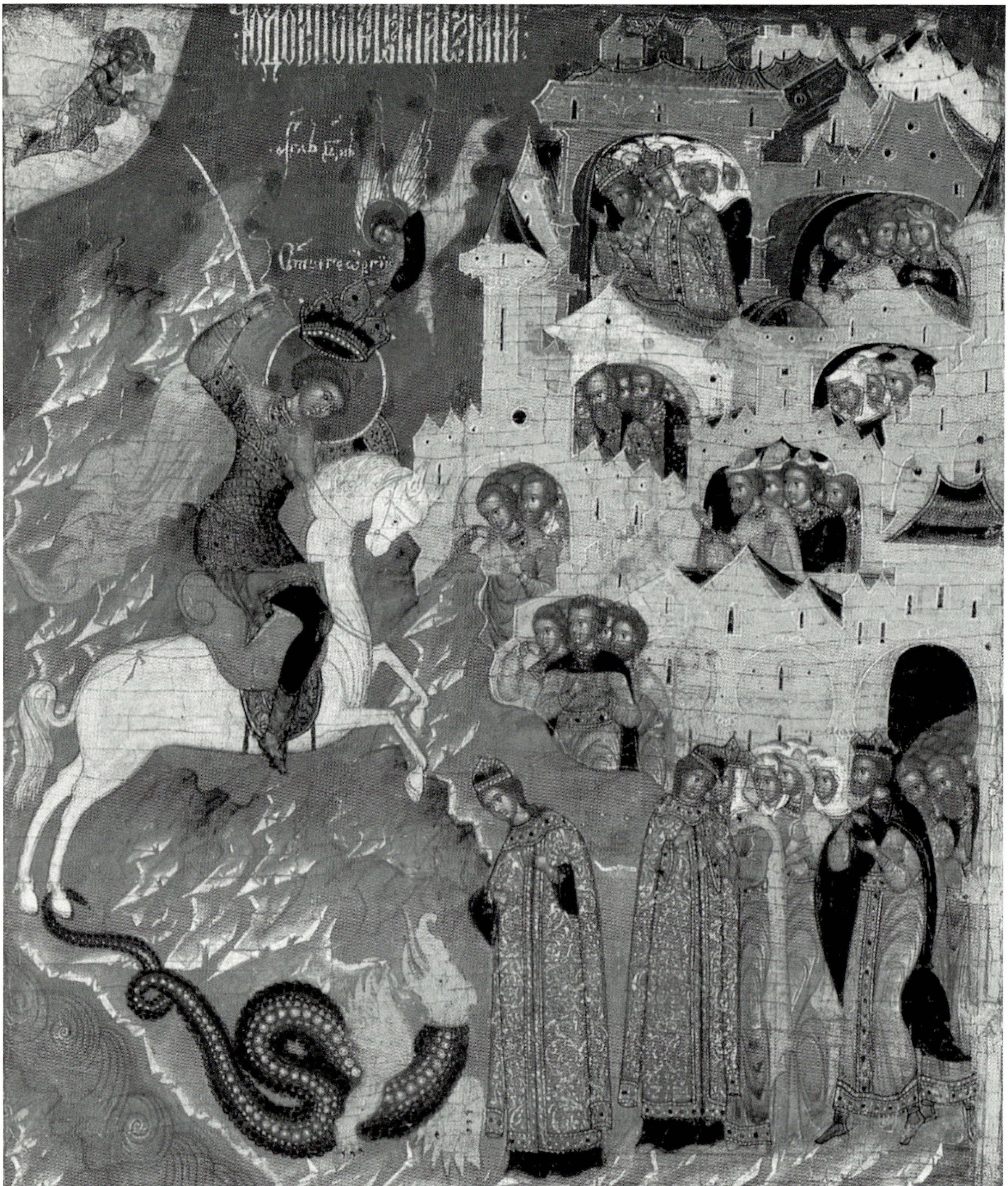

vuole rappresentare il mondo in cui viviamo, ma l'aldilà, abitato da Cristo, la Vergine e i santi. Da ebreo osservante qual è, Chagall ha rappresentato solo eccezionalmente l'aldilà cristiano, e non è interessato nemmeno da una visione realistica del nostro mondo. Ha invece necessità di trascendenza, e dei miti che la trascendenza implica. Gli esseri umani, gli animali e i mostri che volteggiano nel cielo, senza obbedire ai vincoli della gravità, sono in effetti dei miti, o almeno tendono a esserlo.

L'assenza di una chiave razionale dalle sue opere ha indotto alcuni critici ad accostare l'opera di Chagall all'arte popolare. Ma esiste un'arte popolare russa che non ha niente a che vedere né con le icone né con Chagall. Mentre l'arte popolare, in genere, è caratterizzata dall'incoerenza dell'invenzione e dall'assenza di tecnica, Chagall dà prova, nei suoi lavori, di assoluta maestria; può ignorare deliberatamente la logica razionale perché il suo personalissimo stile si fonda sulla coerenza della visione e dell'immaginazione, che gli permettono di schiudere le porte dell'ignoto.

Il gusto dell'irrazionale e il bisogno di trascendenza si comprendono facilmente se si pensa all'ambiente familiare dal quale Chagall proviene. Nato a Vitebsk, in Bielorussia, figlio di un garzone di drogheria e nipote di un precettore religioso, i suoi genitori erano povera gente che considerava la sinagoga come una scuola e come unico punto di riferimento ideale. Non dimentichiamo che, attorno al 1890, il movimento chassidico aveva ancora una notevole influenza sulla formazione religiosa degli ebrei russi. I suoi principi basilari erano l'onnipresenza di Dio — rasentando una specie di panteismo — e l'idea di una costante comunione fra uomo e divinità. Grazie a tale comunione, all'amore di Dio e alla fede assoluta nell'efficacia delle preghiere, chiunque può ottenere una chiara visione intellettuale, il dono della profe-

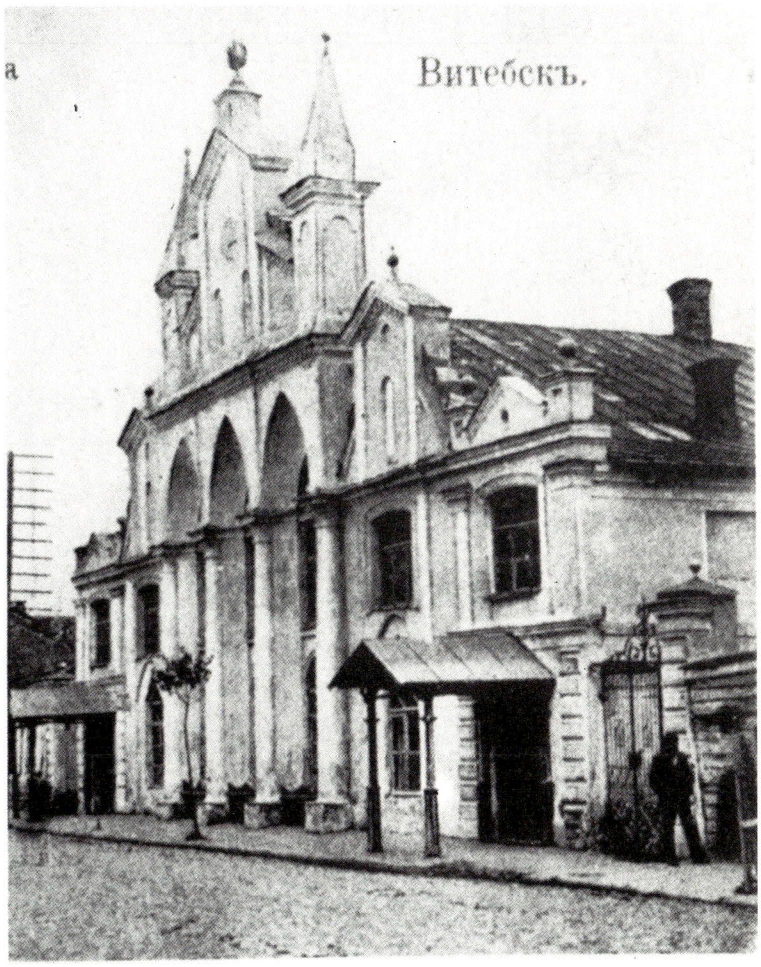

La grande sinagoga di Vitebsk in una fotografia dell'inizio del secolo

Ebreo in rosso, *1914, olio su cartone applicato su tela, Ginevra, collezione privata. A destra,* La presa di tabacco, *1923-24, acquerello su cartone, Milwaukee, Wisconsin, collezione M.B. Katz. Alla pagina seguente,* Il gallo, *1929, olio su tela, Lugano, collezione Thyssen-Bornemisza*

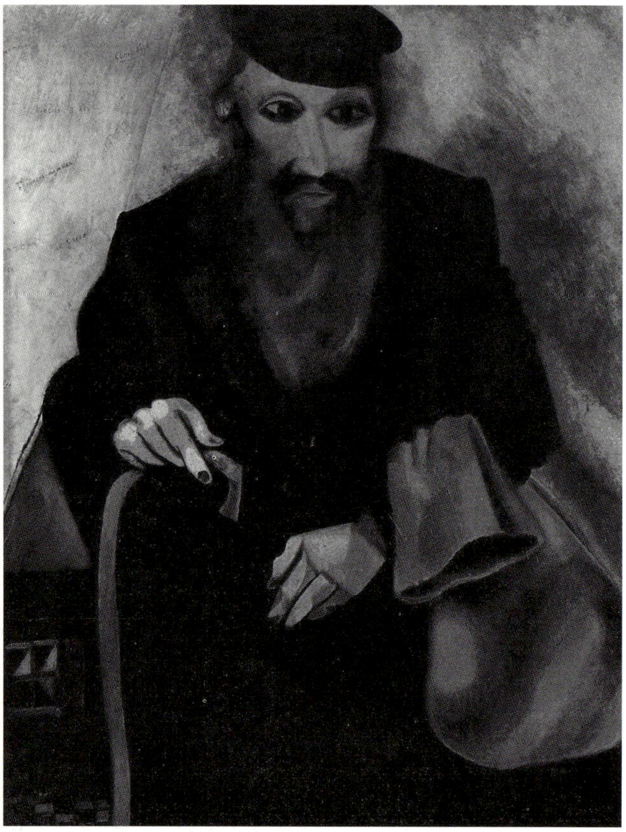

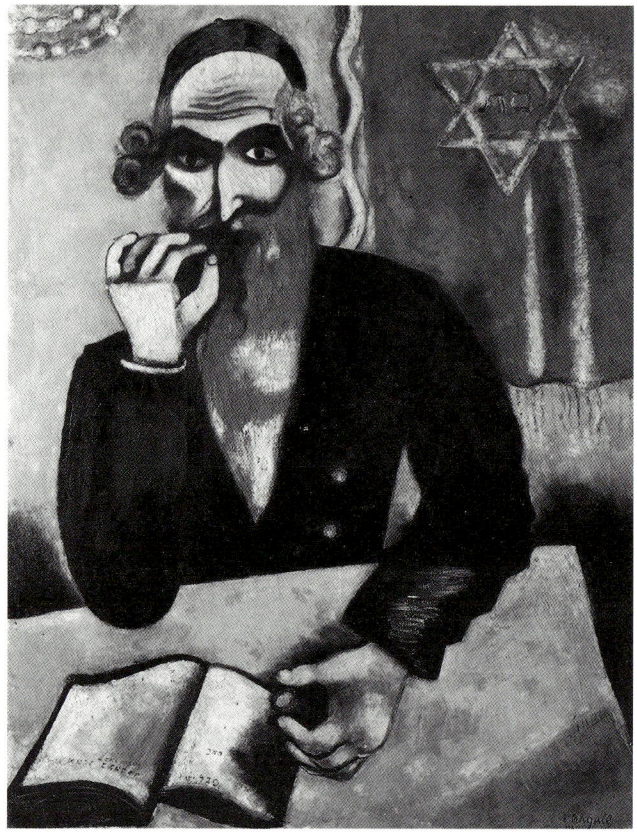

zia e il privilegio di operare miracoli nell'esistenza quotidiana. Se è stato rubato un cavallo, se si desidera un figlio, si prega un santo rabbino di compiere il miracolo. Lo chassidismo, che fu una reazione contro gli eccessi razionalistici dei Commentatori del Talmud, faceva risiedere l'essenza del sentimento religioso nell'abbandono fiducioso e gioioso alla volontà divina, condannando l'ascetismo, la tristezza e il dolore, che oscurano la coscienza e impediscono la comunione con Dio.
Non dimentichiamo nemmeno le condizioni di vita degli ebrei nella Russia degli Zar, le umiliazioni, le minacce, le violenze, i pogrom. Si comprendono, allora, tutte le ossessioni di Chagall, la cui acutissima sensibilità si nutre del ricordo dei genitori, delle case e delle strade del villaggio natale, delle angosce notturne e dei rumori che rivelano la presenza degli spiriti nell'oscurità. Per sottrarsi a questo influsso, fugge sui tetti o immagina di volare in aria; si ribella con ironia e provocazione, con le esplosioni di coraggio e di disperata violenza proprie dei timidi.
D'altra parte, le sue ossessioni altro non sono che l'ombra di una grande luce, poiché il suo temperamento naturale lo attrae verso la bontà, il piacere, la gioia, la fiducia, la felicità. Cose che per lui sono sacre: e questo non può scordarlo neanche nelle peggiori avversità, anche se ad esse si accosta sempre con un po' d'esitazione. Sin dalla prima giovinezza, grazie anche alla sua bellezza, è amato e ama; si affeziona a tutto ciò che esiste in terra e in cielo, agli animali, alle familiari vacche, amate fin dall'infanzia. In seguito, scopre i fiori, i paesaggi. Davanti agli esseri umani si sente timido, diffidente; ma l'amore lo rapisce e lo esalta.
Anche la gioia più profonda, però, non è immune dal timore della catastrofe: da esso scaturiscono la melancolia che accompagna tutta la sua esistenza e l'elemento drammatico presente nelle sue immagini, anche le più aeree. Quindi tratta con familiarità i suoi miti e i suoi personaggi, non riconoscendo tra di loro alcuna gerarchia: un gallo o una pendola sono soltanto pretesti per il gioco della sua immaginazione. Non lo sfiora nemmeno l'idea che si possa distinguere fra fisico e spirituale. E in questo sta il presup-

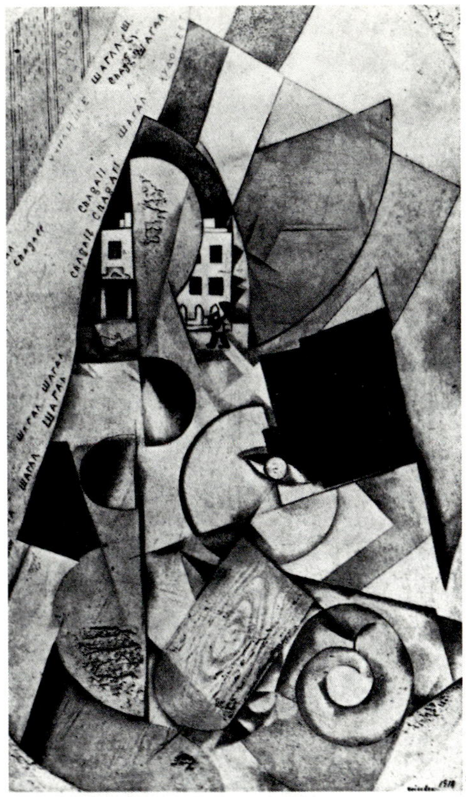

con tutto il suo bagaglio di ossessioni, di sogni a occhi aperti, di illuminazioni cromatiche. All'inizio voleva tornare indietro, ma è restato, ha padroneggiato il metodo cubista e ben presto lo ha superato, senza rinunciare a se stesso. Ha svuotato la forma geometrica di tutto ciò che poteva essere razionale e se ne è servito per dare più autorevolezza al proprio mondo miracoloso. Fondere insieme Oriente e Occidente, conciliare ragione e immaginazione, trovare il punto in cui si incontrano l'aldilà e la realtà che ci circonda: un compito gigantesco. Chagall allora era solo un ragazzo, ma si è assunto questo compito in un modo del tutto personale, disinvolto e ispirato.

A partire dal XVIII secolo, molti pittori russi, rinnegando la tradizione delle icone, hanno voluto imitare i pittori occidentali. Accettate tutte le convenzioni del neoclassicismo, del romanticismo, del realismo, dell'impressionismo e del simbolismo, sono arrivati a rassomigliare a pittori francesi o tedeschi, senza però portare niente di nuovo nel gusto occidentale. Chagall, al contrario, restò fedele a se stesso e quindi a quella tradizione del vedere, del sentire e dell'immaginare che ne aveva accompagnato la prima infanzia e la giovinezza, ma prese dall'Occidente ciò che gli serviva. Padroneggiando entrambe le tradizioni, da entrambe restò indipendente. Non lo si può considerare un pittore russo perché, come ha detto egli stesso, è «rinato a Parigi». Ma non è neanche un pittore puramente francese. È Chagall, è «il proprio Dio e il proprio sacerdote», per riprendere le parole di Baudelaire.

La conciliazione di elementi tanto differenti sarebbe stata un compito arduo per chiunque, ma non per lui. Chagall illustra meravigliosamente il principio di Aristotele secondo il quale si impara solo ciò che si conosce. Familiarizza rapidamente con ciò che scopre, ma non va al di là della familiarità. Ignora tutto il resto. Capisce e vuole capire solo ciò che può accogliere nel mondo della sua immaginazione. Se si rievoca il clima artistico di Parigi nel 1910, si trova del tutto naturale che Chagall sia stato malvisto dagli altri artisti, in particolare dai cubisti. Sin dall'impressionismo, i pittori francesi d'avanguardia avevano lottato per affrancarsi dal soggetto e ridurlo a mero spunto, per costringere il pubblico ostile ad ammirare, nelle loro tele, esclusivamente le forme e i colori. Ed ecco Chagall proporre immagini cariche di allusioni, ma di difficile comprensione, perché appartenevano a un'altra cultura e si sottraevano a qualsiasi analisi razionale. Non ci si deve stupire quindi se lo si è accusato di voler reintrodurre la 'letteratura' nella pittura.

A questo punto è il caso di distinguere. Nessuno ritiene che il *Don Chisciotte* di Daumier non sia pittura; tutti riconoscono, al contrario, che il *Napoleone* di Meissonnier è solo letteratura. Il fatto è che Daumier esprime la propria visione di Don Chisciotte mediante le forme e i colori, mentre Meissonnier, rinunciando ad imporre un proprio stile, esegue accuratamente un'immagine che ha ereditato dal passato, uniformandosi a una *routine*. Daumier trasforma il tema esterno in uno spunto personale, il Don Chisciotte di Cervantes diventa il Don Chisciotte di Daumier. Il pericolo sta dunque nell'introdurre nella pittura un elemento colto dall'esterno senza sottoporlo a

Il tempo è un fiume senza rive, *1930-39, olio su tela, New York, Museum of Modern Art*

nessuna trasformazione. Ma se si conferisce all'opera uno stile coerente, non si può parlare di 'letteratura', tutt'al più di poesia. La stessa distinzione deve essere fatta fra 'illustrazione' e 'pittura'. Tra due quadri che raffigurano lo stesso soggetto, si potrà considerare mera illustrazione quello dei due che si subordina al soggetto e trova in esso la sua sola giustificazione; si potrà invece definire pittura quello in cui il soggetto è pienamente assorbito entro lo stile, il quale ha in se stesso la propria ragion d'essere e il proprio valore. Basta porre il problema in questi termini per verificare che Chagall non è né un 'letterato' né un 'illustratore'. Viste le sue opere, resta impresso il suo stile, che non può essere confuso con nessun altro, a prescindere dai soggetti. D'altronde, l'ispirazione, la forma e il colore nascono simultaneamente nella sua immaginazione. La natura, la cultura letteraria non c'entrano quasi per niente.

Un fatto è certo: Chagall porta all'arte parigina qualcosa che le mancava, un'idea carica di conseguenze per il futuro. Il cubismo, con il suo nuovo rigore intellettuale e le felici intuizioni di forme geometriche, di costruzione e di composizione, sembrava ridurre pericolosamente i legami con la vita; rischiando persino di recidere le radici dell'arte. Il ruolo del giovane pittore di Vitebsk fu quello di ricordare che l'umiltà e l'amicizia, l'amore e l'odio, la pietà e la paura, in una parola la vita dei sentimenti, facevano anch'essi parte della pittura. E fu un colpo di genio affermarlo con l'autorità di un profeta. Alla matematica e alla fisica, che parevano essere le guide indiscusse della pittura, l'artista contrappose semplicemente una poesia naturale.

Si può affermare che, dal 1914, Chagall esercitò un forte influsso sugli espressionisti tedeschi, ed è probabilmente a lui che fecero riferimento i fondatori del surrealismo (anche se non tutti hanno voluto riconoscerlo). André Breton, in *Le Surréalisme et la Peinture*, uscito a New York nel 1945, ha scritto: «C'è stata una grave e annosa lacuna all'origine dei movimenti — Dada, surrealismo — che si proponevano la fusione della poesia con le arti plastiche: quella di non rendere completamente giustizia a Chagall. [...] La sua definitiva esplosione lirica risale al 1911. È da questo momento, e con lui soltanto, che la metafora fa il suo ingresso trionfale nella pittura moderna.»

È vero che una metafora, o una comparazione sottintesa, esiste in ogni quadro che sia un'opera d'arte. Ma il termine «metafora» comporta un'allusione alla poesia che bisogna conservare. Da Omero in poi, i poeti si sono permessi una libertà d'immaginazione sconosciuta ai pittori. È banale dire di qualcuno che ha la testa fra le nuvole: ma Chagall è stato il primo che ha provato a dipingere qualcosa di simile. E va anche più oltre, quando raffigura un pesce alato che porta con sé in aria una pendola mentre suona il violino. Senza dubbio, qui sono riconoscibili allusioni erotiche, ma il significato poetico del quadro è un altro: risiede nell'evidenza stessa dell'irreale, nella verosimiglianza dell'impossibile; che perciò conferisce all'opera un potere magico.

Naturalmente, Chagall non ci ha rivelato tutto dell'inconscio, dell'ignoto, del mistero. Ma non vi è dubbio che egli ha messo a profitto i doni eccezionali della sua immaginazione per coniugare antinomie eterne: aspirazione verso l'aldilà e senso terreno della realtà, sfumature dei sentimenti ed evidenza plastica, bontà angelica e inclinazione demoniaca, amore dell'Oriente e padronanza dell'Occidente. Così ha aperto nuove strade, quasi senza saperlo né volerlo, aggirando i problemi, eludendo le spiegazioni, salvo poi, a volte, manifestarsi attraverso esplosioni folgoranti e rientrare immediatamente nell'ombra. È proprio in questo atteggiamento che consistono la qualità, il piglio, il fascino dell'arte di Chagall.

Tratto da L.V., *Chagall*, Skira, 1956, Genève-Paris-New York.

TAVOLE

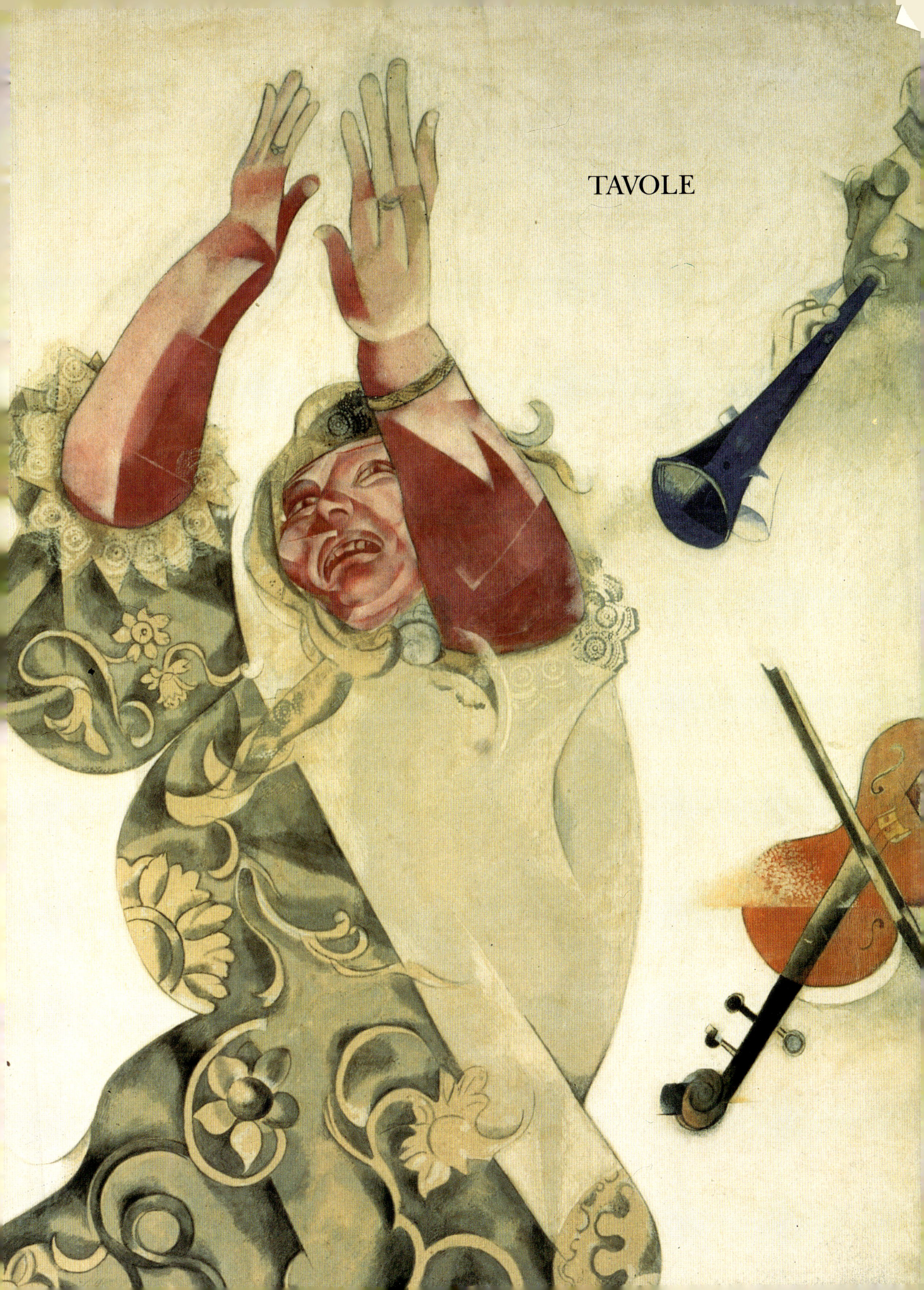

1 Autoritratto

1908
Olio su tela, cm 30×24,5
Firmato e datato in alto a sinistra:
Chagall 1908
Grenoble, Musée de peinture et de sculpture

Autoritratto, *1907, matita e acquerello su carta, Parigi, Musée National d'Art Moderne, Centre Georges Pompidou. Alla pagina precedente,* La Danza, *1920, tempere e biacca su tela, Mosca, Galleria Tret'jakov: un particolare dai pannelli per il Teatro Ebraico*

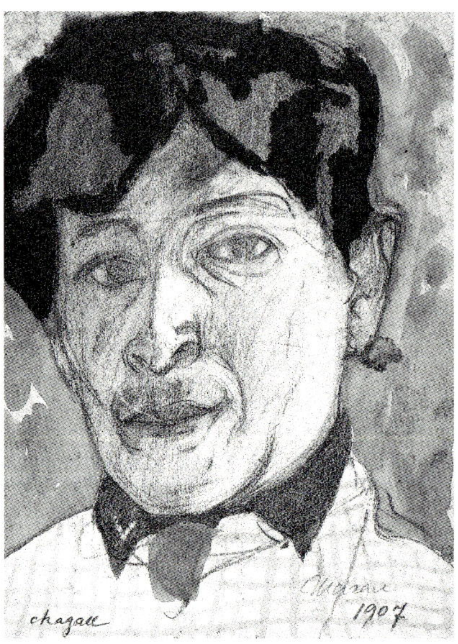

Seguendo l'esempio dell'amico Victor Mekler, Chagall decide, durante l'inverno 1906-1907, di lasciare Vitebsk, la famiglia e lo studio del pittore Pen. Il suo insegnamento accademico aveva profondamente deluso Chagall: il giovane artista, cosciente della propria irresistibile vocazione, cercava già di esprimere un'altra pittura. I primi che realizza a Vitebsk, *La donna col canestro* o *Il vecchio*, sono evidentemente dipinti dal vero. Ma se per quanto concerne il soggetto egli si colloca nella scia della tradizione realista russa, quella di Repin, per esempio, la tecnica è molto diversa: è più leggera, dando a quei volti di contadini un possente modellato, non privo di mistero.
Il mistero del personaggio nato dalla pittura si ripresenta in questo *Autoritratto*. Vivendo a Pietroburgo, capitale delle arti, aperta agli influssi occidentali, Chagall segue i corsi del pittore Rœrich, e poi della scuola Saidenberg. È insoddisfatto di un insegnamento basato sulla falsariga di un naturalismo accademico, che entra in contraddizione tanto col suo senso del colore che con le sue intime convinzioni. L'*Autoritratto* si riallaccia ad una secolare tradizione pittorica che Rembrandt ha splendidamente illustrato. Il genere dell'autoritratto permette in effetti di esprimere l'interrogativo fondamentale che ciascun artista si pone dinanzi alla propria opera: qual è il senso della pittura? Qual è il ruolo del pittore? Seguendo l'esempio del suo illustre modello, Rembrandt, per tutta la vita Chagall si osserva nella propria attività di pittore. L'*Autoritratto* del 1908, che fa seguito ad un *Autoritratto* del 1907, inaugura una lunga sequenza, della quale l'ultima litografia di Chagall, *Verso l'altra luce*, sarà l'atto definitivo. Rivolto verso chi guarda, il volto sembra sprigionare il proprio mistero. In una mano, una piccola maschera teatrale accentua il carattere intimo della scena e la gravità dell'allegoria: diverrò mai quel che la mia immagine enuncia, ossia un pittore?

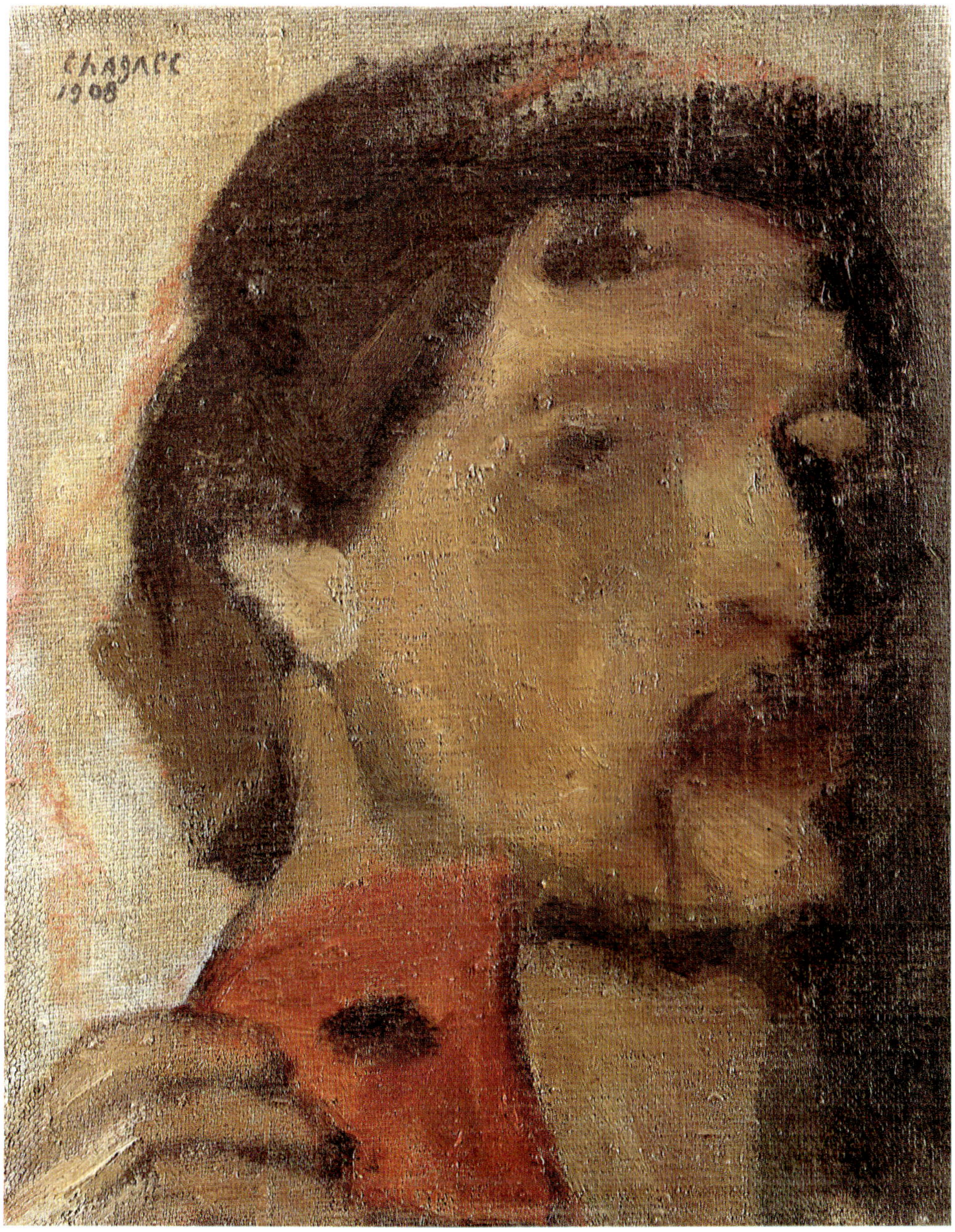
CHAGALL
1908

2 VEDUTA DALLA FINESTRA A VITEBSK

1908
Olio su tela incollata su cartone, cm 67×58
Firmato e datato in basso a destra, in lettere cirilliche:
M. Chagall 1908
San Pietroburgo, collezione Zinaida Gordeeva

Assieme all'*Autoritratto*, questo dipinto è una testimonianza del soggiorno di Chagall a Pietroburgo. In esso è vivo il ricordo della città natale. Probabilmente Chagall non si è ancora aggregato alla scuola Zvanceva dove insegnavano Léon Bakst e Mstislav Dobužinskij. Ma già sono evidenti le qualità plastiche del giovane pittore: nel gioco dei tetti delle case, organizzati in piani contrapposti, dominati dalla cupola della cattedrale di Vitebsk; nella profondità creata dalla finestra aperta in primo piano, e sottolineata dal *bouquet* di fiori di straordinaria freschezza. La tonalità dominante dei blu e dei verdi conferisce alla scena un carattere straniato. Vitebsk scaturisce dalla memoria dell'artista come un'apparizione che accompagna l'arcobaleno.

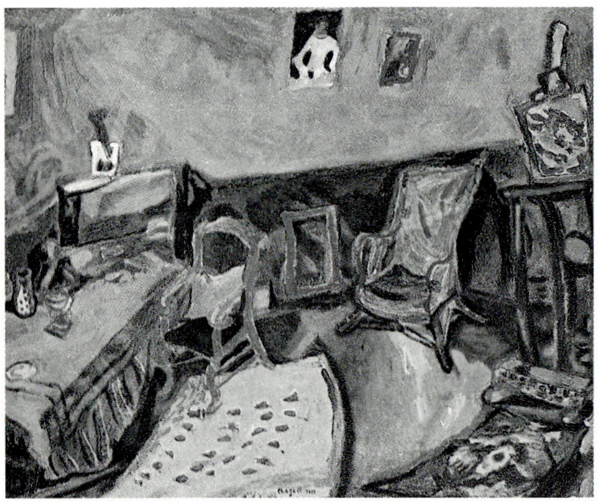

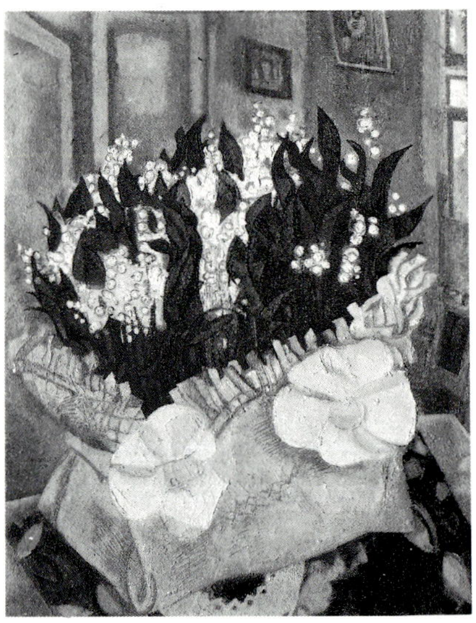

L'atelier, *1910, olio su tela, Parigi, Musée National d'Art Moderne, Centre Georges Pompidou. A destra,* I mughetti, *1916, olio su cartone, Mosca, Galleria Tret'jakov*

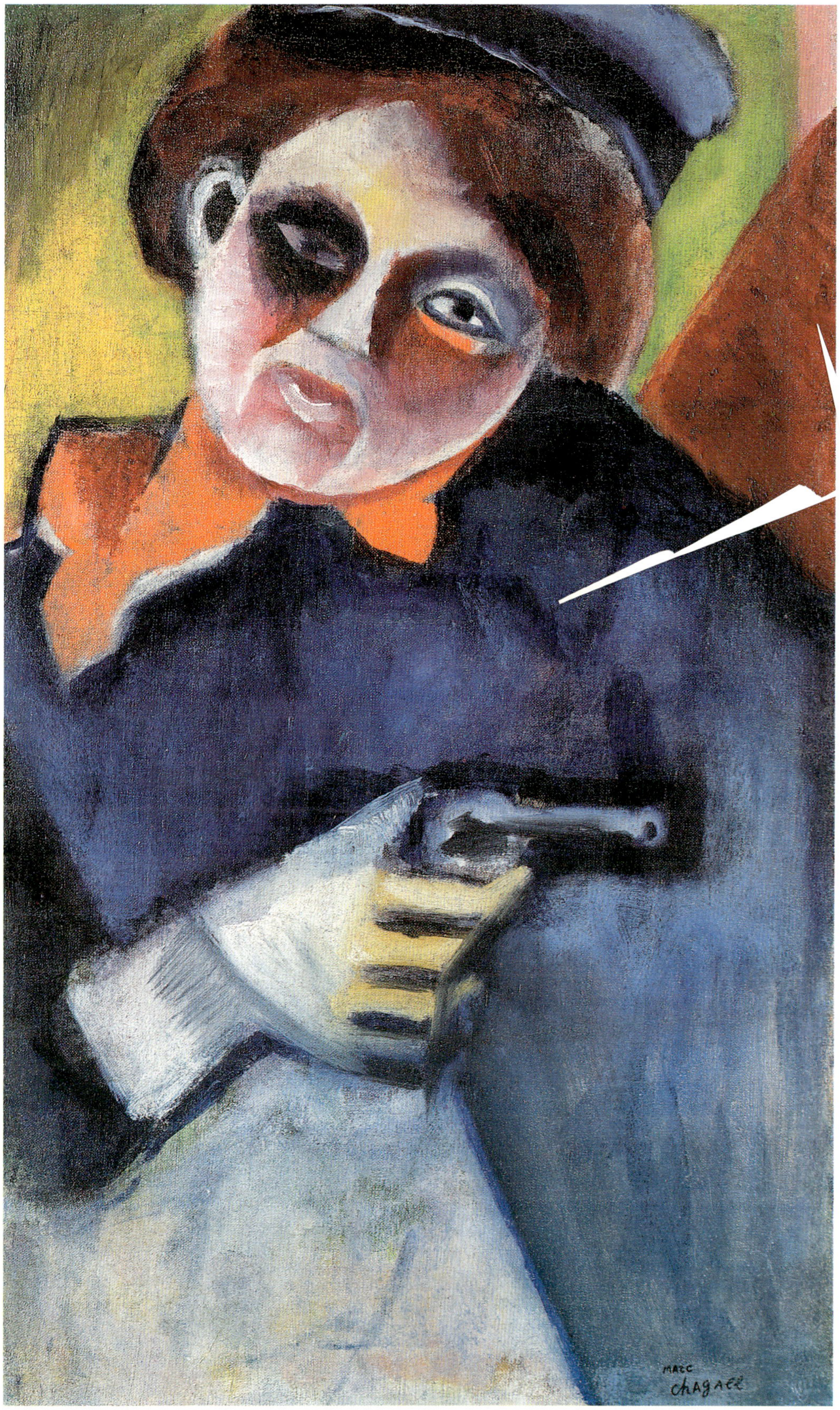
marc
Chagall

4

La modella

1910
Olio su tela, cm 62×51,5
Firmato e datato in basso a destra:
Chagall 1910
Collezione privata

Chagall giunge a Parigi alla fine dell'estate del 1910. Ha lasciato la Russia, Vitebsk e San Pietroburgo, dove Léon Bakst, presso la scuola Zvanceva, l'aveva iniziato al colore. Parigi è, in quel momento, la capitale dell'arte, ed egli è profondamente colpito dalla sua straordinaria vitalità. Abita nell'Impasse du Maine, e frequenta varie scuole di pittura, come *La Palette*, dove insegna Le Fauconnier, sposato con una russa, e la *Grande Chaumière*. Visita il Louvre, dove scopre la pittura dei grandi artisti, Manet, Delacroix, Géricault, Chardin, Le Nain, Rembrandt, e le gallerie in cui può vedere gli impressionisti e i *fauves*.

La modella coniuga felicemente il duplice influsso del lavoro d'atelier e della scoperta del colore. Modellata con pennellate larghe e vivaci, la figura si integra perfettamente nello sfondo, nei motivi ornamentali del quale pare di intravedere Matisse. La tonalità dominante è rappresentata da un rosso vibrante, rischiarato in primo piano dal bianco delle pieghe della sottana.

Henri Matisse, Algerina, *Parigi, Musée National d'Art Moderne, Centre Georges Pompidou*

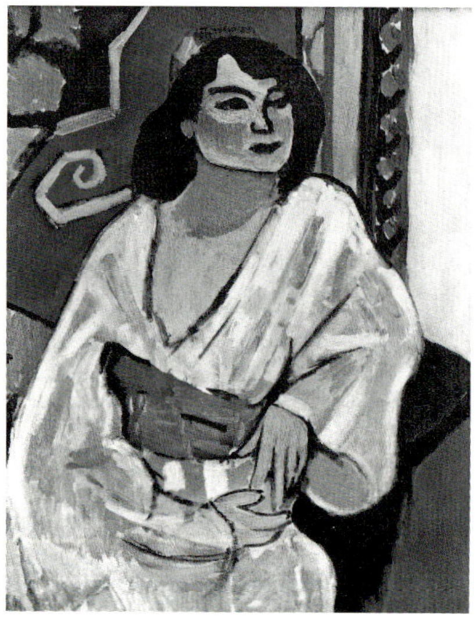

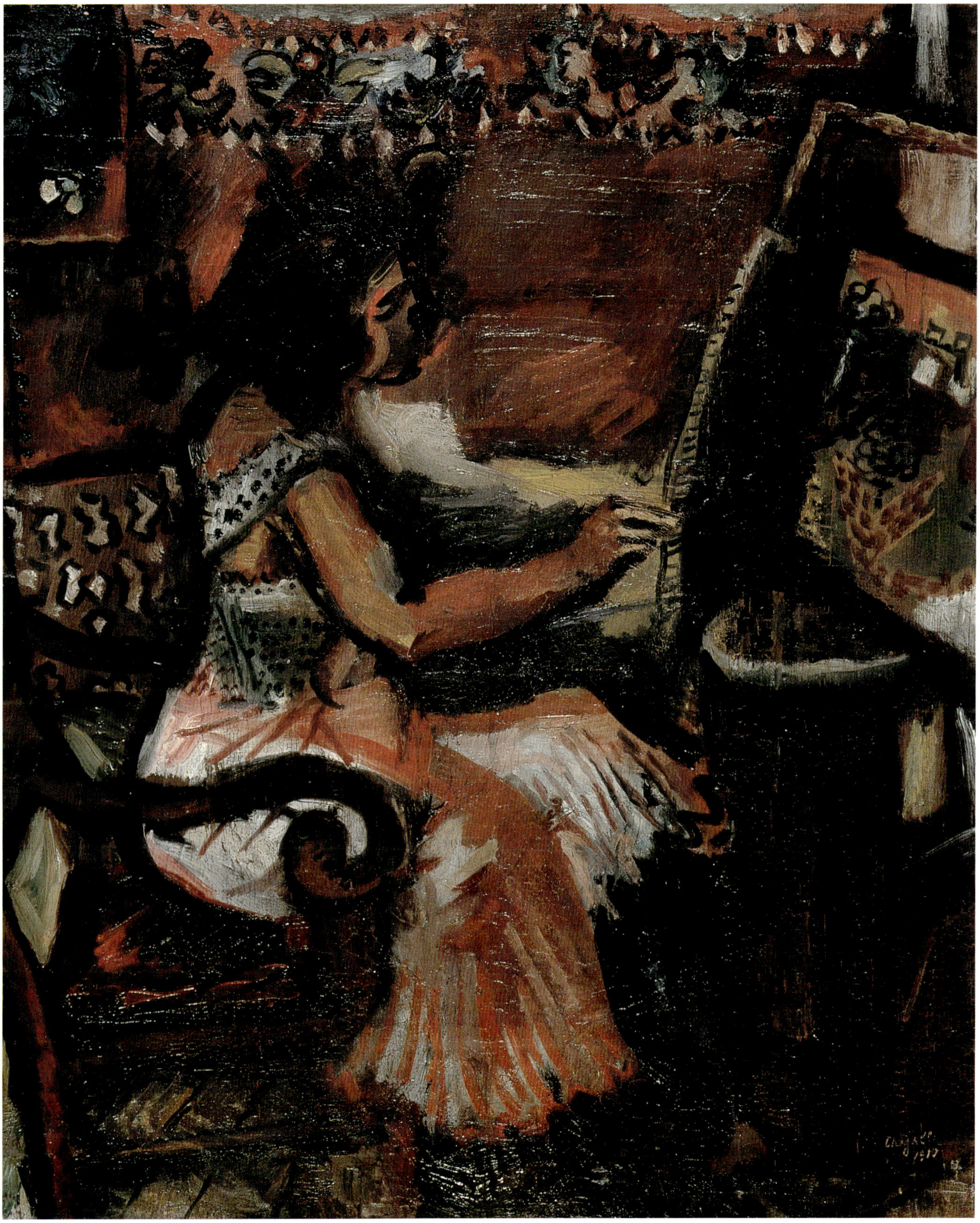

5 AUTORITRATTO VERDE

1914

Olio su cartone incollato su tela, cm 70×50

Firmato e datato in basso a sinistra:

M. Chagall 1914

Parigi, Musée National d'Art Moderne, Centre Georges Pompidou

Dal 1910 al maggio 1914 Chagall vive a Parigi. A questo periodo, segnato dall'incontro con Delaunay, Apollinaire, Blaise Cendrars, dall'esperienza del linguaggio cubista e la maturità della sua ricerca personale, risalgono i grandi capolavori, nati nel chiuso del suo atelier a La Ruche, che gli consente di cimentarsi nel grande formato. L'arte di Chagall può adesso esprimersi in tutta la sua pienezza plastica, come testimoniano *Alla Russia, agli asini e agli altri* (1911-12), *Io e il villaggio* (1911) e *Omaggio ad Apollinaire* (1911-12).

Quando, nell'agosto del 1914, scoppia la prima guerra mondiale, Chagall si trova a Vitebsk, nell'impossibilità di fare ritorno a Parigi. È un pittore nel pieno possesso dei suoi mezzi espressivi quello che ritrova la sua città natale, la sua famiglia e colei che il 25 luglio 1915 diverrà sua moglie: Bella. La realtà viva e profonda di Vitebsk gli si impone in un'ampia serie di tenere opere di soggetto familiare, e tuttavia dense di significato poetico. Ritratti di familiari, la madre davanti al forno, il padre a tavola, davanti a un bicchiere di tè, gli zii Pissarevskij, Zoussy, Neuch, il fratello David che suona il mandolino, le sorelle, Manja, Anjuta, Lisa, tutti lì ad attendere di essere immortalati dal pennello dell'artista. E il pittore stesso, che si osserva in tanti autoritratti. L'*Autoritratto verde* è un esempio assai significativo. Chagall ci si presenta, la tavolozza alla mano, davanti al cavalletto (un altro attributo del pittore), Bella, di profilo, è al suo fianco. La posizione frontale, le tonalità di verde appena rotte dal *bouquet* in primo piano e dalle macchie di colore sulla tavolozza, danno all'opera un tono straniato. Tutta la composizione sembra destinata ad affermare la forza e la peculiarità della vocazione del pittore. «...Dipingevo tutto ciò che mi cadeva sot-t'occhio. Dipingevo alla finestra, non mi avventuravo mai per strada con la scatola dei colori. Mi contentavo di una siepe, di un palo, di un pavimento, di una sedia... Dipingevo, dipingevo...» scrive Chagall nella sua autobiografia.

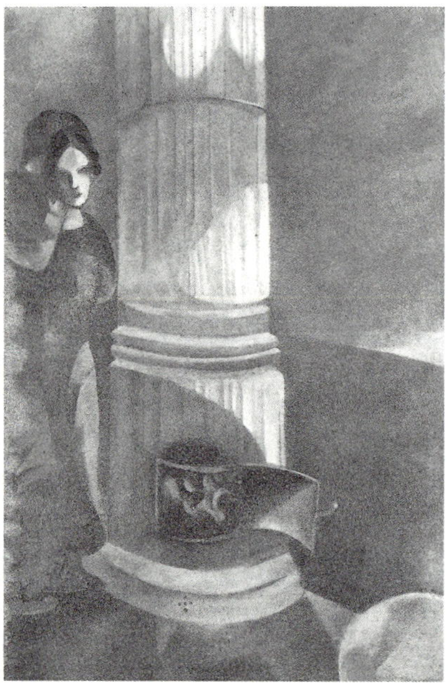

Autoritratto con Bella vicino alla stufa, *1915-16, olio su cartone incollato su tela, collezione privata*

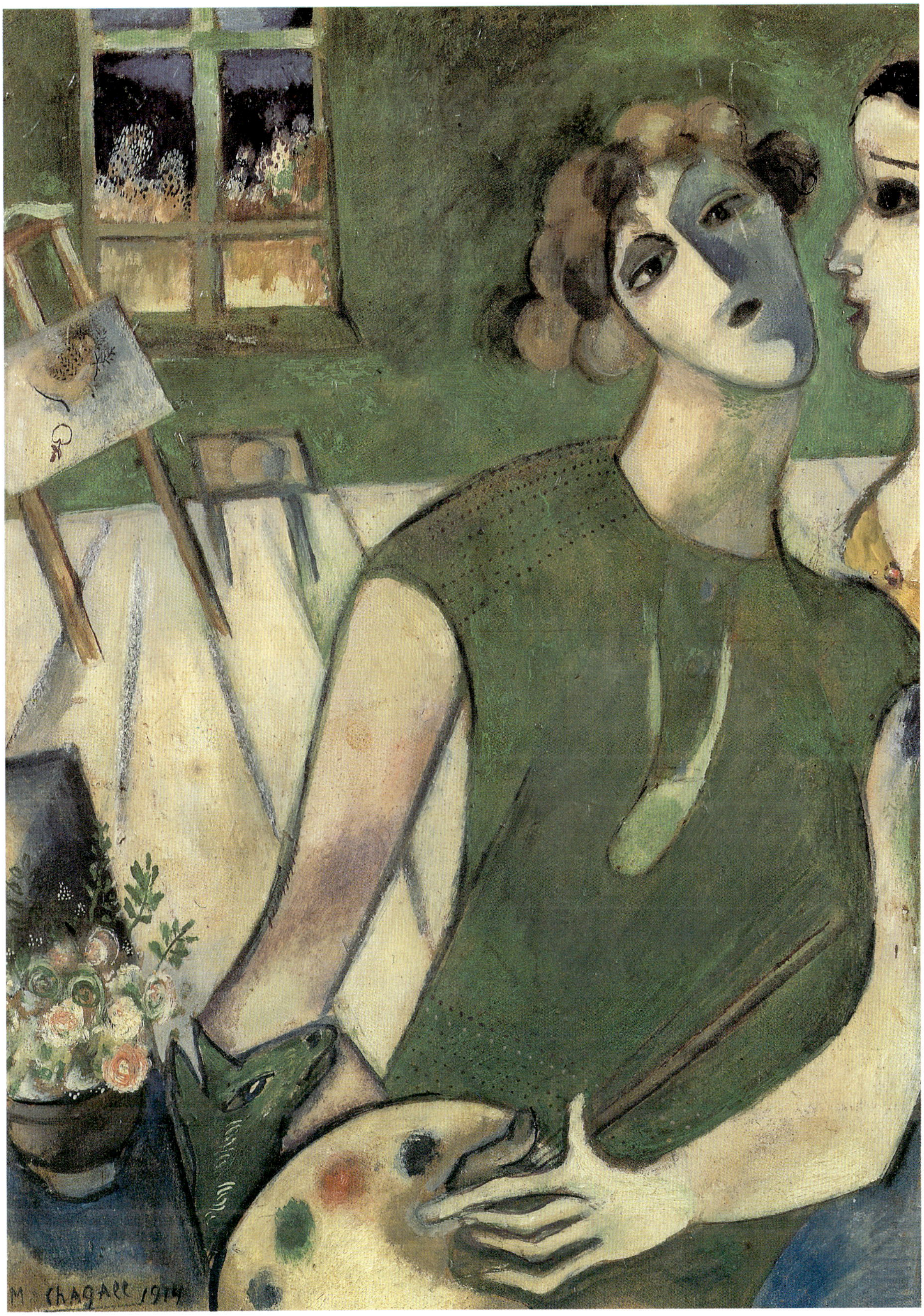
M Chagall 1914

Autoritratto al cavalletto

1914
Olio su tela, cm 72×47
Firmato e datato in basso a destra:
Marc 1914 Chagall
San Pietroburgo, collezione Vera Kozinceva
(già collezione Il'ja Ehrenburg)

Autoritratto col colletto bianco, *1914, olio su cartone incollato su tela, Philadelphia Museum of Art, The Louis E. Stern Bequest*

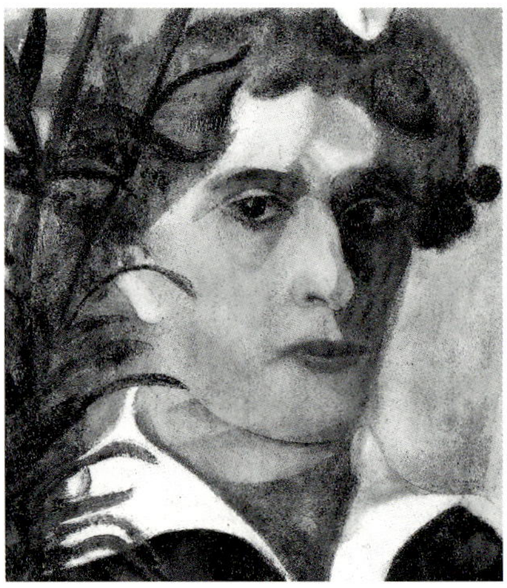

Mentre l'*Autoritratto verde* si ispira, per l'allungarsi della figura e la posizione frontale, al codice formale dell'icona, l'*Autoritratto al cavalletto* ripropone una composizione classica, all'interno della tradizione dell'autoritratto. Girato di tre quarti verso l'osservatore, il pittore si appresta a posare la prima pennellata di colore sulla tela ancora vergine. Il gesto, inscritto in un tempo immobile, è carico di solennità. Il volto, immerso nel chiaroscuro, si staglia sul rettangolo di un pezzo di muro marrone. Esattamente contrapposta ad esso, la superficie bianca della tela. L'organizzazione dello spazio in piani contrapposti conferisce forza e mistero alla figura del pittore. Un dialogo segreto si instaura fra la tela, in cui fluttuano scintille azzurre e bianche, e il pittore, vestito con gli stessi colori. Il filo quasi invisibile del pennello lega l'uno all'altra.

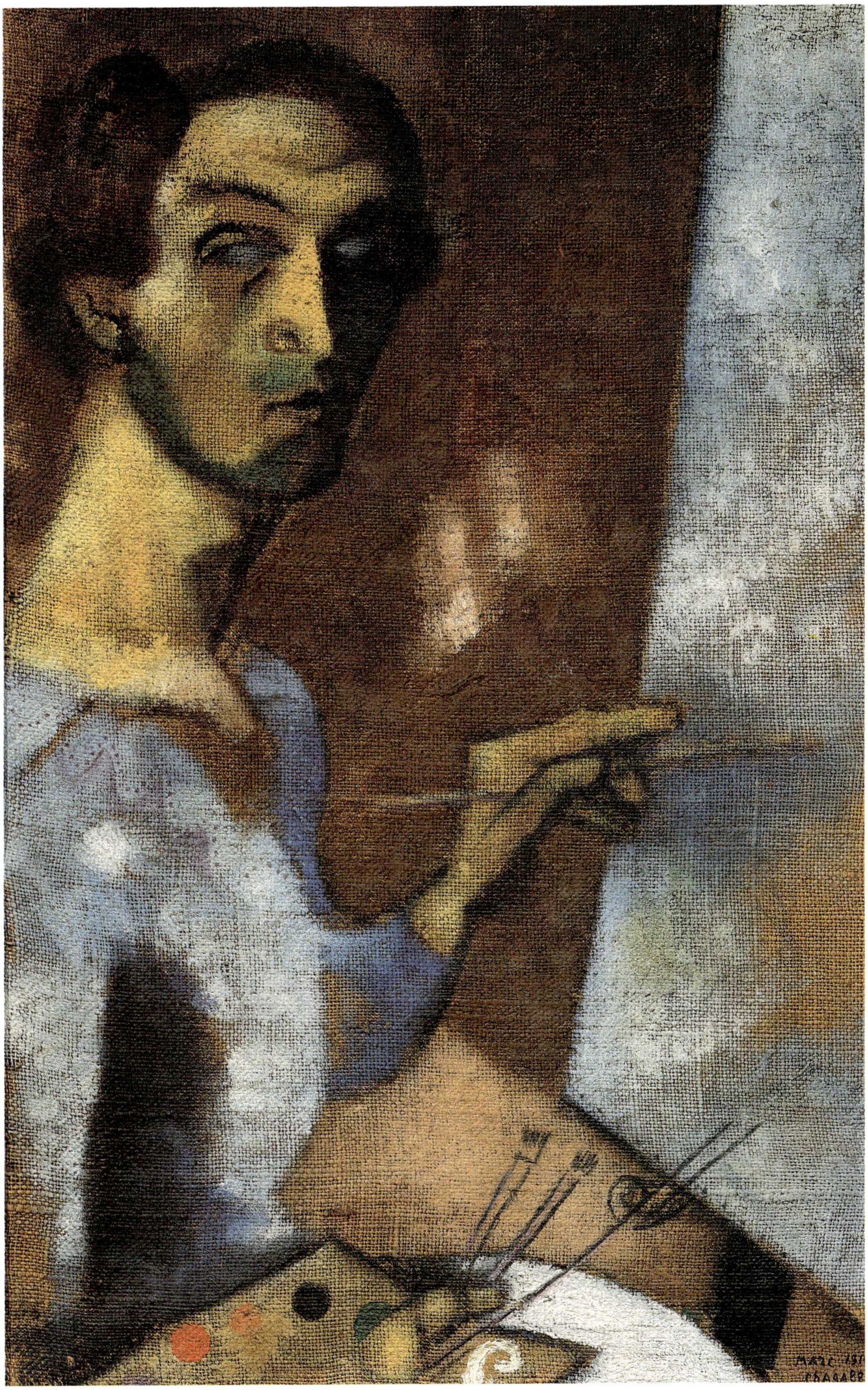

7 LA GOVERNANTE E IL BAMBINO

1914

Olio su tela, cm 51×38

Firmato e datato in basso a sinistra:

Marc Chagall 1914

Parigi, collezione David Mc Neil

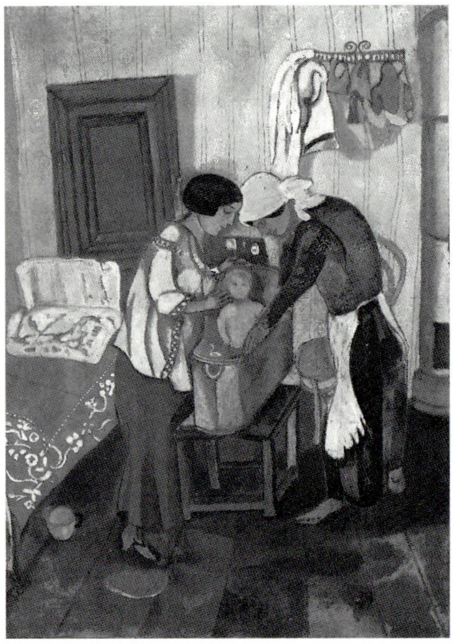

Il bagno del bambino, *1916, olio su cartone incollato su tela, Pskov, Museo d'Arte, Storia e Architettura. Sotto,* Il bambino ammalato, *1919, olio su cartone incollato su tela, Francia, collezione privata*

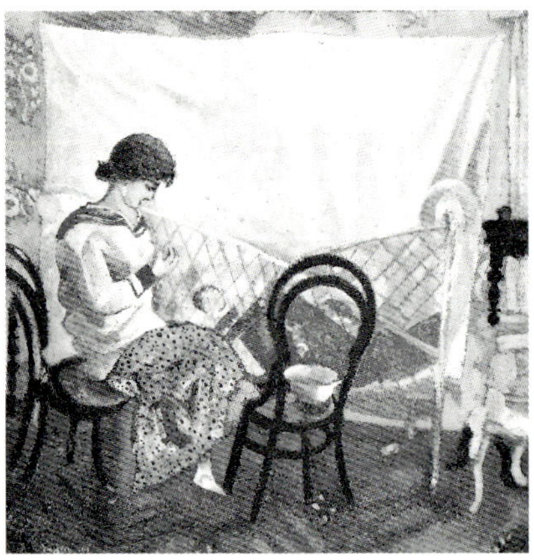

Alle opere ispirate dalla vita familiare degli anni 1914-15 si ricollega un certo numero di piccoli studi di figure infantili. Con acume e tenerezza Chagall osserva la grazia degli atteggiamenti, e rende felicemente l'innocenza degli sguardi.

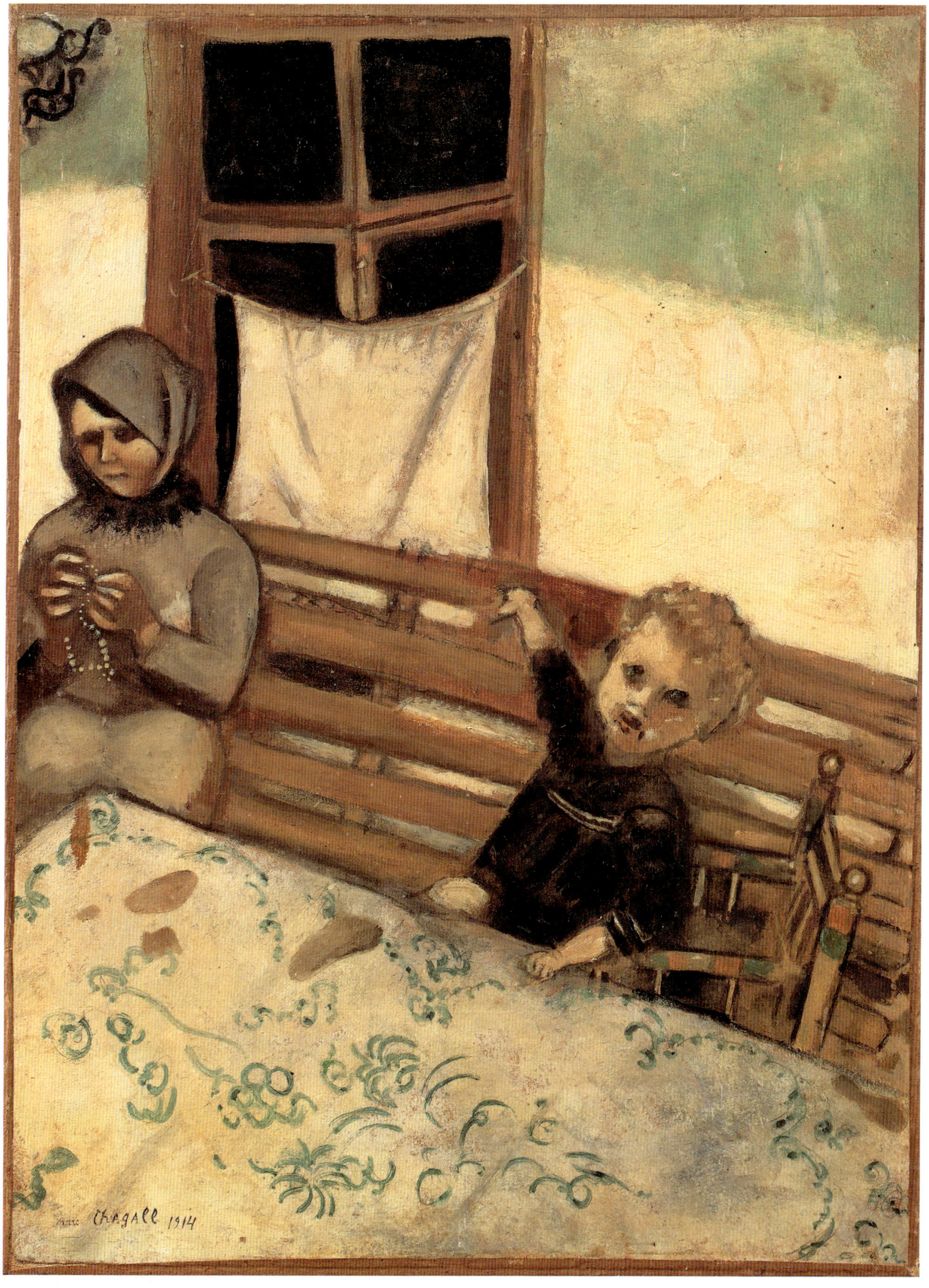

8 La sorella dell'artista o Lisa alla finestra

1914

Olio su tela, cm 76×46

Firmato e datato in basso a sinistra:

Chagall 1914

Collezione privata

«Sarebbe più interessante dipingere le mie sorelle e mio fratello. Con quanto amore sarei sedotto dall'armonia dei loro capelli, della loro pelle, con quanta prontezza salterei dentro di loro, inebriando le tele e anche voi del profumo dei miei colori di mille anni» scriveva Chagall nelle prime pagine di *Ma Vie* [*La mia vita*]. In effetti l'artista era il maggiore di nove fratelli, Anjuta, David, Zina, le gemelle Lisa e Manja, Rosa, Marussja e Rachele. In modo del tutto naturale, il pittore li utilizza quali modelli delle sue prime opere. I dipinti ispirati dalla vita familiare, d'altronde, diverranno uno dei temi preferiti dall'artista. Il ritorno a Vitebsk, nel 1914, gli permette di dare dimostrazione della maestria acquisita durante gli anni parigini. Questo bel ritratto di Lisa ne è uno splendido esempio. Nella composizione, Lisa, di profilo, spicca su un fondo scuro: la pennellata leggera, che sottolinea ombre e chiarori, la trama vellutata della materia pittorica danno a questo ritratto meditativo un sordo splendore.

Lisa col mandolino, *1914 olio su cartone incollato su tela, Francia, collezione privata*

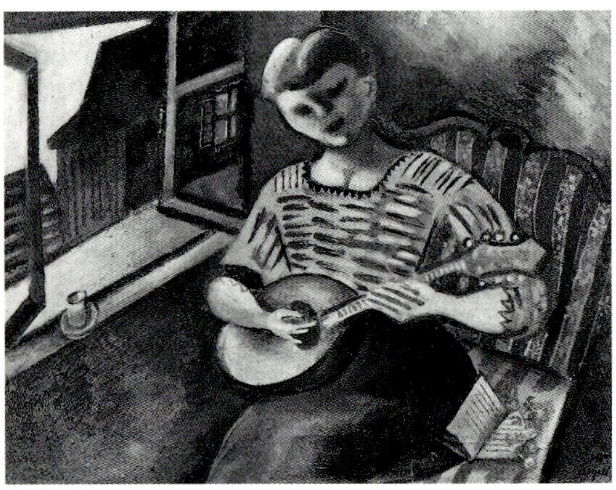

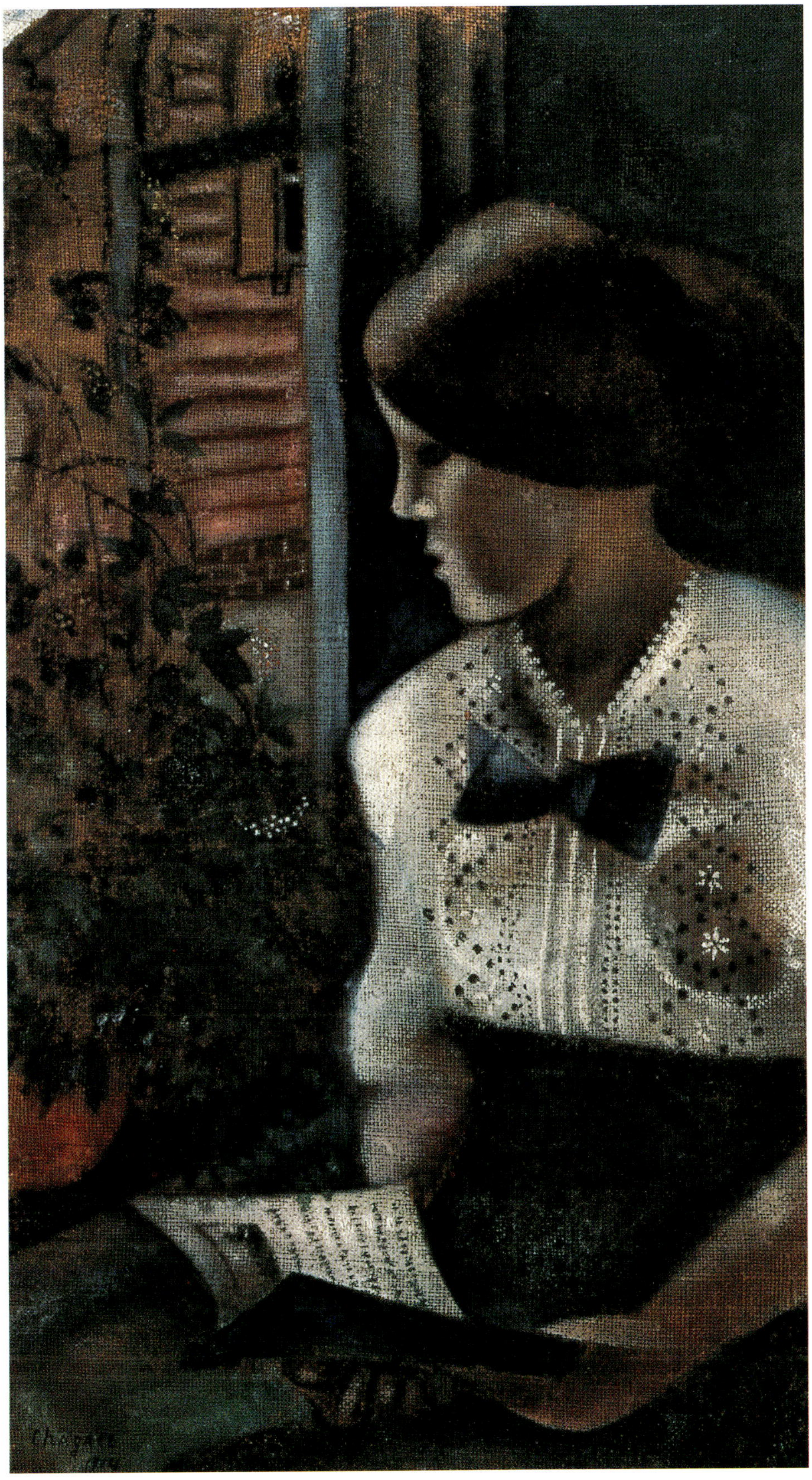

9 Farmacia a Vitebsk

1914

Gouache, tempera, olio e acquerello su carta incollata su cartone, cm 40×52,4

Firmato in basso a destra in lettere cirilliche:

Chagall

Mosca, collezione Valerij Dudakov

I ritratti e le scene di vita quotidiana che caratterizzano il periodo del ritorno di Chagall a Vitebsk sono accompagnati da un considerevole numero di paesaggi. Il paesaggio riveste nell'opera dell'artista un'importanza pari a quella del ritratto. Se i primi paesaggi, come *La fabbrica* o *Il viale* (entrambi del 1908) possono essere considerati degli esercizi di stile, le opere successive confermano quel rapporto intimo e personale che lega Chagall alla sua terra natale. Il periodo parigino fa scaturire dalla sua memoria, entro scenari fantastici, una Vitebsk di sogno, 'soprannaturale', per usare la nota definizione di Apollinaire. Il ritorno in Russia nel 1914 lo fa sentire a suo agio in una realtà presente e quieta, ma non priva di tratti pittoreschi. *Farmacia a Vitebsk* riprende però la composizione volutamente decentrata di una delle prime opere dell'artista, *Il morto*, del 1908. Il decentramento spinge ai due estremi di una diagonale la strada principale del villaggio, le casupole di legno e la bottega del farmacista. Le modeste scalinate sembrano colte da un tremito. Una sorta d'inquietudine silenziosa intride l'atmosfera. I verdi e i bruni degli alberi, in contrasto con gli azzurri e i bianchi del cielo, danno a questo paesaggio familiare una particolare ricchezza espressiva.

Il morto, *1908, olio su tela, Parigi, Musée National d'Art Moderne, Centre Georges Pompidou*

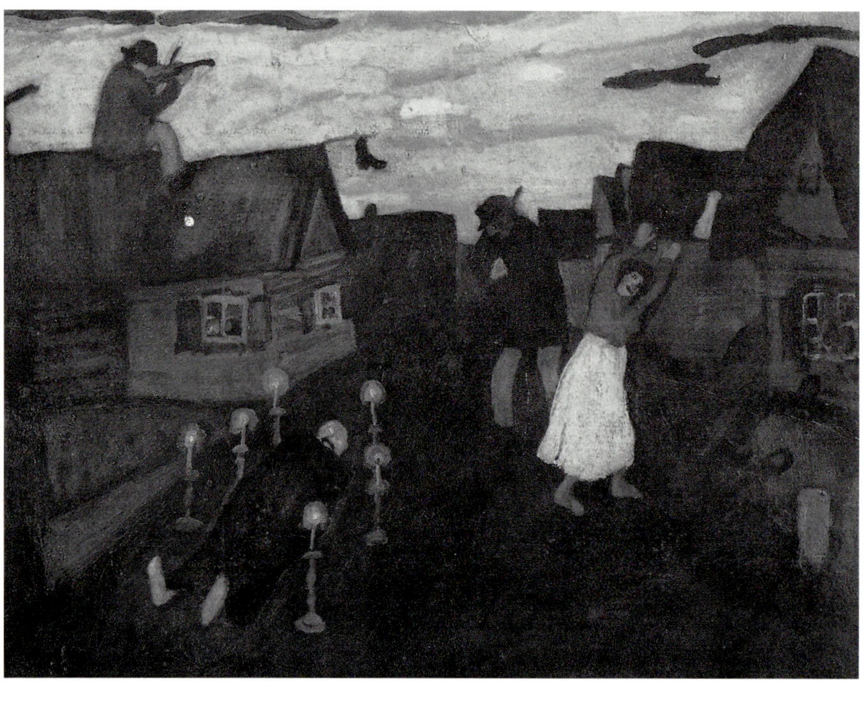

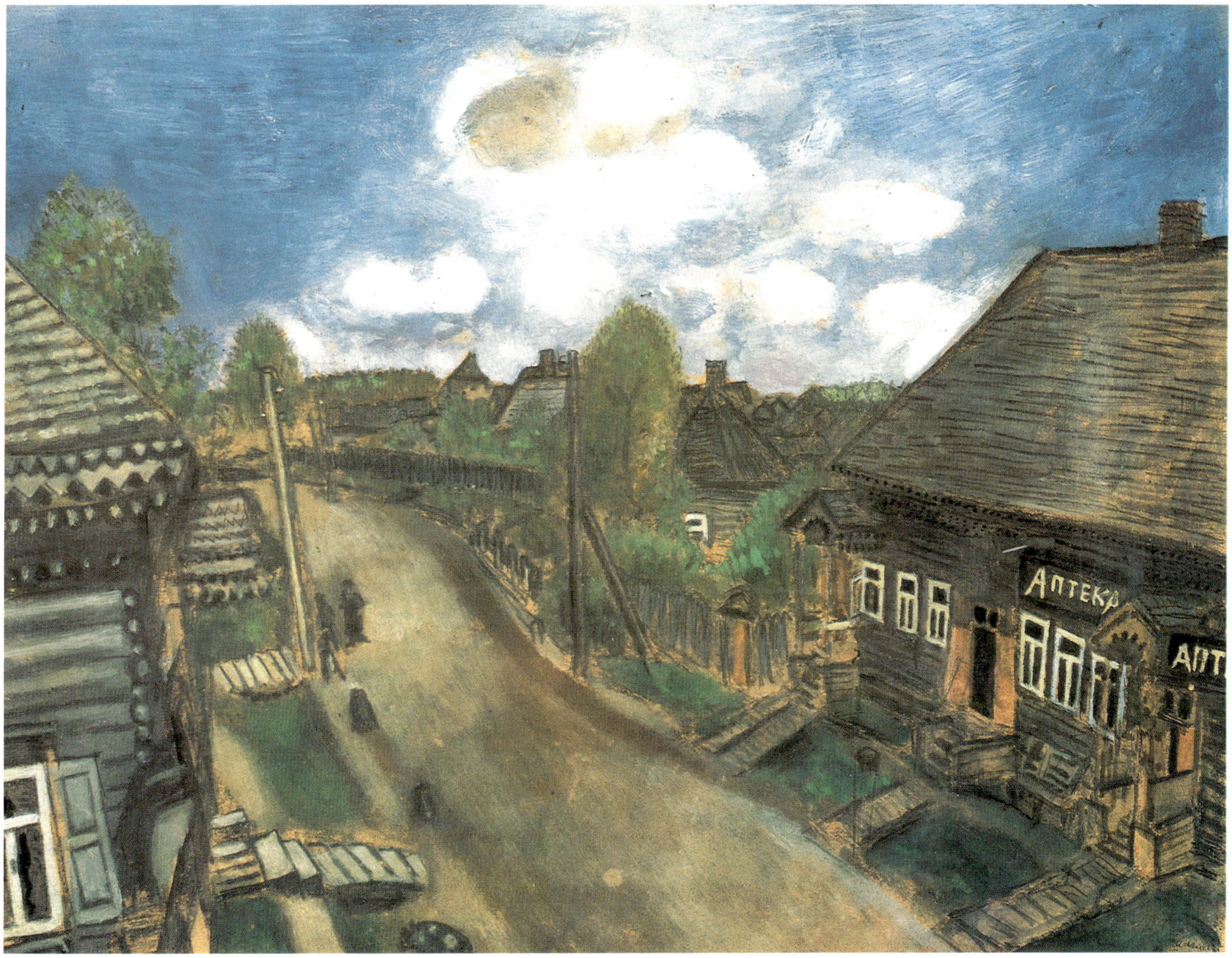
АПТЕКА
АПТ

10 Studio per *Sopra Vitebsk*

1914

Olio su cartone, cm 19,5×25

Firmato e datato in basso a destra, in lettere cirilliche:

Chagall 1914

San Pietroburgo, collezione Nadejda Simina

Sopra Vitebsk, *1915-20, olio su tela, New York, Museum of Modern Art*

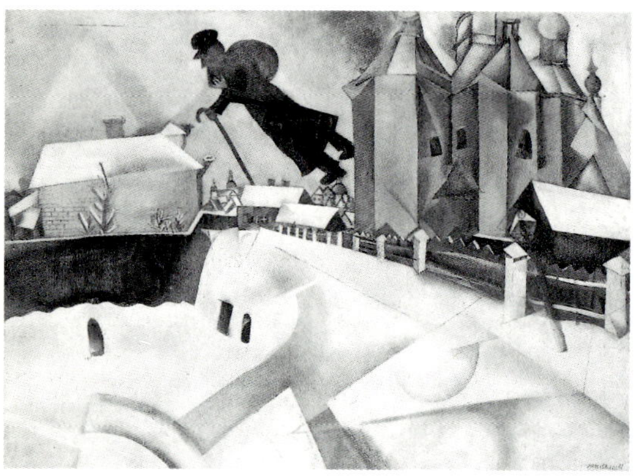

Sopra Vitebsk si inscrive nella lunga serie di quadri ispirati alla condizione ebraica, inaugurata da *L'ebreo in preghiera* (1912-13) e *La presa* (1912), che si colloca a conclusione di tutto un gruppo di disegni. La versione principale del quadro si trova a Toronto. Lo studio, realizzato su cartone, supporto frequentemente usato da Chagall dopo il suo ritorno a Vitebsk, è molto vicino all'opera definitiva. Il paesaggio, come in *Il morto* e *Farmacia a Vitebsk*, si organizza attorno alla strada principale; da entrambi i lati della diagonale formata dalla strada coperta di neve, si possono riconoscere la cattedrale dell'Assunzione, i tetti di legno e le staccionate delle case di Vitebsk. Al di sopra dei tetti, un fagotto in spalla e un bastone in mano, fluttua un vecchio. Si tratta di una figura che rappresenta uno dei grandi archetipi dell'immaginario dell'artista. L'intensità del tratto restituisce fedelmente l'aspetto di quei vecchi rabbini chassidici che andavano di villaggio in villaggio e che Chagall ha potuto vedere coi suoi occhi. Ma il volo al di sopra dei tetti, la dimensione aerea del personaggio, rende la scena insolita e fantastica. Il vecchio che vola è forse l'allegoria dell'Ebreo errante? Il motivo del volo è, in ogni modo, una delle costanti dell'opera di Chagall. Il contrasto fra l'assenza di peso e le notazioni realistiche del paesaggio sottolinea il significato che l'opera emana. Il destino errabondo del popolo ebraico, che strappa gli uomini alla propria terra natale, apre loro, forse, quella «quarta o quinta dimensione» che è quella dello spirito.

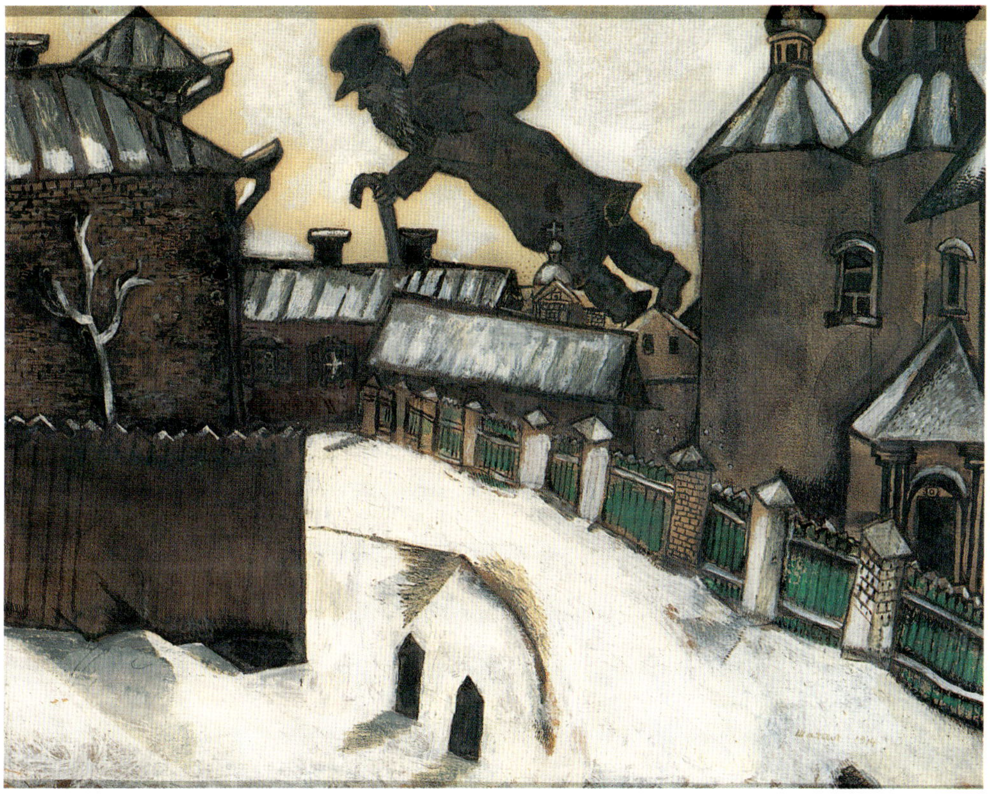

Gli innamorati in blu

1914
Olio su carta incollata su cartone, cm 49×44
Firmato in basso a sinistra in lettere cirilliche: Chagall
San Pietroburgo, collezione Victoria S. Sandler

Gli innamorati in grigio, *1916-17, olio su cartone incollato su tela, Parigi, Musée National d'Art Moderne, Centre Georges Pompidou (dono di Ida Chagall)*

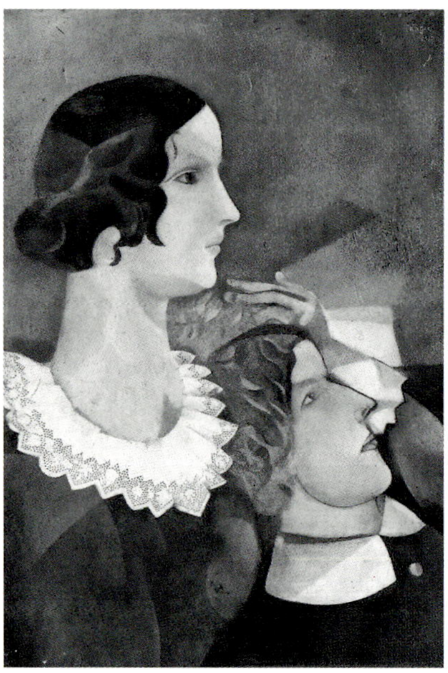

L'amore che Bella Rosenfeld risveglia in Chagall, la grande gioia di un sentimento condiviso, ispirano all'artista una serie di opere che rendono omaggio alla coppia. Gli *Innamorati in blu* (1914), gli *Innamorati in verde* (1914-15), gli *Innamorati in rosa* (1916), gli *Innamorati in grigio* (1916-17) esprimono l'incanto di un'avventura personale immortalata dalla pittura. Al centro del dipinto, i personaggi si fondono intimamente al blu profondo dello spazio. Soltanto i volti, macchiati di bianco, sembrano illuminati dal fascio di un riflettore. La ragazza accarezza la guancia del compagno con la mano guantata. Gli occhi chiusi, i riccioli cinti di foglie, questi attende il bacio sperato. Chiusi nel cerchio magico della passione, gli innamorati, come i personaggi del *Sogno d'una notte di mezza estate* di Shakespeare, sono lontani dal mondo.

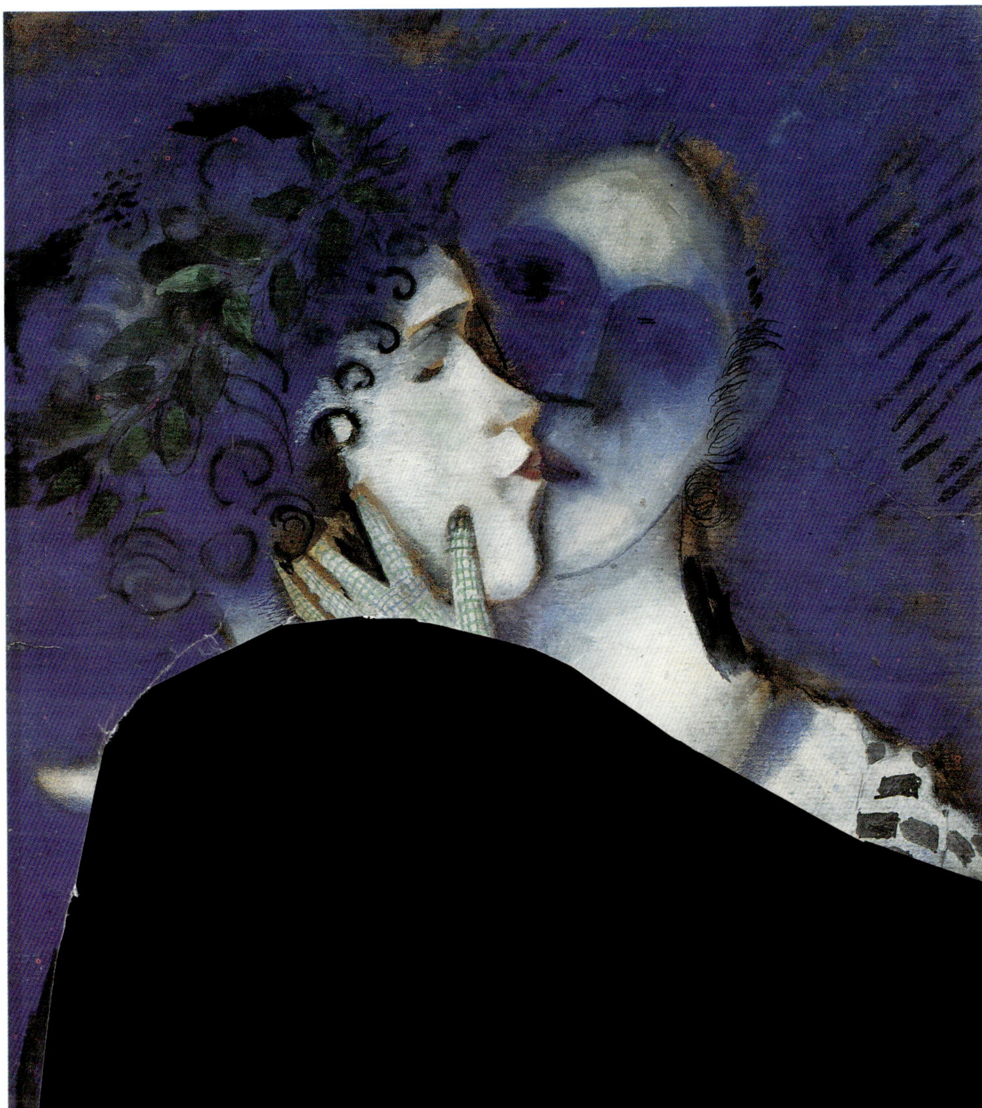

1914-15

Tempera a gouache e olio su carta incollata su cartone,
cm 48×45,5
Firmato in basso a destra:
M. Chagall
Mosca, collezione D.G. Efros

I personaggi, con i profili che si fronteggiano, sono isolati al centro di una composizione circolare che li racchiude come un medaglione. Se gli *Innamorati in blu* hanno la grazia incomparabile di una melodia, gli *Innamorati in verde* suggeriscono la ricchezza infinita di una sinfonia. Il colore si dispiega nella molteplicità delle sue sfumature: blu profondi, verdi sottili, rosa d'intensità variabile si schiariscono verso il bianco o si incupiscono verso il viola; i gialli sono acidi, il bianco luminoso. L'opera ha lo smalto di una vetrata e il mistero di un'icona.

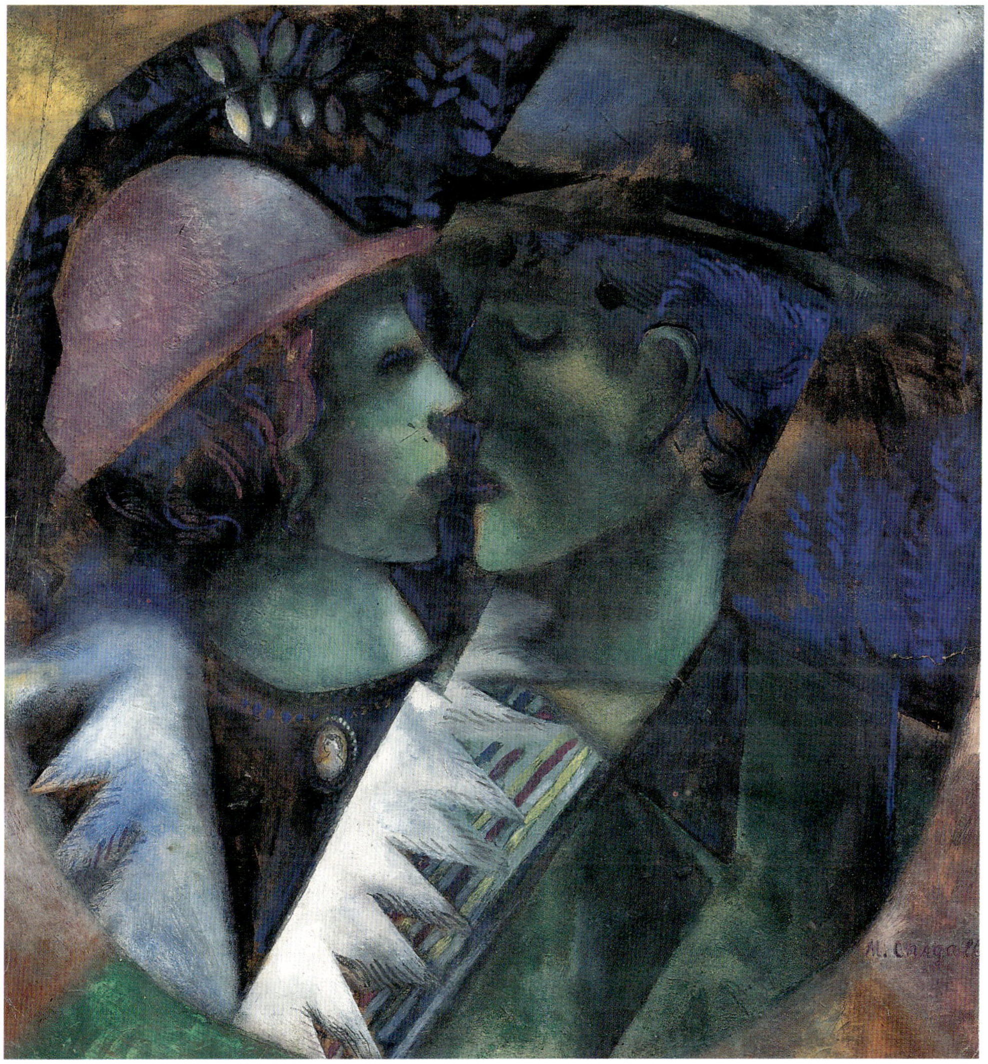

13 Mar'jasenka (Ritratto della sorella dell'artista)

1914-15

Olio su cartone, cm 51×36

Firmato in basso a sinistra:

Chagall

San Pietroburgo, collezione Victoria S. Sandler

Mar'jasenka era il nomignolo affettuoso con cui Chagall chiamava Marussja, una delle sue sorelle più piccole. Le fece il primo ritratto nel 1907, quando lei aveva sei anni. Mar'jasenka ha dunque 14 anni quando Chagall ne esegue questo secondo ritratto. La sua freschezza di bambina è ancora intatta: con le sue trecce, ed il frutto che si accinge ad addentare golosamente, Mar'jasenka sembra appena uscita dai giochi dell'infanzia. Ma la melanconia dello sguardo lascia presagire gli incombenti travagli dell'adolescenza. La composizione leggermente decentrata risente dello stile del periodo parigino. Lo sfondo e la porta, riflessi nello specchio, la pennellata più larga, rispetto al ritratto di *Lisa alla finestra*, conferiscono a questo dipinto un sicuro vigore.

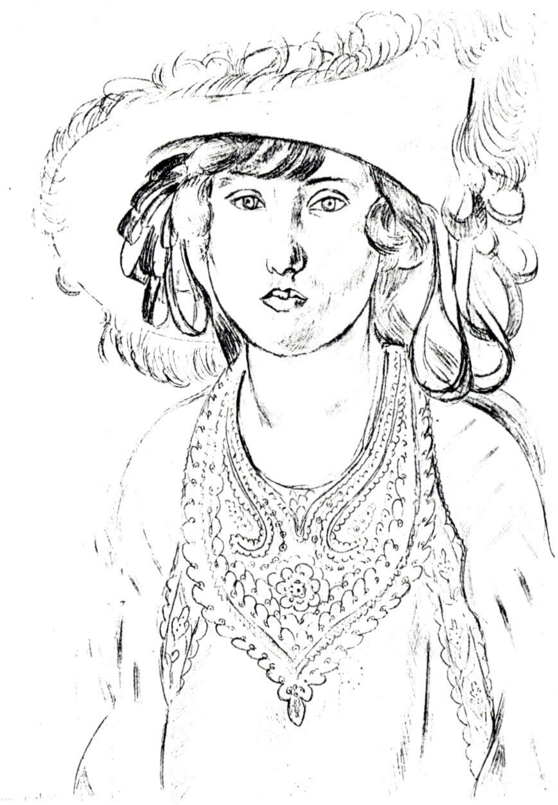

Henri Matisse, Antoinette col cappello piumato e veste ebraica, a mezzo busto, *matita, Baltimora, The Baltimore Museum of Art*

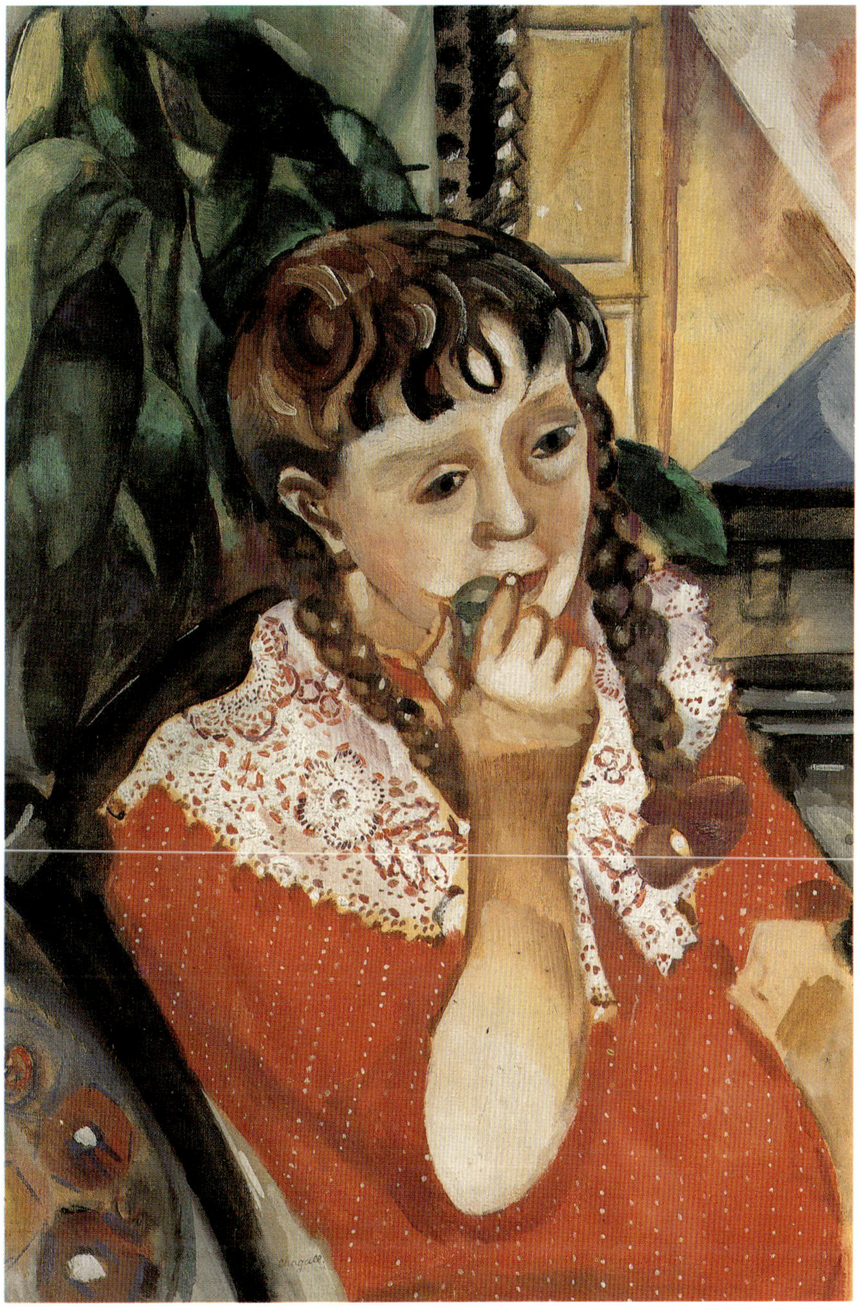

14 Matrimonio ebraico

dopo il 1910

Tempera a gouache, matita e inchiostro su carta incollata su cartone, cm 20,5×30

San Pietroburgo, collezione Zinaida Gordeeva

Chagall ha iniziato presto ad occuparsi del cerimoniale del matrimonio. Ne raffigura la gioiosa celebrazione in un'opera del 1909, *Matrimonio russo*, o la solennità rituale nelle *Nozze* del 1910. La tempera qui presentata non è stata datata dall'artista. Potrebbe essere stata eseguita sia immediatamente prima della partenza per Parigi, sia nel 1914, dopo il ritorno dell'artista a Vitebsk.

La scena, in effetti, non scaturisce dal ricordo. La precisione dell'osservazione implica, al contrario, un lavoro 'sull'originale', come testimonia lo stesso Chagall nell'autobiografia. «Attorno alla lunga tavola, un grande rabbino, vecchio saggio dall'aria scaltra, grossi borghesi dall'aspetto imponente, una moltitudine di umili ebrei i cui intestini si torcevano nell'attesa dell'arrivo mio e... del pranzo». A differenza che nel racconto, l'opera grafica rappresenta la cerimonia in una fase più avanzata. Gli sposi siedono, a capotavola, col bicchiere di vino rituale di fronte a sé. Musicanti e ballerini manifestano la loro gioia.

La scena non è priva di un accento satirico. Chagall descrive con un pizzico di crudeltà l'aspetto fisico della coppia che balla, la magrezza dell'uomo e la pinguedine della donna. Ma a questa contadina grossolana (che ritroviamo in uno dei pannelli del Teatro Ebraico, del 1919, personificazione della Danza) sembrano appartenere tutta la vitalità e la nobiltà dell'Alma Mater.

La festa di nozze, *1910, olio su tela, Parigi, Musée National d'Art Moderne, Centre Georges Pompidou*

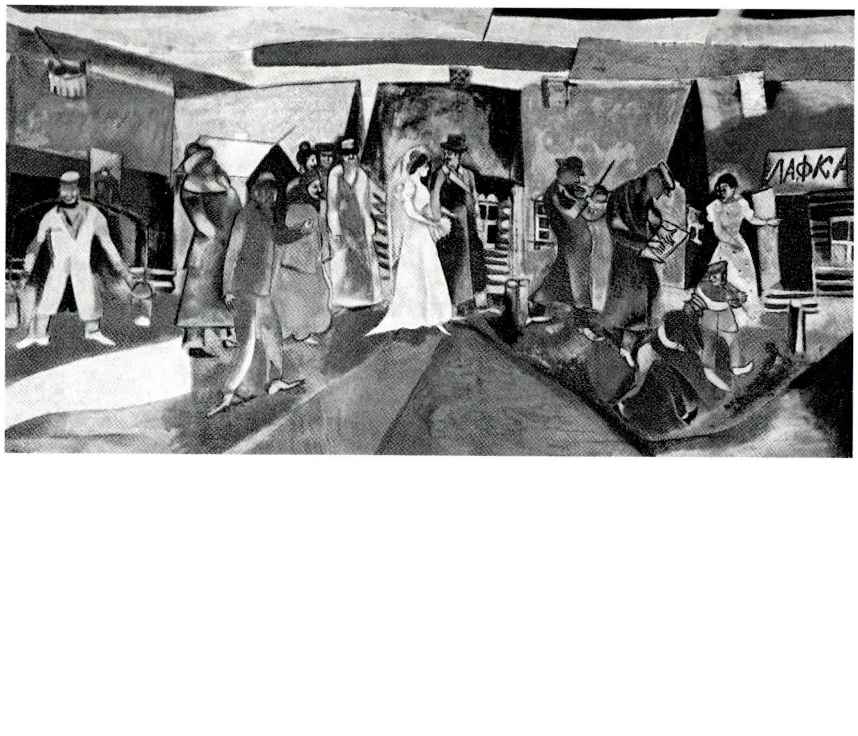

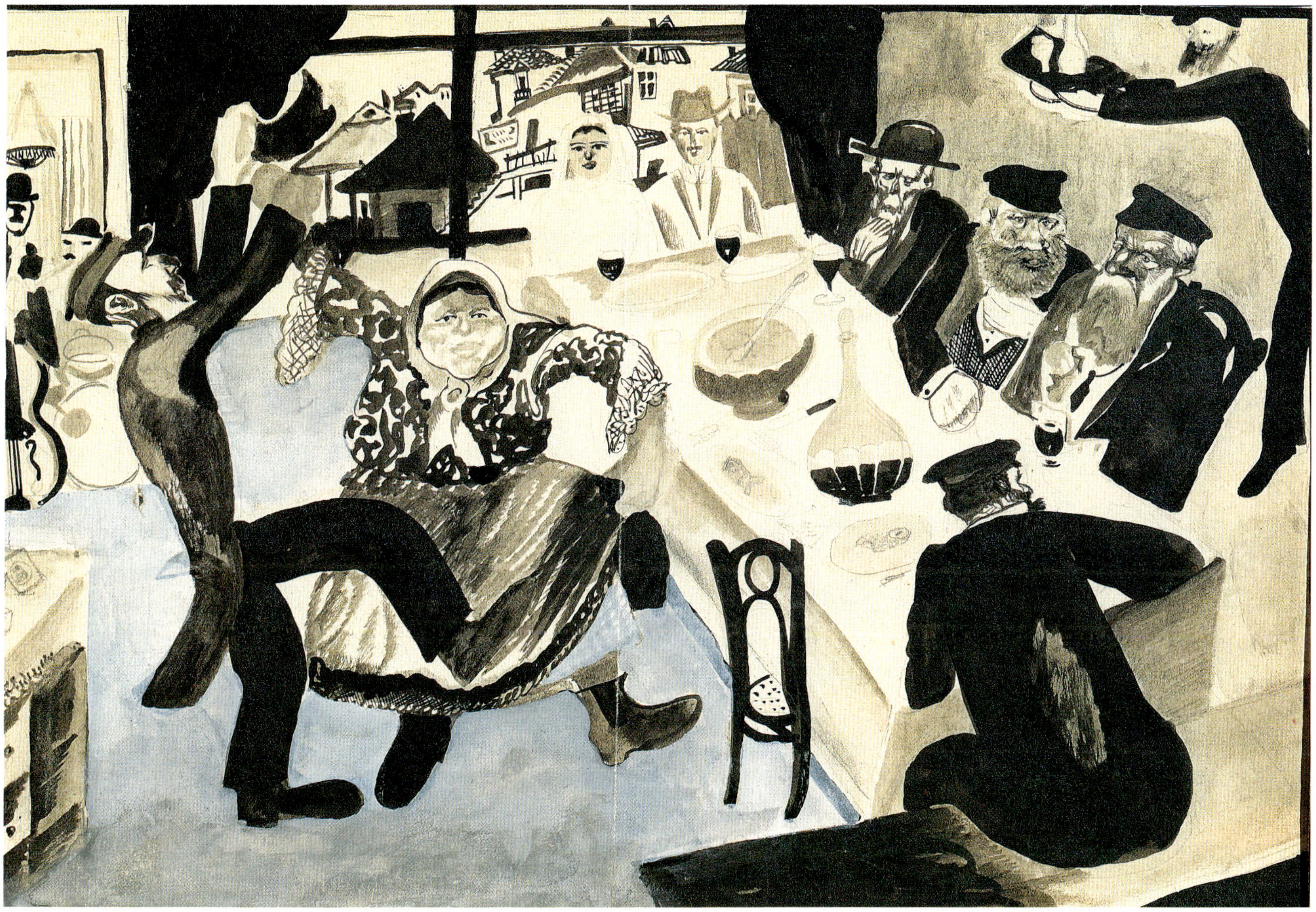

15 L'EBREO IN ROSA

1914-15

Olio su cartone, cm 100×80,5

Firmato in basso a destra:

Chagall

San Pietroburgo, Museo Statale Russo

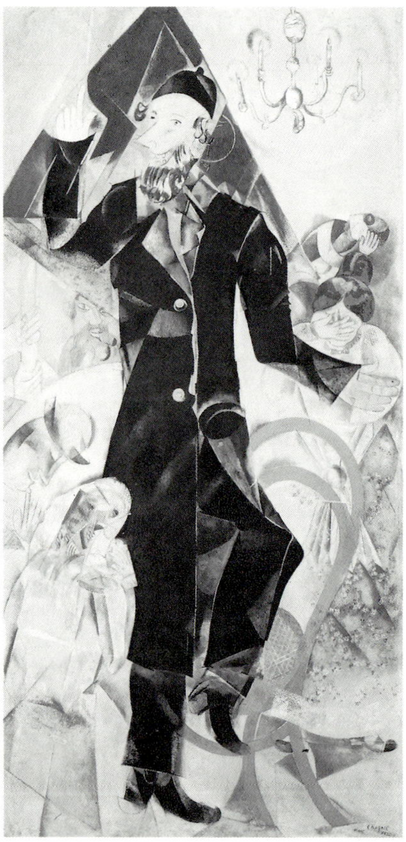

Il teatro, *1920 (dai pannelli del Teatro Ebraico da camera), tempera e biacca su tela, Mosca, Galleria Tret'jakov*

Fra tutte le opere dell'impressionante serie dedicata ai vecchi e ai rabbini, *L'ebreo in rosa* è forse quella più compiuta. Un notevole gruppo di opere, dal 1914 al 1916, per la maggior parte di grande formato, è ispirato dalla tradizione ebraica. Scene di vita quotidiana, di vita familiare, di strada, sono schizzate con tenerezza e umorismo. Non mancano una vena di satira e un tono pittoresco. Il talento di disegnatore di Chagall si manifesta in tutta evidenza: sulla superficie della carta, supporto che affascina il pittore, il tratto, sia a penna che a pennello, è rapido; l'atteggiamento, il gesto, sono descritti con precisione attraverso il movimento. Il costante lavoro di affinamento del soggetto mediante il disegno sta all'origine di quadri straordinari quali *L'ebreo in verde, L'ebreo in rosso, L'ebreo in preghiera, L'ebreo in rosa*. L'arte del ritratto non aveva mai raggiunto una tale espressività. La presenza di questi vecchi sconvolge chi guarda: un dolore greve e soffocante li opprime, la solitudine di un destino senza tempo. *L'ebreo in verde, L'ebreo in rosso, L'ebreo in preghiera, L'ebreo in rosa* portano sul loro volto rugoso la disperazione muta di un popolo perseguitato. *L'ebreo in rosa* assume, in più, una dimensione mitica. Seduto dinanzi alle casupole di legno, occupa prepotentemente tutto lo spazio del dipinto. La figura, dalla forte struttura, si appoggia allo sfondo di tetti modellati mediante piani contrastanti di colore, utilizzato in funzione deliberatamente antinaturalista. Il rosa, il rosso si contrappongono ai verdi e ai gialli. La barba fiammeggia, una mano è bianca, l'altra verde. Il colore è totalmente svuotato di ogni significato realistico. Esso sottolinea, al contrario, il significato simbolico e archetipico che Chagall vuole dare al suo personaggio. Un calamaio e una penna, posati sul tetto, ricordano che il rabbino è depositario della Legge, scritta in caratteri ebraici sullo sfondo. «Raggiante di una rude potenza solare» (Meyer p. 222), *L'ebreo in rosa* palesa con forza la sua natura profetica e il suo carattere sacro.

L'ebreo in verde, *1914, olio su cartone, Ginevra, collezione privata*

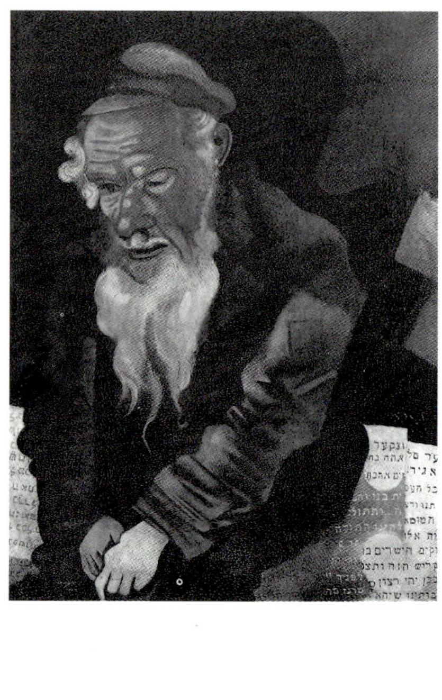

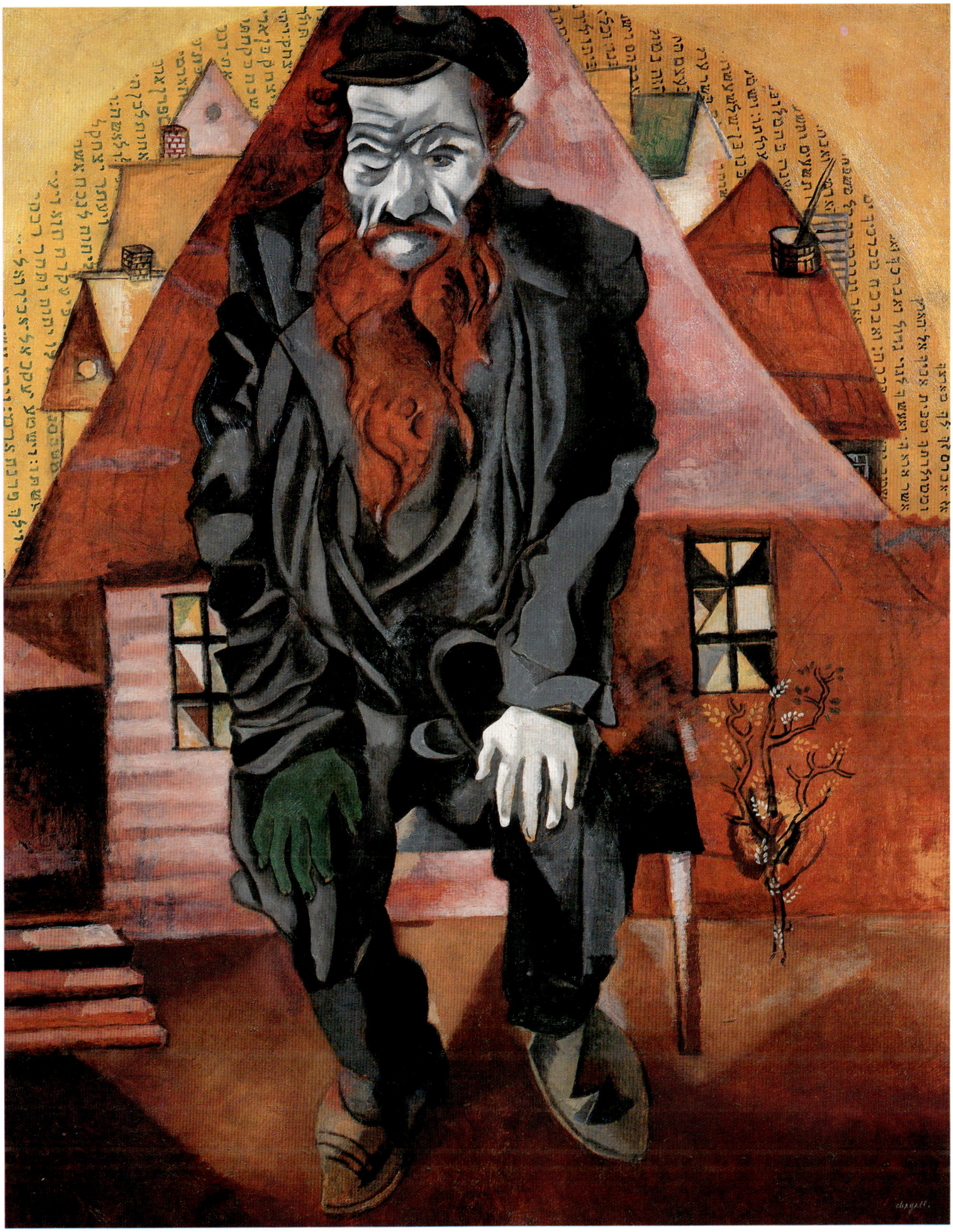

16 Lo spazzino

1914-15

Tempera a gouache su carta, cm 28×24

Firmato in basso a destra in lettere cirilliche:

M. Chagall

San Pietroburgo, collezione E.B. Čudnovskaja

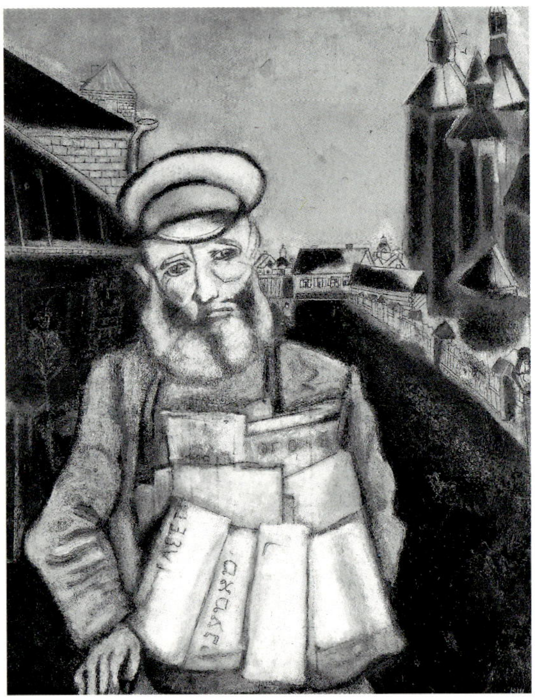

Il venditore di giornali, *1914, olio su tela, Francia, collezione privata*

La tempera è datata 1913 da Frantz Meyer. La precisione dell'osservazione farebbe propendere piuttosto per una datazione posteriore, al periodo in cui Chagall, tornato a Vitebsk, ritrova quella «città singolare, noiosa, infelice» (*La mia vita*, p. 166). La tristezza della città natale dell'artista sembra incarnarsi tutta nel personaggio dello spazzino. Le spalle curve, si piega sotto la fatica e la noia.

Il personaggio si staglia chiaro sullo sfondo nero del cortile che sta spazzando. Qualche pennellata di rosso ne sottolinea la silhouette.

Il volto, pensoso, ripete il blu del cielo. Con una straordinaria economia di mezzi plastici, Chagall esprime tutto lo sconforto umano.

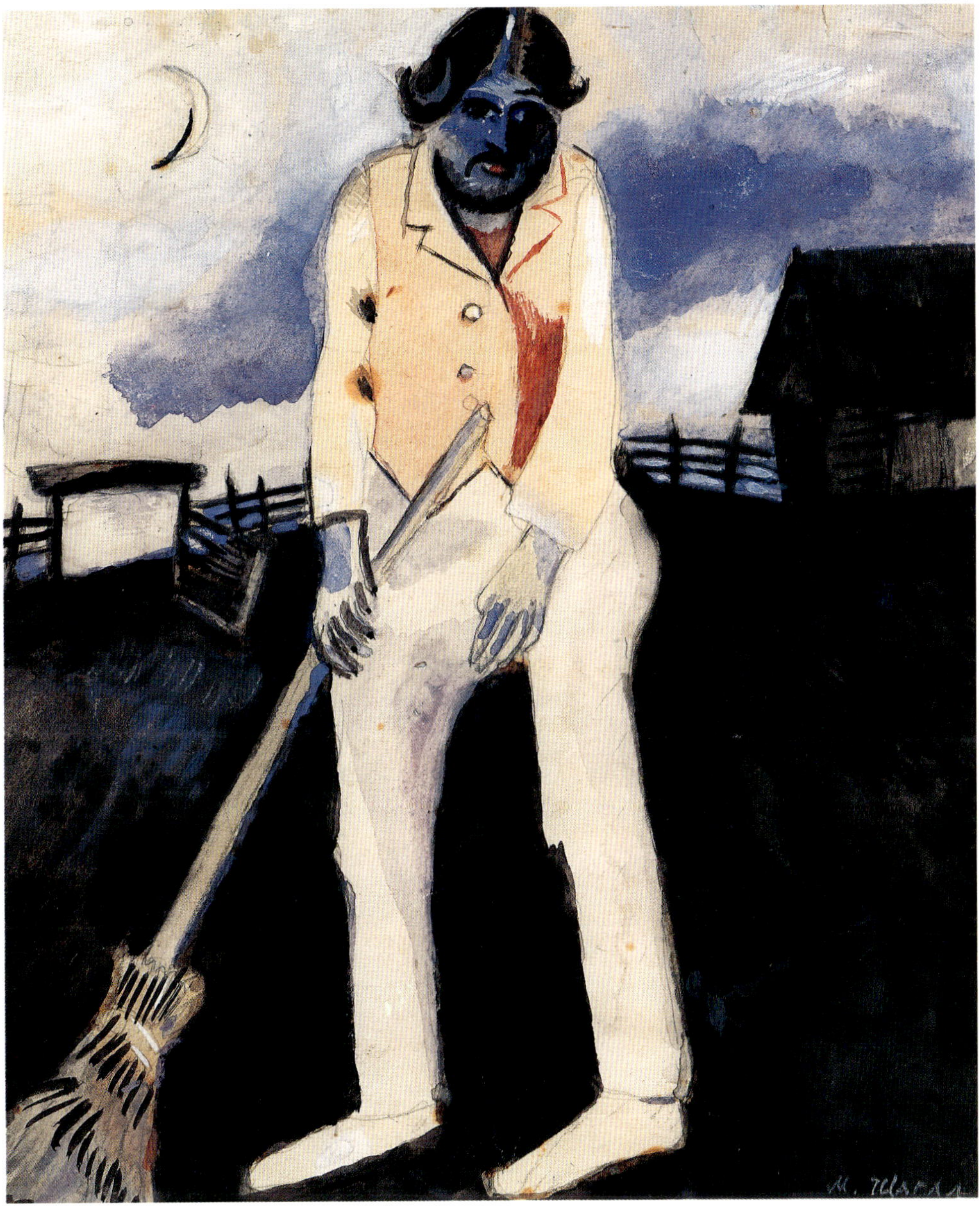

17 SOLDATI CON LE PAGNOTTE

1914-15

Tempera a gouache e acquerello su cartone, cm 50,5×37,5

Firmato in basso a destra in lettere cirilliche:

Chagall

San Pietroburgo, collezione Zinaida Gordeeva

La guerra, all'inizio lontana, si va avvicinando sempre più. «Alcuni militari, dai berretti di lana, calzati di stivaletti, passano davanti a me. Mangiano, puzzano. L'odore del fronte, il fiato che sa di aringa, odore di tabacco, di pulci» scrive il pittore (*La mia vita*, p. 174). Queste scene sono raffigurate in una serie di schizzi a penna, piccoli dipinti e tempere. L'orrore della guerra si manifesta in modo subdolo: Chagall osserva l'andirivieni dei treni militari, tutta una vita quotidiana ritmata dal rituale militare. Un soldato saluta. Un altro dice addio alla famiglia. Tutti si precipitano alla ricerca delle grosse pagnotte grigie che ben presto finiranno. Col loro pane sotto il braccio, i soldati si incrociano senza vedersi. Uno di essi è rivolto verso chi guarda, e ha un'espressione assente. Chagall, al di là dell'aneddoto, vuole rendere lo scoramento e la solitudine degli umili, soldati o spazzini che siano. La tonalità dominante, composta dei blu e dei verdi delle uniformi, crea un'atmosfera malinconica. Ancora una volta attento al volto dell'uomo, il pittore ci rende partecipi dell'infinita solitudine degli uomini che vanno verso la morte.

L'appuntamento, *1914, inchiostro su carta, San Pietroburgo, collezione Vladimir Paleev*

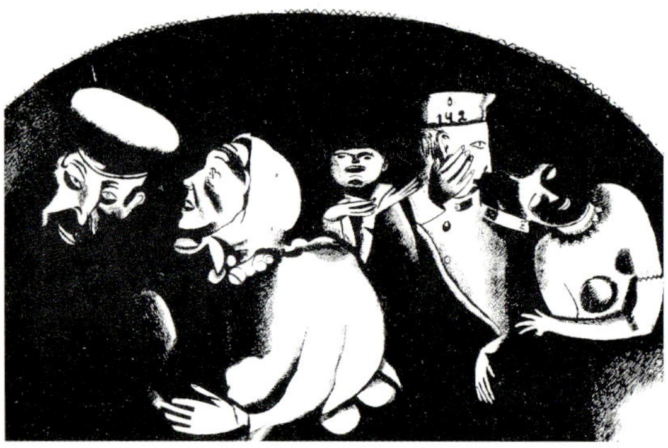

Il soldato ferito, *1914, olio su cartone. Filadelfia, Philadelphia Museum of Art*

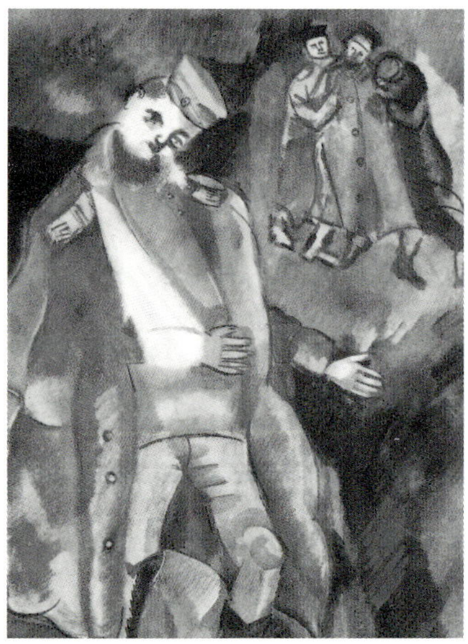

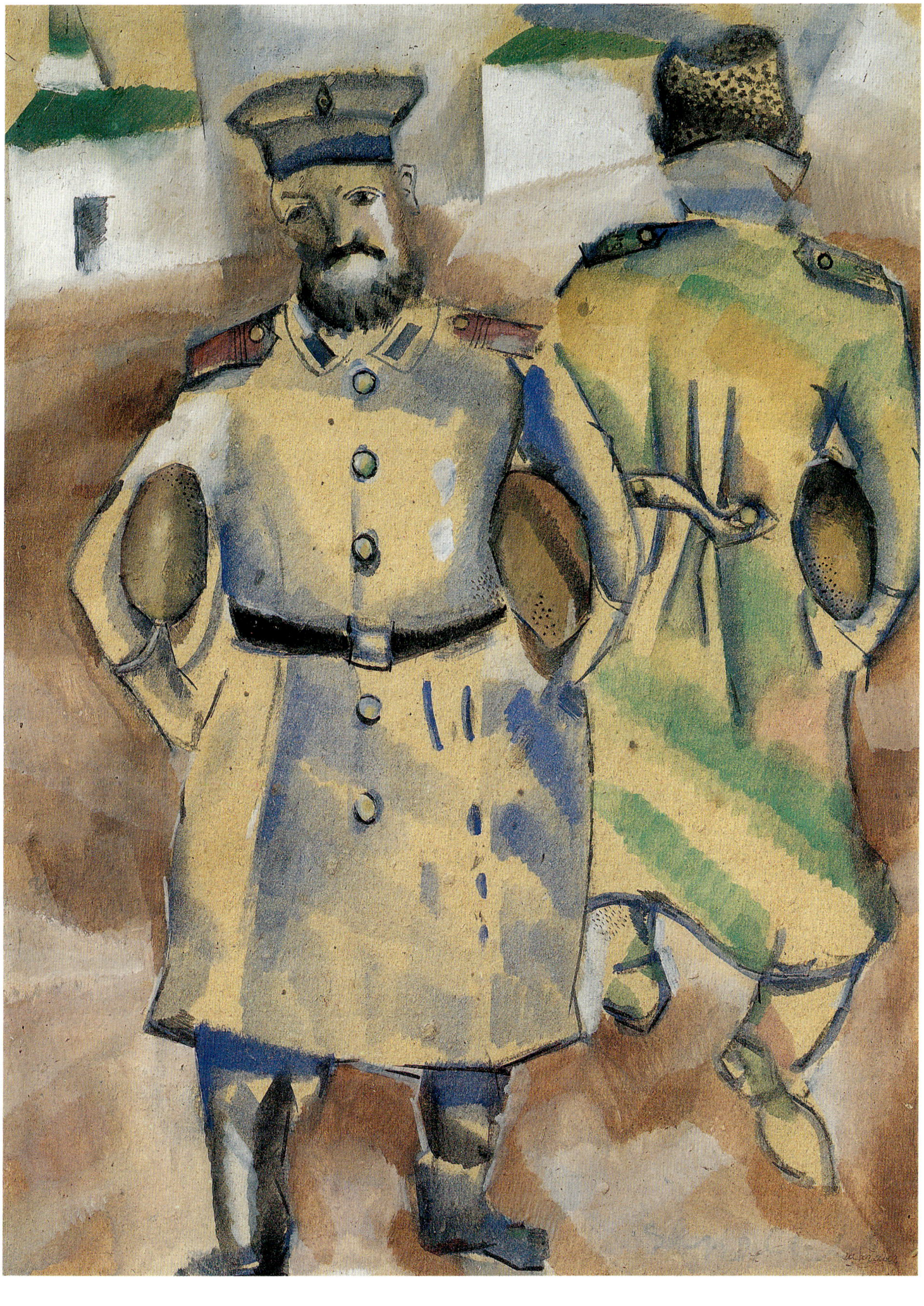

Lo specchio

1915

Olio su cartone, cm 100×81

San Pietroburgo, Museo Statale Russo

Nell'autunno del 1914, impossibilitati a fare ritorno a Parigi, Chagall e la sua giovane moglie Bella sono costretti a trasferirsi a Pietrogrado [nome temporaneamente assunto da Pietroburgo, *ndr*]. Chagall deve, in effetti, fare il servizio militare, e il suo rinvio è agli sgoccioli. Jacob Rosenfeld, fratello di Bella ed eminente economista, gli trova un'occupazione presso l'ufficio dell'Economia di guerra, da lui diretto. Chagall, poco portato al lavoro amministrativo, si occupa della rassegna stampa.

Pietrogrado è ancora una capitale artistica e intellettuale. Il pittore riallaccia i rapporti con i suoi primi collezionisti, il dottor Eliačev, Kagan-Čabčaj, il critico Sirkin; conosce Demian Bedny, autore di fiabe, e i poeti Esenin, Pasternak e Majakovskij. Nel marzo del 1915 Chagall è invitato a partecipare alla mostra «L'anno 1915», organizzata a Mosca da Konstantin Kandaurov, segretario dell'associazione «Mondo dell'arte» («Mir Iskusstva»). Seguendo il consiglio di Tugendhold, vi espone una serie di studi di soldati, fra cui *Soldati con le pagnotte* (n. 17), paesaggi e scene della vita quotidiana di Vitebsk, fra cui *Lo spazzino* (n. 16), *Un ebreo* (probabilmente la prima versione dell'*Ebreo bianco e nero*, conosciuto anche col titolo di *Ebreo in preghiera*), e *L'orologio*, del 1914. *Lo specchio* ha molti punti in comune con quest'ultima composizione, perché conferisce a comuni oggetti quotidiani lo statuto di oggetti mitici. In effetti, Chagall impiega con straordinario senso poetico il cambiamento di scala. Uno specchio gigantesco, appeso al muro, occupa l'intero spazio della tela e riflette una lampada a petrolio. Ai piedi dello specchio, una minuscola figura feminile dorme, la testa appoggiata su una tavola. Il contrasto fra le due figure, deliberatamente introdotto attraverso la differenza delle dimensioni, conferisce già di per sé alla scena un'atmosfera straniata. Il mistero si infittisce grazie al contrasto fra la profondità notturna dei colori dello specchio e della lampada, blu e viola, e i gialli e i verdi dello sfondo. Lo specchio pare una porta che si apra su spazi sconosciuti. La lampada non è un riflesso fuggevole ed effimero: al contrario, si manifesta, come venuta da un altro mondo, imponendo la propria presenza monumentale, profetica. Di fronte all'immagine dello specchio l'universo quotidiano vacilla, crolla. Ad esso si sostituisce un mondo onirico, fantastico, in cui gli oggetti alludono ad una realtà diversa da quella fenomenica. La costruzione plastica del tavolo, che si alimenta delle esperienze parigine ed in particolare dello stile di Delaunay, ha un significato simbolico. Mostrando la misteriosa essenza delle cose e degli esseri, *Lo specchio* diviene la metafora della pittura stessa.

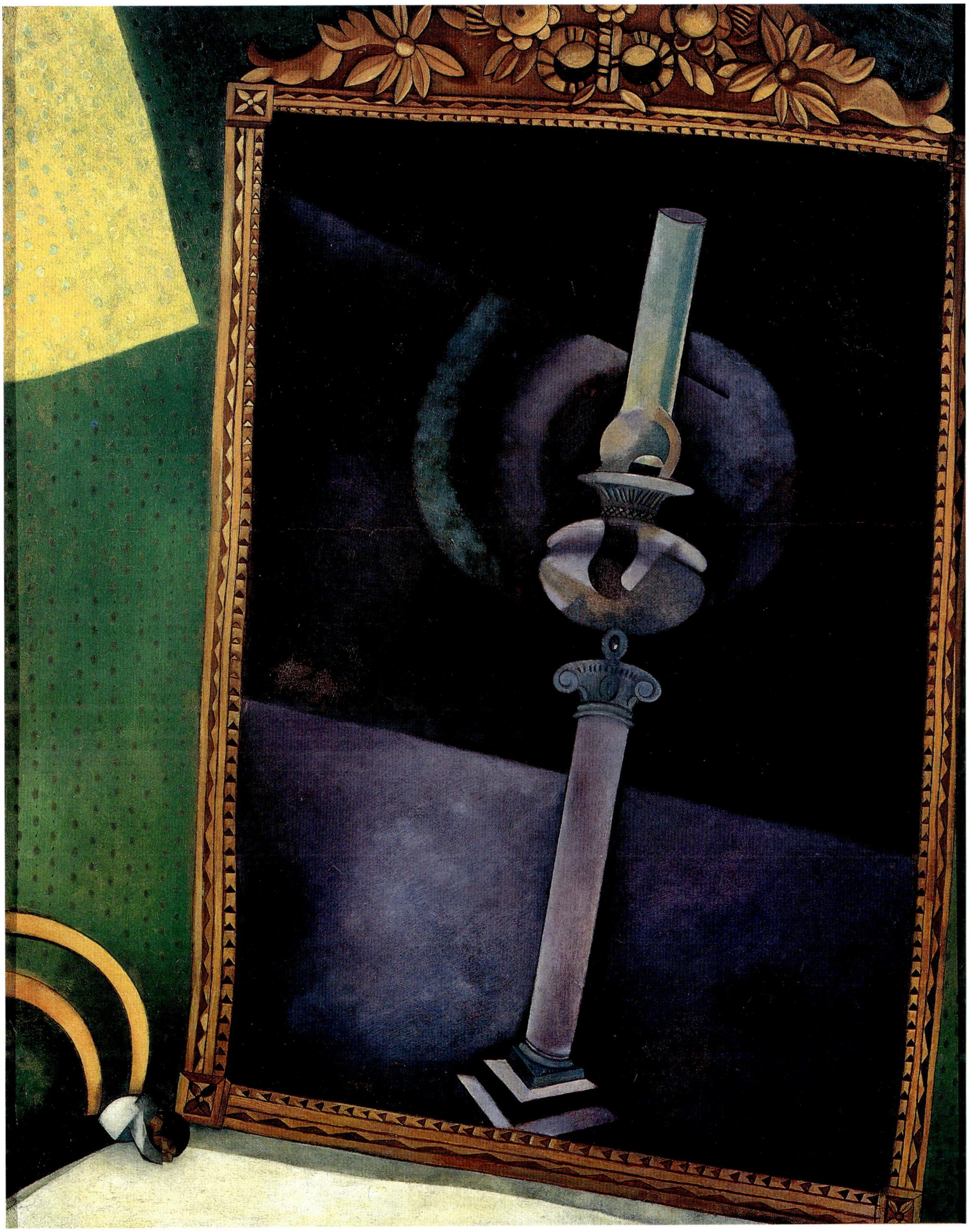

19 Gli innamorati in rosa

1916

Olio su cartone, cm 69×55

San Pietroburgo, collezione E.T. Čudnovskaja

Il soggiorno a Pietrogrado permette a Chagall di farsi conoscere meglio dai mercanti e dai collezionisti. In effetti, paradossalmente l'artista non ha ancora raggiunto in Russia la notorietà della quale godeva a Parigi o a Berlino. Invece, riallacciando i rapporti con gli ambienti intellettuali e artistici di Pietrogrado e Mosca, e grazie all'entusiasmo di critici quali Efros e Tugendhold, che nel 1918 pubblicheranno la prima monografia su di lui, Chagall non tarderà ad essere considerato come uno degli artisti più importanti della sua generazione. La galleria Dobičina di Pietrogrado gli organizza varie mostre che, dopo quella importantissima allestita dal mercante Herwarth Walden a Berlino nel 1914, rappresenteranno la consacrazione dell'intensa attività dell'artista.

All'esuberanza creativa si aggiunge, in quegli anni, la felicità personale. Una seconda serie di quattro *Innamorati* va a completare quella realizzata nel 1914-15. I dipinti (*Gli innamorati*, *Gli innamorati in verde*, *Gli innamorati in grigio* e *Gli innamorati in rosa*) sono dedicati a Bella, la cui presenza è, se possibile, ancora più accentuata. Negli *Innamorati in grigio* il profilo di Bella ha una gravità serena e luminosa; negli *Innamorati in rosa* ella si stringe teneramente al suo amato, gli occhi chiusi. Lo sfondo, di un rosa carico, dà il titolo al quadro e fa risaltare plasticamente le due figure strettamente allacciate.

Nascondendo la propria testa, della quale non si scorgono altro che i capelli biondi, dietro il volto protettore di Bella, l'artista vuol esprimere con forza l'idea dell'indissolubilità della coppia.

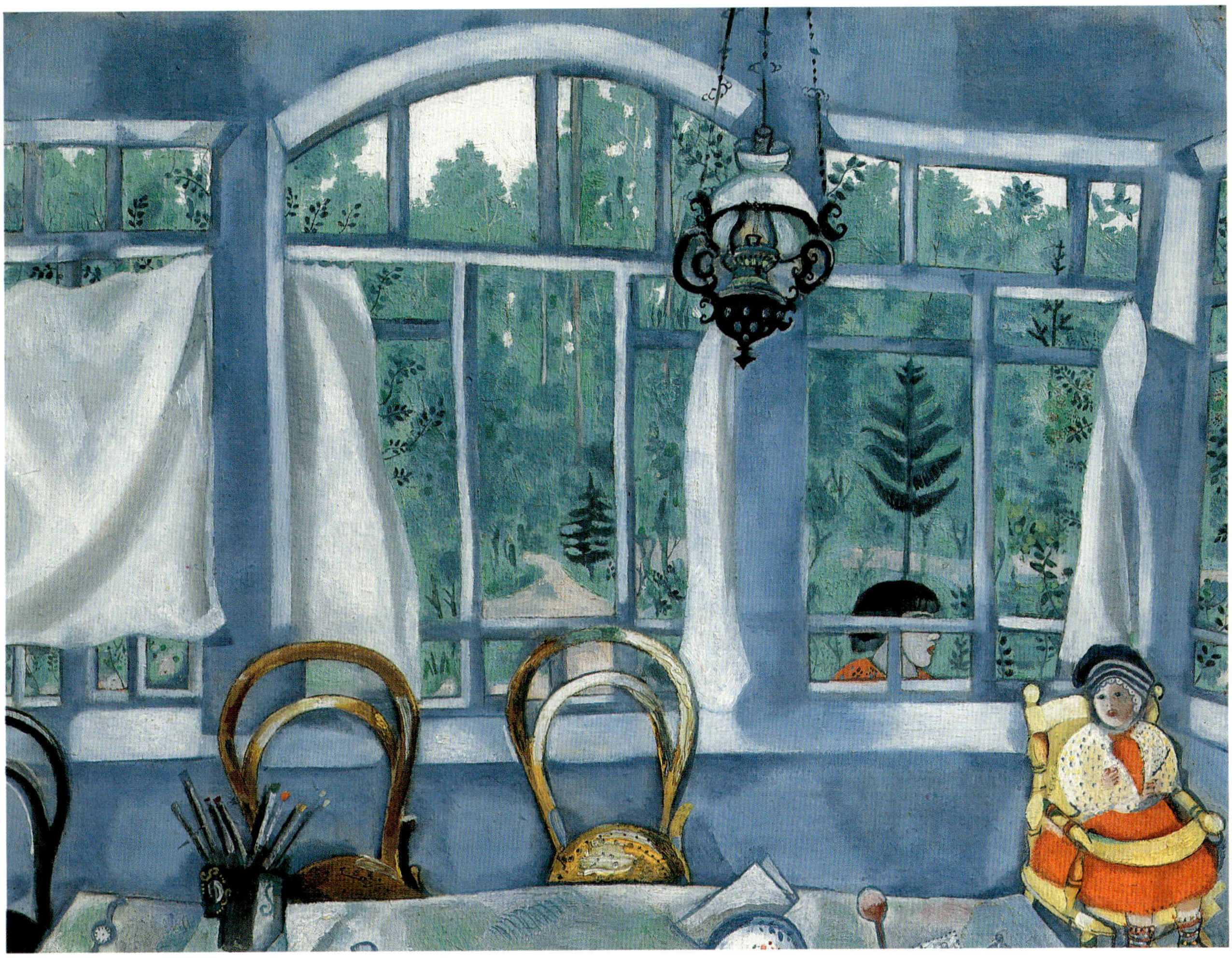

22 DIETRO LA CASA

1917

Olio su cartone, cm 60,6×46

Firmato in basso a destra:

Chagall

Erevan, Galleria Armena d'Arte

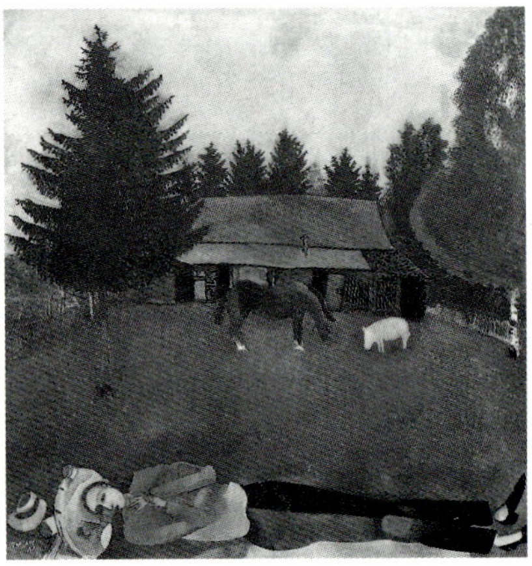

Il poeta giacente, *1915, olio su cartone, Londra, The Tate Gallery*

Il dipinto, di formato pressoché identico ai precedenti (nn. 20 e 21), ma di sviluppo verticale, ne costituisce il completamento.

L'attenzione di Chagall si concentra tutta sul paesaggio, segnato dall'elegante slancio verticale delle betulle.

Una staccionata delimita il vialetto al centro. La pennellata leggera, le tonalità rotte dei verdi e dei blu creano un universo frusciante di foglie. In primo piano, la solidità di una persiana rossastra e della grondaia grigia inquadra la rigorosa composizione.

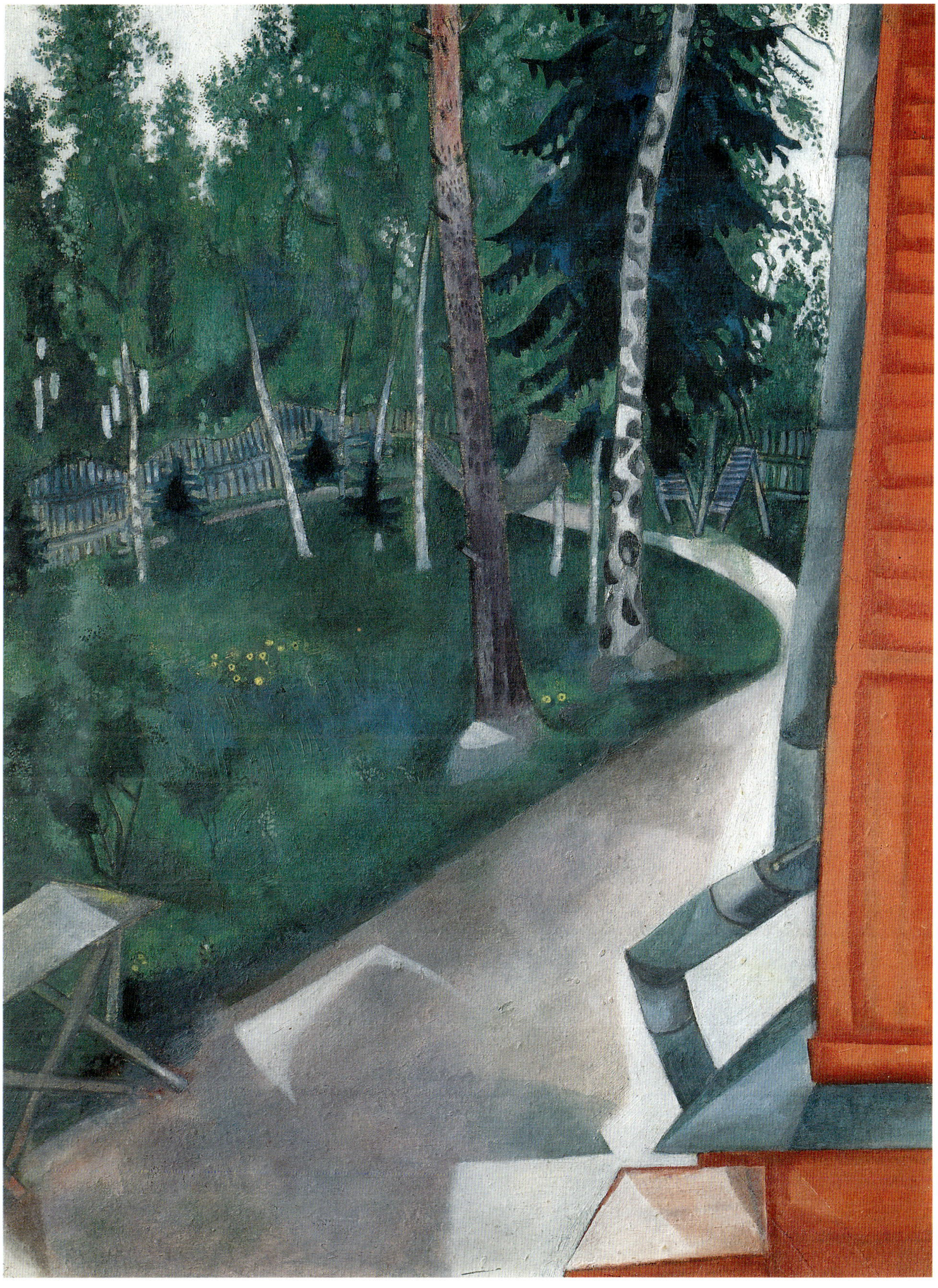

23 La passeggiata

1917-18

Olio su tela, cm 170×163,5

Firmato e datato in basso a destra in lettere cirilliche:

Chagall 1917

San Pietroburgo, Museo Statale Russo

Alla fine del 1917 Chagall e la moglie lasciarono Pietrogrado per trasferirsi a Vitebsk, nella casa dei Rosenfeld, i suoceri di Chagall, nella via di Smolensk. Malgrado la caduta del governo Kerenskij e le prime avvisaglie della tempesta rivoluzionaria, Chagall non si è ancora impegnato nella pittura militante. Il primo inverno della rivoluzione perpetua la felicità del periodo di Pietrogrado. L'artista lavora essenzialmente a opere di grande formato, ispirate all'amore coniugale. Nascono quattro capolavori: *Sopra la città*, l'*Autoritratto col bicchiere di vino*, *Il matrimonio* e *La passeggiata*.

La passeggiata è eseguita su di un formato quasi quadrato, inusuale per Chagall. Il dipinto riunisce sotto il tema del volo i due *leitmotif* chagalliani, ossia Vitebsk e la coppia. La pittura si fa qui metafora dell'amore per la città natale e per Bella. Il paesaggio, nel quale si riconoscono le case di legno e le staccionate di Vitebsk, è costruito su un reticolo geometrico di piani contrapposti, che ne enunciano la pesantezza e liberano lo spazio del cielo. Due tonalità principali si coniugano per dare al quadro una straordinaria poesia: il verde e il rosa-violetto. Il verde delle case tagliate come le sfaccettature di una pietra preziosa; il violetto del vestito di Bella, delicato contrappunto al rosa della cattedrale. Sottili modulazioni di grigio sottolineano l'immensità del cielo. In primo piano, sul rosso fiorito di uno scialle, il vino e il bicchiere rituale del matrimonio. La duplice figura della coppia attraversa la composizione seguendo la stessa diagonale. Di fronte, un uccellino in mano, il pittore sostiene con il suo braccio teso il corpo abbandonato della sua sposa. Bella fluttua come uno stendardo vivente che Chagall pare brandire. «Pezzo di bravura, pieno di luminosità e di fierezza», secondo l'espressione di Frantz Meyer, *La passeggiata* rimane anche la radiosa celebrazione del mistero dell'amore.

Sopra la città, *1914-18, olio su tela, Mosca, Galleria Tret'jakov*

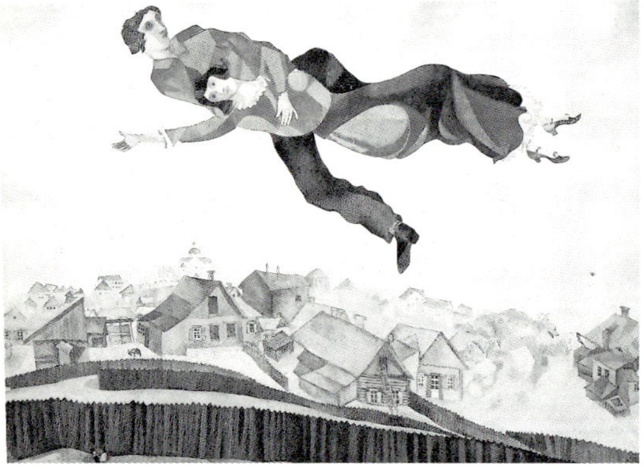

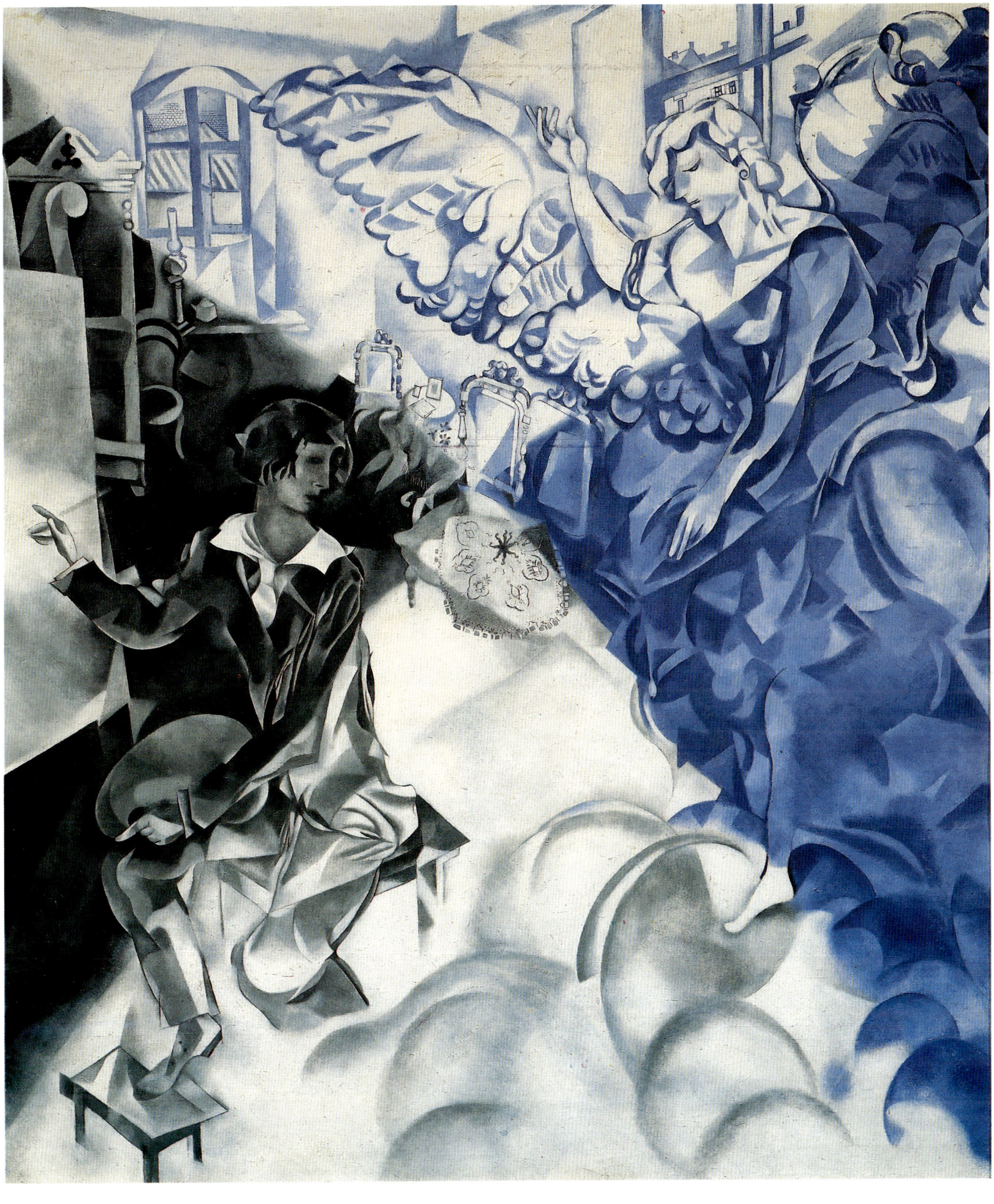

25 La casa blu

1920

Olio su tela, cm 66×97

Liegi, Musée d'Art Moderne

L'opera è datata 1920 in base all'ipotesi che nella primavera di quell'anno, prima di partire per Mosca, Chagall riprenda un tema già trattato nel 1917, in *Veduta del monte Zadunov* e *La casa grigia*. Si tratta del tema della cattedrale dell'Assunzione a Vitebsk e degli edifici del convento che la circonda. *La casa grigia* e *La casa blu* potrebbero essere collegate fra di loro, quali versioni rispettivamente notturna e diurna dello stesso soggetto. Se però si accetta la sua datazione al 1920, *La casa blu* sarebbe posteriore alla *Casa grigia*, del 1917, benché Frantz Meyer assegni anche la prima al 1917. Obiettivamente, il punto di vista, nelle due opere, non è identico. *La casa grigia* restringe la visuale agli edifici, alla staccionata e alla casa in primo piano. *La casa blu*, invece, si apre su tutta la città, sul fiume e le sue sponde. La prospettiva è ampliata alle dimensioni tipiche del paesaggio, fortemente ritmato dall'edificio blu in primo piano.

Il cimitero, *1917, olio su tela, Parigi, Musée National d'Art Moderne, Centre Georges Pompidou*

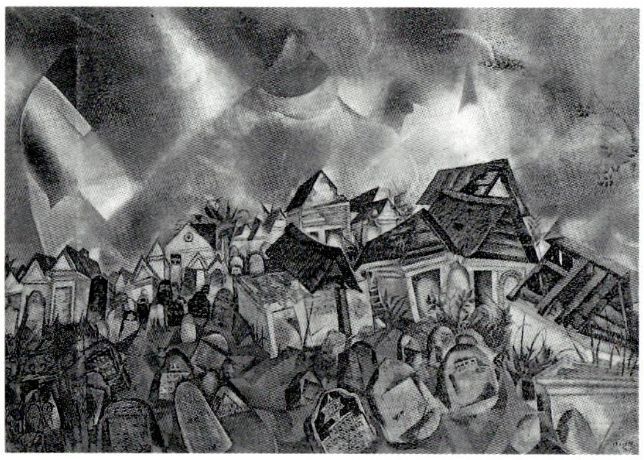

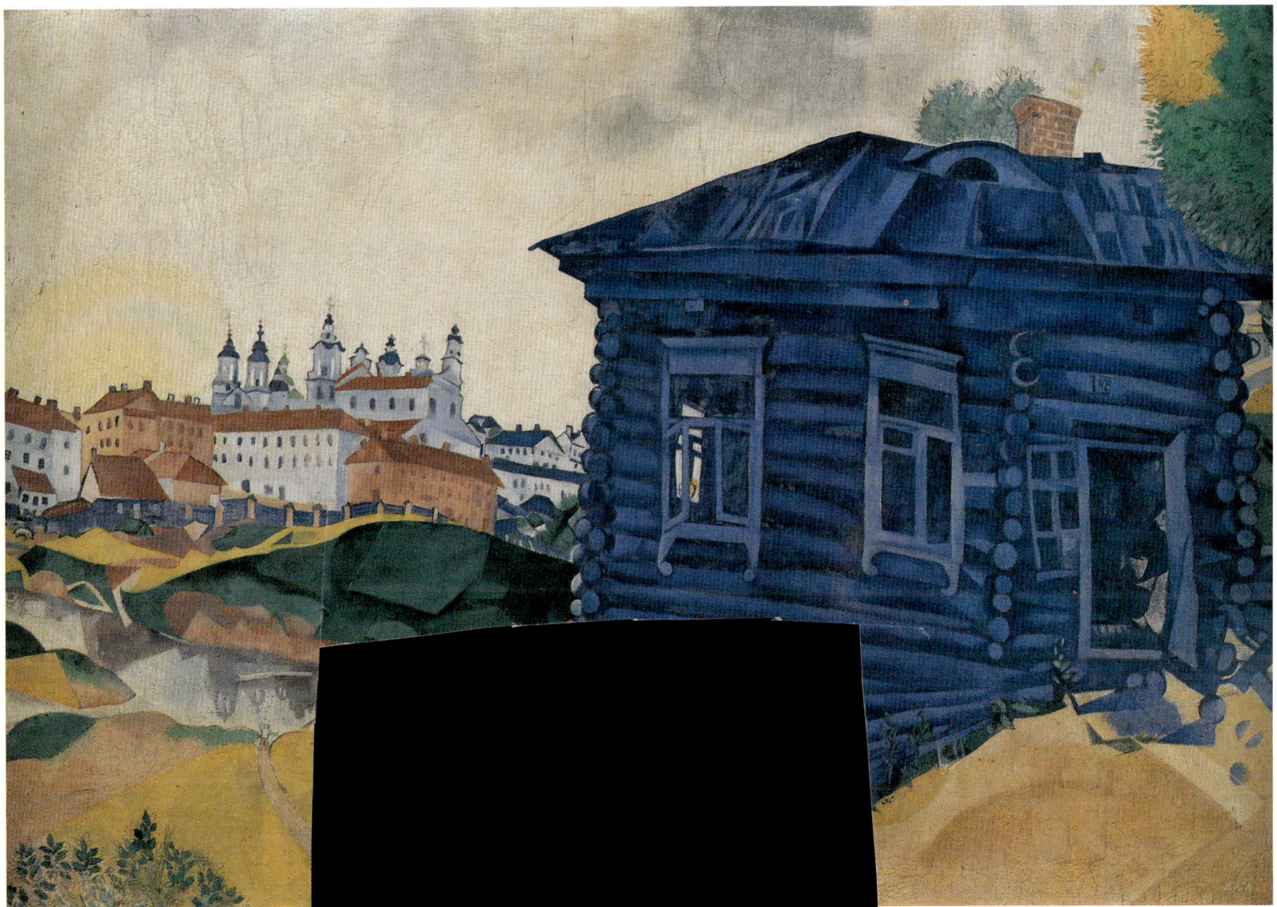

26 I FIDANZATI

1920-1930
Olio su tela
Firmato e datato in basso a destra:
1920-30 Marc Chagall
Parigi, collezione David Mc Neil

L'opera, una prima versione della quale è probabilmente stata eseguita nel 1920, sembra essere stata ripresa nel 1930. In effetti essa è molto vicina alla serie degli innamorati del 1930, come ad esempio *Gli innamorati sulla panchina*. L'olio, dalla particolare freschezza, viene esposto al pubblico per la prima volta.

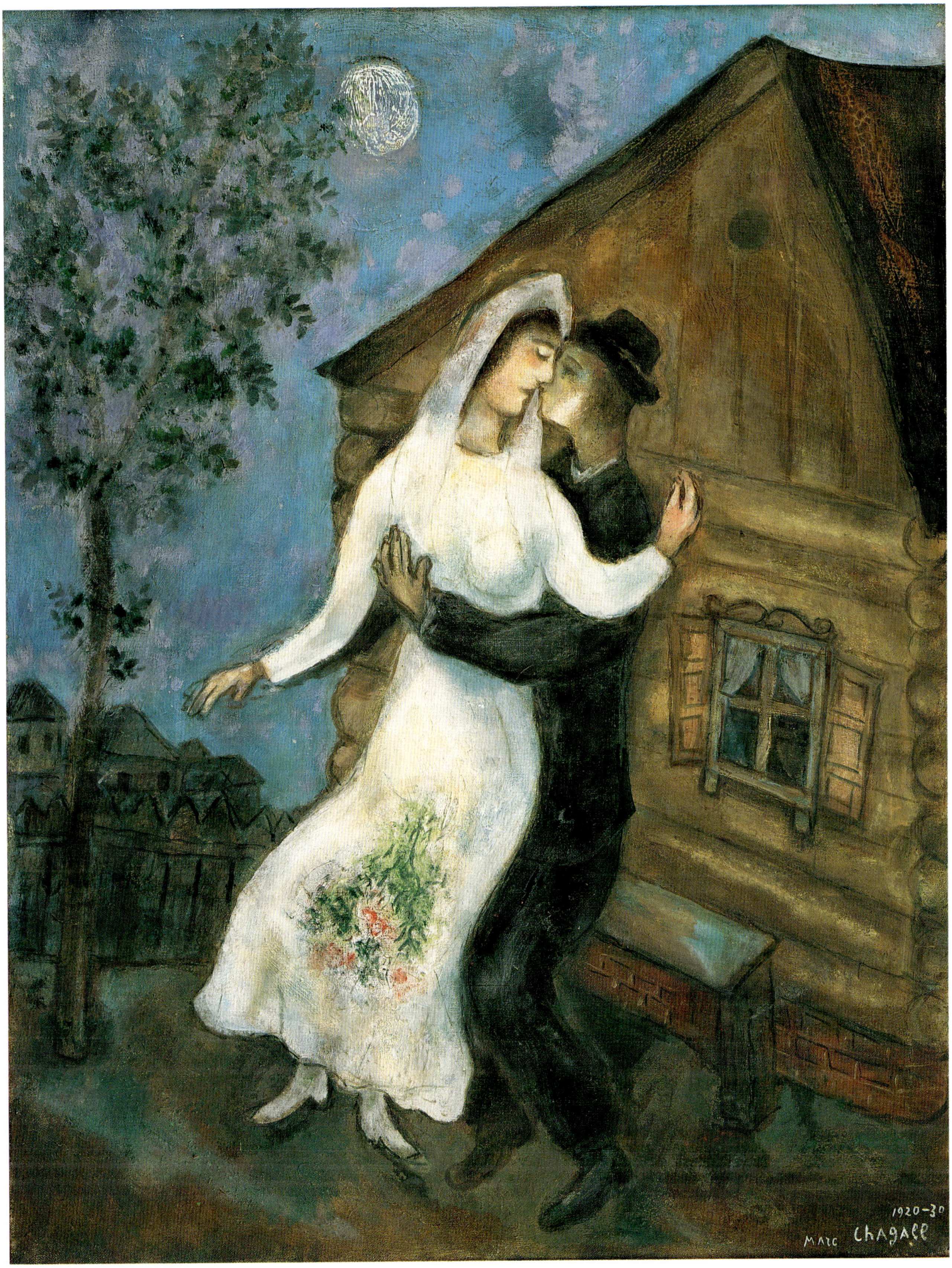
1920-30
Marc Chagall

27

La casa rosa o La strada

1922
Tempera a gouache su cartone beige, cm 52×66
Firmato in basso a sinistra: Marc Chagall
Parigi, Musée d'Art Moderne de la Ville de Paris

La permanenza a Berlino, negli anni 1922 e 1923, consentì a Chagall di conoscere l'editore Paul Cassirer e Walter Feilchenfeld, il direttore della sua galleria. Cassirer ambiva a pubblicare le note autobiografiche che Chagall aveva steso e raccolto col titolo di *Ma Vie* (*La mia vita*). Questo progetto fu la molla che spinse Chagall ad addentrarsi nei segreti dell'incisione, presso un grande incisore di Berlino, Hermann Struck. In breve tempo l'artista giunse ad appassionarsi profondamente al nuovo mezzo espressivo, una tecnica che gli permetteva di padroneggiare la luce attraverso le modulazioni del nero e del bianco.

Per il portfolio *Ma Vie* Chagall eseguì venti incisioni, fra cui i ritratti del padre e della madre, scene di vita quotidiana, vedute di Vitebsk e della casa della sua infanzia. Ma la visione di Chagall resta innanzitutto quella di un pittore. Secondo un metodo che caratterizzerà tutti i suoi lavori d'incisione, una serie di tempere predispone ed affina i temi e i soggetti. *La casa rosa*, o *La strada*, è una tempera preparatoria di una delle incisioni per *Ma Vie* (p. 39). Rappresenta la casa paterna, di primo mattino, quando il padre di Chagall «si alzava e se ne andava in sinagoga».

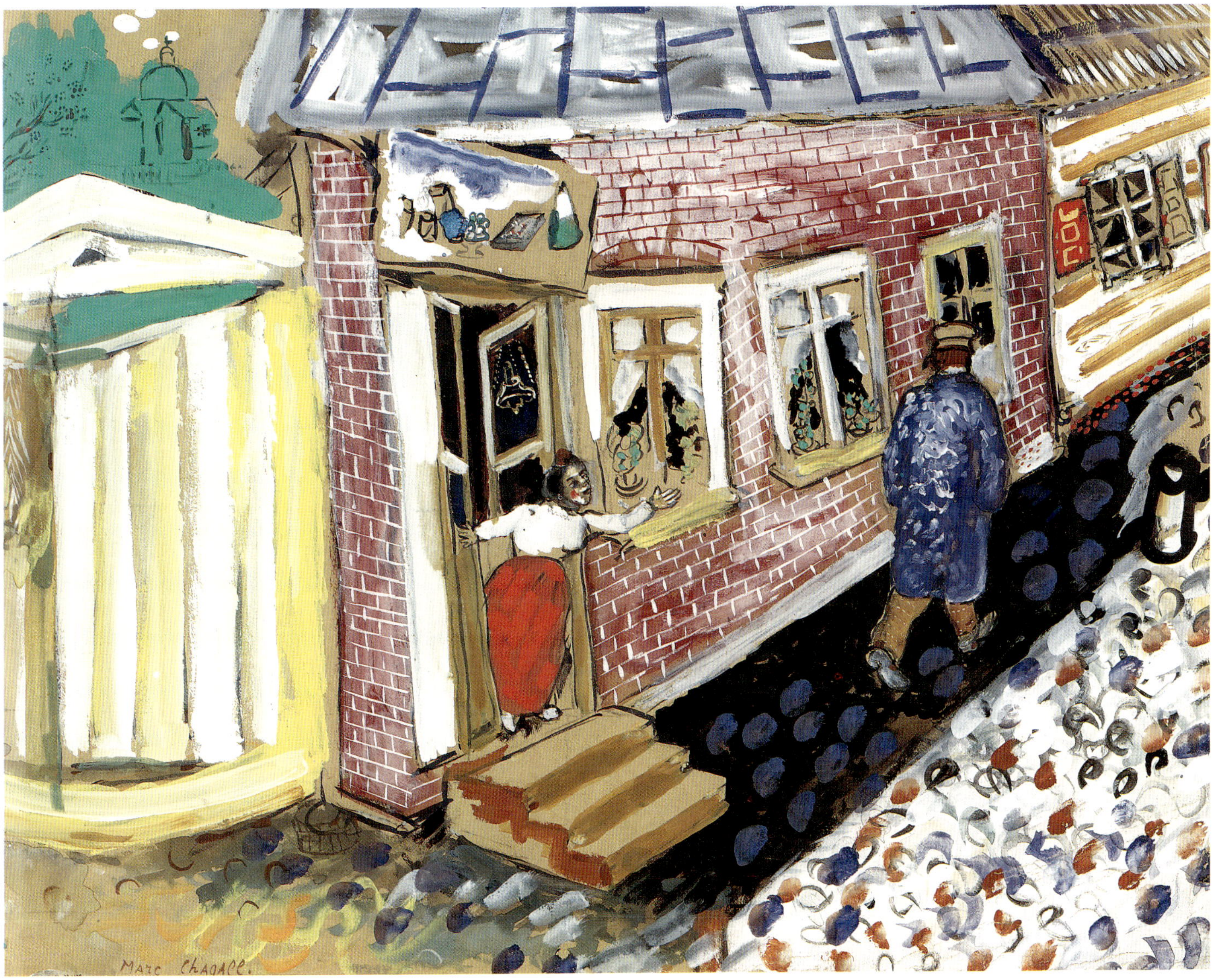
Marc Chagall.

28 Il carretto

1925

Tempera a gouache su carta, cm 50×65

Firmato in basso a destra:

Chagall

Firenze, Fondiaria Spa

Gli anni trascorsi in Russia, fino al 1922, sono stati ricchi di molteplici esperienze e di opere capitali. Ma per Chagall sono stati anche dolorosi. La rivoluzione del 1917 ha dato all'artista la fierezza di un totale impegno civile e lo ha consacrato a una missione alla quale egli si dedica con entusiasmo. Dal 1918 al 1919 Chagall accetta da Lunačarskij, allora a capo del Narkompros' (il Ministero sovietico della cultura) l'incarico di commissario alle belle arti per la regione di Vitebsk. Qui egli fonda una scuola aperta a tutti, un vero e proprio falansterio, dove lavorano fianco a fianco gli amici Dobužinskij, El Lissitskij, Puni, Tilberg, Rom; anche Pen, il maestro di una volta, è chiamato a insegnare. Ma le rivalità personali, la presenza sovversiva di Malevič, chiamato da El Lissitskij, costringono Chagall ad abbandonare l'Accademia che aveva fondato. Senza amarezza, con rassegnata lucidità, lascia Vitebsk nel maggio del 1920 per trasferirsi a Mosca, dove lavorerà per Granovskij realizzando il grande ciclo del Teatro Ebraico. Ma la sua situazione personale non è facile: segni di antisemitismo cominciano di nuovo a mostrarsi in un paese sconvolto dalle vessazioni della Čeka. Durante l'estate del 1922 Chagall ha la possibilità di abbandonare il suo paese natale. Lunačarskij gli procura un passaporto e Jurgis Baltrusaitis, a quel tempo ambasciatore di Lituania, lo aiuta ad inviare, mediante la valigia diplomatica, alcune sue tele a Kaunas. Dopo un breve soggiorno nella città lituana, Chagall parte per Berlino: qui apprende i segreti dell'incisione e della litografia presso l'editore Paul Cassirer ed il grande incisore Hermann Struck. Ma la Francia lo attende. Il 1° settembre 1923 Chagall fa ritorno a Parigi, la sua «seconda Vitebsk». L'equilibrio personale, che nasce da una nuova sicurezza materiale e morale e dalla pura gioia di vivere, schiude all'artista un periodo di intensa fecondità creativa. Il paesaggio francese, nella sua diversità da quello russo, diviene, per usare la felice espressione di Venturi, «soggetto d'amore». Esso determina una nuova esperienza della natura, espressa da una tavolozza che va assumendo toni più luminosi. In *Il carretto* sono presenti però anche ricordi della terra natale. Se la levità dell'esecuzione la apparenta ad opere eseguite nel corso di un soggiorno in Alvernia, i motivi restano ancora russi: l'isba di legno, sormontata dal nome dell'artista, quasi fosse un'insegna; la contadina, il carretto con la sua botte, il vecchio con la scala.

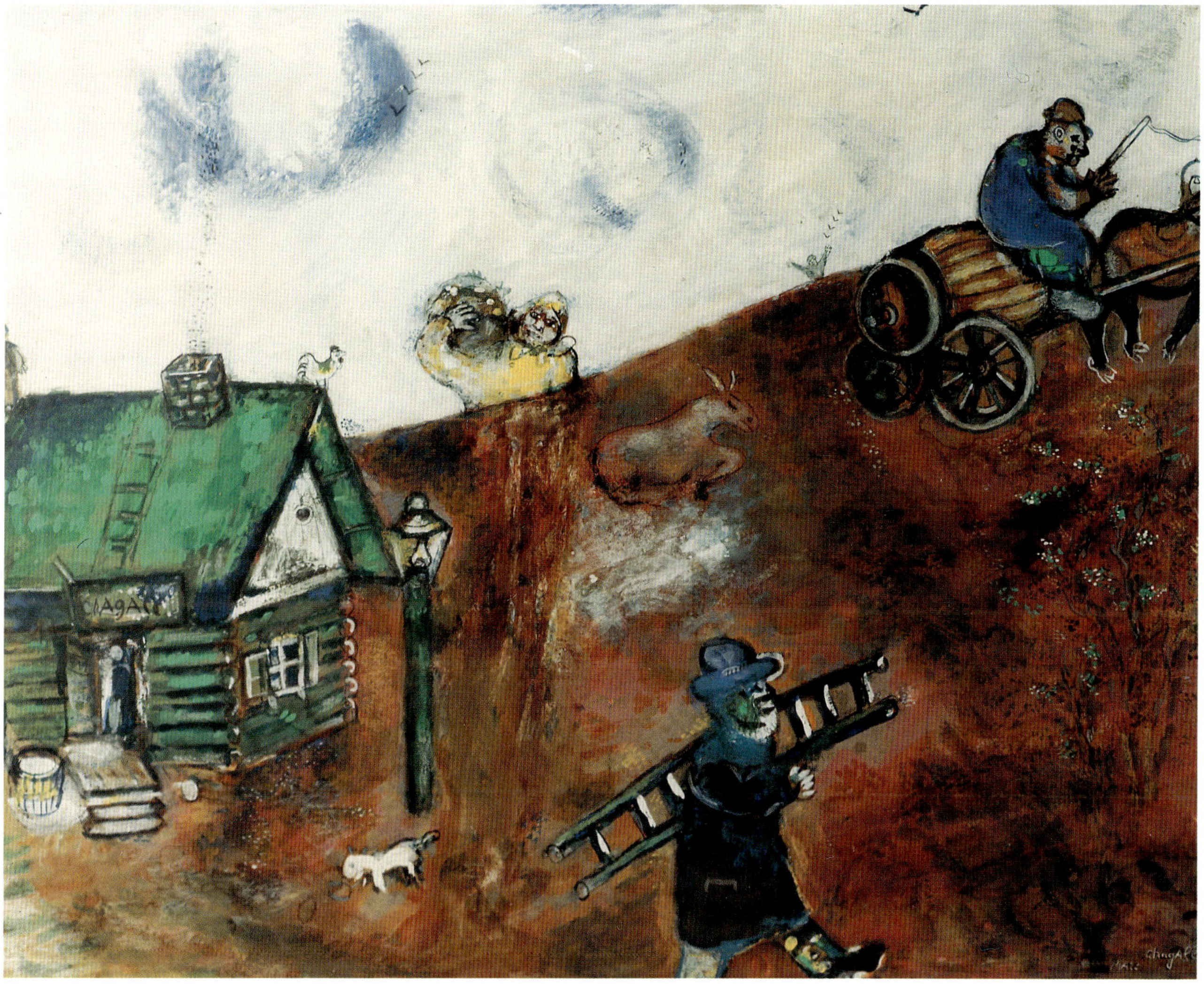

29

Il carro funebre o Il curato e il morto

1926

Tempera a gouache su carta, cm 50×40

Firmato in basso a sinistra:

Chagall

Parigi, Musée d'Art Moderne de la Ville de Paris

Questa tempera, lavoro preparatorio per un'incisione delle *Favole* di La Fontaine, probabilmente è stata eseguita durante un soggiorno dell'artista al lago Chambon, in Alvernia. Un certo espressionismo caricaturale evoca la serie delle *Anime morte*, per la quale pure Chagall aveva eseguito delle tempere preparatorie.

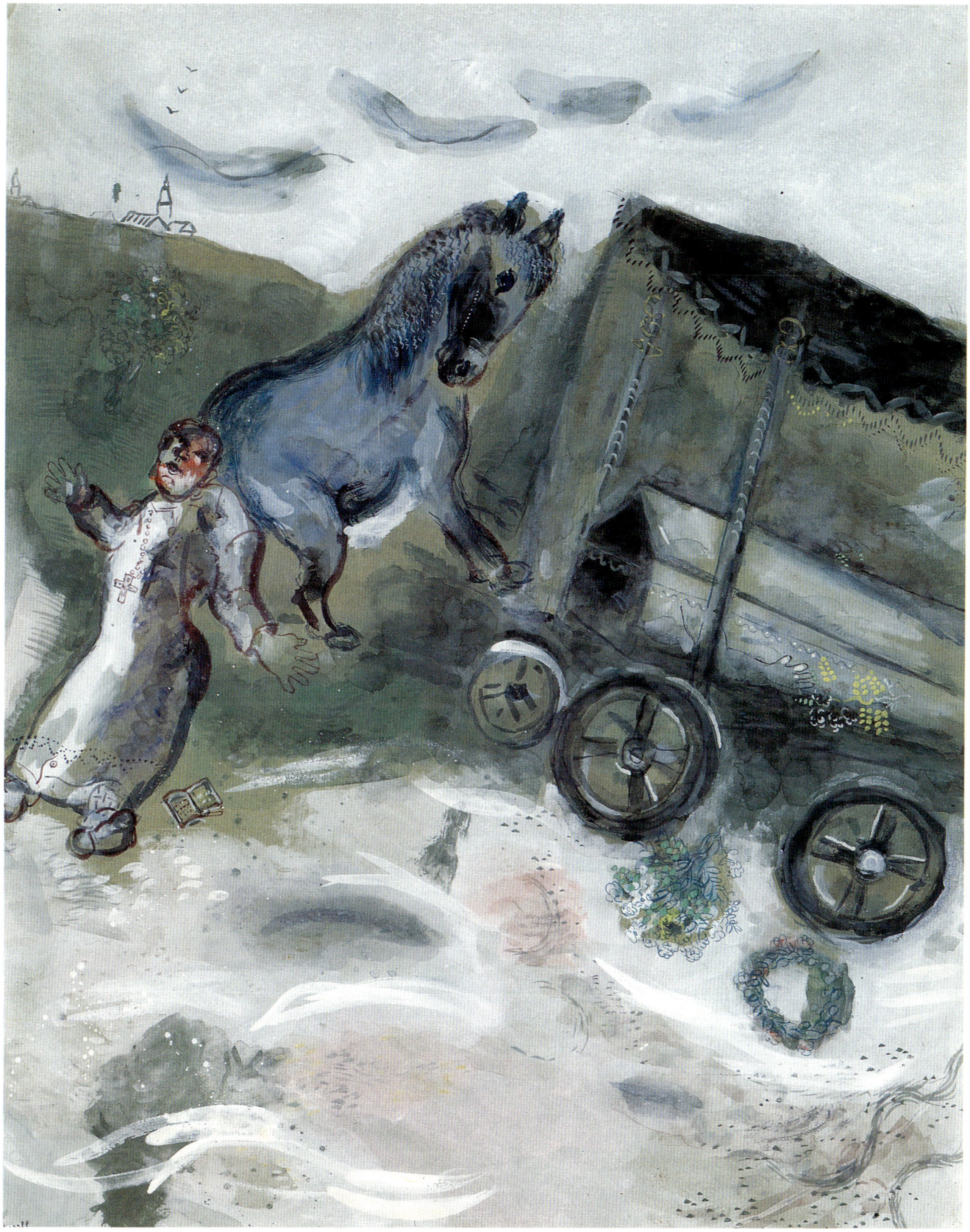

30 Bouquet con personaggi

1926

Tempera a gouache su carta, cm 46,5×65

Firmato in basso a destra:

Chagall

Collezione privata

Il grande *bouquet*, dai colori squillanti, ha molti punti in comune con le opere realizzate nel 1926 a Montchauvet, in Alvernia, e soprattutto a Mourillon, villaggio di pescatori vicino a Tolone.

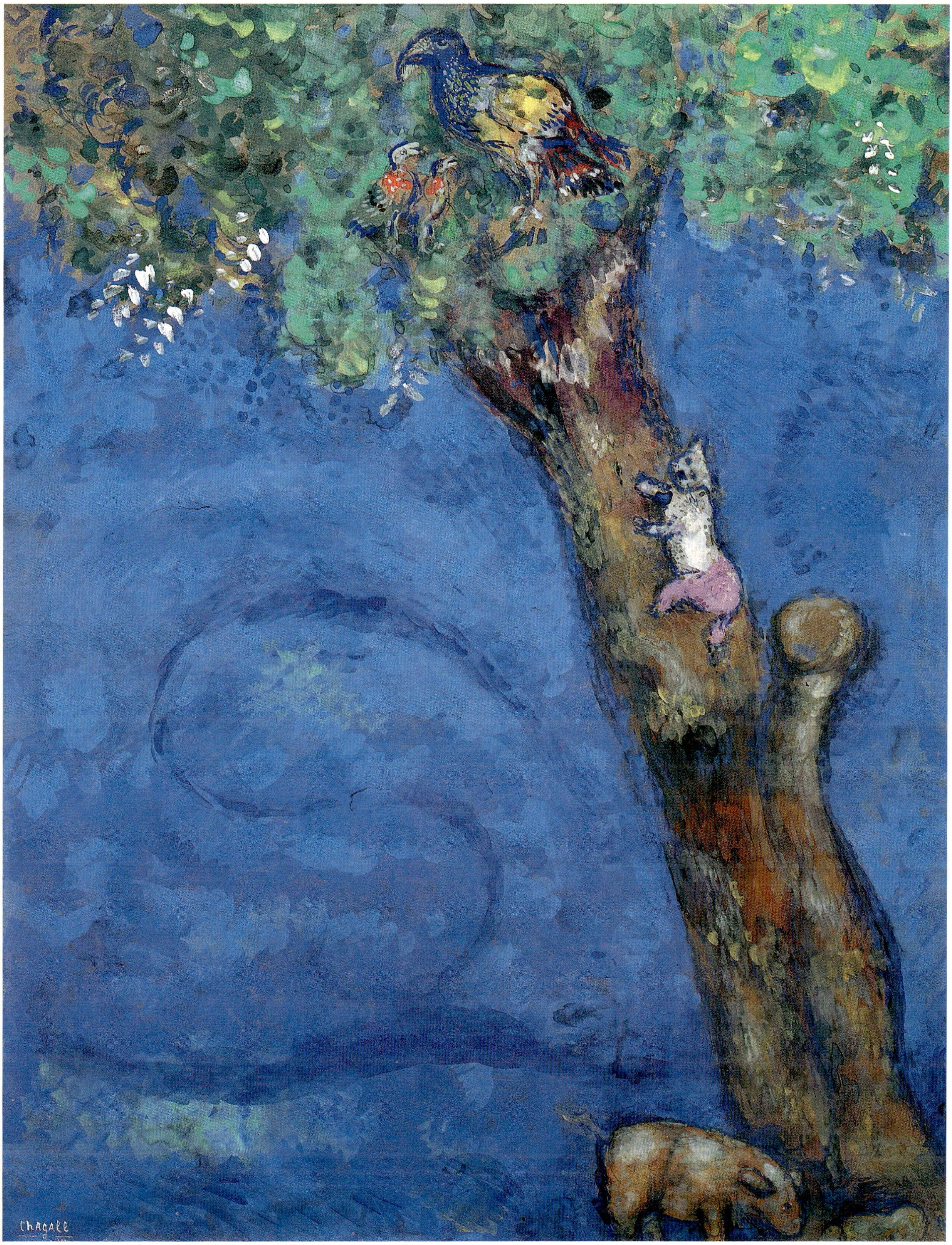

Il canestro di frutta

1927
Olio su tela, cm 116,5×73,5
Firmato e datato in basso a destra:
Marc Chagall 1927
Lione, Musée des Beaux-Arts

Il lavoro per le *Favole* di La Fontaine si conclude con un gruppo di luminosi dipinti il cui soggetto sono fiori e frutti. La tavolozza si fa lieve e aerea. Fa la sua apparizione anche il tema degli innamorati, associato a quello dell'angelo.

Henri Matisse, Interno con fonografo, *New York, collezione privata*

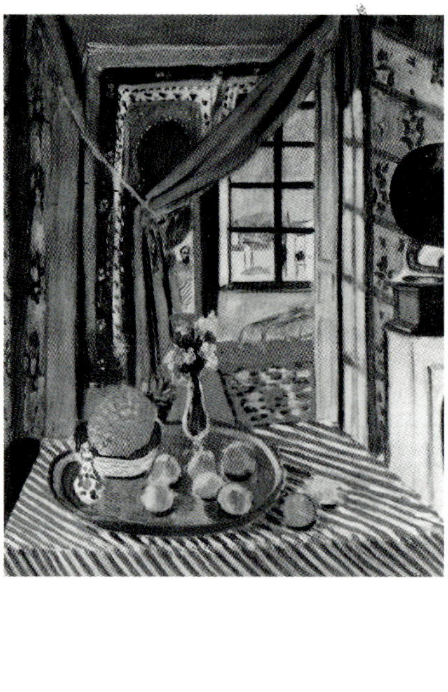

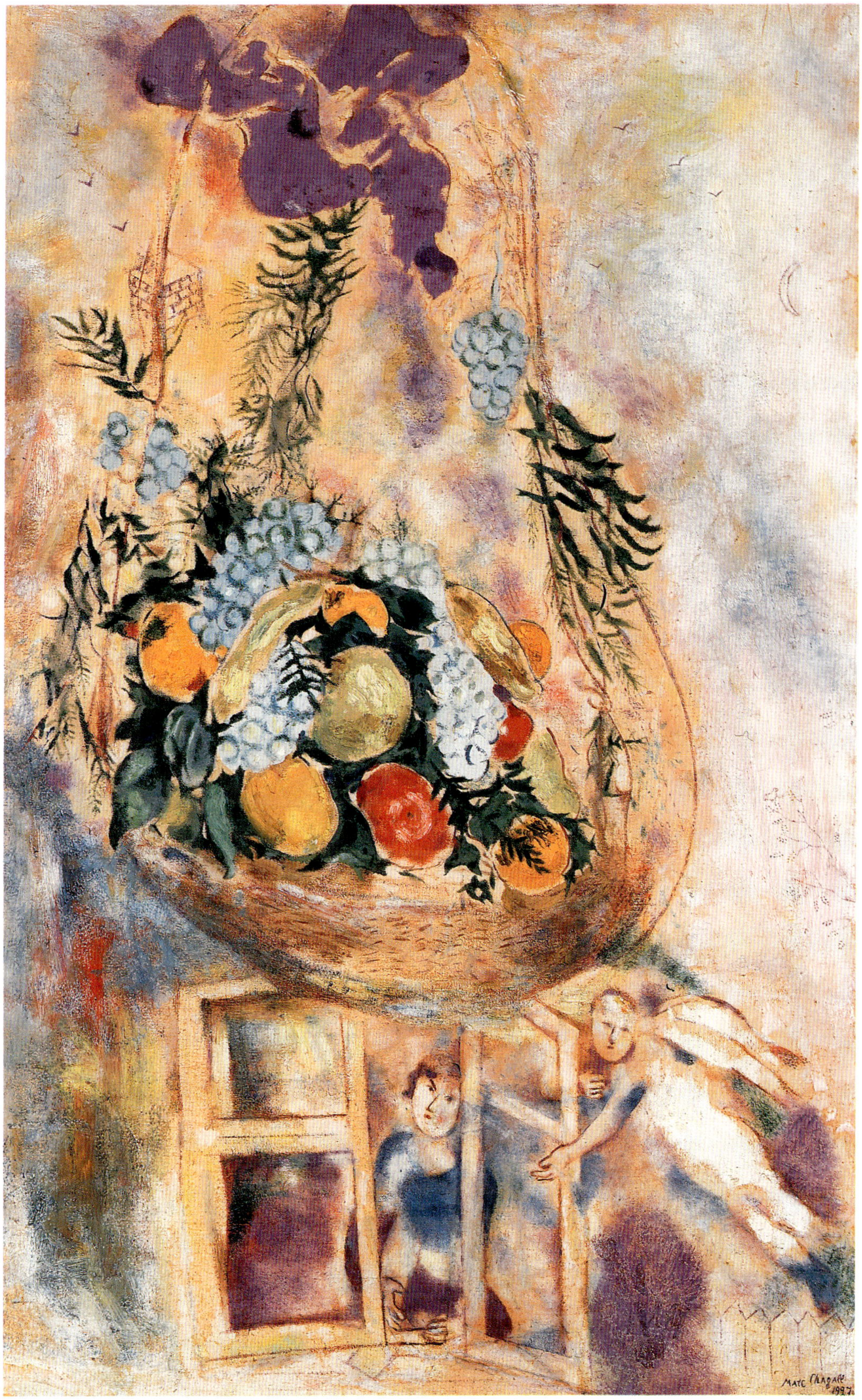

33 L'acrobata

1927-30

Tempera a gouache su cartone, cm 38,2×34

Firmato in basso a destra:

Marc Chagall

Parigi, Musée d'Art Moderne de la Ville de Paris

Con tutta probabilità, la tempera è una delle 19 eseguite nel 1927 per il ciclo detto del *Cirque Vollard*. Il tema dell'acrobata, in effetti, è uno dei temi ricorrenti nell'opera dell'artista in questo periodo. L'esecuzione ricorda da vicino quella della *Cavallerizza*, anch'essa datata 1927. I temi e i personaggi del *Circo* saranno ripresi in alcune opere successive.

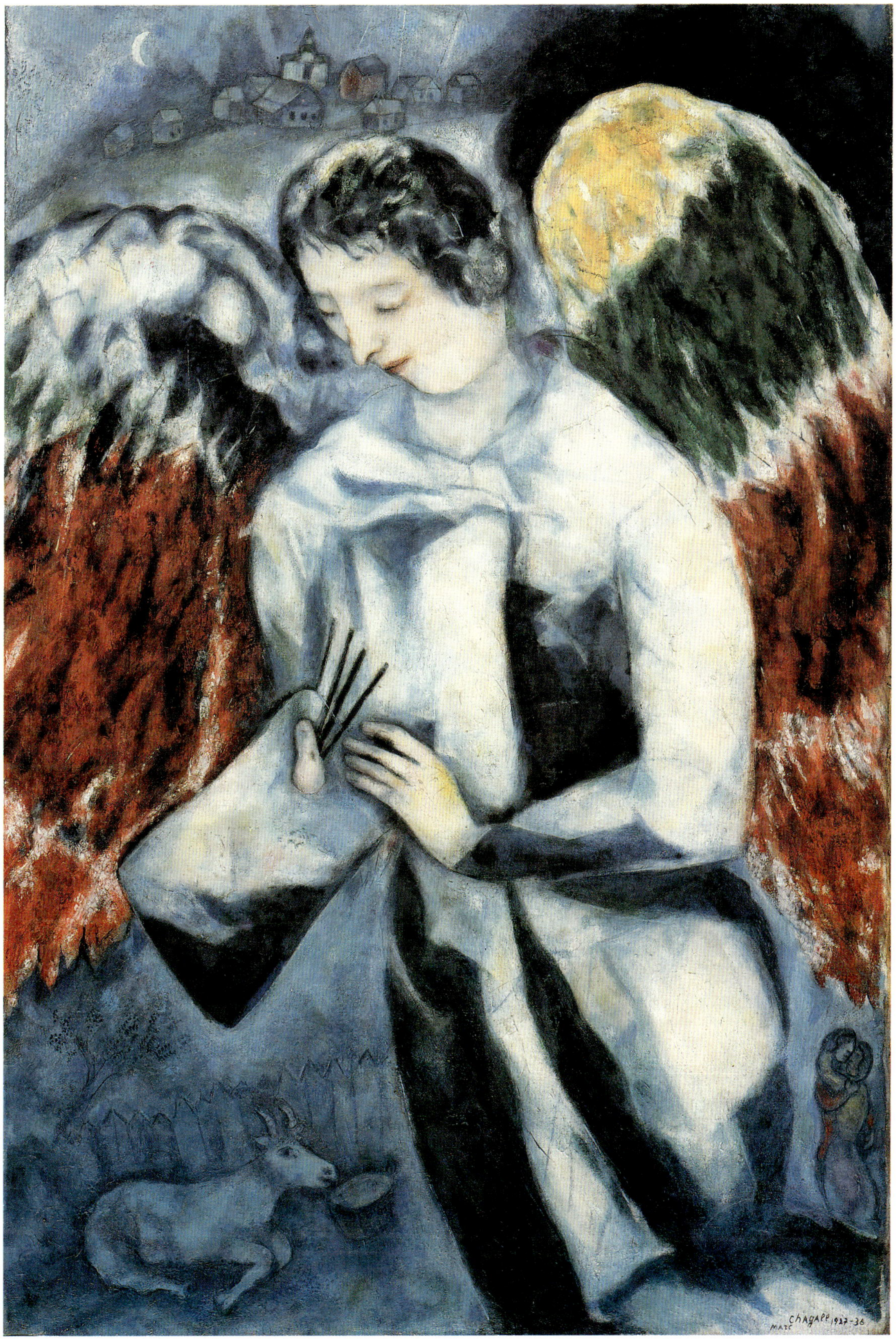

35 SOLITUDINE

1933
Olio su tela, cm 102×169
Dono dell'artista (1953)
Museo d'Arte di Tel Aviv

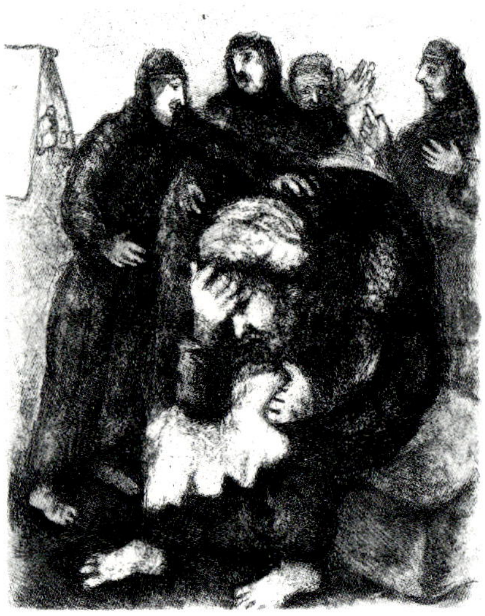

Giacobbe piange Giuseppe, *1931-34, acquaforte (tavola 20 della serie della Bibbia, cat. n. 114), Francia collezione privata*

La scoperta della Palestina fu sconvolgente per Chagall, sia sul piano plastico che su quello spirituale. In seguito alla commessa, da parte di Vollard, di una Bibbia illustrata, l'artista sente il bisogno irrefrenabile di confrontarsi con la realtà della terra d'Israele. Chagall aveva sin dall'infanzia grande familiarità con la Bibbia, inscritta per intero nella sua memoria. «Io non vedevo la Bibbia, io la sognavo» usava dire. Parte quindi, assieme a Bella e Ida, per la Palestina, la cui scoperta è per lui una rivelazione. L'epopea antichissima del popolo d'Israele sembra incisa per l'eternità nel paesaggio che si offre all'artista, imbevuto di una luce abbacinante.

Chagall avverte allora la vitalità delle proprie radici, che lo legano alle sue origini. Di ritorno a Parigi, lavora febbrilmente alle quaranta tempere che preparano le incisioni e ad alcune tele in cui ritroviamo le figure dei rabbini e dei vecchi degli anni 1914-15. *Solitudine* si riallaccia sia al ciclo della Bibbia che a quello dei vecchi. A sinistra, avvolto nello scialle da preghiera, un ebreo seduto regge fra le braccia la Torah. La figura, in meditazione, reca in sé tutto il mistero di un popolo in esilio. Dello stesso bianco dello scialle, come per esprimerne l'innocenza, una vacca è accovacciata sulla destra: davanti a lei, un violino e il suo archetto. Nello sfondo, le case di Vitebsk e le torri della cattedrale. Un angelo, in un'amigdala di luce, attraversa il cielo. Il quadro fu donato dallo stesso Chagall al Museo di Tel Aviv nel 1953.

L'ebreo in preghiera (L'ebreo in bianco e nero), *1914, olio su cartone incollato su tela, Venezia*

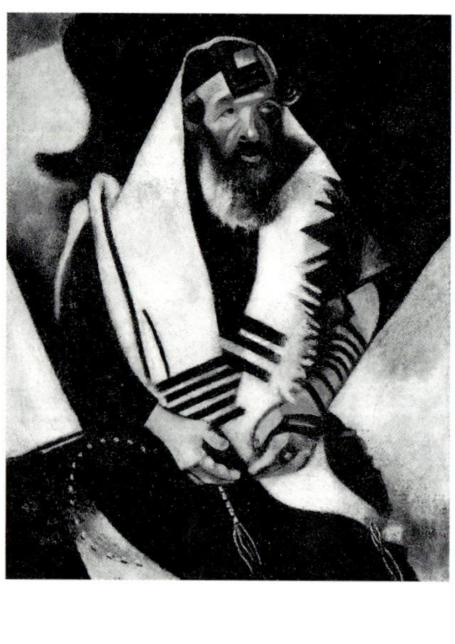

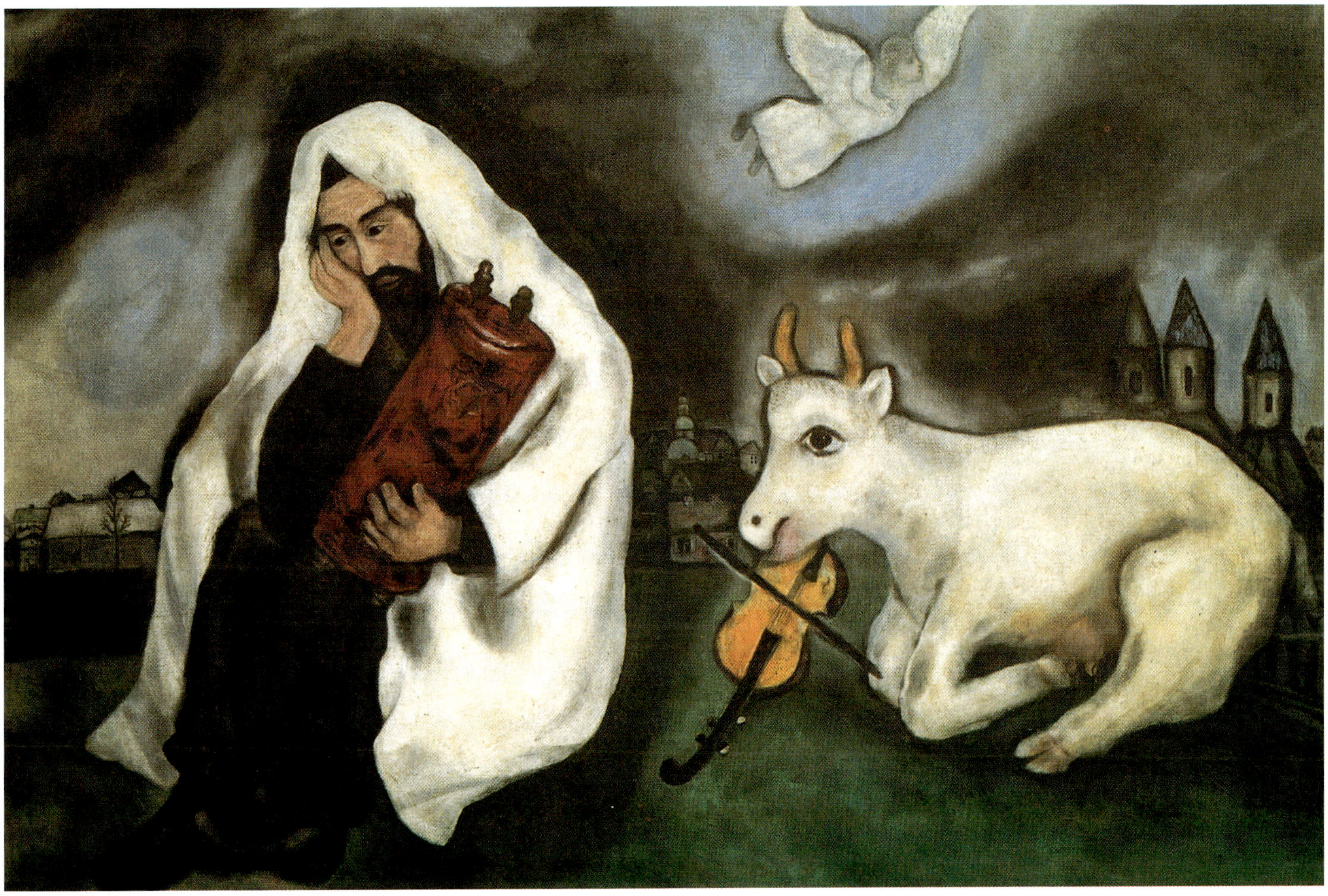

36 Il cavallo rosso

1937-1943
Tempera a gouache su carta, cm 75×74
Firmato e datato in basso a destra:
Marc Chagall 1937-1943
Parigi, collezione privata

Il vigore espressionista dei contrasti cromatici, fra blu, rosso e verde, conferisce a quest'opera grafica una forza incontestabile.

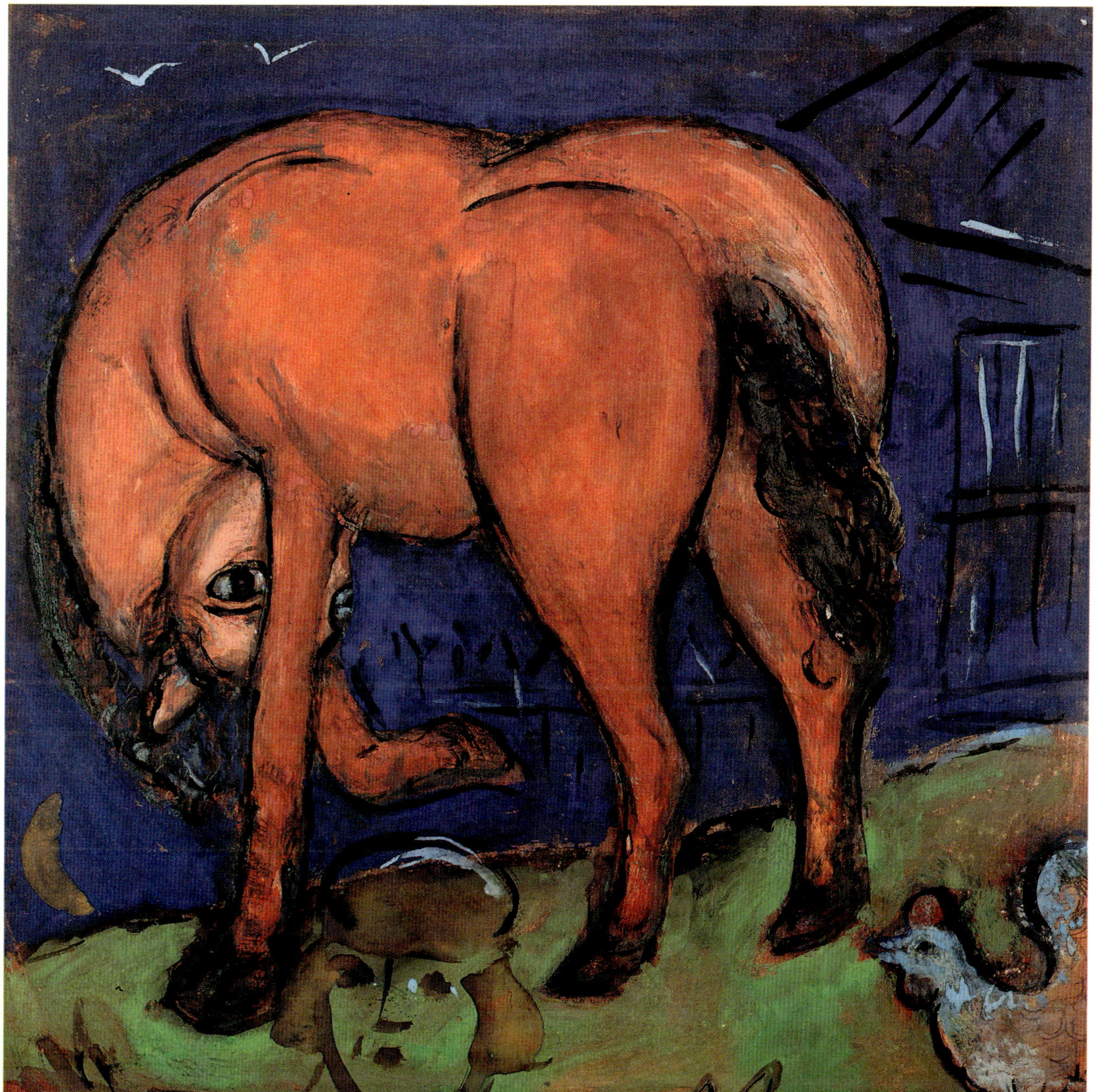
Marc Chagall
1937-1943

Studio per *La rivoluzione*

1937
Carboncino, pastello e olio su tela,
cm 33,5×50,7
Firmato in basso a sinistra
Chagall
Parigi, collezione privata

Nel 1937, al ritorno da un viaggio in Polonia, Chagall lavora ad un quadro monumentale, che intitola *La rivoluzione*. L'ampia composizione trae origine dall'agitato contesto politico e sociale del periodo fra le due guerre mondiali. Ma essa si alimenta anche dei ricordi personali del pittore, che aveva partecipato con totale convinzione e fede incondizionata nel progresso al movimento che aveva abbattuto l'impero russo. L'esperienza rivoluzionaria, in effetti, fu fondamentale per Chagall, impegnato sia dal punto di vista politico che da quello artistico. Tenendo conto di questo, *La rivoluzione* dev'essere interpretata innanzitutto come una testimonianza. Rivolto a coloro che non l'hanno vissuto personalmente, Chagall dà conto di un movimento storico al quale egli ha partecipato in prima persona. La folla che si avanza, brandendo i fucili, le bandiere spiegate, gli oggetti dell'intimità quotidiana – il samovar, la sedia – gettati a terra, sono scene *viste*. L'artista usa il pennello come una macchina fotografica e ci mostra la violenta realtà di scene colte dal vivo. La pittura diviene storia, e Lenin, dritto, a testa in giù, *messo al contrario*, sul tavolo, ne è il protagonista principale. Ma Lenin è in realtà un saltimbanco che si regge in equilibio incerto su una mano. La sua positura ha un significato ironico, più che grottesco. Accanto, a fare da contrappunto, la figura pensosa di un rabbino: la testimonianza si fa ammonimento, ed assume il valore esemplare di una dimostrazione. È questo che spingerà Chagall, nel 1943, a tagliare *La rivoluzione*. *Resistenza* (n. 40), *Resurrezione* (n. 41), *Liberazione* (n. 42), opere tratte dal dipinto originario, documentano i sentimenti personali dell'artista dinanzi all'evento rivoluzionario e costituiscono un nuovo discorso pittorico.

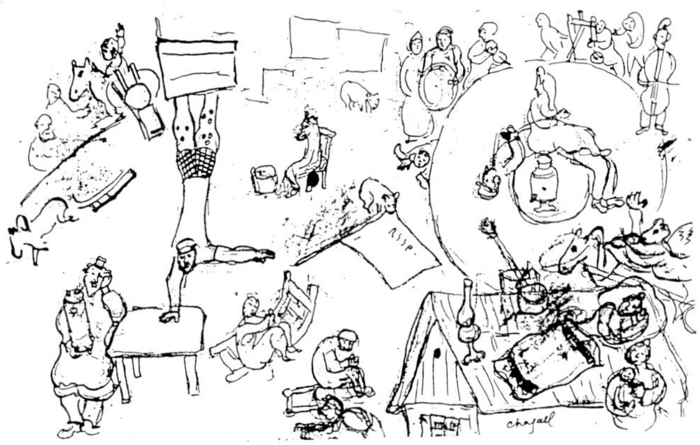

Uno schizzo preparatorio a matita per *La rivoluzione*

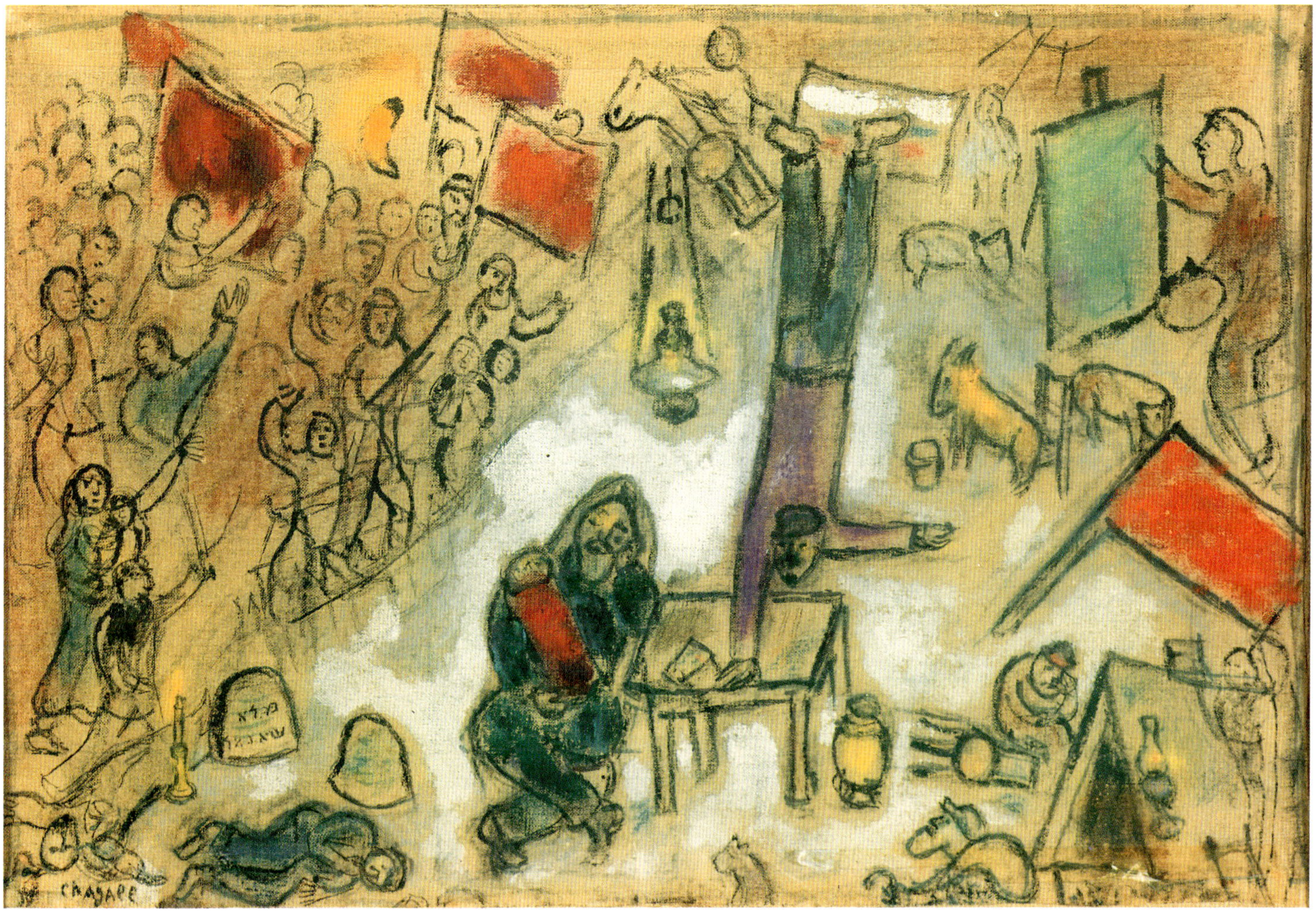

38 STUDIO PER LA PARTE SINISTRA DI *LA RIVOLUZIONE*

1937

Carboncino, pastello e olio su tela, cm 34×54,5

Firmato e datato in basso a destra:

Marc Chagall 1937

Parigi, collezione privata

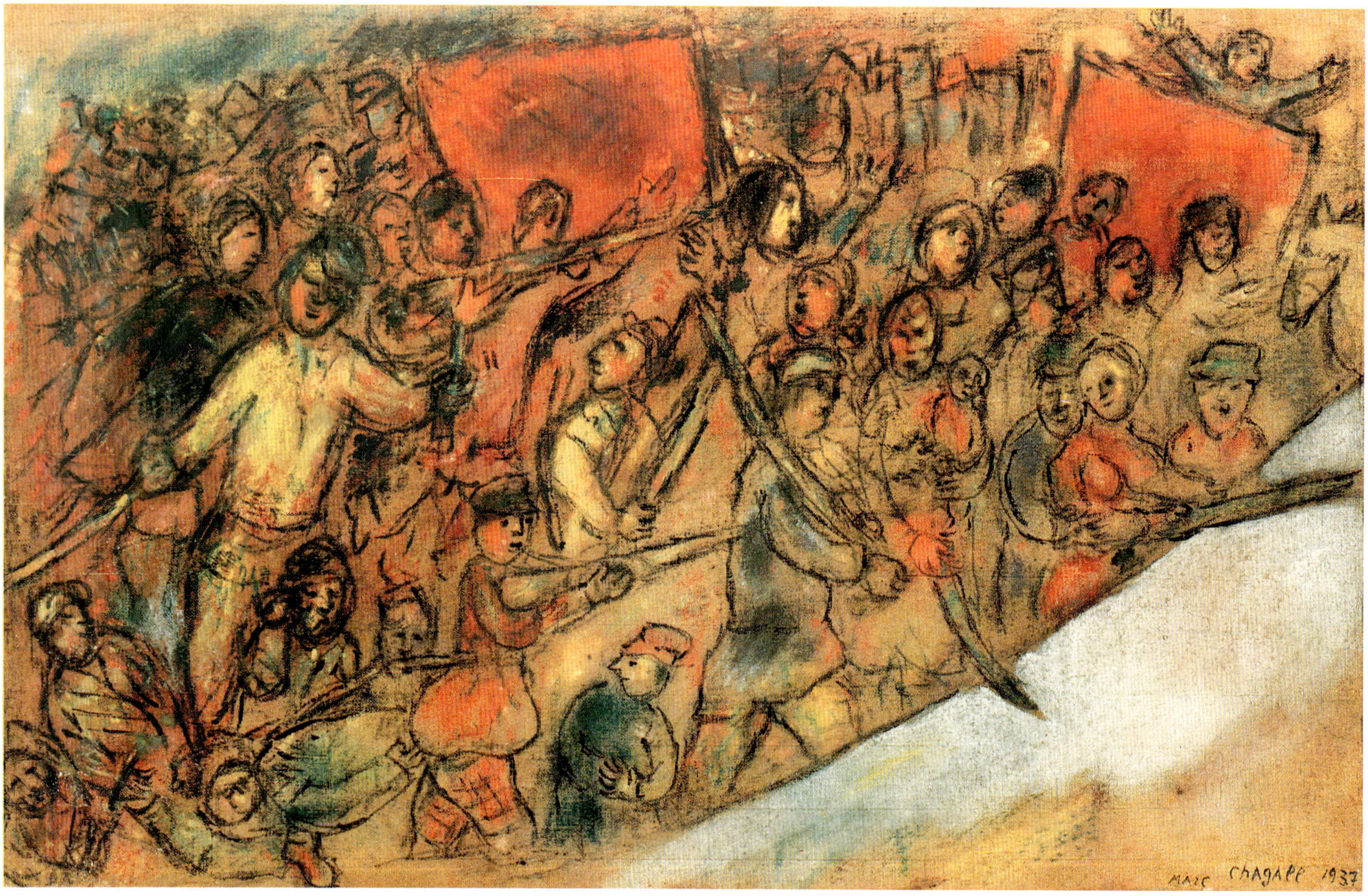

39

Studio per la parte destra di *La rivoluzione*

1937

Pastello e olio su tela, cm 33,5×39

Firmato e datato in basso a destra:

Marc Chagall 1937

Parigi, collezione privata

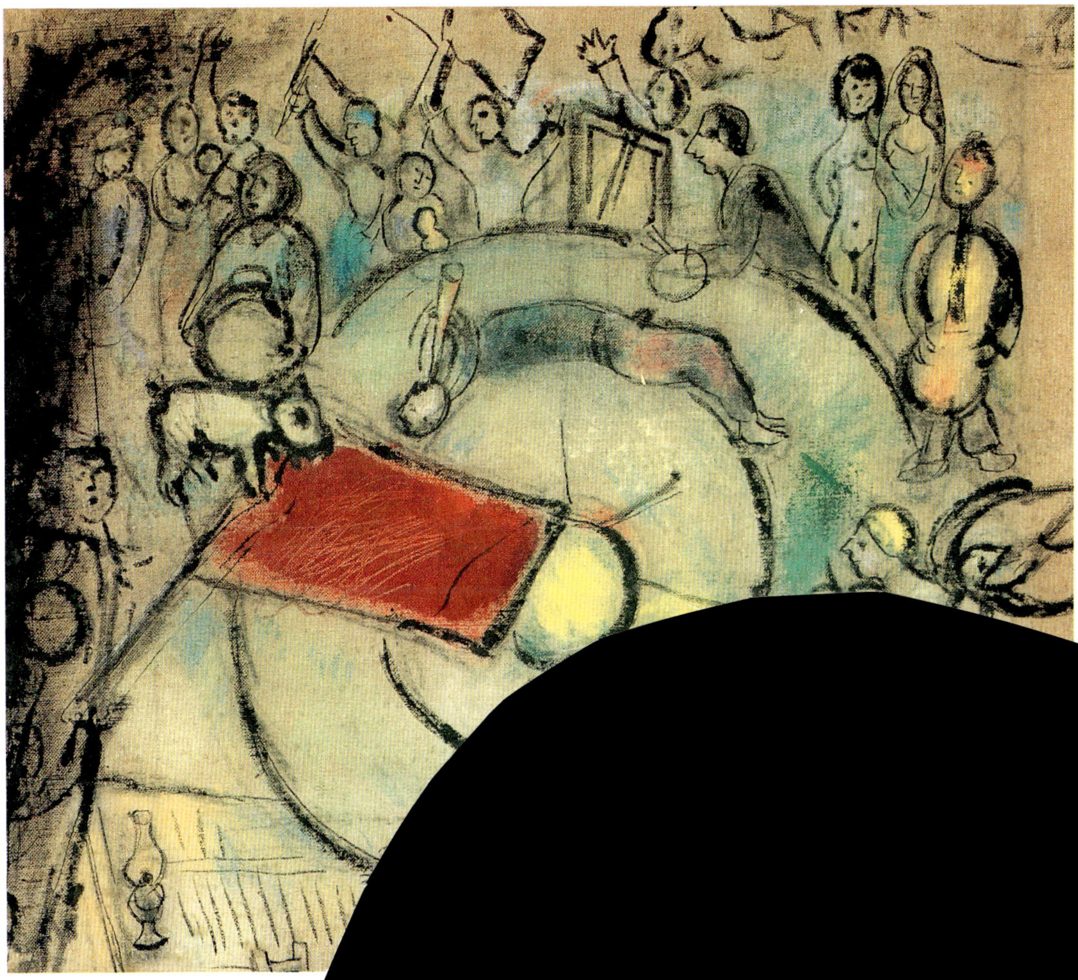

Resistenza

1937-1948
Olio su tela, cm 168×103
Firmato in basso a sinistra: Marc Chagall
Datato in basso a destra: 1948
Nizza, Musée National Message Biblique
Marc Chagall

Durante la permanenza negli Stati Uniti Chagall apporterà delle modifiche a *La rivoluzione*, un'opera che pare in effetti accompagnare il corso della storia. La guerra, la disfatta francese, per la quale Chagall prova un immenso dolore, l'occupazione tedesca pongono il dipinto in una nuova dimensione. L'opera viene esposta nel 1940 alla galleria Mai col titolo anodino di *Composizione*. Il cambiamento di titolo fa intuire quali pericoli prendano ad incombere sulla testa dell'artista. Chagall è costretto a lasciare Parigi e trasferirsi prima a Saint-Dye-sur-Loire e poi a Gordes, un piccolo villaggio provenzale dove si [illegible] Ma la mina[illegible]

[illegible] Raissa Maritain e Lionello Venturi addolciscono il dolore dell'esilio. Il periodo americano, dal 1941 al 1948, rappresenta un'altra tappa nella vita e nell'opera di Chagall. L'esilio e la morte di Bella, la donna tanto amata, nel 1944, lo segneranno dolorosamente. Chagall è ossessionato dalla guerra, dalle sofferenze del popolo ebraico. Riprende vecchie composizioni, per esprimere le sue nuove emozioni, il suo grido di ribellione e, nonostante tutto, la speranza che porta in sé. Come aveva già fatto con *La caduta dell'angelo*, una prima versione della quale, dipinta nel 1923, era stata rimaneggiata nel 1933 per giungere nel 1947 alla versione definitiva, l'artista vuole modificare *La rivoluzione*. Quindi taglia in tre parti il di[illegible] originario e lavora separatamente [illegible]lli così ottenuti. Il pannello [illegible] di centro, *Resistenza* e [illegible]terminati nel 1948. [illegible] *Liberazione*, sarà [illegible] il ritorno in [illegible]resentativo [illegible]*ne*, viene [illegible]ne una [illegible]diale: [illegible]rova [illegible]*ione* [illegible] occupa lo spazio in senso verticale con tutta la propria monumentalità; nella *Liberazione* (n. 42) la si indovina come un'allusione discreta ma significativa. In *Resurrezione* il personaggio del rabbino sta in corrispondenza con quello di Cristo. La sua figura si avvolge sulla Torah, come se l'artista volesse sottolineare il carattere sacro della Scrittura. È noto che l'universo personale di Chagall è popolato di vecchi in preghiera che la figura del rabbino eleva al rango di idealtipo. Una linea di filiazione figurativa unisce certamente *L'ebreo in rosa* (n. 15) a *Solitudine* (n. 35) e a *Resurrezione* (n. 41). Quelle figure solitarie in meditazione incarnano in effetti la pienezza e la continuità della Legge d'Israele. Il rabbino della *Resurrezione* corrisponde a quello di *Solitudine*. Ma il suo sguardo non è più celato: gli occhi spalancati, il personaggio interroga l'osservatore. Dalla sua bocca pare uscire un grido, un lamento, che invita a cercare negli altri due quadri, *Resistenza* e *Liberazione*. Infatti il rabbino solitario trova un'eco del proprio annunzio in *Resistenza*. Lo sfondo è popolato da una folla di personaggi: ma i ribelli armati della *Rivoluzione* hanno lasciato il posto alle patetiche figure di uomini, donne, vecchi e bambini che fuggono. Le immagini di un popolo perseguitato che assillano la memoria dell'artista.

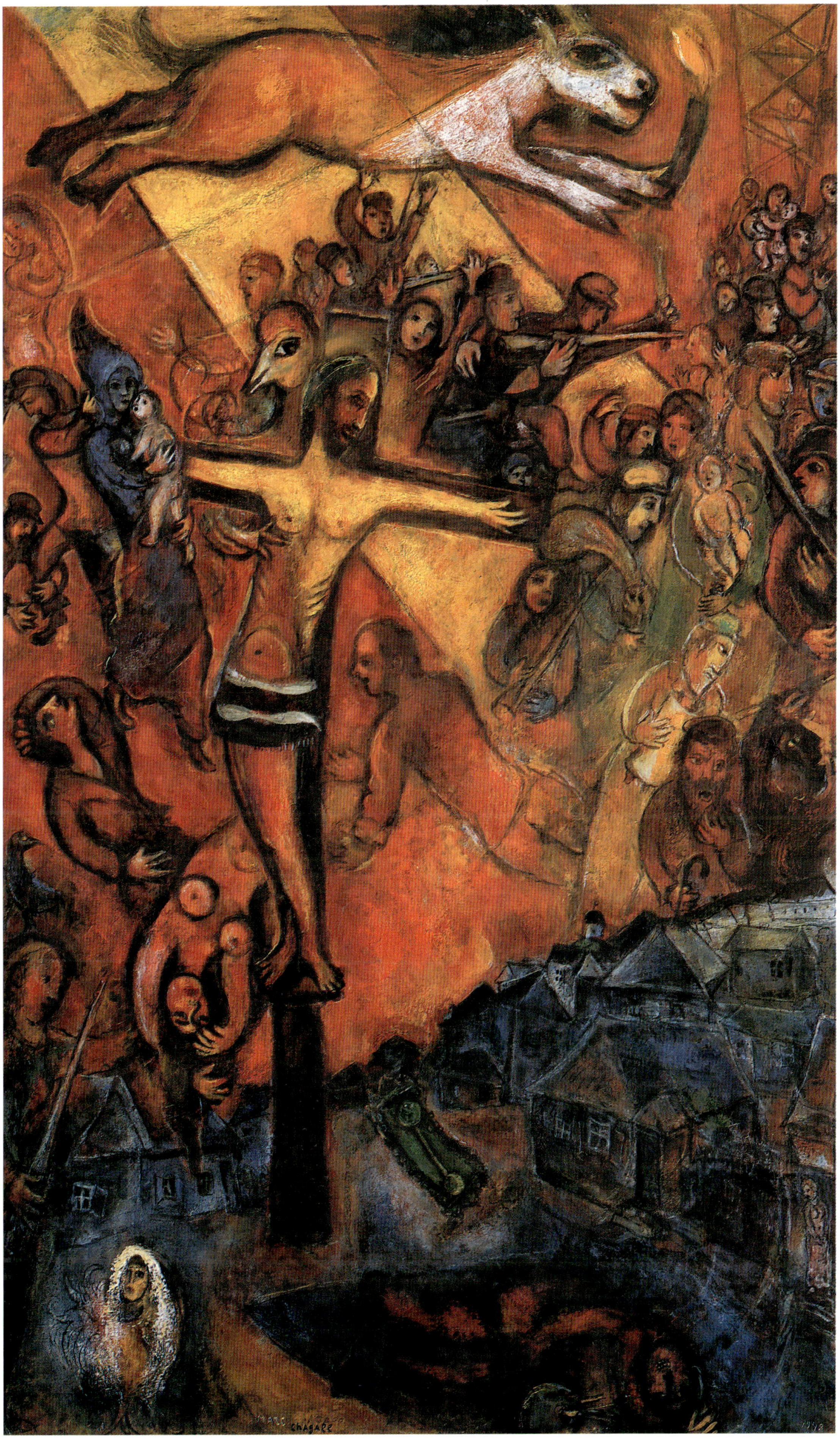
MARC Chagall
1948

41 **Resurrezione**

1937-1948

Olio su tela, cm 168,3×107,3

Nizza, Musée National Message Biblique

Marc Chagall

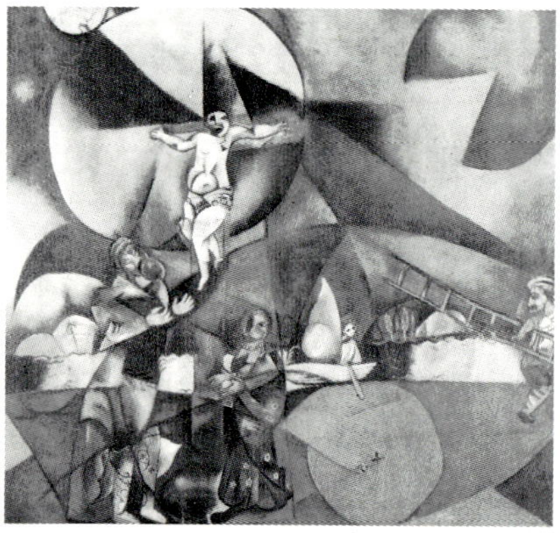

Golgota, *olio su tela, 1912, New York, Museum of Modern Art*

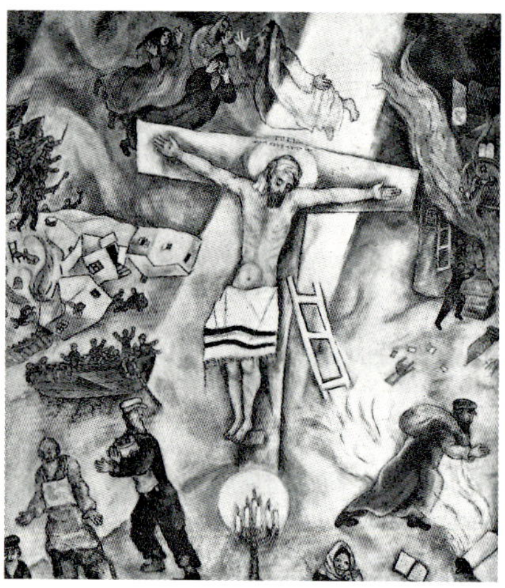

Crocifissione bianca, *1938, olio su tela, Chicago, The Art Institute of Chicago. A destra,* Crocifissione gialla, *1942, olio su tela, Parigi, Musée National d'Art Moderne, Centre Georges Pompidou*

Il dipinto è costruito attorno alla monumentale figura del Cristo. Ai suoi piedi, una madre stringe al petto il figlio. Il suo braccio destro si alza in un gesto di supplica. Ai lati del crocifisso, un rabbino e la figura capovolta del pittore. Cristo ha preso il posto che in *La rivoluzione* era di Lenin: la deliberata sostituzione documenta il cammino del pittore e il suo distacco dalla rivoluzione sovietica. D'altra parte, la figura del Cristo non è affatto estranea all'opera dell'artista. Già negli anni parigini *Golgota*, del 1912, mette in evidenza il carattere dell'intento creativo di Chagall, il quale attinge alla tradizione religiosa giudaico-cristiana per elaborare un linguaggio universale. Il Cristo ossessiona Chagall ogniqualvolta la storia gli rammenta il destino del popolo ebraico. La *Crocifissione bianca*, nel 1938, già esprimeva la tragedia di una condizione segnata dalla sofferenza e dal martirio. *Resurrezione* riprende alcuni segni visuali presenti in *Crocifissione bianca* e *Crocifissione gialla*, del 1942: il villaggio in fiamme, nello sfondo del dipinto, sul quale l'asino, simbolo d'innocenza, pare vegliare; i pii vecchi, che fuggono nel rosso bagliore di un incendio; spettacolo di desolazione del quale il pittore è il testimone *alla rovescia*. La presenza solenne e dolorosa del Cristo dai lineamenti semiti è sottolineata dalla lampada; questa, in un alone giallo la cui rotondità evoca quella del ventre del crocifisso, fa da mediazione fra la figura di Cristo e quella del rabbino. La tragedia del popolo si esprime dunque in tutta la propria atemporalità. E il Cristo, vestito del *tallit* e dei *tefillim* rituali, ne è l'universale incarnazione. Attraverso la sua immagine si mostra qui l'*assoluto* della persecuzione. Cristo è martire perché è ebreo, per tutta l'eternità. La pittura diviene discorso e denunzia.

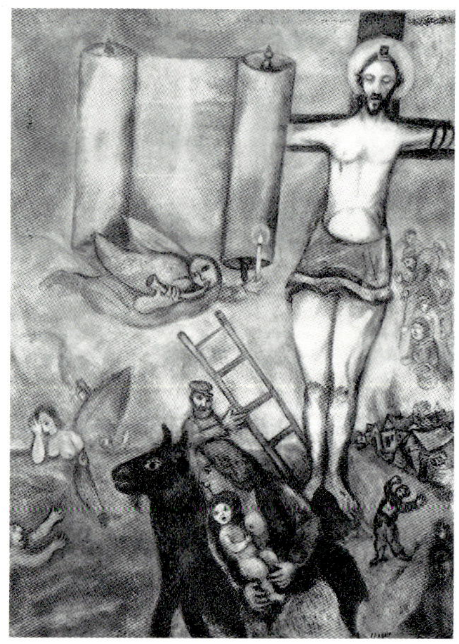

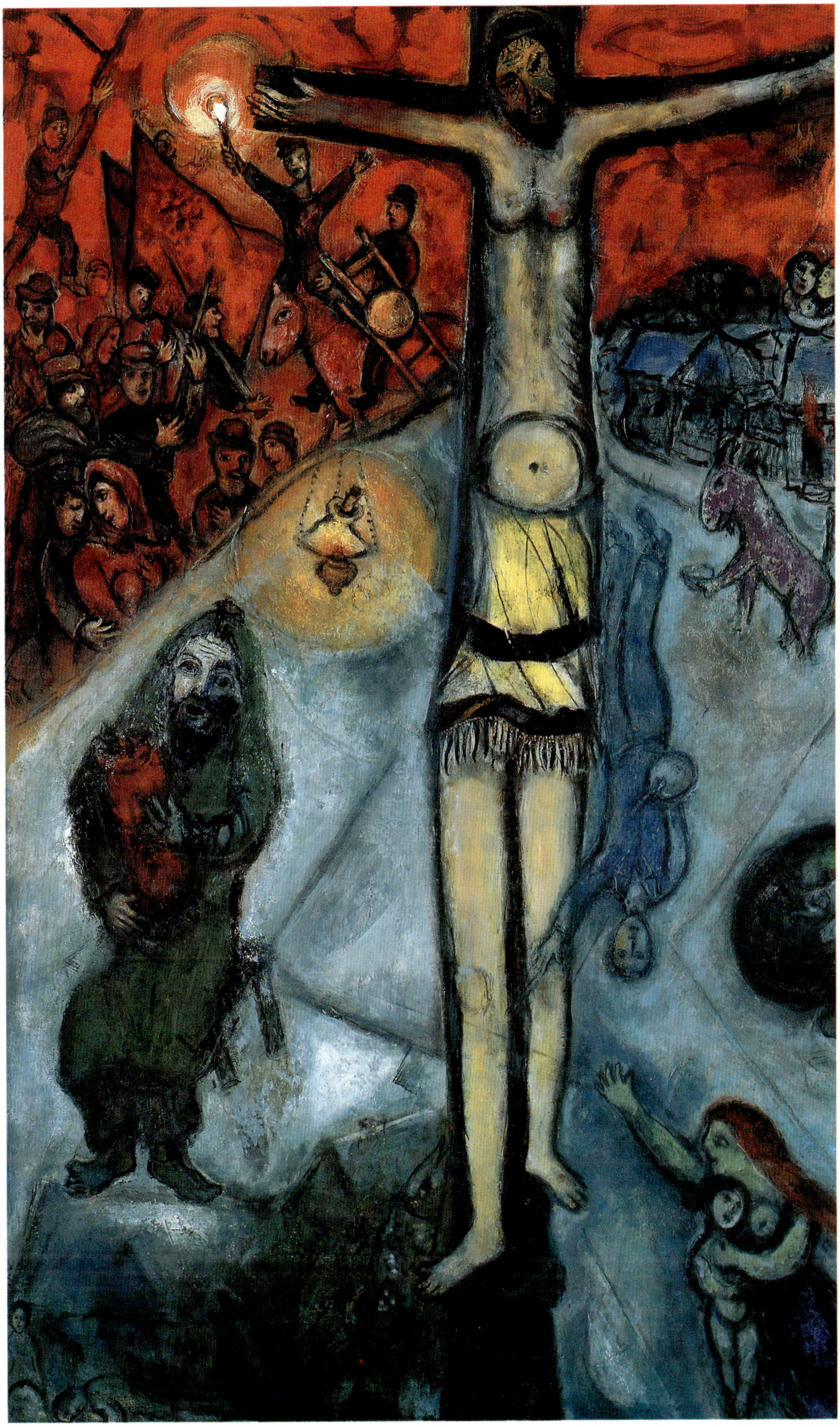

1937-1952

Olio su tela, cm 168×88

Nizza, Musée National Message Biblique

Marc Chagall

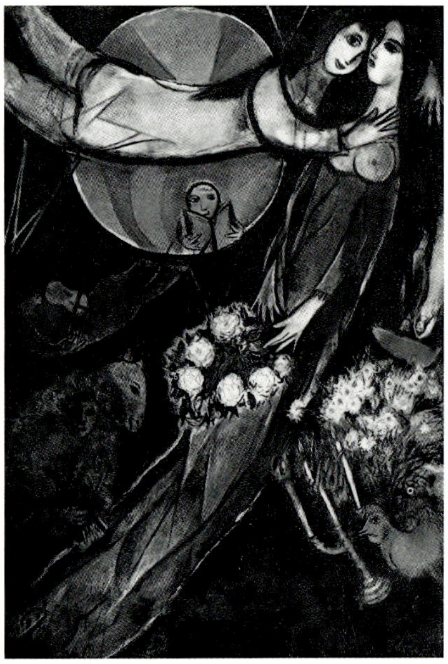

Il sole rosso, *1949, olio su tela, collezione privata*

Il terzo pannello dell'insieme completato da *Resistenza* e *Resurrezione* è quello che sembra aver subito meno modifiche. La parte mediana del dipinto è ancora occupata dalla forma circolare presente in *La rivoluzione*. La circolarità è ancor più accentuata dal centro violentemente marcato di rosso. Ai margini, si riconoscono i saltimbanchi cari a Chagall, musicanti, ballerini e acrobati che seguono, come un fregio danzante, il perimetro esterno. Dal centro si alza la lunga figura di un violinista chino sul proprio strumento. Nella parte inferiore del quadro, la casupola di legno sul tetto della quale è distesa una giovane coppia di sposi. I personaggi, nell'insieme, sono nell'identico stato in cui si trovavano in origine, ma gli atteggiamenti, i vestiti, gli accessori sono cambiati. La sposa ha l'abito e il velo bianchi; un violino ha sostituito il clarinetto; lo sposo è rivolto verso la sposa. Gli effetti plastici sono più immediati, e i colori più luminosi che nel dipinto originario. E anche la stessa materia pittorica pare nutrirsi di una moltitudine di particolari e di figure inserite nel seno dello spazio dipinto, come immagini nascoste: ecco la madre sulla soglia della casa; un bimbo dietro una finestra; la città natale, in cui passa l'ombra di un ebreo col berretto; l'artista stesso, appeso alla tavolozza, a terra, sotto il peso delle sue visioni. Queste figure assillano la memoria e la pittura di Chagall. Ne costituiscono la trama vivente. Alla stregua di immagini subliminali, esse, propriamente, *istituiscono* la sua opera.

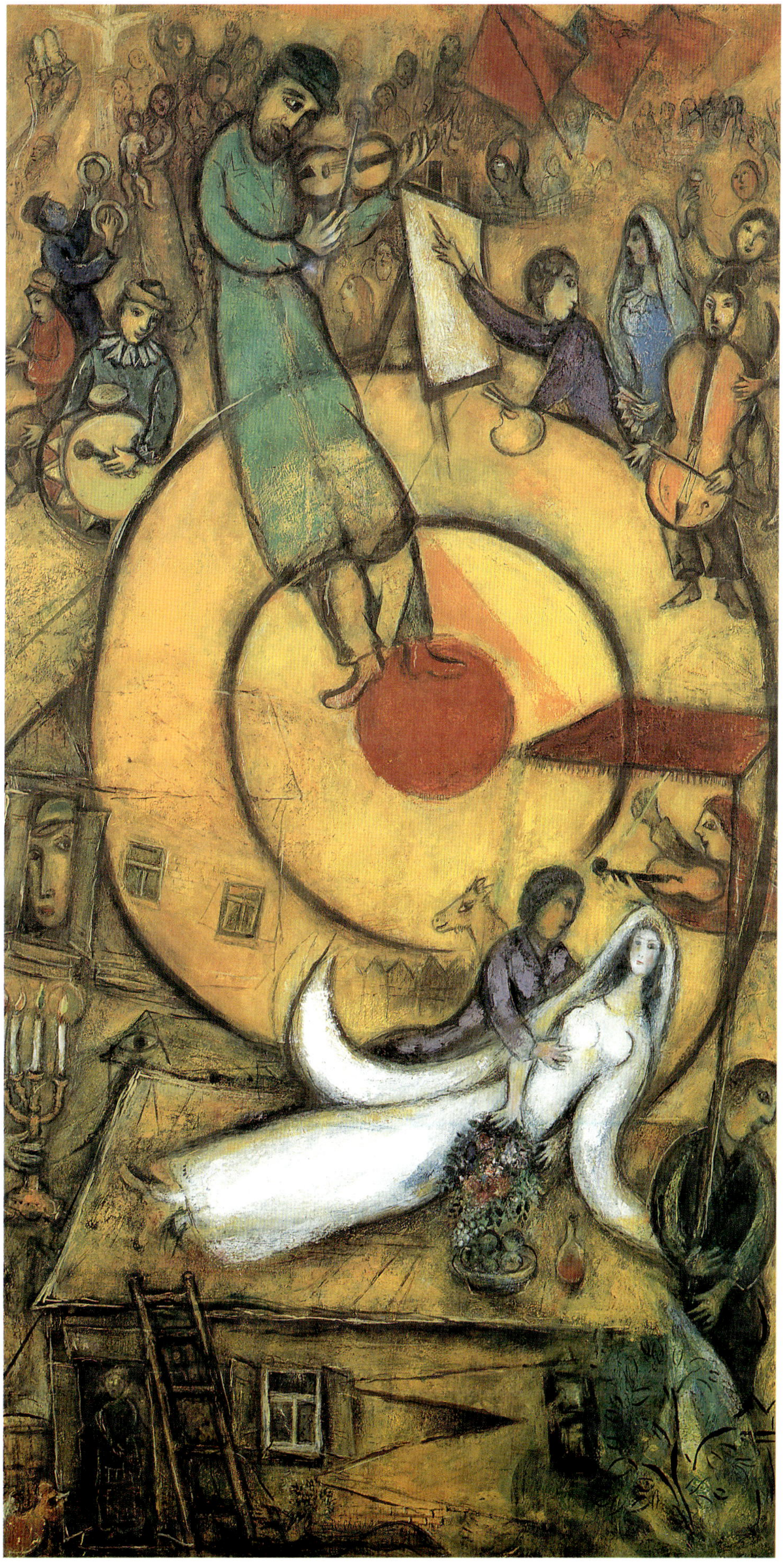

43 Il cavallo rosso

1938-1944
Olio su tela, cm 114×103
Firmato e datato in basso a sinistra:
Marc Chagall 1938-1944
Nantes, Musée des Beaux-Arts

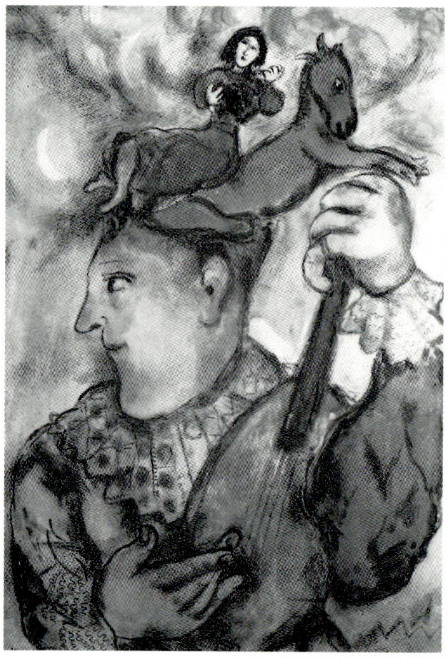

Clown musicista, *1937-38, tempera su carta, Stati Uniti, collezione privata*

I*l cavallo rosso*, così come *Resistenza*, *Resurrezione* e *Liberazione*, è stato eseguito in due tempi. La prima versione, realizzata da Chagall nel 1938, fu ispirata da un ciclo dedicato al circo. Nella versione definitiva pare di avvertire gli echi della guerra. I personaggi, i musicisti, l'equilibrista, si allontanano in volo nella notte. In primo piano, una coppia di sposi. Al centro del quadro, un grande cavallo color carminio si impenna. Reca una candela, il cui debole chiarore riesce a rischiarare il cielo notturno. Dietro il cavallo, in un vestito viola, un libro aperto in mano, una ragazza danza. Sembra che il quadro attenda una luce che deve arrivare.

Le candele nuziali, *1934-1945, olio su tela, collezione privata*

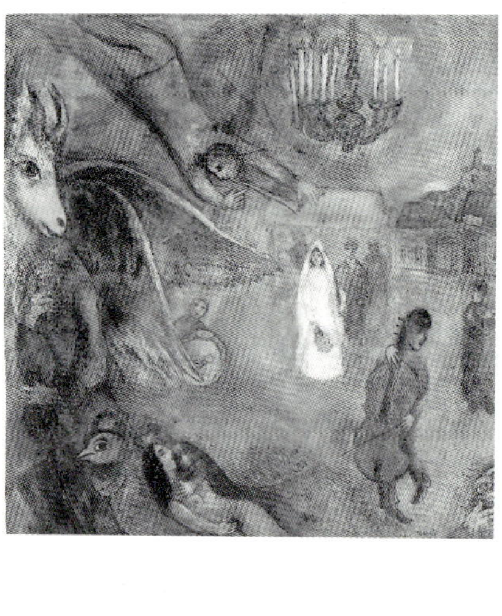

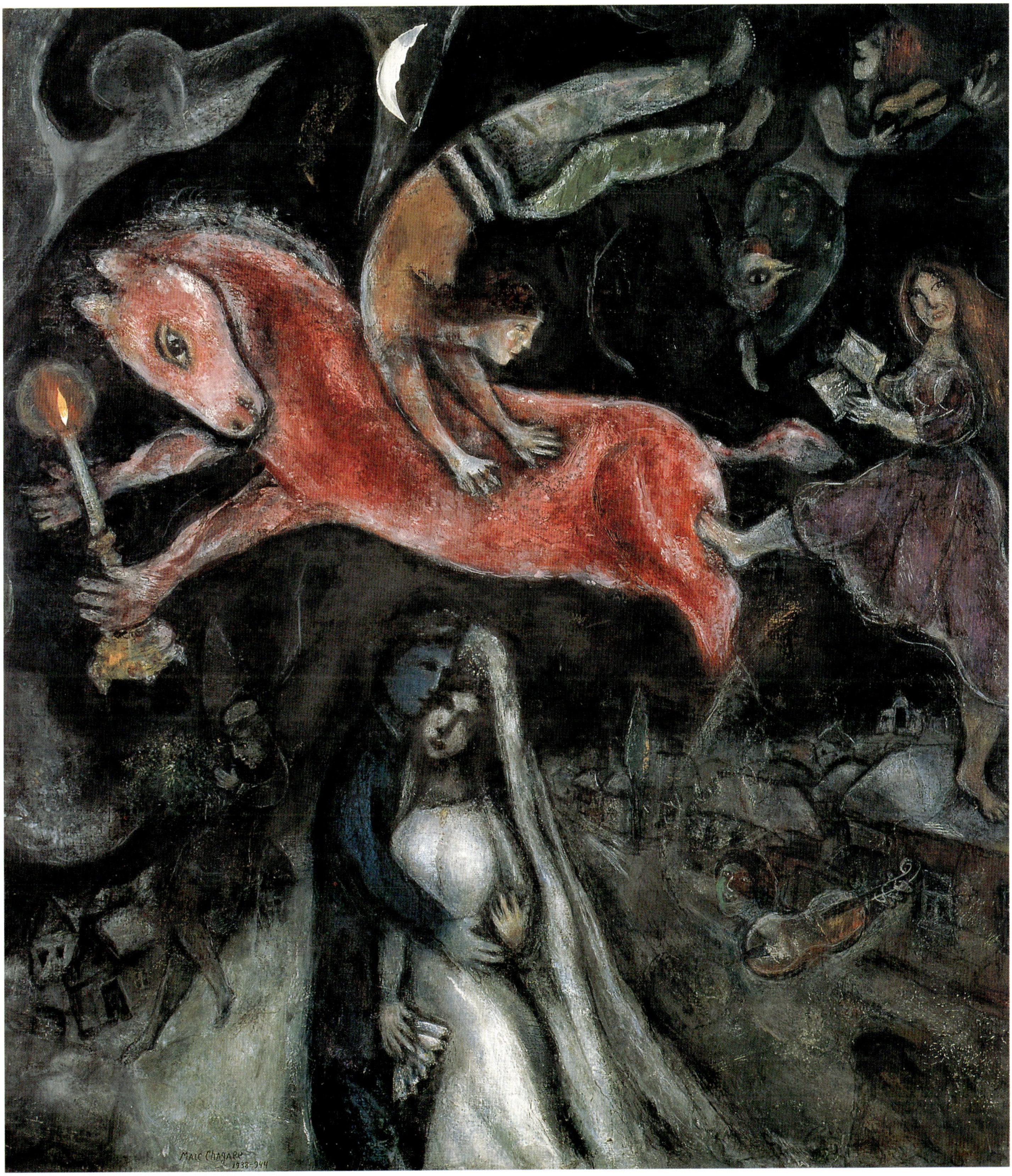

44 Ossessione

1943
Olio su tela, cm 76×107,5
Firmato e datato in basso a destra:
Marc Chagall 1943
Nantes, Musée des Beaux-Arts

Tre quadri del 1943 sono ispirati alla guerra e alla persecuzione: *Crocifissione gialla, Guerra* e *Ossessione*. Tutti e tre sono stati preparati da un gruppo di disegni e di tempere al quale Chagall ha lavorato a Saint-Dye-sur-Loire e a Gordes, poco prima di partire per gli Stati Uniti. *Ossessione* è particolarmente toccante. Dominato dalle tonalità del rosso e del giallo, il quadro sembra una fiamma che brucia. Quell'universo di fuoco, che accende anche il cielo, simboleggia l'orrore della guerra: una donna fugge su di una slitta, un bimbo piange, un villaggio brucia... La luce del candeliere illumina una scena di desolazione. E come a sottolineare simbolicamente il martirio di un mondo in fiamme, la forma verde del crocifisso, a terra. In una composizione stilizzata, Chagall accosta elementi realistici ad altri di tipo metaforico. Dal loro incontro prende origine la violenza espressiva dell'opera, così come dall'uso di una gamma cromatica nella quale predominano il rosso e il giallo.

La caduta dell'angelo, *1932-33/1947, olio su tela, Basilea, Kunstmuseum*

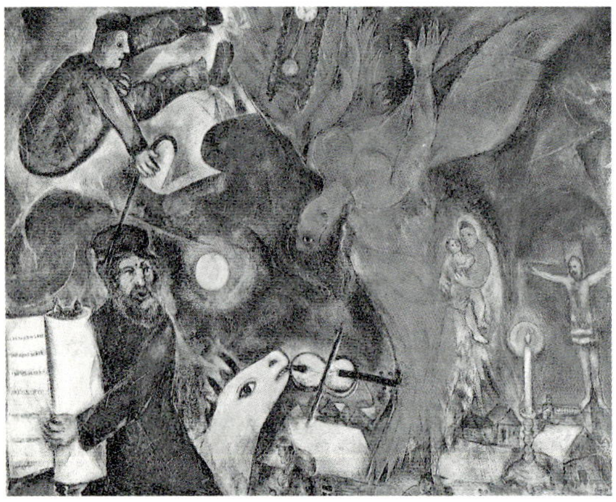

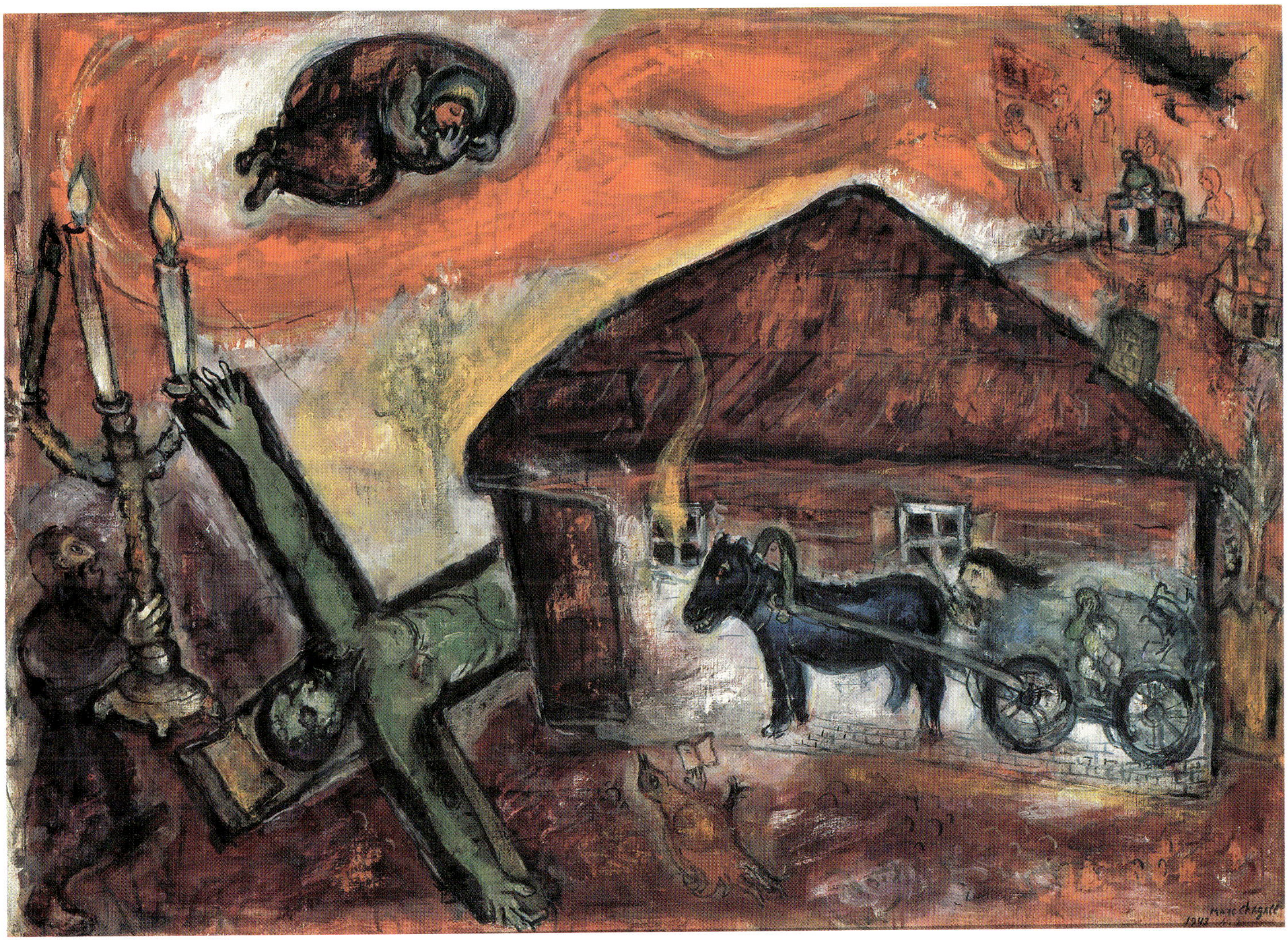

La slitta

1943
Tempera a gouache su carta, cm 51×76
Firmato e datato in basso a destra:
Marc Chagall 943
Collezione privata

La Madonna con la slitta, *1947*

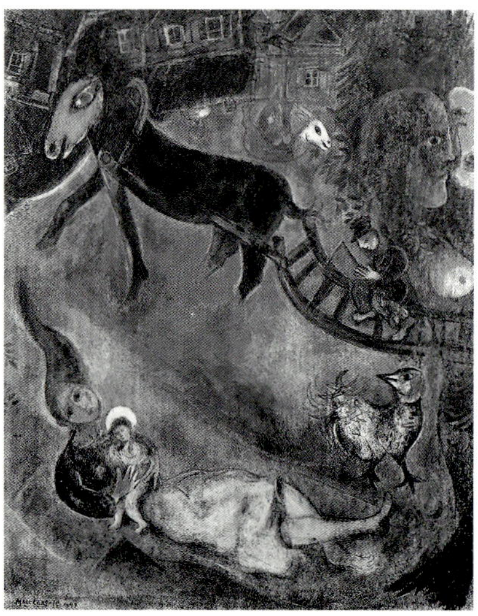

«Dietro a noi viveva un carrettiere. Lavorava quanto il suo cavallo. Il buon animale tirava i carichi meglio che poteva, ma soprattutto era il carrettiere che tirava il cavallo. Era alto e magro, più alto del cavallo, più lungo del carretto. Seduto in serpa, con le redini e la frusta in mano, pareva al timone di un veliero. Ma senza vento.» (*La mia vita*, p. 50). Questa tempera si nutre della memoria. Nel periodo trascorso negli Stati Uniti, il ricordo della terra natale si fa più vivo. Nell'estate del 1942, in effetti, Chagall ritrova un suo compatriota, il coreografo Leonid Massine. Da lui gli vengono affidati le scene e i costumi del balletto *Aleko* che, su musiche di Čajkovskij, mette in scena un poema di Puškin. Il balletto debutta in Messico, poi va in scena a New York ed ottiene uno straordinario successo. Nel 1943, l'arrivo di una delegazione sovietica negli Stati Uniti permette a Chagall di rivedere l'attore ebreo Michoels e il poeta Itzik Feffer. Nel corso di interminabili conversazioni, si evoca la Russia. La nostalgia della patria lontana, forse perduta, si riflette in *La slitta*, che evoca un personaggio dell'infanzia dell'artista. Ma cresciuto, come l'immagine archetipica della testa femminile, sorta di raffigurazione del destino, che conduce il tiro.

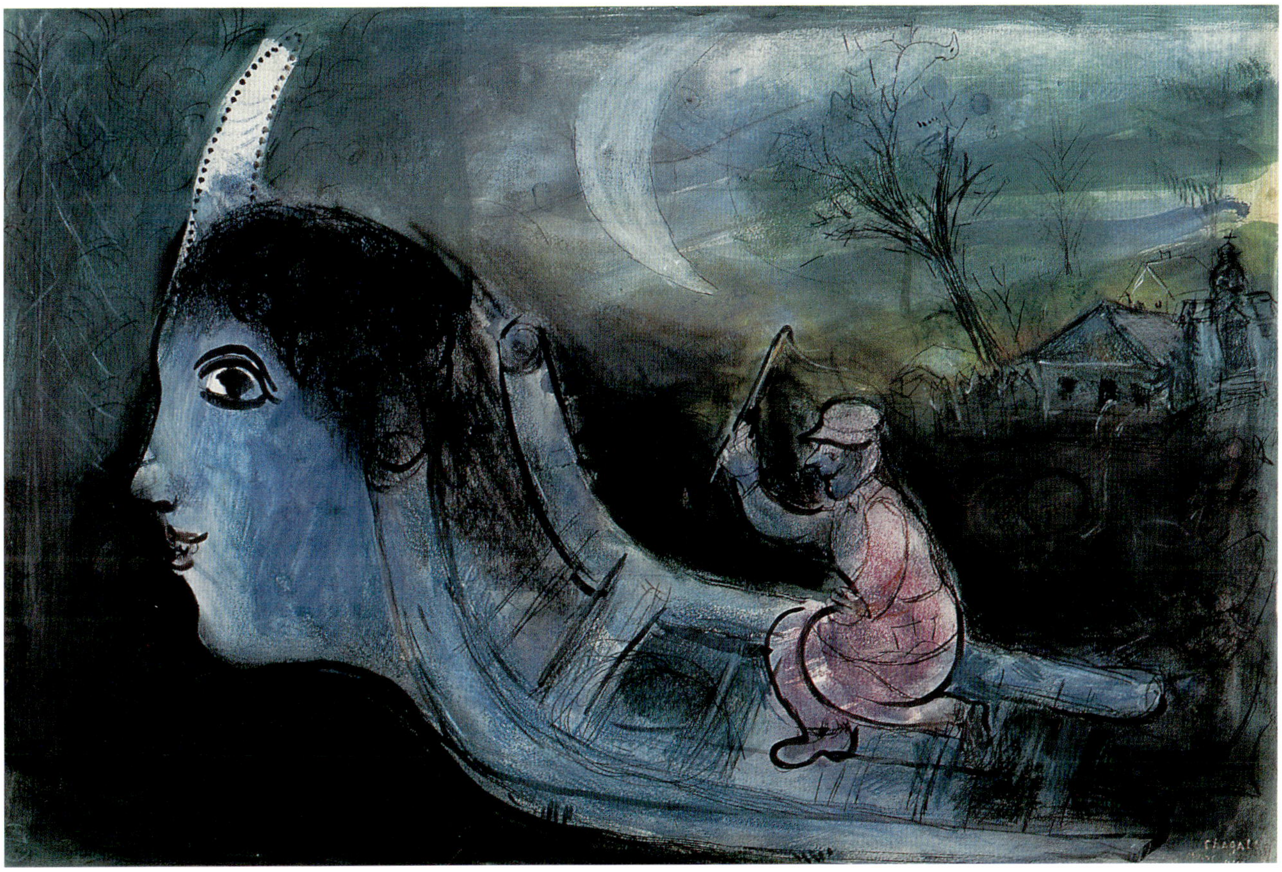

Scena campestre

1944

Tempera a gouache su carta, cm 46×48,5

Firmato in basso a destra:

Chagall 1944

Collezione privata

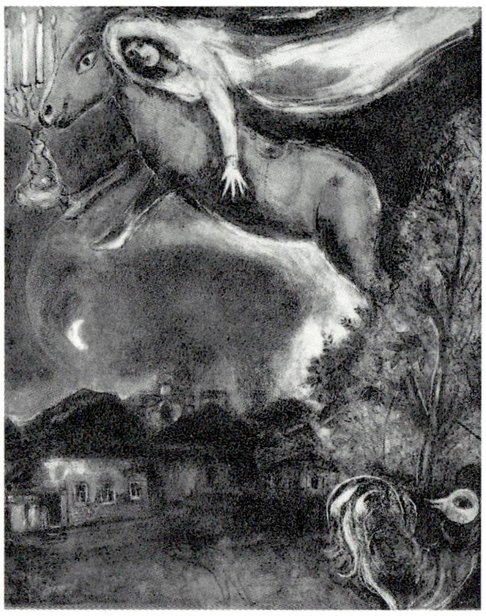

Notturno, *1947, olio su tela, collezione privata*

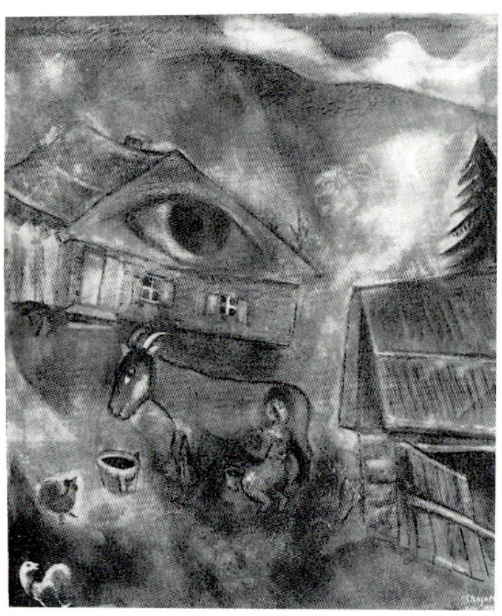

L'occhio verde, *1944, olio su tela, Francia, collezione privata*

Alcune opere, datate 1944, sono state realizzate a Cranberry Lake, nei monti Adirondacks. Il paesaggio di foreste innevate contiene un'esplicita evocazione della Russia. Il ricordo della terra natale prende corpo nell'esperienza presente dell'artista.

Scena campestre è probabilmente stata dipinta poco prima della morte di Bella, avvenuta il 2 settembre 1944. L'opera è immersa in una luce notturna che accarezza dolcemente la ragazza in primo piano, la cui testa riposa su quella di un cavallo bianco. Il paesaggio coniuga elementi realistici, gli alberi, la casupola e la staccionata, a motivi fantastici, come l'uccello che avanza guardando la Luna e il musicista dalla testa capovolta. Il colore raggiunge una rara intensità: i viola e i verdi si contrappuntano per creare il mistero di una notte di sogno.

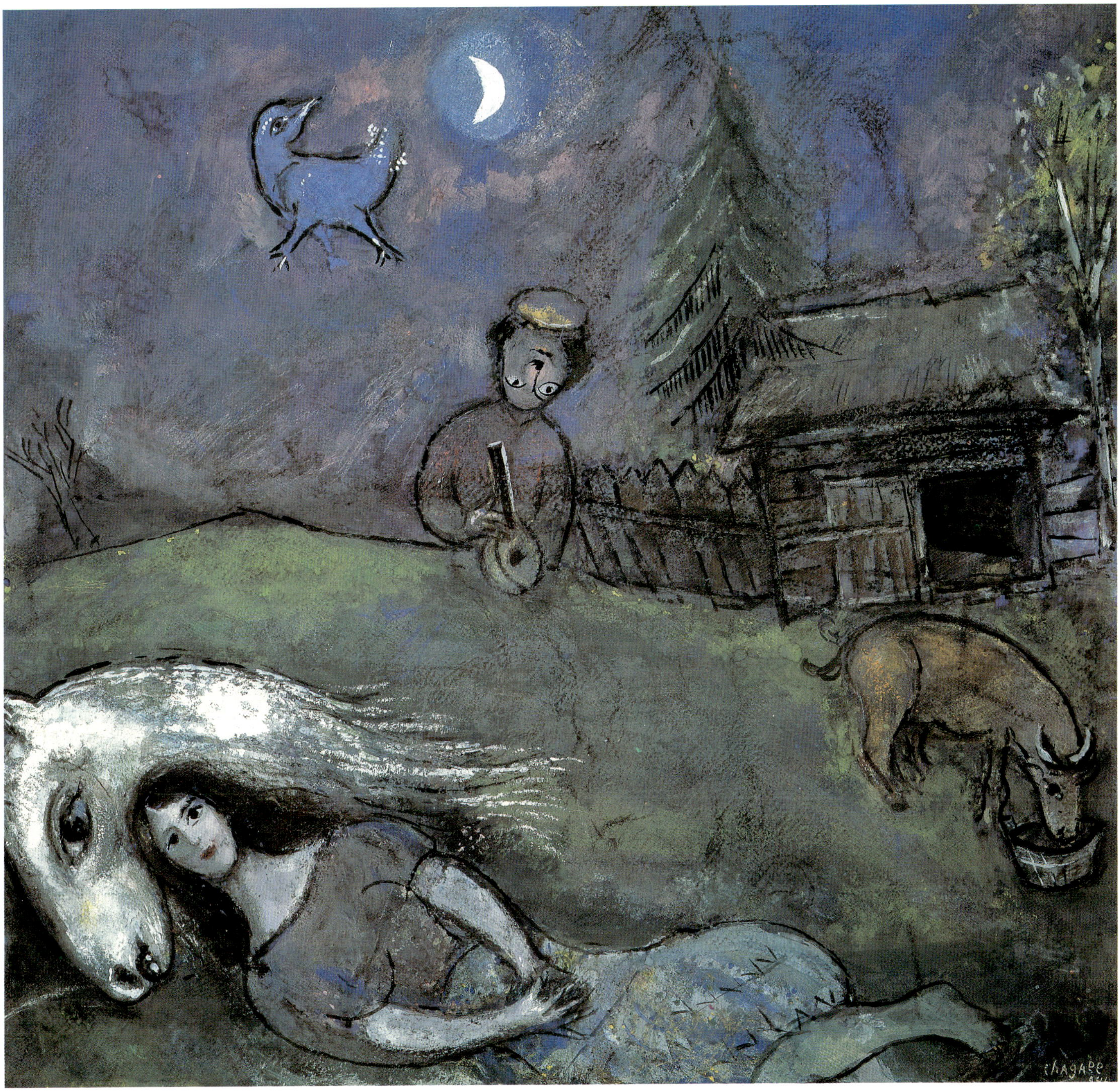

47 Il matrimonio

1944

Olio su tela, cm 99,7×74

Firmato in basso al centro:

Marc Chagall

Collezione privata

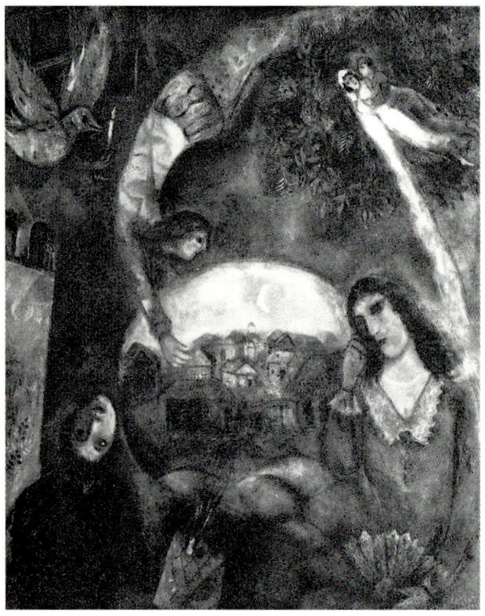

Intorno a lei, *1945, olio su tela, Parigi, Musée National d'Art Moderne, Centre Georges Pompidou*

«Dipingevo, dipingevo e, finalmente, malgrado abbia opposto un sacco di difficoltà, una sera che pioveva mi sono trovato sotto una corona nuziale, e tutto era autentico, come nei miei quadri. Sono stato benedetto come si deve.» (*La mia vita*, p. 168). Il ciclo del 1943, caratterizzato dal tema della guerra, si completa, come accade spesso nell'opera di Chagall, con un gruppo di opere in cui si ripresenta il tema degli innamorati. *Il matrimonio* è una grande composizione, preparata da un bozzetto eseguito nel 1940, a Saint-Dye. Sotto il baldacchino rituale, una giovane coppia di sposi, illuminata dalle fiamme del candelabro sacro, la Menorah. Amici e parenti si addossano a loro. In cielo, come divinità protettrici, tre musicanti paiono accordare i loro strumenti, piatti, violino e violoncello, per iniziare un gioioso concerto. Il dipinto riprende un tema caro a Chagall, quello delle nozze, dandone una nuova versione. Le divisioni spaziali che strutturano la composizione non sembrano in effetti differenziarsi. Il colore è steso in larghe chiazze: così il rosso unisce lo spazio degli sposi a quello dei musicisti. Sopra il baldacchino, il blu si incupisce verso le profondità notturne dalle quali si slancia il violoncellista alato. Il ruolo centrale del colore nel quadro è stato sottolineato da Frantz Meyer, che individua in quest'opera un passaggio evolutivo fondamentale nell'arte di Chagall (cfr. Meyer, *Chagall. La vita e l'opera*, p. 461).

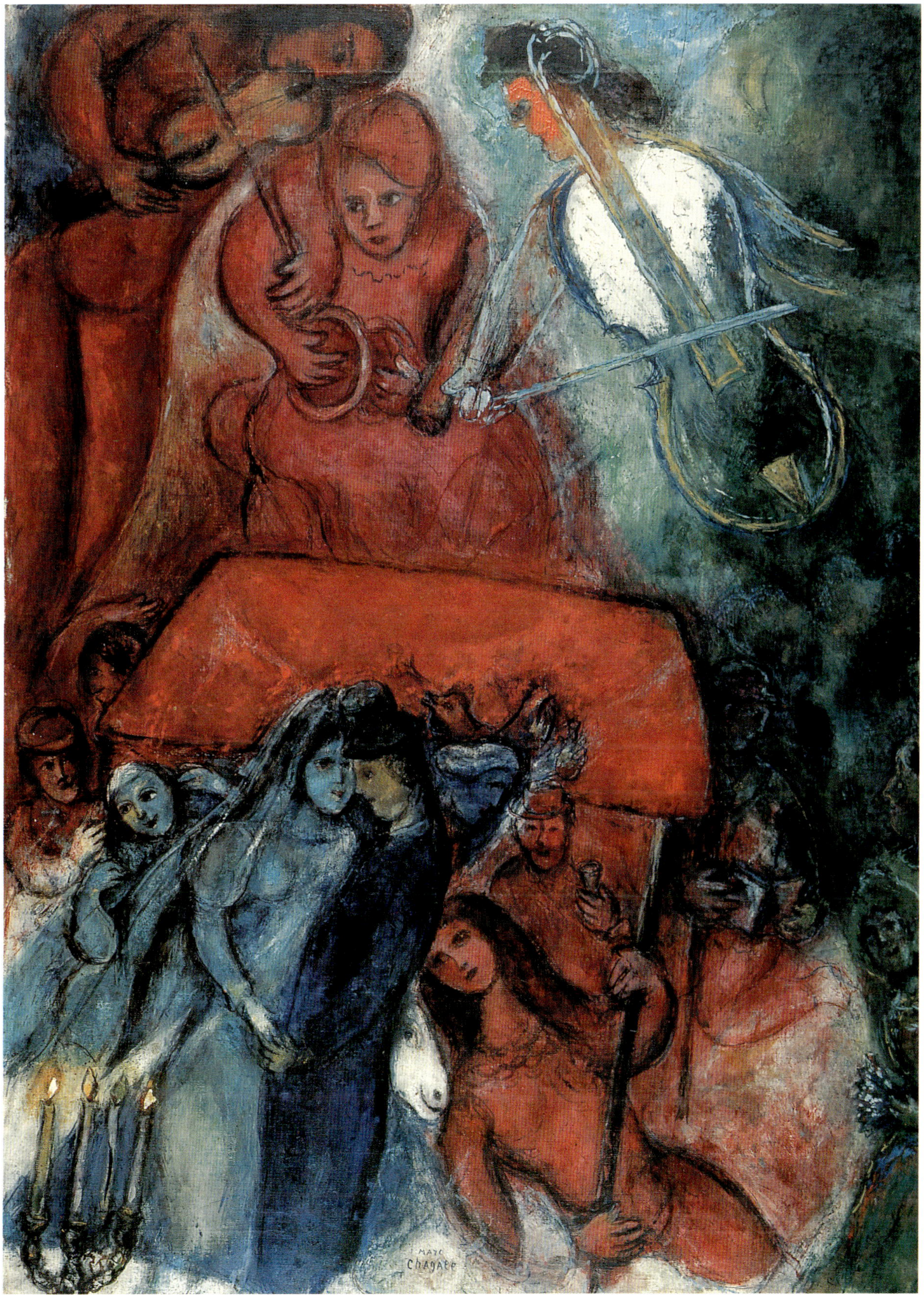

1945
Olio su tela, cm 107×82
Firmato e datato in basso a sinistra:
1945 Marc Chagall
Parigi, Musée National d'Art Moderne,
Centre Georges Pompidou

Come un'eco funebre alla serie degli autoritratti, *L'anima della città* è l'austera celebrazione di Bella ormai scomparsa. Ed è anche lo straziante lamento di un pittore che dichiara la propria impotenza a dipingere ancora. Chagall si raffigura, con una tavolozza monocromatica in mano, nell'atto di eseguire una crocifissione. Bella fluttua, bianco fantasma che rischiara le case grigie di Vitebsk, al di sopra delle quali si riconosce la slitta del destino. Le fiamme della Menorah, la Torah avvolta in un drappo rosso richiamano il volto sdoppiato del pittore. Ma, con Bella, sono la vita, la gioia, la capacità di dipingere che rischiano di scomparire. Sulla tela, l'immagine del crocifisso richiama le sofferenze del popolo ebraico e la disperazione del pittore. In preda a forze di segno contrario, anch'egli forma quasi una croce vivente orientata verso le Tavole della Legge, che determinano le diagonali della composizione.

Autoritratto con l'orologio, *1947, olio su tela, Francia, collezione privata*

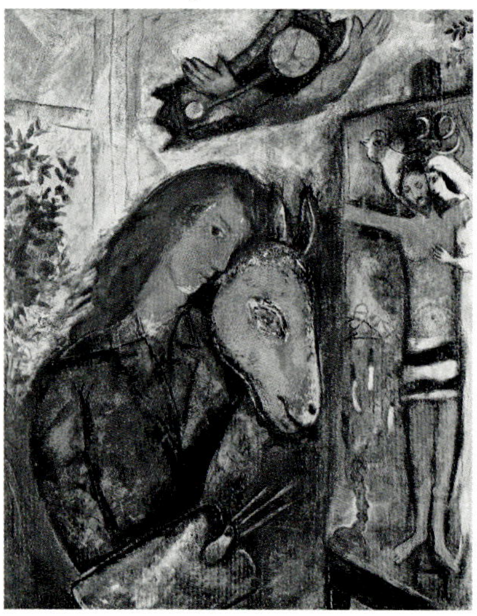

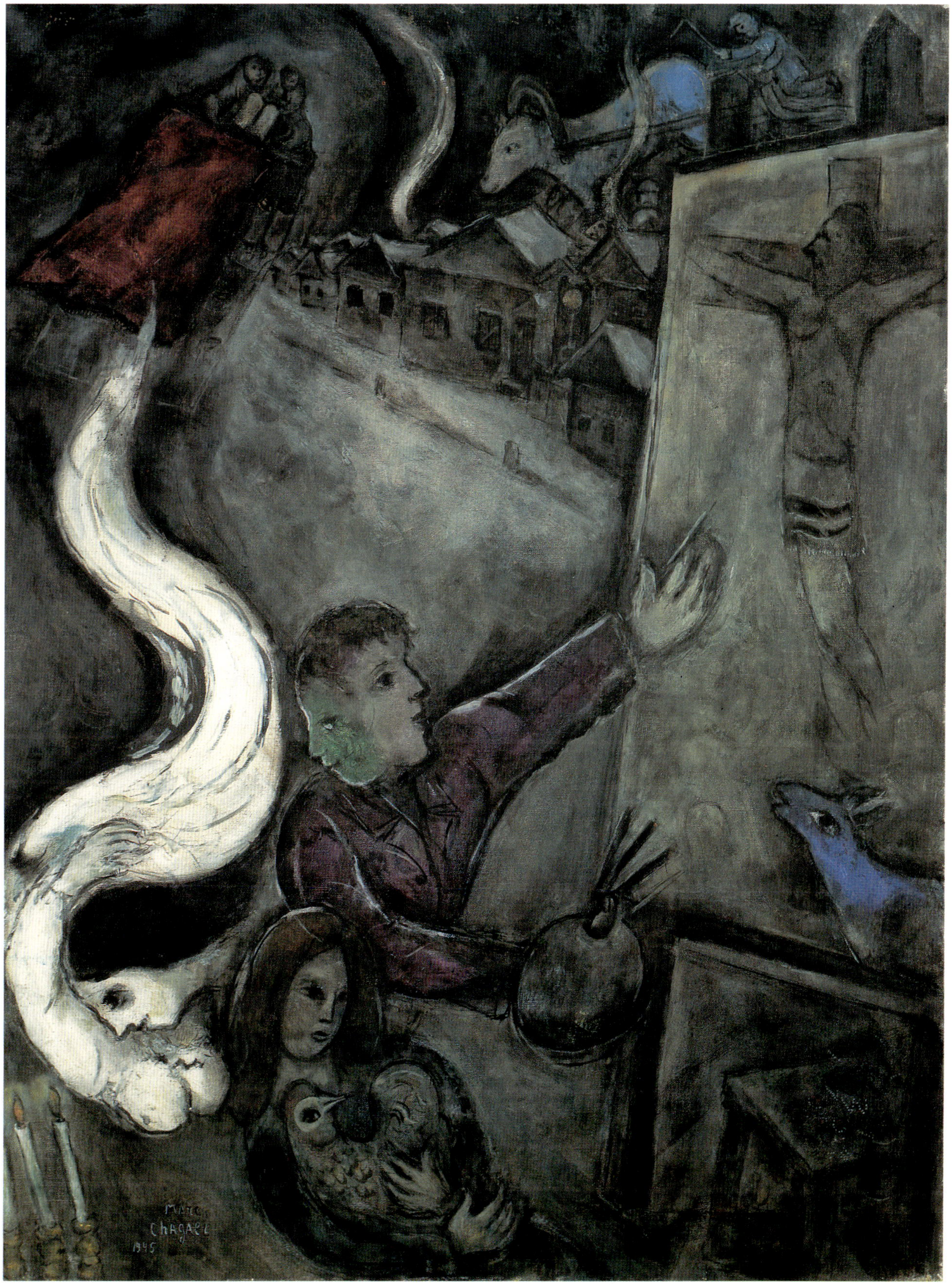

49 Sirene

1949

Tempera a gouache su carta, cm 65×50

Firmato e datato in basso a destra:

Chagall Marc 949

Collezione privata

Costruita sull'opposizione cromatica del blu e del giallo, la tempera conserva felicemente il riflesso della luce mediterranea, ritrovata, al ritorno in Francia, durante un soggiorno a Saint-Jean-Cap-Ferrat.

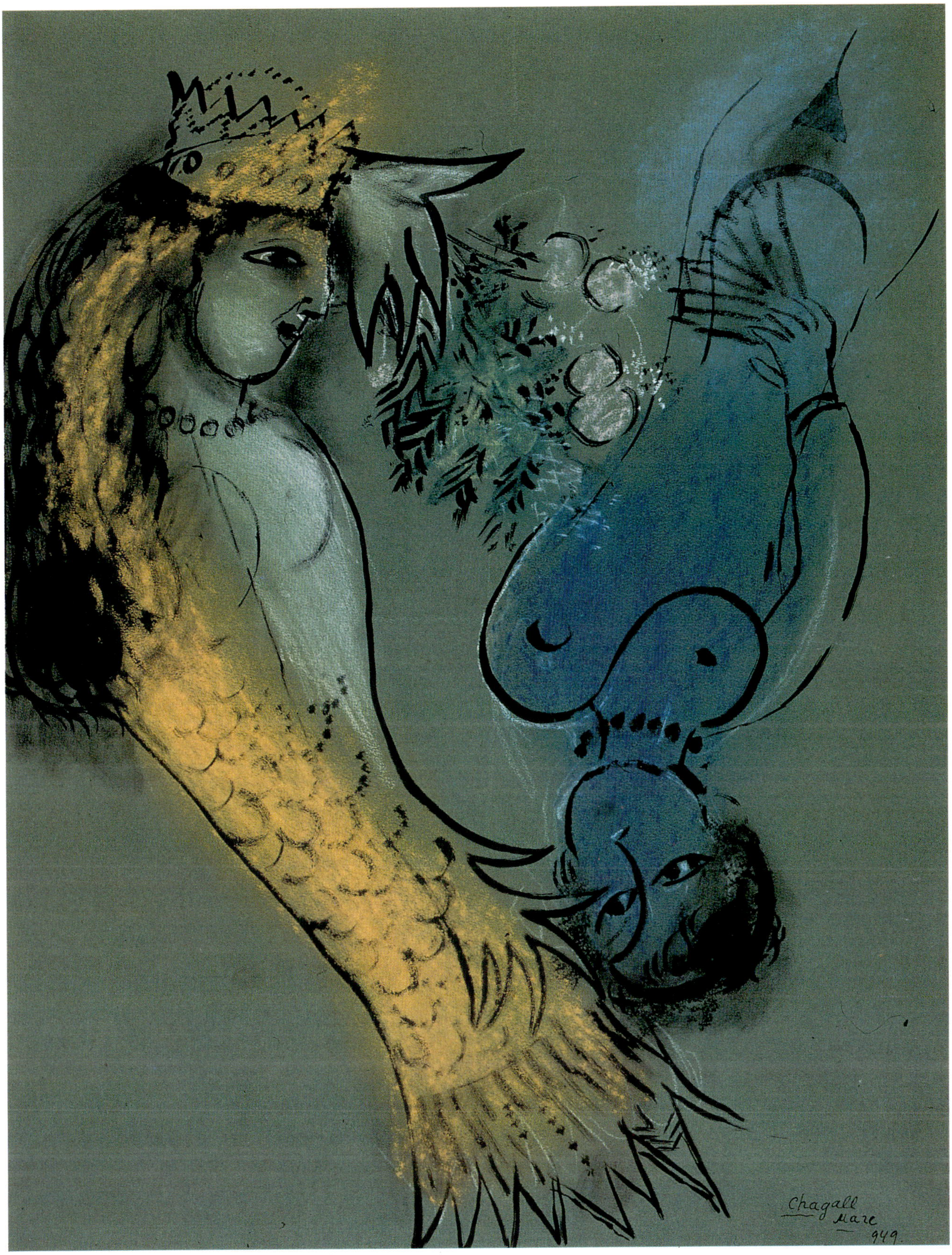
Chagall
Marc
949

50

La bestia e il bambino

1949
Tempera a gouache su carta, cm 65×50
Firmato e datato in basso a destra:
Marc Chagall 1949
Collezione privata

Il soggiorno a Saint-Jean-Cap-Ferrat, nella proprietà dell'editore Tériade, dà all'artista una nuova libertà di mezzi espressivi. La pace e la serenità ritrovate fanno cantare i colori. Il tratto, più fluido, sottolinea l'innocenza originaria che unisce il bambino e l'animale, esaltati in una stessa figura.

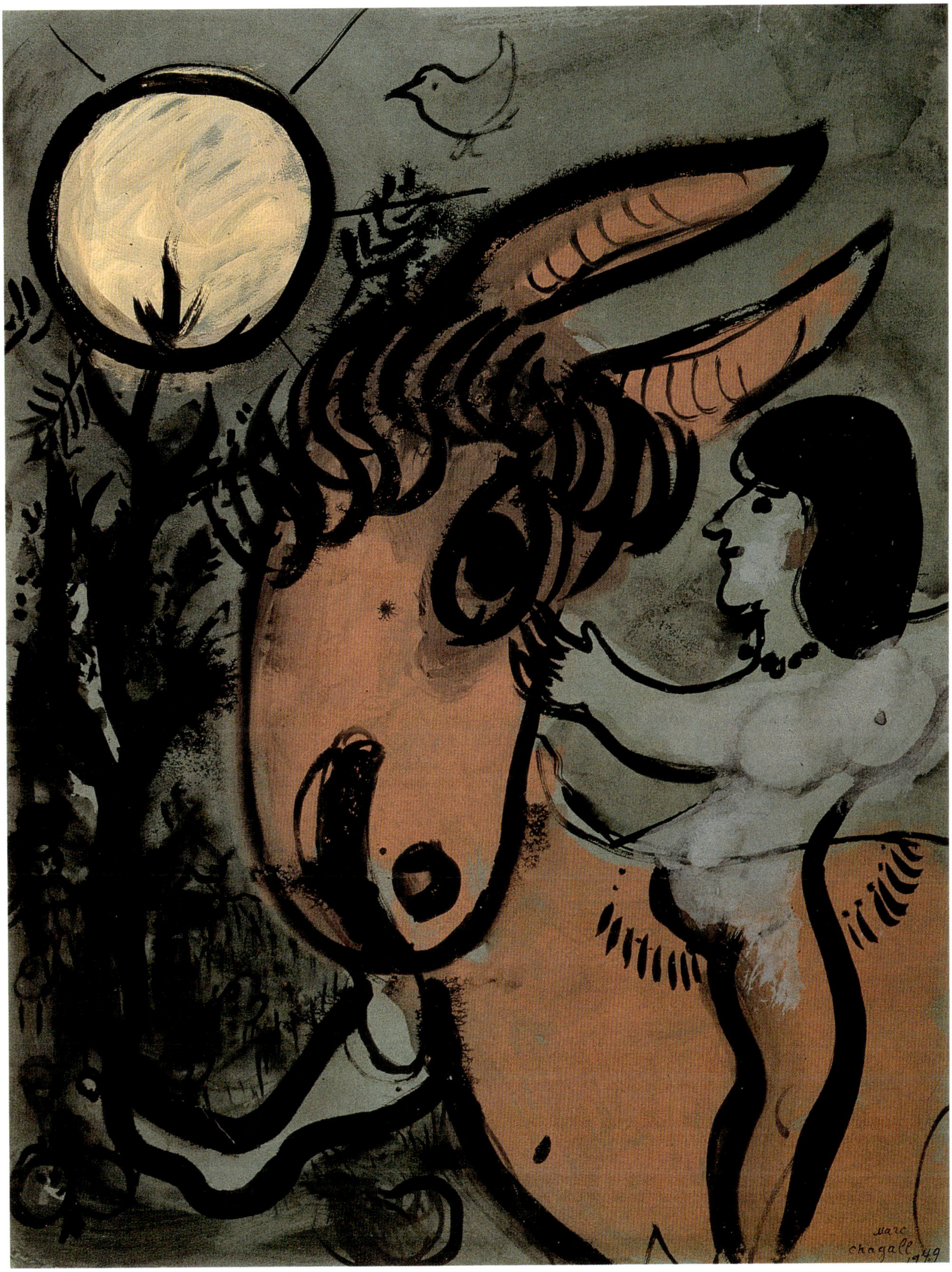
Marc
Chagall 1949

51

IL DIVANO

1950

Tempera a gouache su carta, cm 49×45

Firmato in basso a destra:

Chagall Marc

Collezione privata

Nella primavera del 1950, Chagall si trasferisce nella villa «Les Collines» a Vence. Un nuovo gruppo di dipinti e di tempere verrà a suggellare la ritrovata intimità fra l'artista e la terra mediterranea. *Il divano* nasce da una sola tinta fondamentale, un azzurro straordinariamente luminoso. I rosa e i gialli di un grande *bouquet* ne rischiarano la profondità. Dall'opera si irradia l'esaltazione della pienezza dei corpi e dell'amore umano. Il colore è teneramente modulato, ed afferma il potere sovrano della vita che rinasce.

I pesci a Saint-Jean, *1949, tempera su carta, Parigi, collezione privata*

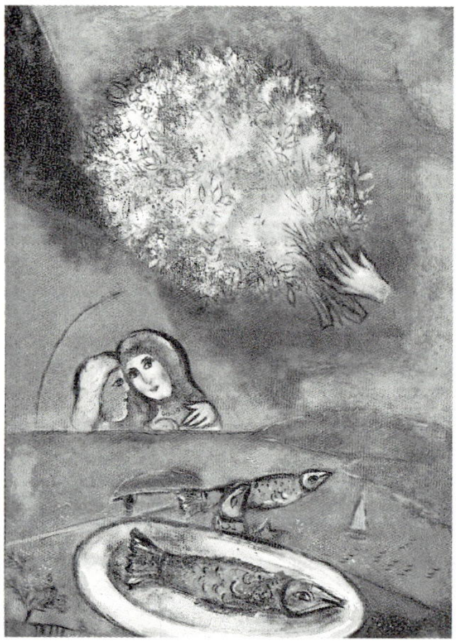

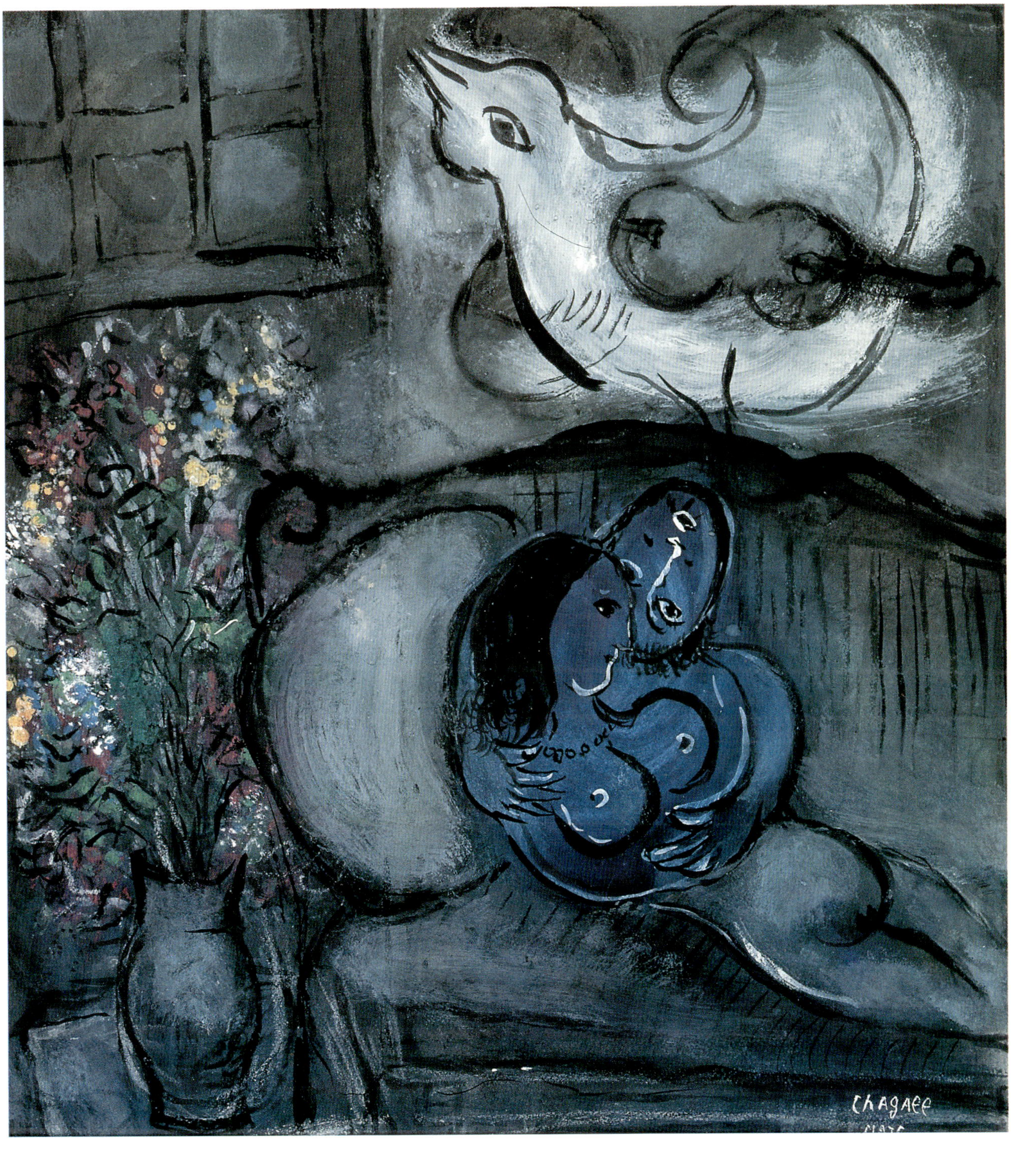
Chagall

52 Mosè riceve le tavole della Legge

1950-52

Olio su tela, cm 194,5×129,8

Firmato e datato in basso a sinistra:

Chagall Marc 1950-52

Nizza, Musée National Message Biblique

Marc Chagall

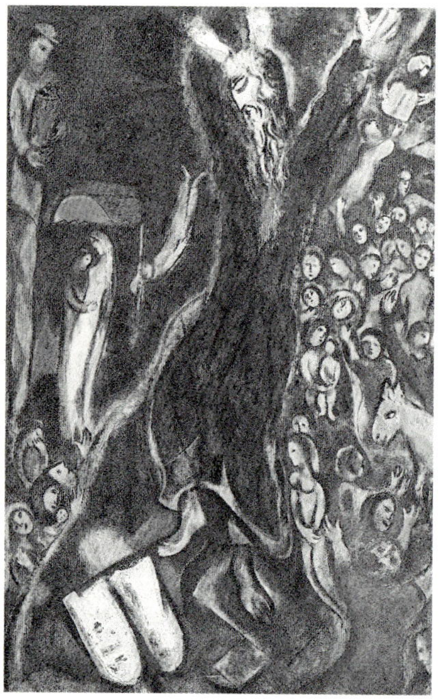

Mosè infrange le tavole della Legge, *1955-56, olio su cartone incollato su tela, Colonia, Wallraf Richartz Museum*

La pittura di Chagall, fatta di tensioni interiori e di pienezza cromatica, esige il grande formato, del quale l'artista aveva avvertito la necessità fin dagli esordi. Fin dal primo soggiorno parigino nascono opere di notevoli dimensioni: *Omaggio ad Apollinaire*, per esempio, oppure *Alla Russia, agli asini e agli altri*. Successivamente, *La caduta dell'angelo*, *Crocifissione bianca* e soprattutto *Resistenza*, *Resurrezione* e *Liberazione* testimoniano il talento dell'artista per il lavoro sul grande formato.

Al suo ritorno in Francia Chagall avverte più forte che mai il bisogno di esprimersi a livello architettonico. L'esperienza della dimensione dello spazio scenico, fatta negli Stati Uniti progettando le scene e i costumi di *Aleko* e dell'*Uccello di fuoco*, lo rinsalda nella sua determinazione. Contemporaneamente, è attratto da un progetto di ampio respiro: un vasto ciclo ispirato alla Bibbia, da collocare in un luogo di grande prestigio. In effetti, Chagall era stato molto colpito dalla cappella dei domenicani a Vence, che Henri Matisse stava decorando in quello stesso torno di tempo.

L'artista comincia col rimettere mano ad una vecchia tela del 1931, *Abramo e i tre angeli*, modificandola. Poi esegue *Il re David*, la cui lunga silhouette anticipa quella di Mosè nel dipinto che stiamo esaminando. Il quadro, di formato verticale, riprende un tipo di struttura spaziale bipartita cara al pittore. A destra, nella luce crepuscolare di un sole nero, la moltitudine degli ebrei in attesa del loro profeta. Fra di loro sono riconoscibili alcune figure tipicamente chagalliane: il tenero muso dell'asino viola, una donna in azzurro, inginocchiata, la sposa, lieve biancore fluttuante sullo sfondo del quadro. Nella notte scura della rivelazione, Mosè, il cui viso, rivolto verso l'alto, esprime un sacro terrore, è investito dal violento fulgore delle Tavole divine. Vicino a lui, si indovinano la figura pensosa di un rabbino che stringe al petto la Torah e quella, ossessionante, del pittore davanti al cavalletto. La poderosa figura di Mosè attraversa tutto il dipinto: in essa si incarnano l'eletto del Signore e il fato imperituro del popolo ebraico. «Mosè è la sorgente dalla quale proviene tutto, anche Cristo» ha detto Chagall.

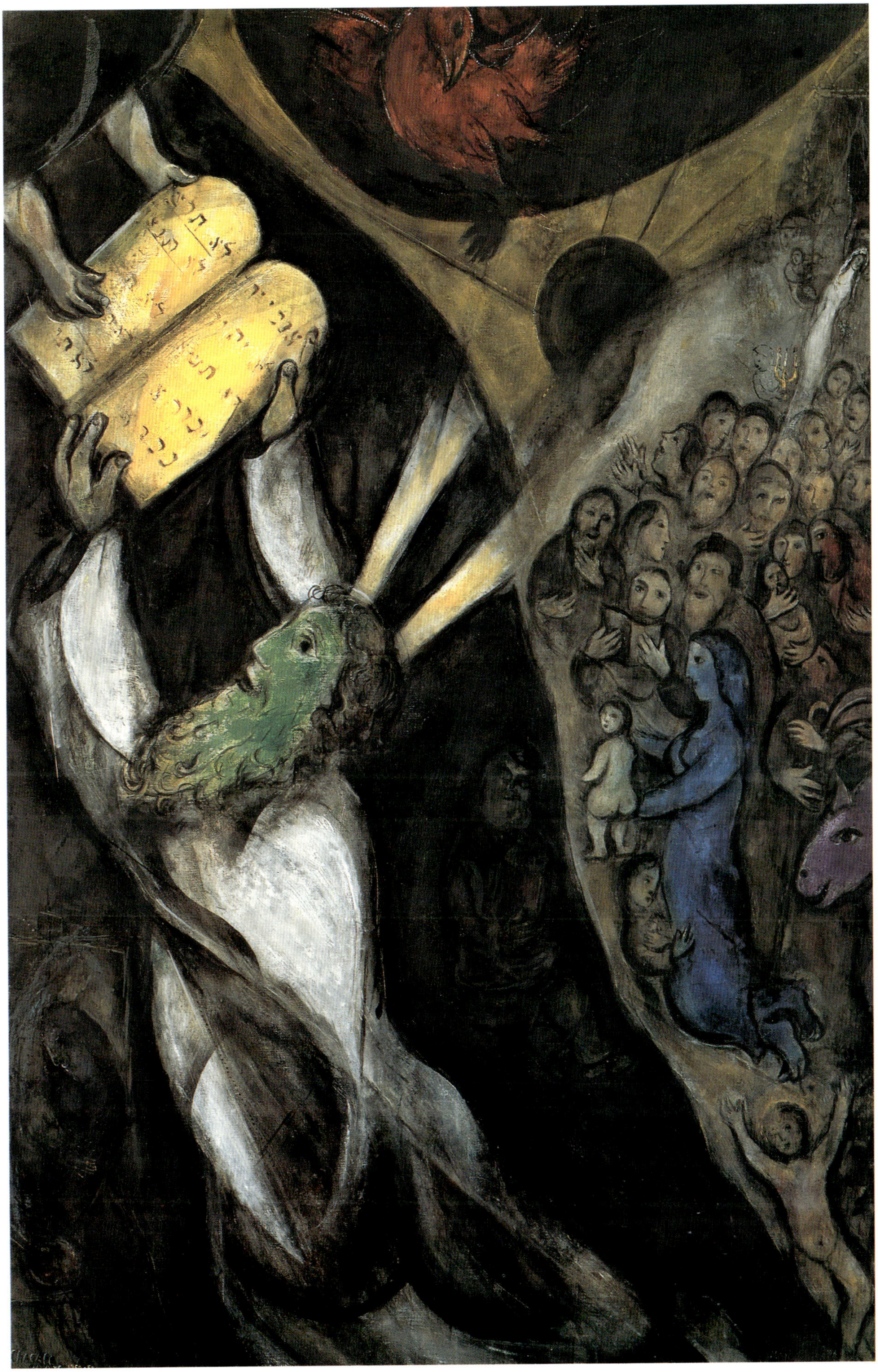

53 **CRISTO AL PONTE**

1951
Tempera su carta, cm 79×53
Firmato in basso a destra:
Marc Chagall
Collezione privata

Bianca forma fantomatica, Cristo, vestito del *tallit* rituale, stende le braccia martoriate su un paesaggio notturno popolato dalle figure ricorrenti nell'immaginario chagalliano: gli innamorati, il violinista, il rabbino, la madre... Un uomo sorregge ed innalza la croce, mentre una lieve forma femminile, trasparente, si piega con tenerezza sul volto del Crocifisso.

La resurrezione in riva al fiume, *1947, olio su tela, Francia, collezione privata*

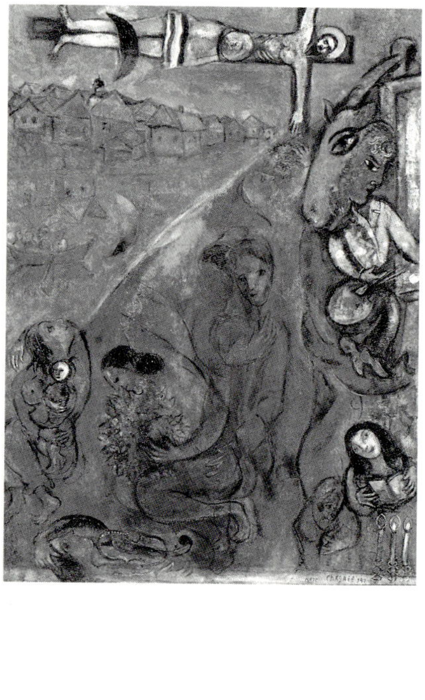

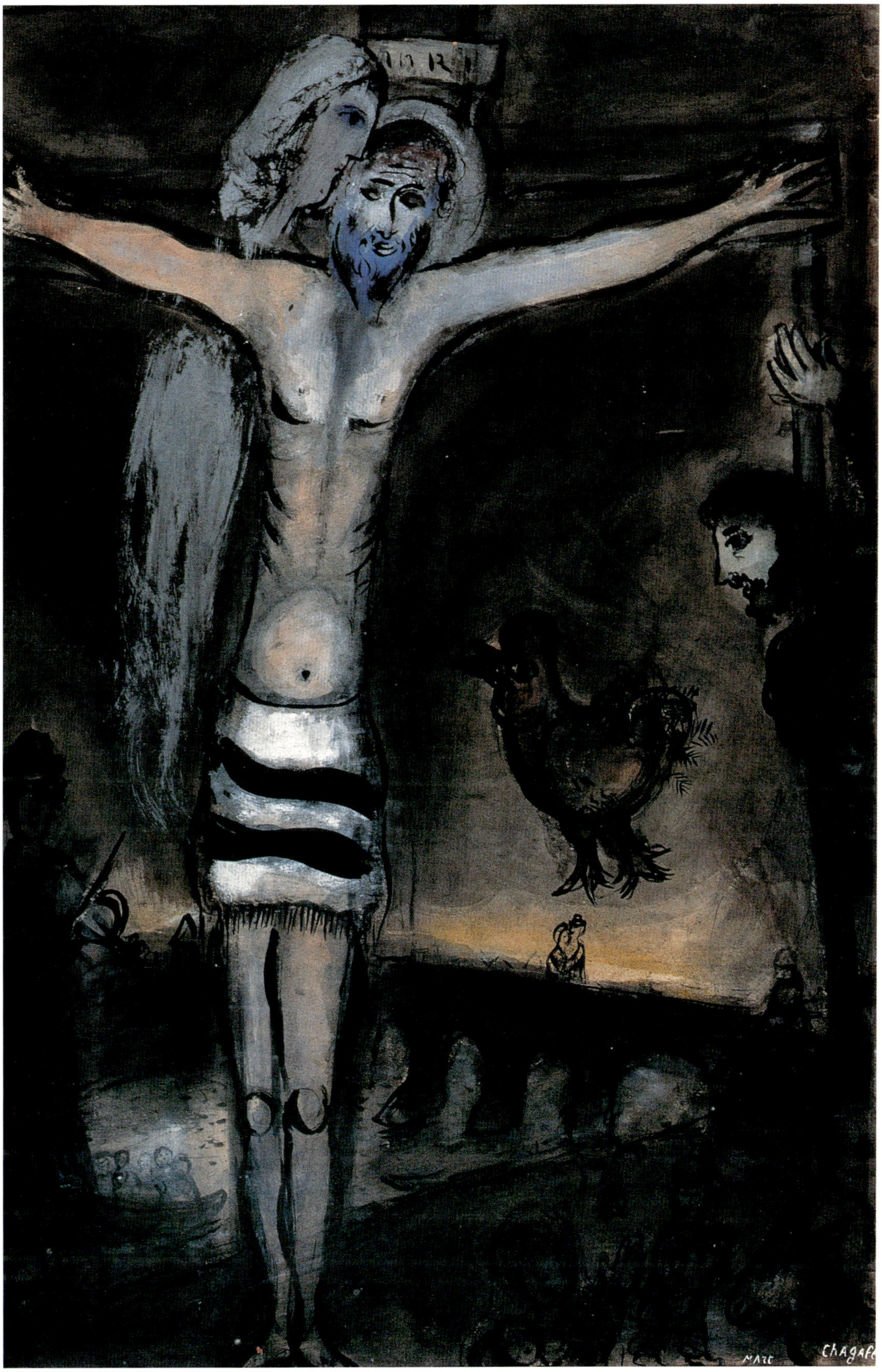

54 La notte verde

1952

Olio su tela, cm 71×88

Firmato e datato in basso a destra:

Marc Chagall 1952

Collezione privata

«Io non vedevo con gli occhi della ragione, ma con quelli dell'anima» ha dichiarato una volta Chagall, nel corso di una conferenza tenuta, su invito di Lionello Venturi, negli Stati Uniti, al Mount Holyoke College. Il carattere visionario della sua pittura si esplica in quest'opera in modo mirabile. Dalla notte sorge un paesaggio: è quello di Vitebsk, con le sue case accatastate attorno alla cattedrale. Pare scaturire dallo sguardo del pittore che, in primo piano, gli dona l'esistenza mediante la forma e il colore. La figura protettiva della sposa abbraccia il pittore, come una divinità benevola. Un uomo passa, la bisaccia in spalla. Nello sfondo, una figura monumentale: un animale fantastico, il cui occhio spalancato replica quello del pittore.
Le figure, gli oggetti che popolano la tela, sono forme autonome che tuttavia si accordano fra di loro come le note di una partitura musicale. Esse danno forma a una dimensione interiore che conferisce al quadro una propria unità organica e una propria realtà psichica, attraverso la 'chimica' del colore.

La figura dell'animale, di un verde aggressivo, è il segno distintivo del quadro. La notte verde è senza dubbio la notte del ricordo, di ciò che appartiene al regno invisibile dell'anima dell'artista, e che la pittura richiama alla realtà del *visibile*. «Può darsi che esistano un altro occhio, un'altra vista, un occhio di ordine diverso, e collocato diversamente, non dove lo si trova di solito...» ha affermato una volta Chagall.

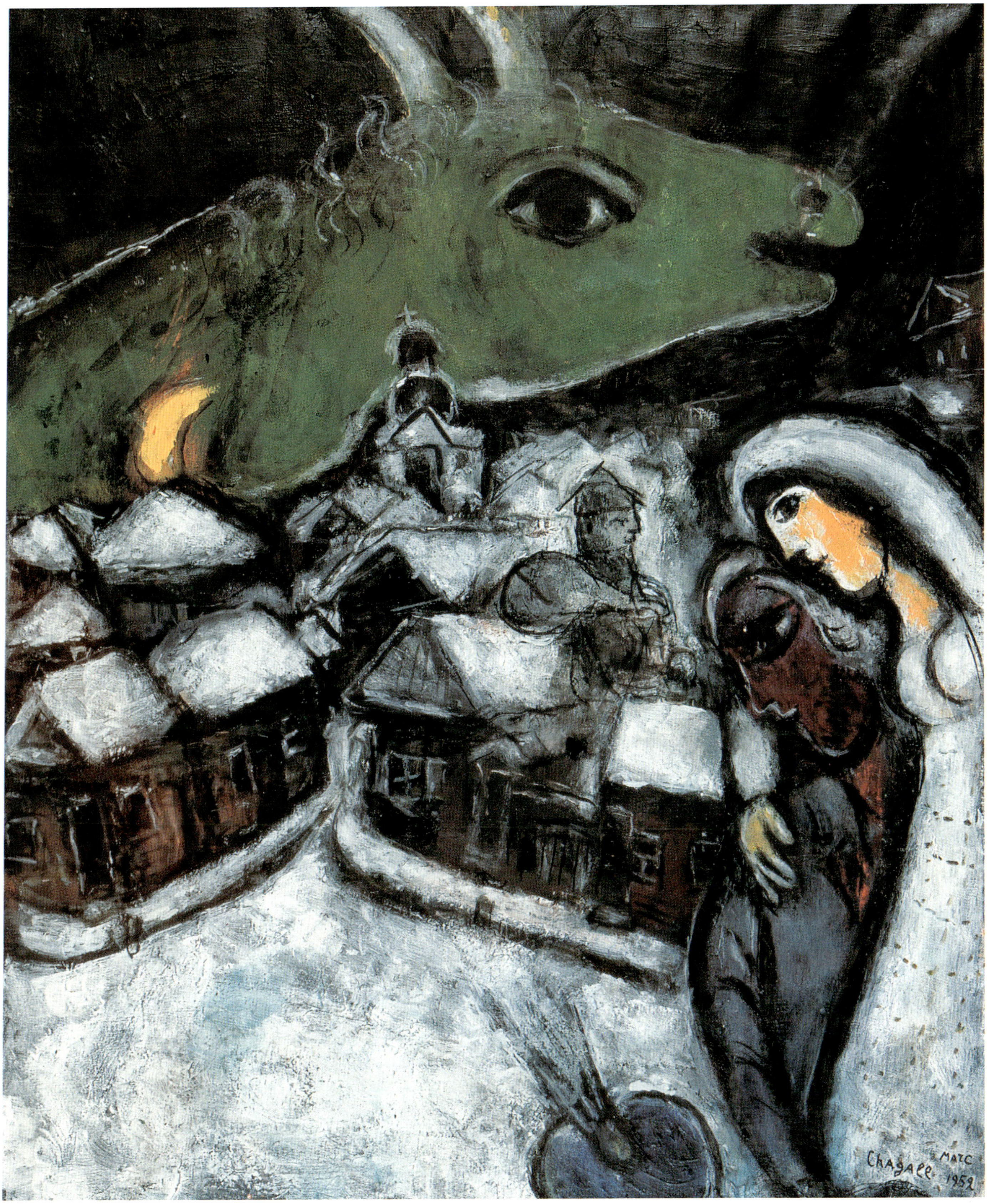
Marc
Chagall
1952

55 L'Esodo

1952-1966
Olio su tela, cm 130×162,3
Firmato in basso a destra:
Marc Chagall
Nizza, Musée National Message Biblique
Marc Chagall

L'*esodo* completa il superbo ciclo eseguito fra il 1950 e il 1956, cui appartengono *Il re David*, *Mosè riceve le tavole della Legge* (n. 52), *La traversata del Mar Rosso* (n. 57) e *Mosè infrange le tavole della Legge*. Preceduta da una serie di disegni preparatori a inchiostro, l'opera fu terminata nel 1966. La figura di Cristo, al centro di un nembo sfolgorante, domina una città in fiamme, nella quale si riconosce Vìtebsk, archetipo di tutte le città martiri. A destra, Mosè scruta la folla che fugge; da entrambi i lati del Cristo, i motivi canonici dell'immaginario di Chagall, il gallo, l'orologio, la vacca, il pesce, una donna a testa in giù e con una lunga chioma, un bimbo in braccio, sembra fare da contrappunto alle fiamme che si alzano verso il cielo.

Il carattere sacrale dell'opera è fortemente sottolineato dalla luce dorata che si emana dal Cristo: figura centrale della composizione, egli pare incarnare tutta la sofferenza di un popolo in esilio.

L'opera non è stata inserita nel ciclo del *Messaggio biblico*, ma ciò nonostante si collega ad esso per via del tema e dell'intensità drammatica che da essa si sprigiona.

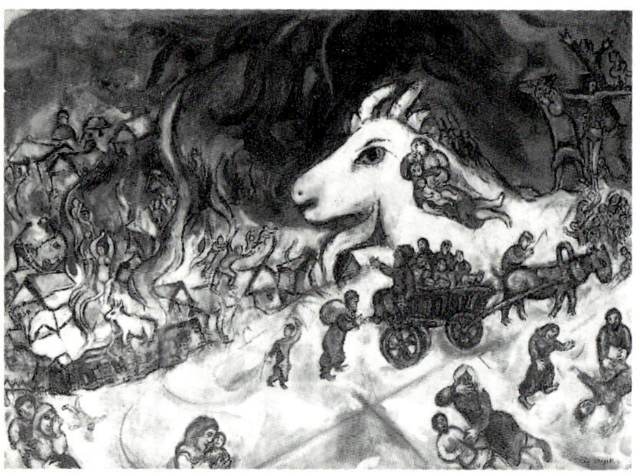

La guerra, *1964-1966, olio su tela, Zurigo, Kunsthaus*

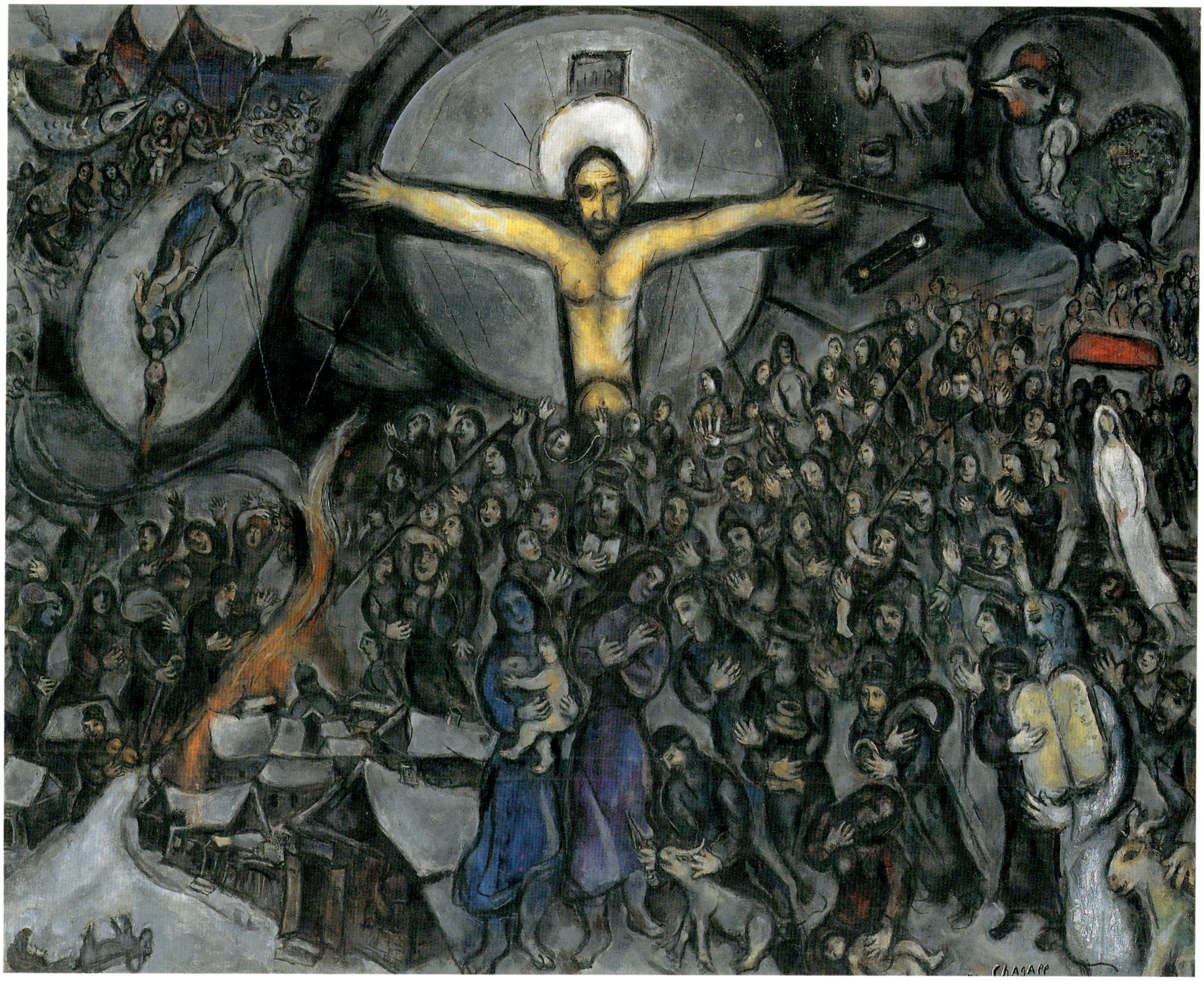

56 QUAI DE BERCY

1953

Olio su tela, cm 64×93,2

Firmato e datato in basso a sinistra:

Marc Chagall 1953

Collezione privata

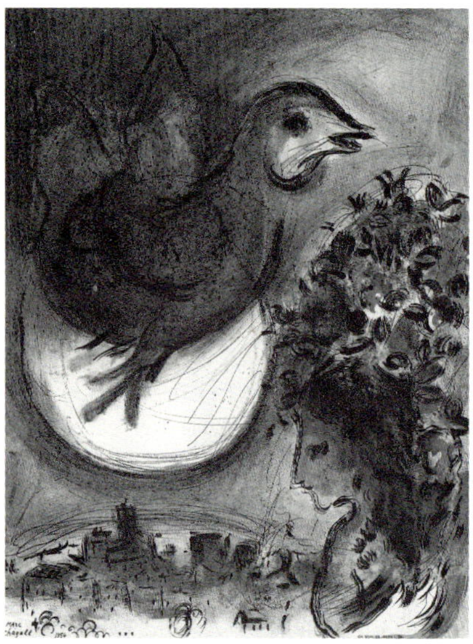

Un uccello sulla luna, *1954, litografia a colori, Mosca, Museo Puškin*

Nella primavera del 1952 Chagall sposa quella che sarà la sua compagna fino alla morte, Valentina (Vava) Brodskij. L'opera dell'artista trae nutrimento dall'equilibrio recuperato, dalla pace e dalla serenità dell'amore sbocciato da poco. La presenza di Vava al suo fianco riempie la sua esistenza e riconcilia l'artista con le scaturigini della sua ispirazione. Nuovi temi fanno la loro comparsa, completando la topografia del suo immaginario. L'immagine di Vence, il villaggio nel quale la coppia si stabilisce, va ad unirsi a quella di Vitebsk, mentre riappare quella di Parigi.

Chagall ha profondamente amato Parigi, la sua «seconda Vitebsk»: la città dove ha sperimentato la sua prima libertà d'uomo, la sede d'elezione della pittura. «Parigi è un quadro, un quadro già dipinto» ha dichiarato l'artista. Parigi è un paesaggio pronto per essere dipinto, e ben presto le immagini simboliche di Parigi prendono a invadere i dipinti di Chagall. Prendendo spunto da Robert Delaunay, è la torre Eiffel che l'artista accosta, nell'*Autoritratto con sette dita*, alle casette di legno e alle cupole delle chiese di Vitebsk. La torre domina nell'opera dell'artista: simbolo di Parigi, in *Parigi dalla finestra* del 1913, simbolo dell'amore realizzato negli *Sposi della torre Eiffel*, nel 1938-39, la si ritrova ancora nel 1984, nella *Coppia sullo sfondo di Parigi*. La sua forma verticale si accompagna spesso a un altro motivo, orizzontale, quello dei ponti e dei *quais* lungo la Senna: *Quai de Bercy* ne è uno stupendo esempio.

L'opera, immersa in una luce crepuscolare, è un'ode a Parigi e all'amore coniugale. Due sono i soggetti principali, al centro della composizione: il paesaggio parigino, nel quale appaiono leggere le ombre dei ponti della Senna, le torri di Notre-Dame, la silhouette della torre Eiffel; e la coppia, i volti dell'uomo e della donna riuniti in un tondo, che risplende come una divinità tutelare sulla città. Chagall si abbandona qui al puro diletto del colore. Ne sperimenta tutte le sottigliezze: violetti mai visti fanno cantare il tenero verde del cielo; il fulgore giallo dell'albero a sinistra fa eco all'energico rosso dell'uccello, sulla destra. Il disegno si fonde con il colore senza imprigionarlo. Dalla rara armonia di questi accordi cromatici nasce una poetica sensazione di dolcezza: il dipinto è veramente una finestra aperta su un mondo interiore unico, che l'artista ci invita a conoscere.

Completano il ciclo parigino opere quali *Le rive della Senna* (1953), *Domenica* (1953-54), *La torre Eiffel* (1953), *I ponti della Senna* (1954), *La Bastiglia* (1953), *Il Carrousel du Louvre* (1953-56), ed una vasta serie di litografie, naturale prolungamento dei quadri, pubblicate in «Verve» e «Derrière le miroir».

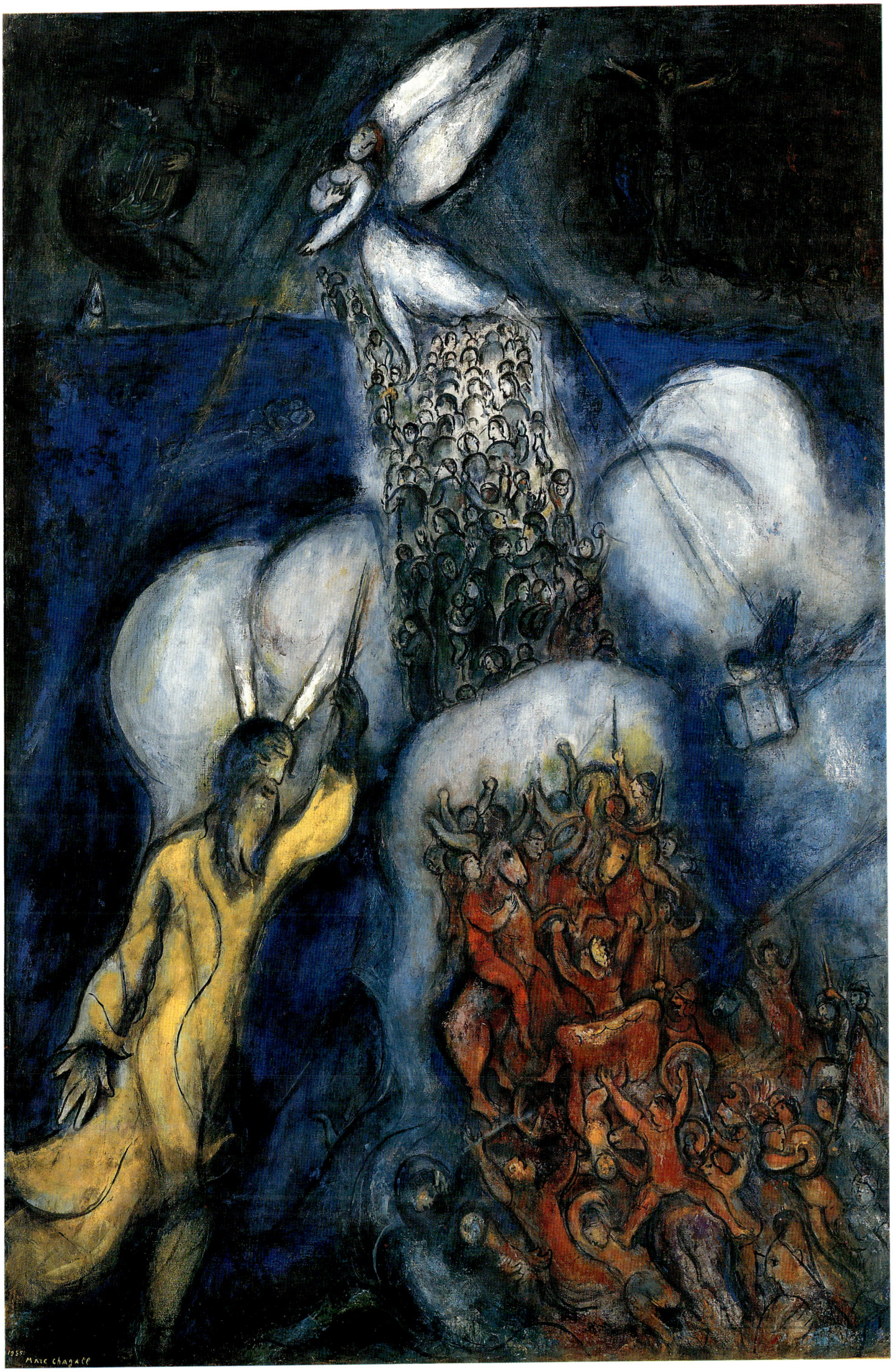
Marc Chagall

58 I SALTIMBANCHI NELLA NOTTE

1957

Olio su tela, cm 95×95

Firmato e datato in basso a destra:

Marc Chagall 1957

Saint-Etienne, Musée d'Art Moderne et Contemporain

Il tema del circo è centrale e fondamentale nell'opera di Chagall. Senza dubbio l'artista deve essere stato affascinato, da piccolo, dallo spettacolo di qualcuno di quei circhi ambulanti che giravano di città in città, e ne conserva il ricordo, nonché il piacere di assistervi. Gli artisti del circo, la loro funambolica destrezza, il fulgore radioso dei loro costumi hanno sedotto il pittore, attento soprattutto al gioco delle linee e dei colori. In seguito Vollard, invitandolo nel suo palco al «Cirque d'hiver» a Parigi, lo spinge a realizzare una serie di illustrazioni, compiuta nel 1927. Tériade, successore di Vollard, pubblicherà nel 1967 un'opera intitolata *Il circo*, della quale Chagall redigerà il testo.

«Per me il circo è uno spettacolo magico che passa e si dissolve, come un mondo a parte. C'è un circo inquietante, un circo profondo. Clown, cavallerizze, acrobati sono sempre presenti nelle mie visioni. Perché il loro trucco e le loro smorfie mi commuovono? Attraverso di loro mi accosto ad altri orizzonti.»

I saltimbanchi nella notte sono la testimonianza di quel 'circo profondo' del quale parla l'artista. A differenza di altre opere dello stesso periodo, come *Il grande circo* (1956), *I ciclisti* (1957), *La cavallerizza* (1957), dai colori sgargianti, il dipinto si mantiene su di un tono tragico. La materia pittorica si fa pesante, sostanziosa; dai suoi impasti scaturiscono le forme fantomatiche di saltimbanchi, musicisti, cavallerizze, un'ombra misteriosa dalla testa di uccello...

Nel chiaroscuro della notte, macchie violente di colore, rosso, giallo e blu, fanno risuonare squilli di fanfara. Il biancore lunare del violinista in primo piano rischiara l'insieme. La dolcezza e la tristezza di quel volto reclinato sullo strumento risuonano come uno straziante lamento. Il circo è una metafora del mondo e del destino dell'umanità, la più semplice e la più efficace. «Il circo mi appare come la più tragica delle rappresentazioni. Attraverso i secoli, è il grido più acuto nella ricerca del piacere e della gioia da parte dell'uomo» ha detto Chagall.

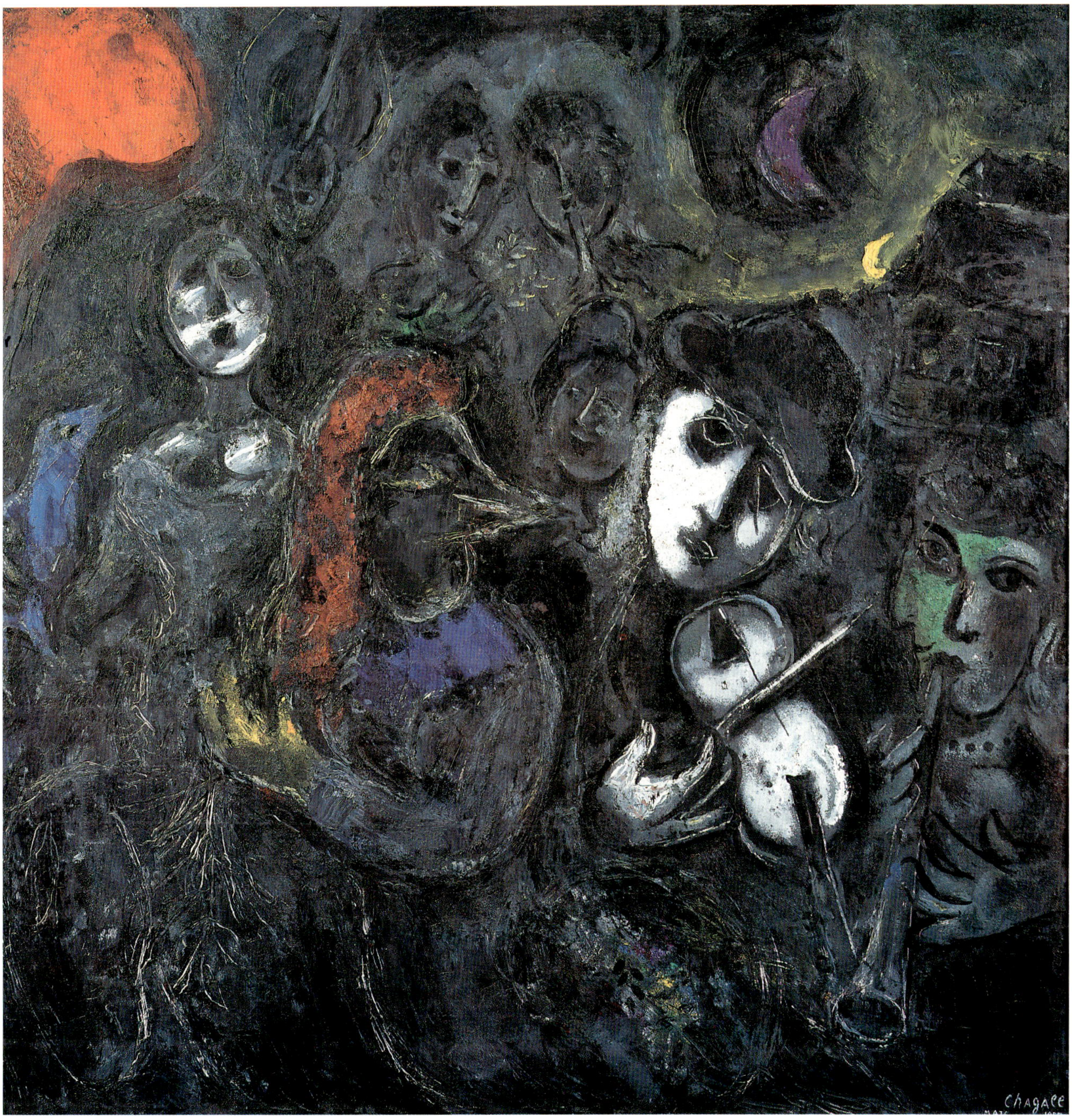

59 AUTORITRATTO

1959-1968
Olio su tela, cm 61,5×51
Firmato in basso a destra:
Chagall
Firenze, Galleria degli Uffizi

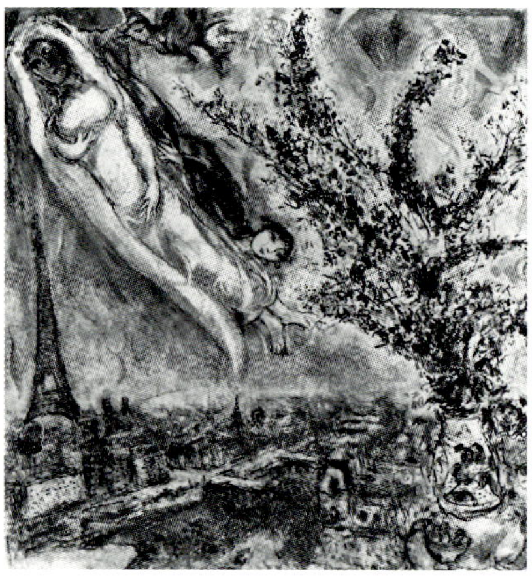

Fiori su Parigi, *1967, olio su tela, Francia, collezione privata*

Anche questo autoritratto, modulato su variazioni di blu, addolcite da tocchi di carminio e schiarite col rosso e col giallo, è un omaggio a Parigi. L'artista, infatti, si è raffigurato davanti a un paesaggio che è allo stesso tempo realistico e immaginario, nel quale si riconoscono la Senna, i ponti di Parigi, Notre-Dame, la torre Eiffel. Nel cielo della capitale francese, due motivi chagalliani: la fidanzata, vestita di bianco, e il gallo, simbolo dell'energia vitale che si rinnova. Il dipinto è stato donato da Chagall alla città di Firenze nel 1978, in occasione di una sua mostra tenutasi a Palazzo Pitti.

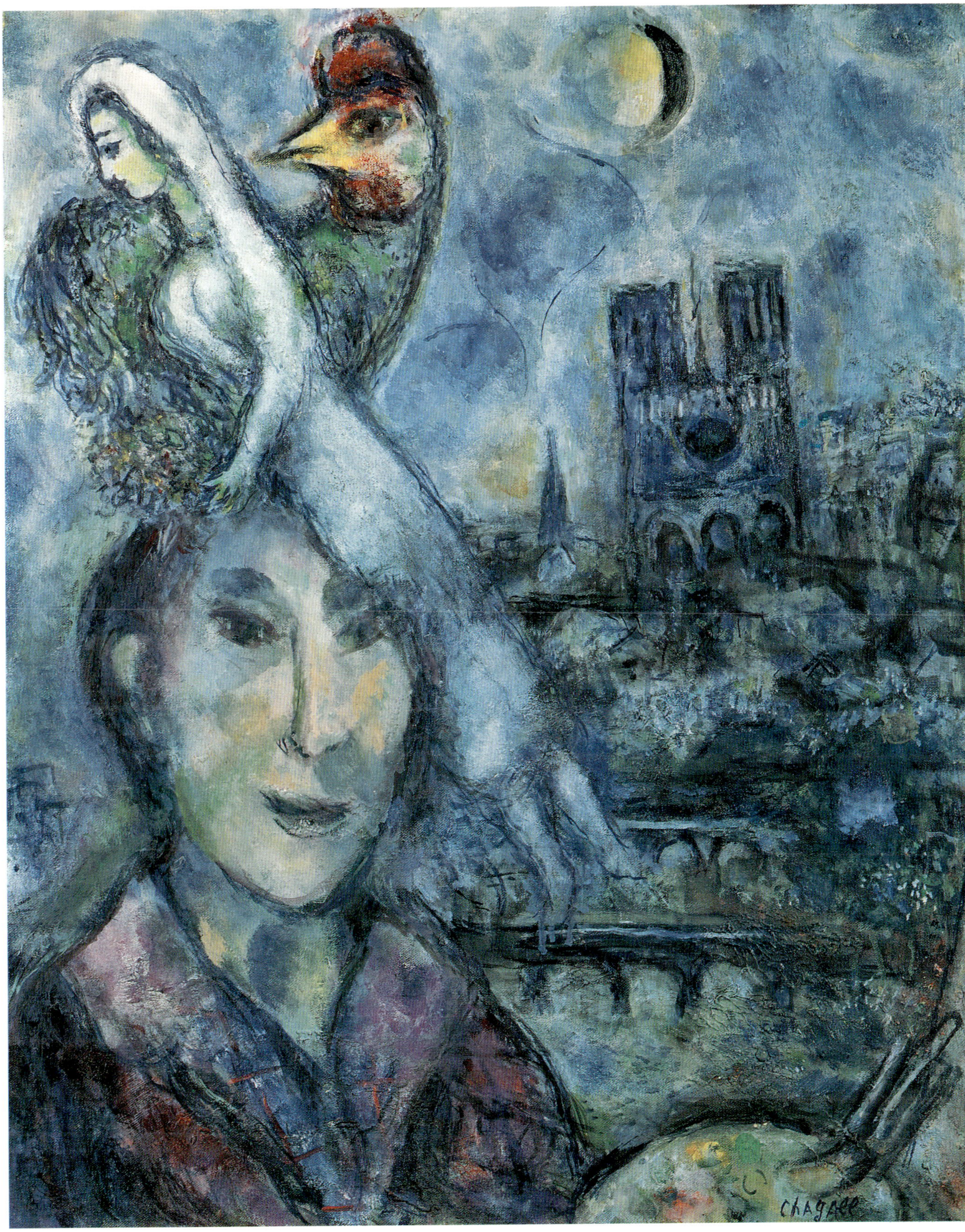
Chagall

60 La sirena col pino

1960

Tempera a gouache su carta, cm 75,5×54,7

Parigi, Galerie Enrico Navarra

Il periodo di Vence è caratterizzato da una pittura la cui luce è quella del paesaggio mediterraneo. Le illustrazioni per *Dafni e Cloe*, commissionate da Tériade, sono terminate nel 1958. Ma lo spirito ellenico permane in questa stupenda tempera che penetra la natura del Midi francese di reminiscenze della mitologia greca.

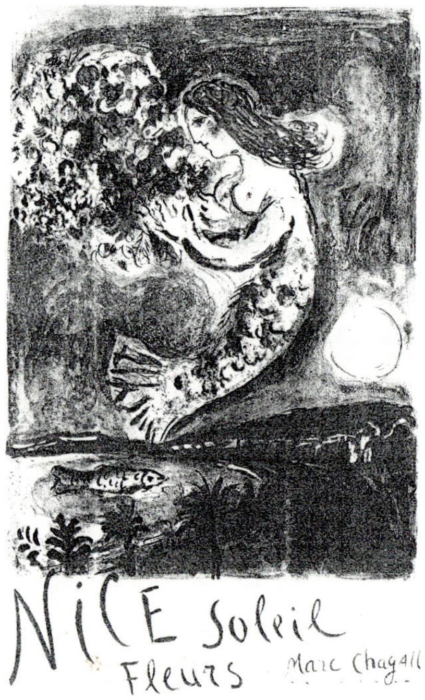

La baia degli angeli, *1962, litografia: si tratta dell'immagine per un manifesto destinato a promuovere Nizza e la Costa Azzurra*

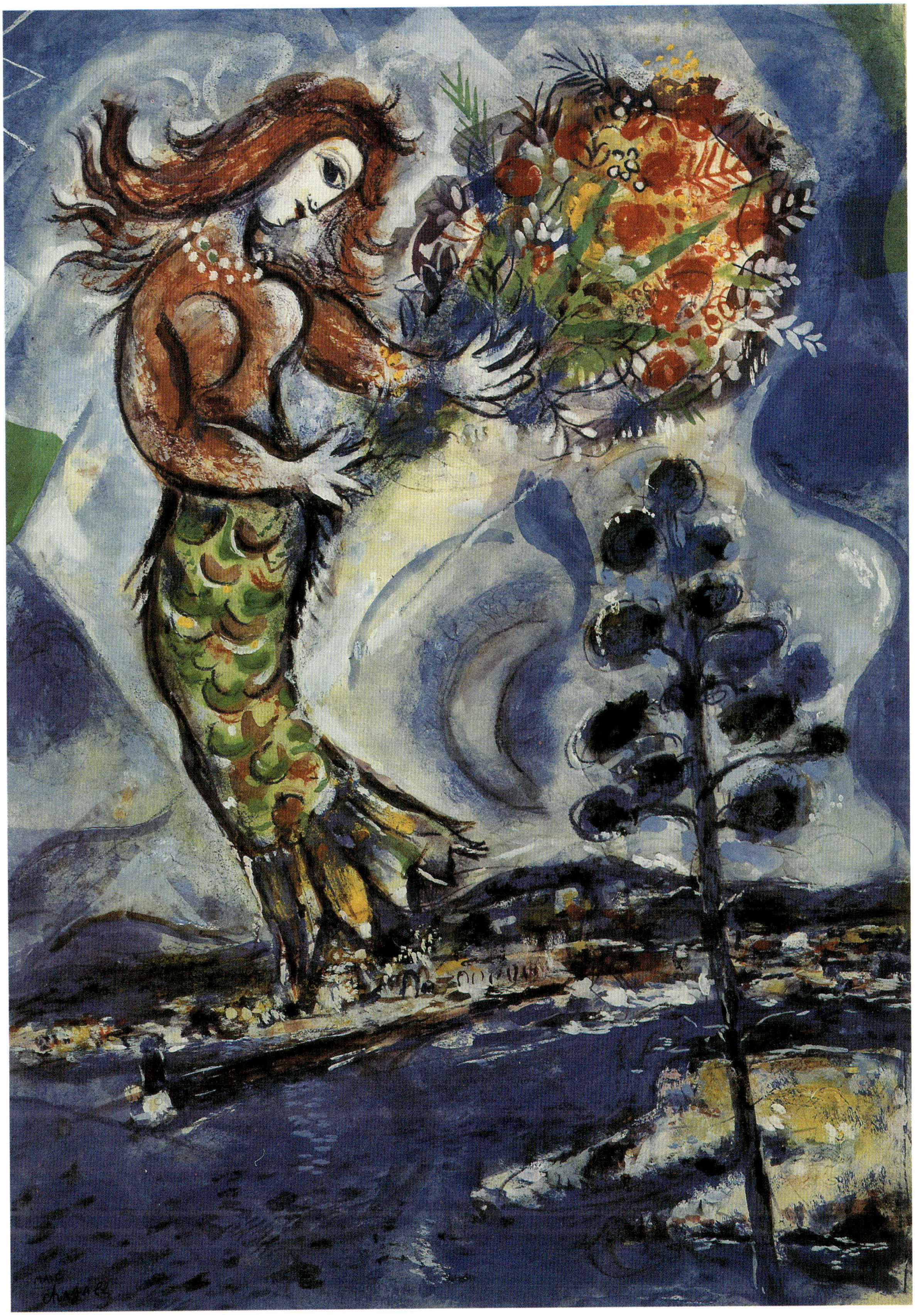

61 IL CIRCO

1960
Olio su tela, cm 80×100
Firmato in basso a destra:
Chagall Marc
Collezione privata

Il tema del circo è una costante dell'opera dell'artista. Persino nel 1984, un anno prima della sua scomparsa, Chagall esegue ancora un *Grande circo*. L'importanza di questo tema nella sua opera si spiega attraverso la concezione chagalliana dell'arte e del mondo.
La logica del circo è una sfida alla legge di gravità e all'ordine razionale. Il circo è lo specchio di una realtà 'psichica', che pare esprimere la ragione ultima della vita.

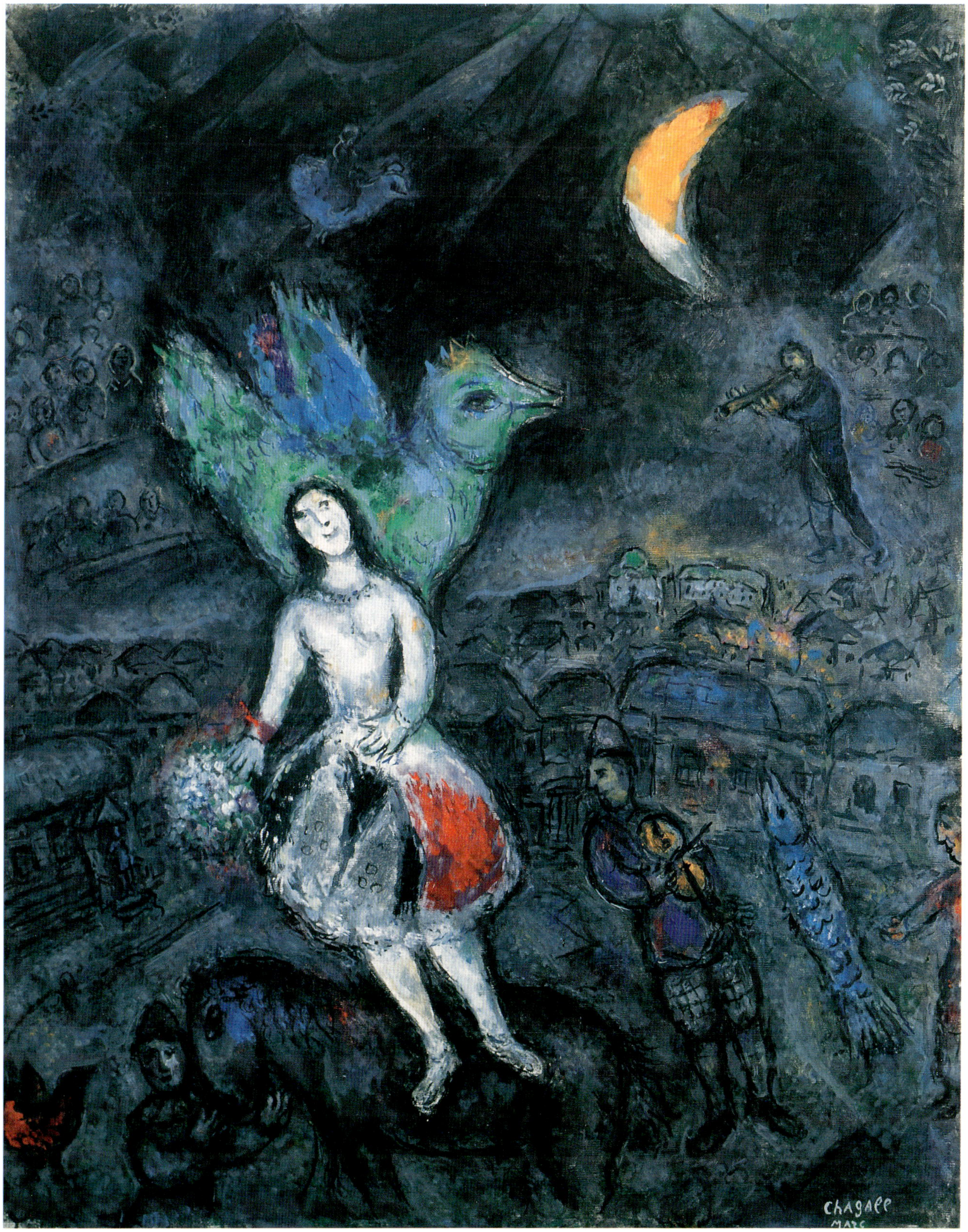
Chagall
Marc

62 Il paradiso

1960-66

Tempera a gouache su carta, cm 77,5×56,5
Firmato e datato in basso a destra:
Marc Chagall
Bologna, Galleria Marescalchi

Questo bello schizzo è il lavoro preparatorio per uno dei grandi dipinti del ciclo del *Messaggio biblico, Adamo ed Eva cacciati dal Paradiso terrestre*. Esso propone una versione differente da quella definitiva. Infatti la tempera raccoglie i protagonisti del dramma biblico attorno al motivo centrale, l'Albero, simbolo della vita, in una composizione circolare. Dalle fronde dell'albero esce il serpente tentatore, che coabita tuttavia con gli animali della creazione. Un angelo ne attesta l'innocenza. Tutt'intorno all'albero, diversi motivi. Adamo ed Eva, identificati come coppia dal baldacchino rituale del matrimonio ebraico, fuggono verso destra. Un angelo, sopra di loro, pare folgorato. Mosè vola, le tavole della Legge in mano, preannunciando il destino della coppia originaria. A sinistra, l'arcangelo vendicatore.

La perfetta circolarità della composizione impartisce un effetto di movimento all'insieme. La dominante cromatica sta in un azzurro aereo, entro il quale i personaggi paiono galleggiare. La versione definitiva del dipinto introdurrà una gamma di colori più densi, dei verdi e dei blu più profondi. Chagall sopprimerà alcuni elementi, il personaggio di Mosè e il baldacchino, collocando l'arcangelo su di un asse centrale che divide lo spazio in due parti. L'albero, divenuto un *bouquet* fiammeggiante, verrà posto a sinistra, in un luogo ormai inaccessibile alla coppia primeva, in fuga verso destra.

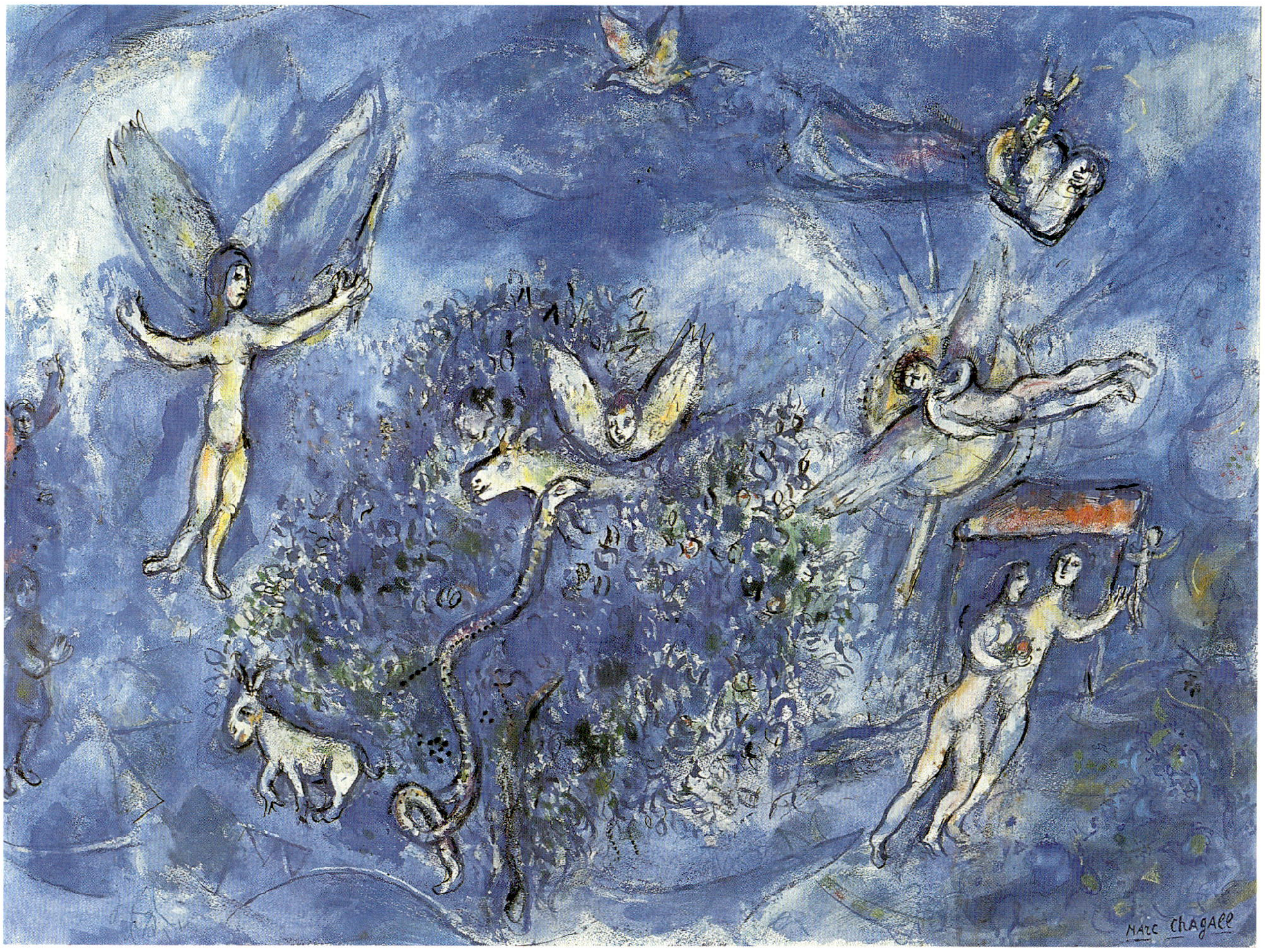
Marc Chagall

LE SORGENTI DELLA MUSICA

1966

Tempera a gouache e collage su carta applicata su tela,

cm 110×93

Firmato in basso a sinistra:

Marc Chagall

Parigi, collezione privata

Per l'apertura del Metropolitan Opera al Lincoln Center di New York, Chagall viene incaricato di eseguire le scene e i costumi per il *Flauto magico* di Mozart, lo spettacolo inaugurale. Contemporaneamente realizza, per il foyer del teatro, due monumentali pannelli murali, collocati ai lati dello scalone centrale, intitolati *Le sorgenti della Musica* e *Il trionfo della Musica*. La musica ha sempre accompagnato il lavoro del pittore. Nel

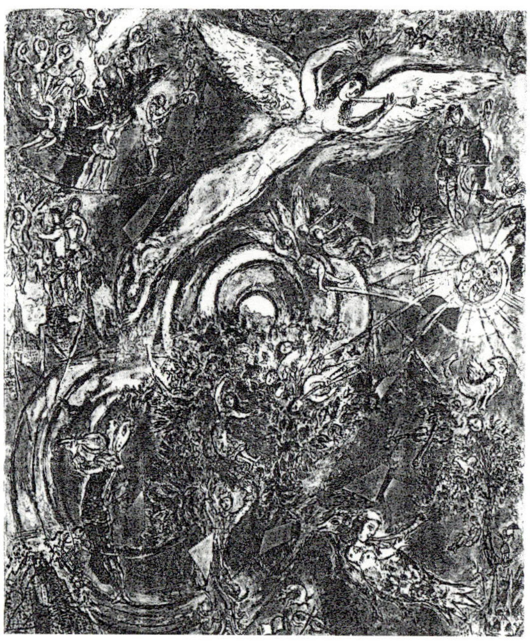

Il trionfo della Musica, *1966, olio su tela, New York, Metropolitan Opera, Lincoln Art Center*

museo da lui progettato, assieme all'architetto André Hermant, Chagall ha espressamente voluto una sala da concerti, per la quale ha eseguito le tre grandi vetrate della *Creazione*. Gli anni trascorsi in America, d'altra parte, gli hanno consentito di fare esperienza sullo spazio scenico. Il successo di *Aleko* e dell'*Uccello di fuoco* sta all'origine della monumentale decorazione delle scene del teatro di Francoforte (1959), del soffitto dell'Opéra di Parigi (1964) e infine delle due grandi composizioni del Metropolitan, commissionategli da Rudolf Bing.

Lo studio che presentiamo è il bozzetto preparatorio di uno dei due pannelli. Chagall usa una delle sue tecniche preferite, la tempera, che gli consente un'esecuzione di particolare sveltezza. Utilizza anche la tecnica del collage, abbandonata fin dal lontano1922, ma recuperata per gli studi preparatori delle opere monumentali. Il collage gli permette, in effetti, di verificare la disposizione nello spazio delle masse che organizzano la composizione definitiva. Realizzato prevalentemente con brani di carta strappati, incollati e poi dipinti, o di pezzetti di tessuto, il collage rende efficacemente l'impressione di concretezza materiale ricercata dall'artista.

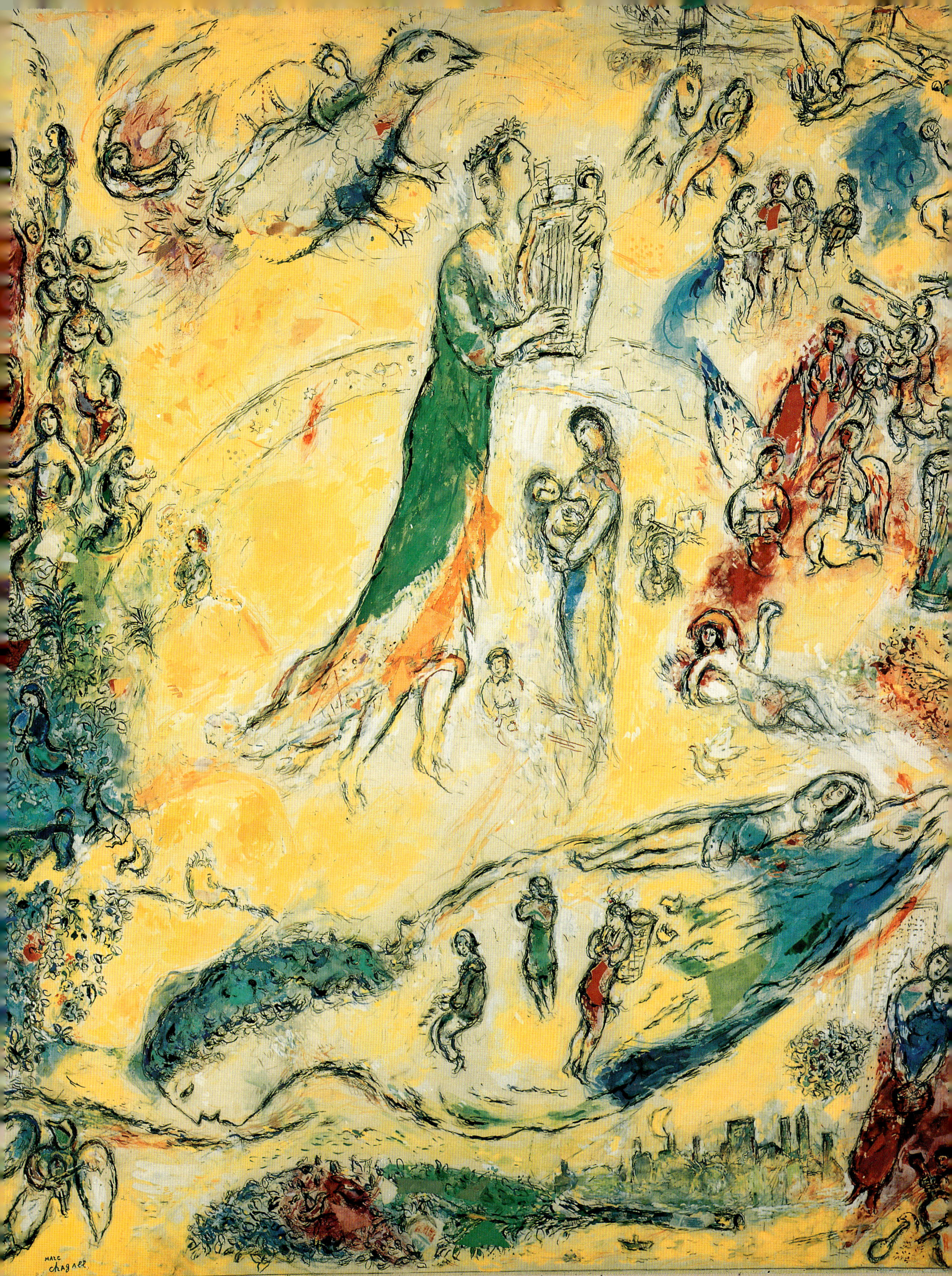
Marc
Chagall

64 Circo su fondo nero

1967

Olio su tela, cm 103×122,3

Saint-Etienne, Musée d'Art Moderne et Contemporain

Ai personaggi del circo, trapezisti, clown, la cavallerizza, i saltimbanchi e i musicisti, si aggiungono gli archetipi dell'universo del pittore. La pista è la strada della sua infanzia, trascorsa a Vitebsk, della quale riconosciamo le case e la cupola della chiesa, coperte di neve.

Cavallerizza con il cavallo rosso, *1966, olio su tela, Francia, collezione privata*

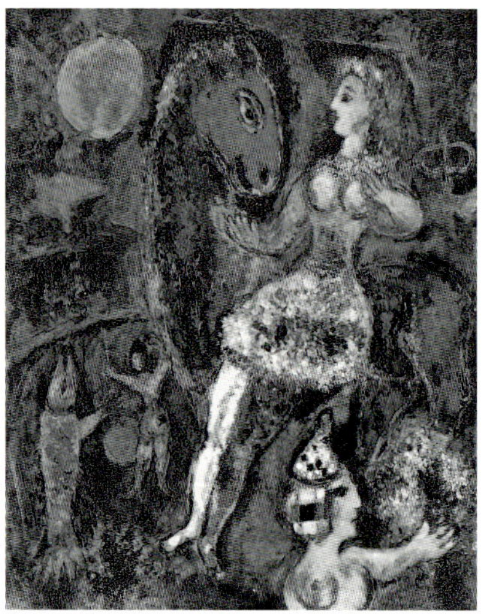

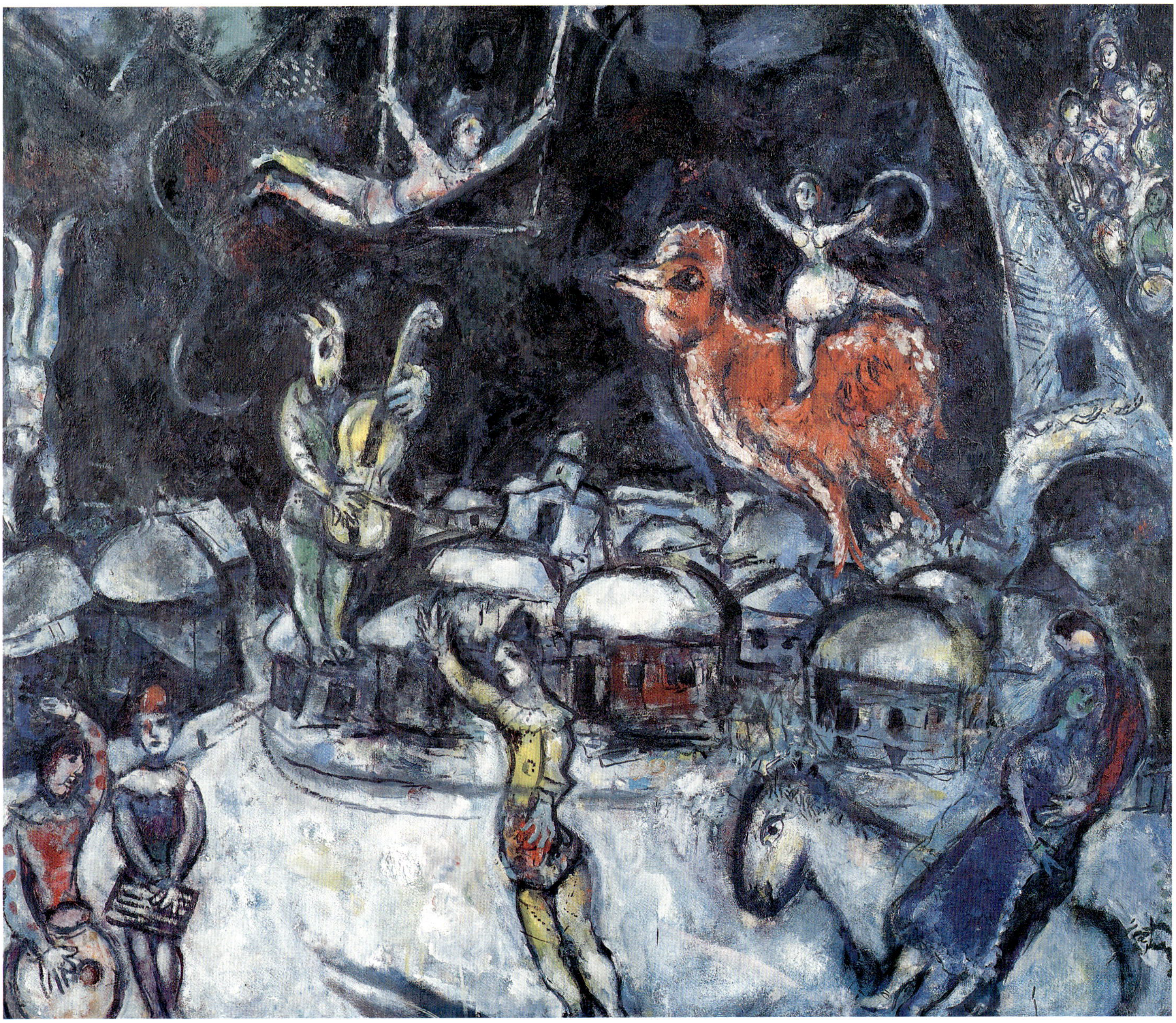

65 Gli innamorati al chiaro di luna

1967

Tempera a gouache e acquerello su carta, cm 76,5×56,5

Firmato in basso a destra:

Marc Chagall

Collezione privata

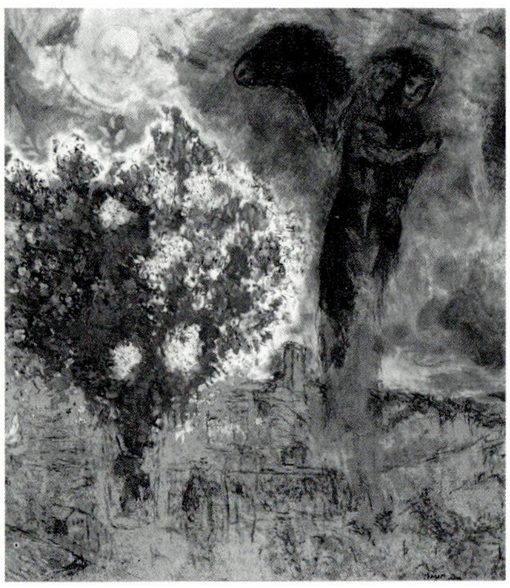

Gli innamorati sopra Saint-Paul, *1970-71, olio su tela, Francia, collezione privata*

Il tema dei fidanzati, o degli innamorati, è trattato qui con una freschezza e una deliberata rustichezza piena di sapore. Vicino all'isba, prossimo focolare coniugale, i giovani sposi si baciano. Attorno ad essi, l'allegra giostra degli animali familiari, degli amici, della madre. Germogliando dal tetto della casa, un albero fiorito è portatore di una promessa di vita e di felicità.

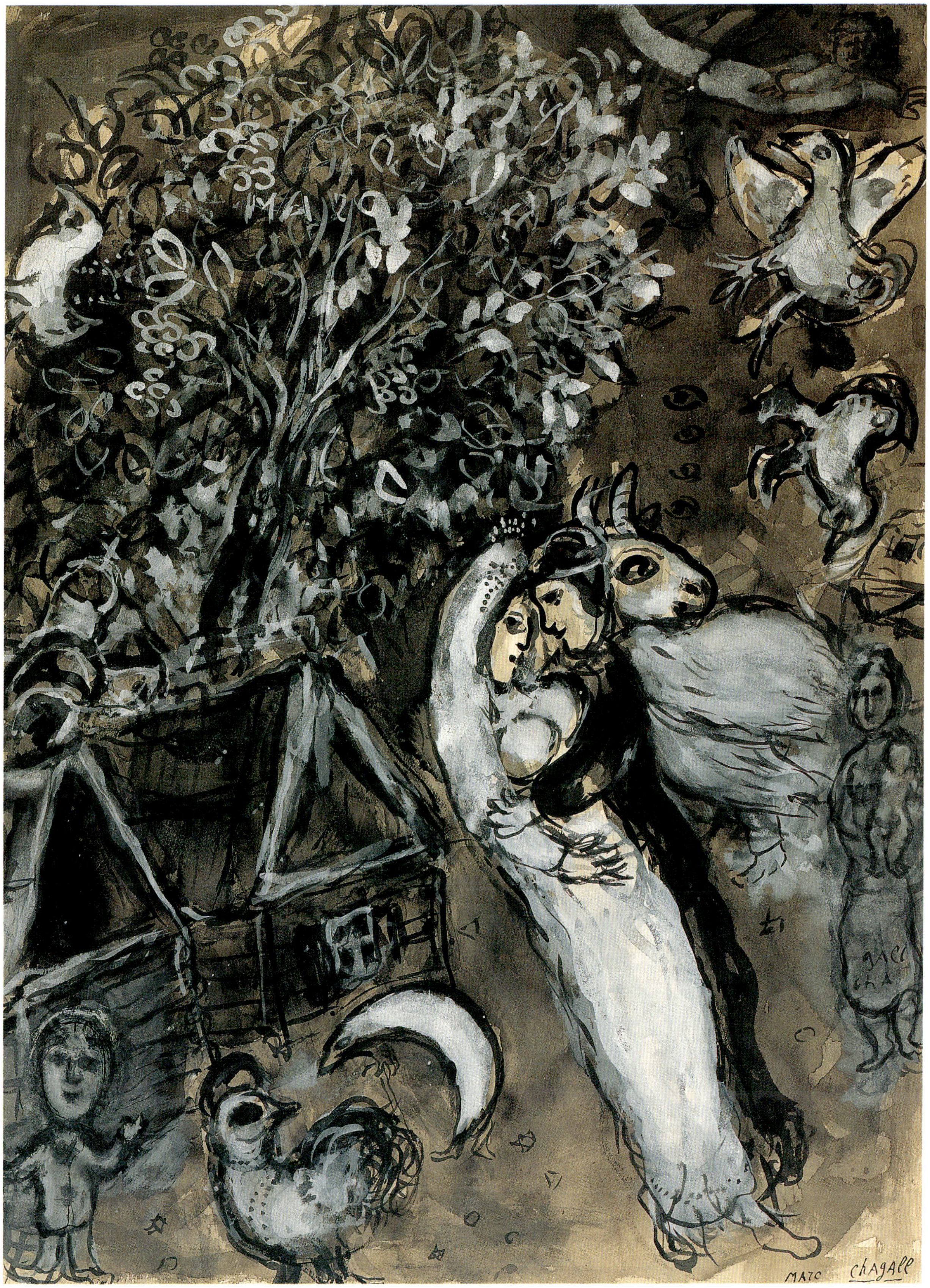
Marc Chagall

Il profeta Geremia

1968

Olio su tela, cm 115×146

Firmato in basso a sinistra:

Marc Chagall

Nizza, Musée National Message Biblique

Marc Chagall

«Fin dalla prima giovinezza sono stato attratto dalla Bibbia. Mi è sempre sembrato, e ancora mi sembra, che sia la più grande sorgente di poesia di tutti i tempi» ha detto Chagall nel testo che accompagna *Il messaggio biblico*. La Bibbia è presente nell'opera del pittore, ne è il grande cuore incandescente. Vi si ritrovano le grandi figure che hanno deciso il peculiare destino del popolo ebraico: patriarchi e profeti, portatori di un messaggio messianico.

Il profeta Geremia è, assieme al *Profeta Isaia*, una delle magistrali figure che si pongono sullo stesso livello di Gesù Crocifisso. La religiosità, o meglio, il misticismo di Chagall sono stati l'oggetto di innumerevoli analisi e commenti. Chagall è stato educato dalla propria famiglia nell'osservanza di una forma particolare della religiosità ebraica, la tradizione chassidica. Questa privilegia l'emozione spontanea della comunione con Dio – *chassid* significa «pio» – piuttosto che l'esegesi talmudica. Lo chassidismo è infatti una forma di religiosità popolare assai diffusa nelle comunità ebraiche russe e polacche, che si contrappone alla religione colta dei rabbini basata sul commento della Bibbia. Ma anche la cultura biblica alla quale appartiene Chagall implica sapienza. L'artista leggeva l'ebraico, e la sua intepretazione della Bibbia, mettendo in gioco il potere della sua immaginazione, va al di là dell'aspetto puramente narrativo. La pittura stessa diviene esegesi.

Tutta la composizione del dipinto mira a mettere in evidenza la sacralità della missione profetica della quale è investito Geremia. La figura si inscrive in una forma a ogiva dai contorni bianchi e si staglia, monumentale, su di un cielo notturno. Il profeta si piega su se stesso con una curva flessuosa, reclinato sul Libro sacro. Vicino ad esso, il luminoso profilo di un angelo. Grazie alle sottili concordanze cromatiche dei verdi e dei viola, che sottolineano il duplice lampeggiare del giallo e del bianco nelle figure del profeta e dell'angelo, il quadro irradia un'armonia poetica che ricorda le Sacre Conversazioni dei pittori primitivi italiani.

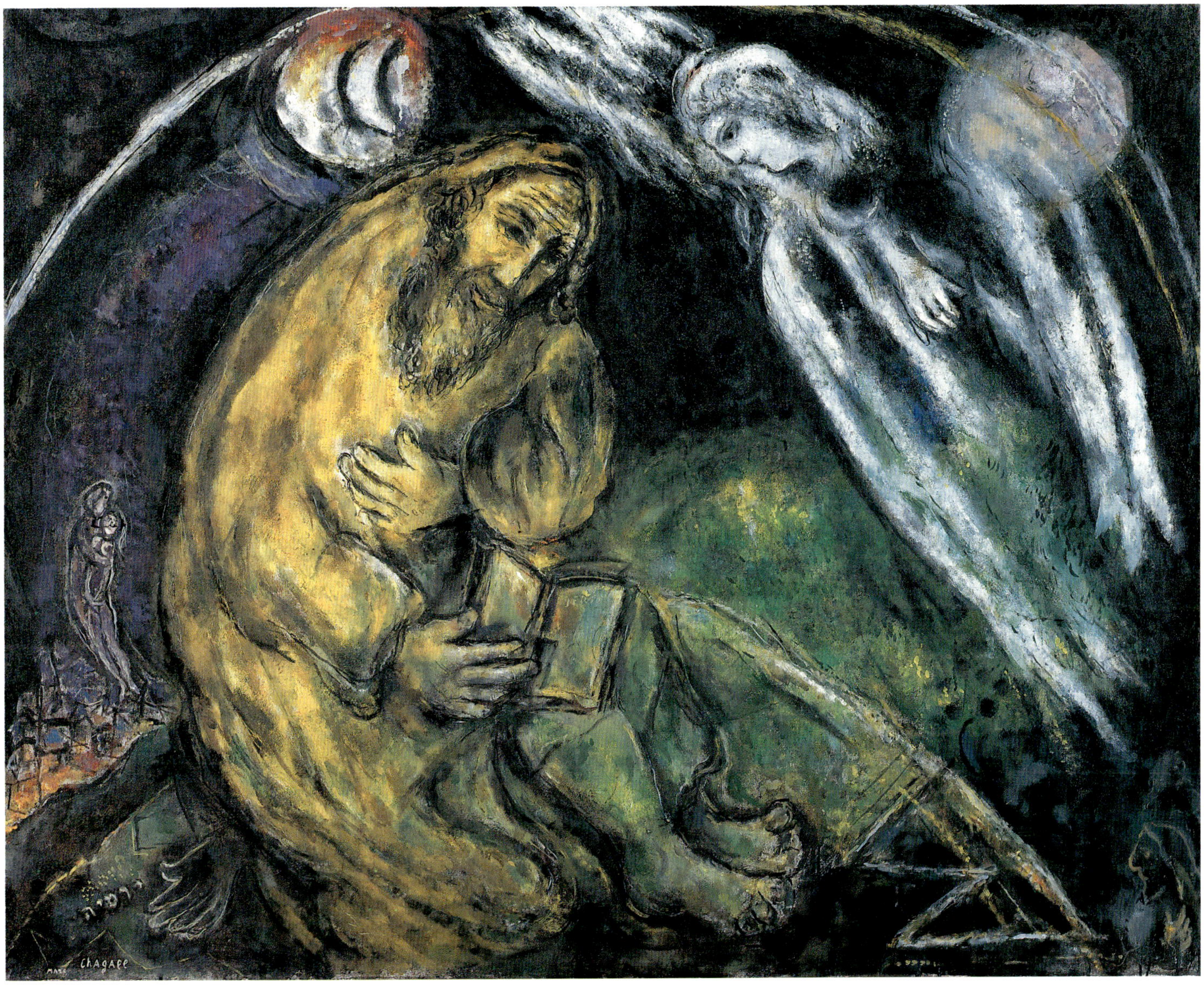
Marc Chagall

67 FIORI DI CAMPO

1967
Olio su tela, cm 98×72,5
Firmato in basso a destra:
Marc Chagall
Bologna, collezione privata

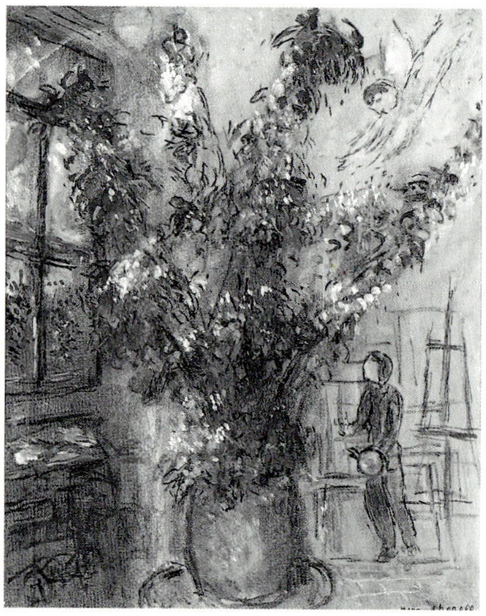

Autoritratto con i fiori, *1969-70, olio su tela*

Il tema della finestra, che in questo caso è quella dell'atelier dell'artista, si associa qui a quello del *bouquet* di fiori. Chagall amava, in effetti, circondarsi di fiori, testimoni, nell'intimità del luogo della creazione pittorica, del suo amore per la natura. La finestra non si propone perciò in quanto limite, ma al contrario rappresenta un elemento di apertura che collega lo spazio interno a quello esterno. Il *bouquet*, che vibra dei suoi rossi e dei suoi viola, riunisce così il pittore alla pura bellezza del mondo.

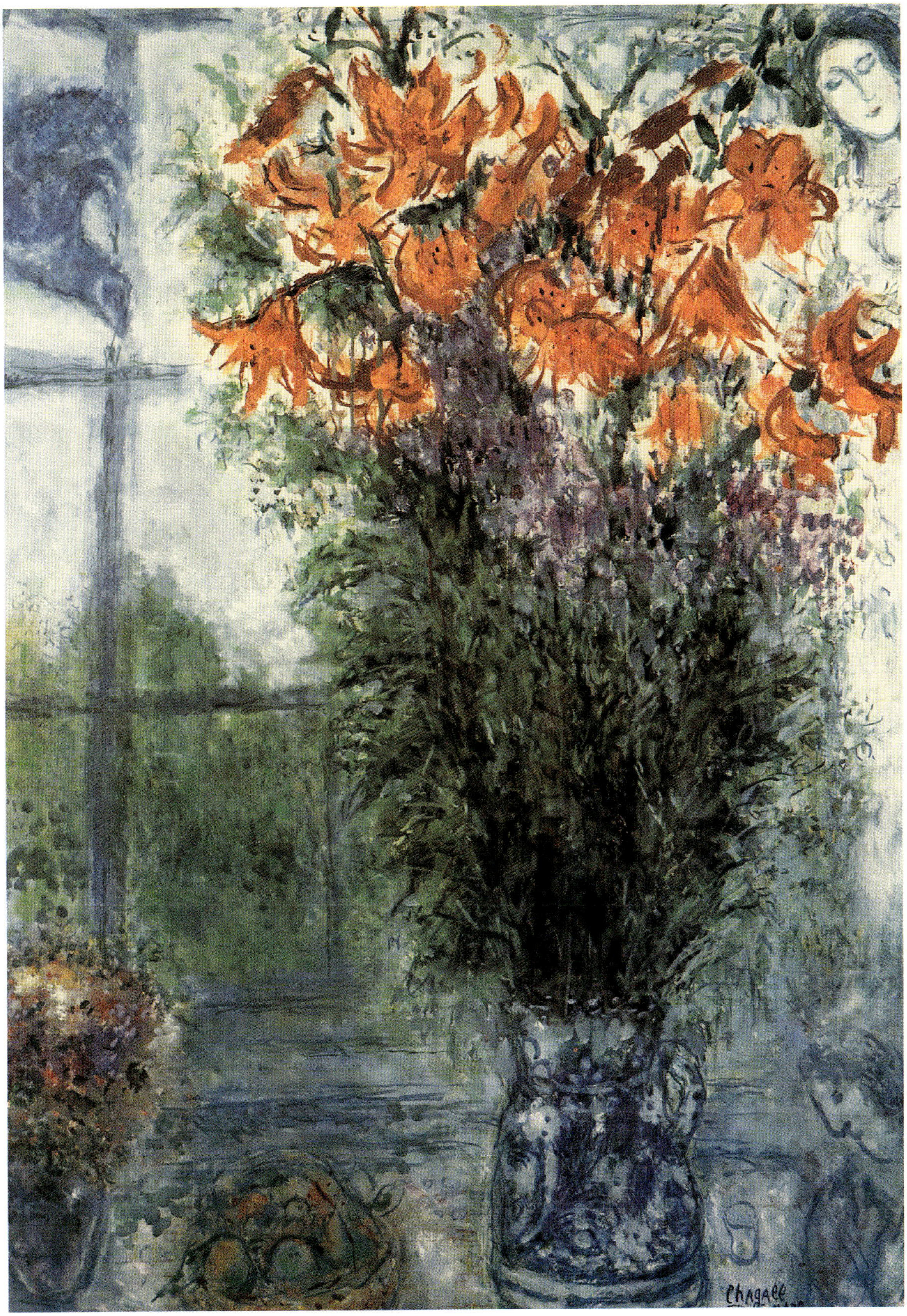
Chagall

68 Davanti al quadro

1968-71
Olio su tela, cm 118×89
Firmato in basso a destra:
Marc Chagall
Saint Paul de Vence, Fondation Maeght

Variazione sul tema dell'autoritratto, *Davanti al quadro* è anche quieto contrappunto a *L'anima della città* (n. 48). Attorno al quadro, posto sul cavalletto, si riconoscono, appena accennati, gli archetipi dell'universo chagalliano: Vitebsk, la coppia, l'ombra del fratello scomparso... Nel quadro, dipinto nel dipinto, la figura di Cristo crocifisso, giovane adolescente, si unisce a quelle del padre e della madre, scomparsi nelle tempeste della storia. La testa del pittore, davanti al cavalletto, è quella di un animale.
La funzione allo stesso tempo simbolica e mnemonica della pittura si fa esplicita. La pittura dà vita a ciò che è stato, e innocenza al potere di dipingere.

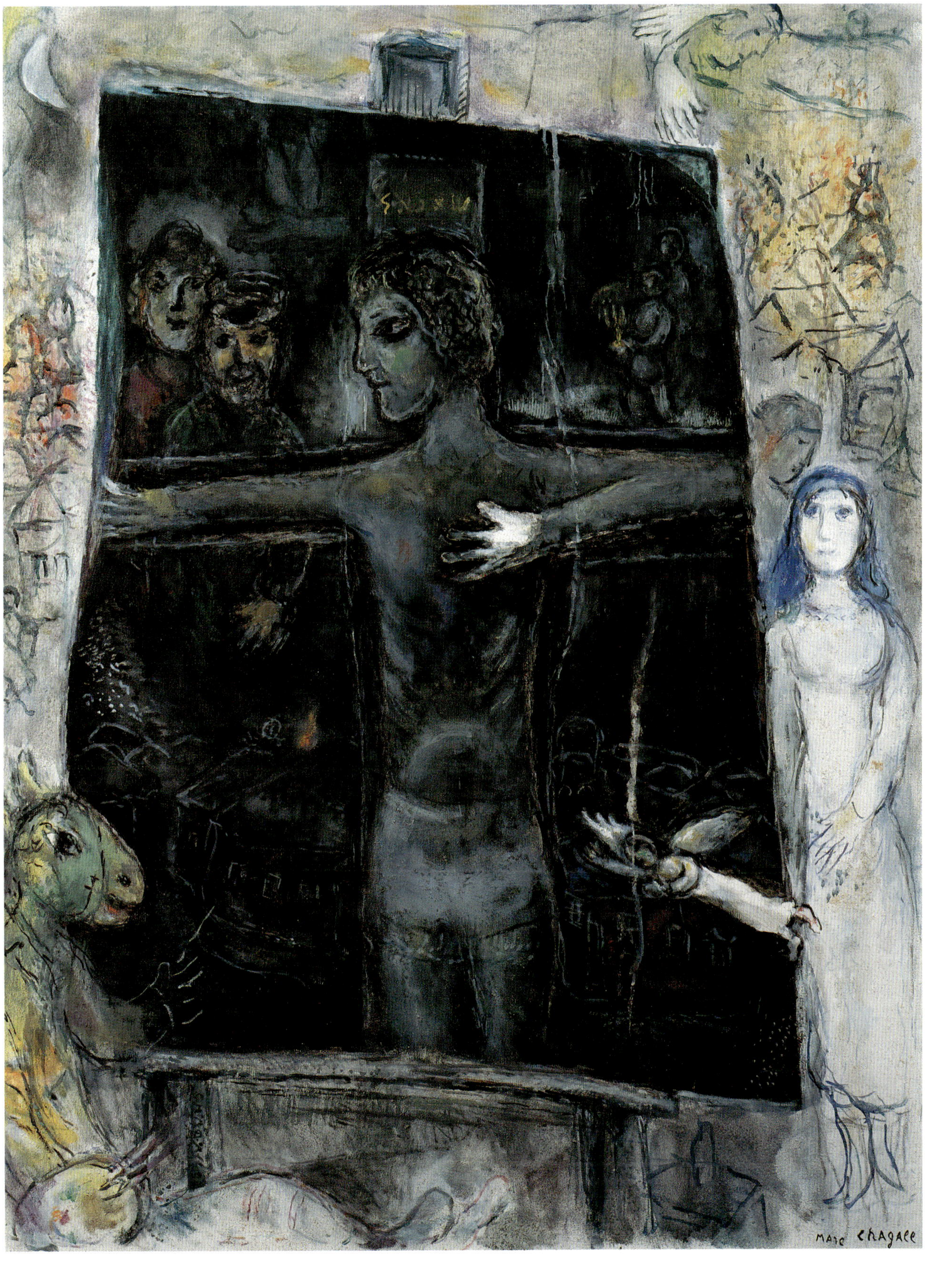
Marc Chagall

69 Scena di circo

1970
Olio su tela, cm 73×60
Firmato in basso a sinistra:
Marc Chagall
Parigi, Galerie Enrico Navarra

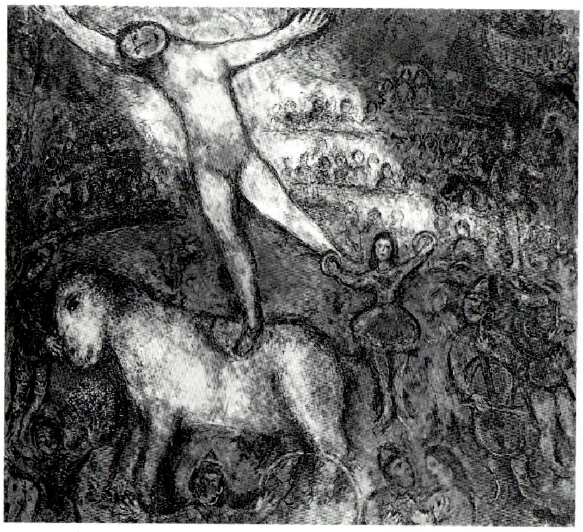

Al circo, *1976, olio su tela, Francia, collezione privata*

Tutti i personaggi del circo, cari all'artista, sono riuniti in una composizione in cui la tonalità dominante, il rosso, squilla coma una fanfara. Al centro della pista, una figura femminile: la cavallerizza. Forma leggera, di un biancore aereo, essa monta, invece del tradizionale cavallo, un gallo monumentale. Il gallo lascia intravedere un volto enigmatico, forse quello stesso dell'artista; animale-simbolo della forza vitale, il gallo è una delle figure dominanti del bestiario chagalliano.

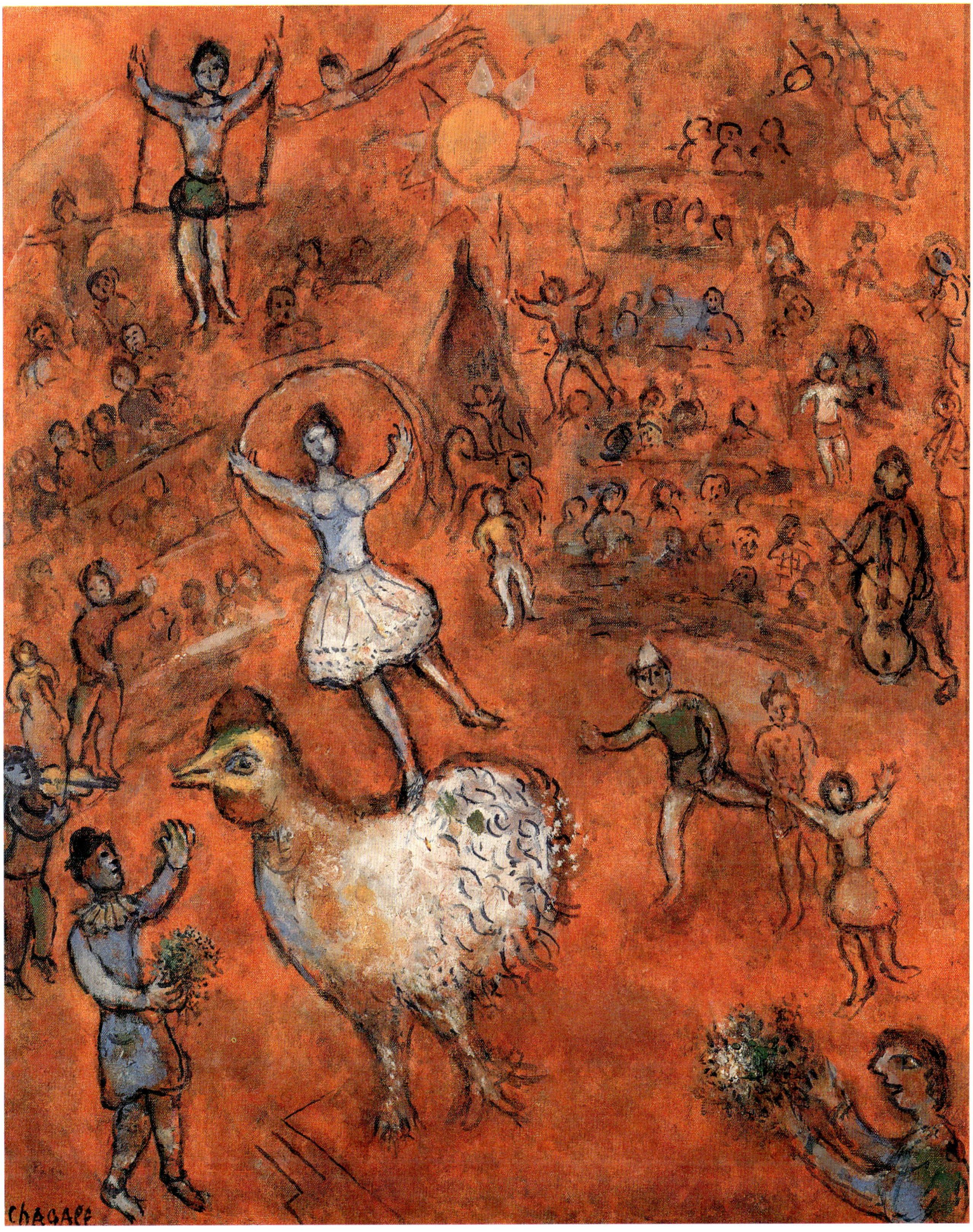

70 Don Chisciotte

1974

Olio su tela, cm 196×130

Datato e firmato in basso a destra:

1974 Marc Chagall

Parigi, collezione Ida Chagall

L'esigenza di un messaggio spirituale a carattere universale, propria della pittura di Chagall, si afferma non soltanto attraverso le grandi figure profetiche tratte dalla Bibbia, ma anche tramite quelle dei grandi personaggi della letteratura occidentale: Ulisse, Icaro, Don Chisciotte si collocano così, nello spirito del pittore, accanto a David, Mosè, Isaia e Geremia. Il *Don Chisciotte* fa da *pendant* alla *Caduta di Icaro*, anch'essa eseguita nel 1974. Chagall colloca la figura dell'eroe di Cervantes al centro del quadro. Lo spazio pittorico si struttura secondo un asse diagonale che, partendo dalla folla in rivolta, situata dietro Don Chisciotte, conduce fino alla folla pacifica che lo precede. I gruppi dei personaggi, posti ai lati di Don Chisciotte, danno vita a un contrasto cromatico che ne esplicita il significato. Le bandiere rosse spiegate richiamano *La rivoluzione*: la moltitudine che si avanza è quella della rivolta e della sofferenza. I musicisti, i cantori, nella parte inferiore, pacificata dalle tonalità blu, evocano un mondo d'armonia, che si realizza infine, a destra, nella dolcezza della visione del pittore. La monumentalità del dipinto rende già di per sé omaggio al personaggio centrale di Don Chisciotte, che si avanza, l'insegna al vento, proprio come un vero cavaliere: ma Chagall accentua ancora l'importanza del proprio eroe, collocandolo al centro di uno spazio aereo e luminoso fatto di vibrazioni di lievi toni di blu, verde e giallo. I gruppi dei personaggi si organizzano quindi intorno a lui, in masse di colori contrastanti, rossi vivi, blu e sfumature digradanti dei due colori dominanti. La figura allungata e l'espressione serena e meditativa di Don Chisciotte hanno qualche somiglianza con i personaggi di El Greco. Assieme a Icaro, Don Chisciotte è senza dubbio una delle più poetiche incarnazioni moderne dell'amore per l'umanità.

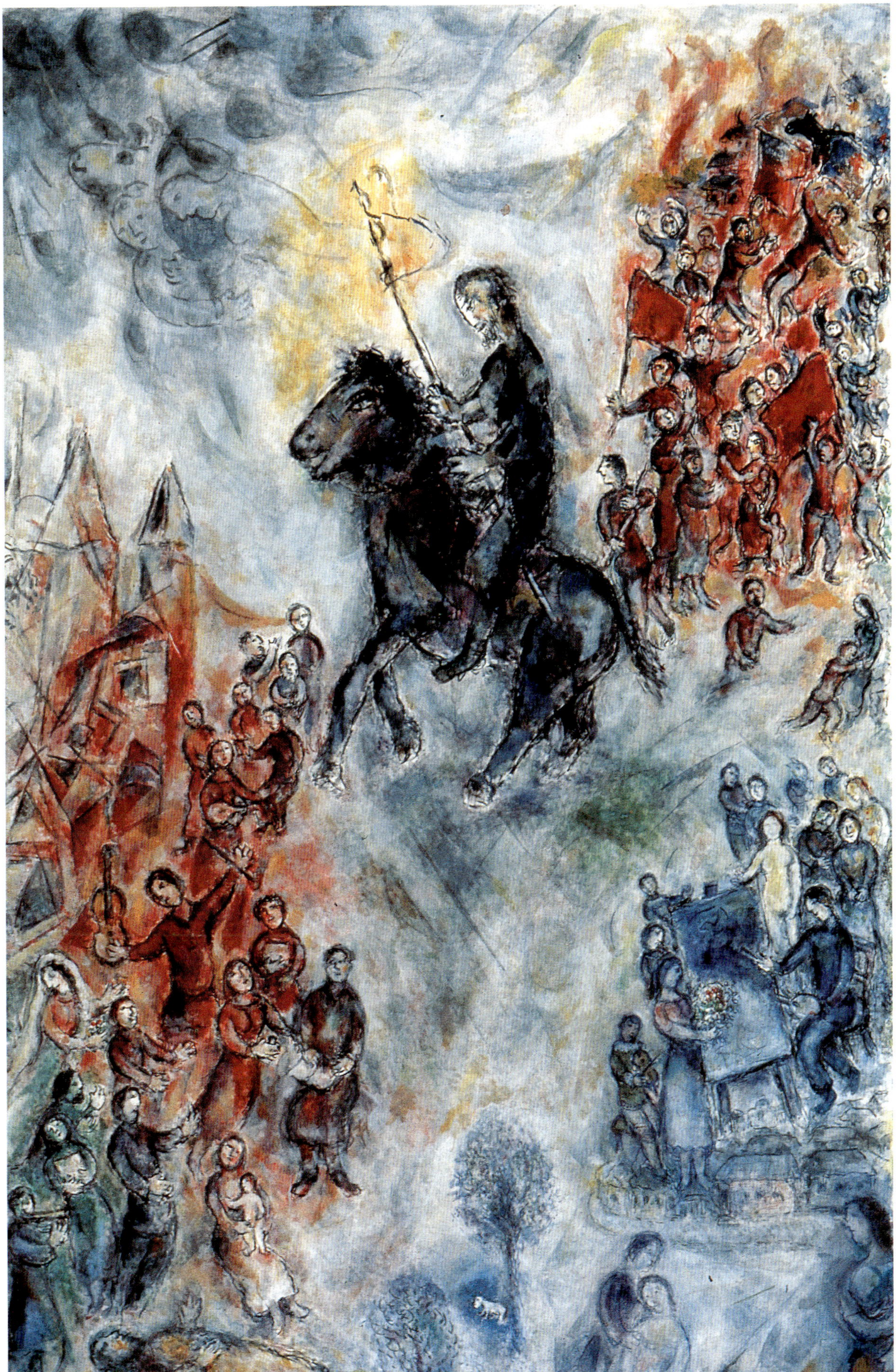

71 La caduta di Icaro

1974-77
Olio su tela, cm 213×198
Firmato e datato in basso a sinistra:
Marc Chagall 1974
Parigi, Musée National d'Art Moderne,
Centre Georges Pompidou

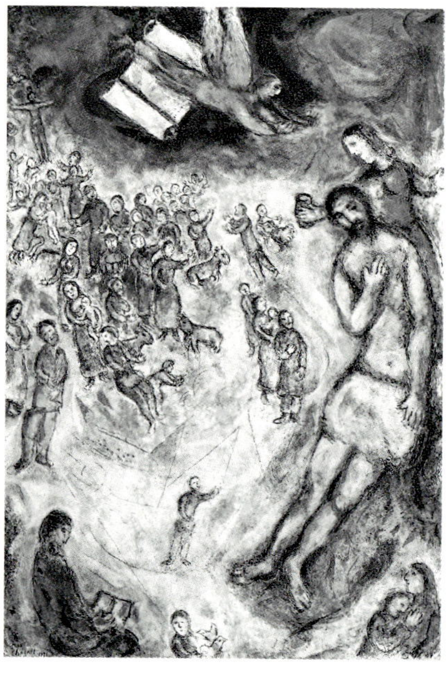

Giobbe, *1975, olio su tela, Francia, collezione privata*

Il tema del volo dell'uomo-uccello verso la luce, volo perennemente spezzato, riprende, acquistando una dimensione universale, quello della *Caduta dell'angelo*, un dipinto eseguito nel 1947. La vastità del messaggio – la tendenza verso l'assoluto eternamente inscritta nella natura umana – trova in quest'opera una notevole espressione pittorica. Chagall fa precipitare il suo personaggio con una capriola da funambolo: esso sta per cadere sulla tranquilla piazza di un villaggio. Icaro attraversa, come una meteora, uno spazio celeste bruciato dai gialli. È il momento della caduta: in un turbine di piume svolazzanti, Icaro precipita. La vibrazione della materia pittorica, di eccezionale ricchezza, rafforza la sensazione di vertigine introdotta dal bipartirsi della composizione: in alto il vuoto cosmico nel quale si muove Icaro; in basso, la folla sbigottita degli uomini. La leggerezza del tocco, fluido e madreperlaceo, la delicata luminosità dei toni di grigio e di bianco possiedono lo stesso smalto dei mosaici. Chagall ha eseguito l'opera a più di 88 anni. Un intenso lavoro preparatorio ha preceduto l'esecuzione finale. Magistrale lezione di pittura, il dipinto rappresenta anche un omaggio a Tiziano, al quale Chagall si rivolge negli ultimi anni della propria esistenza.

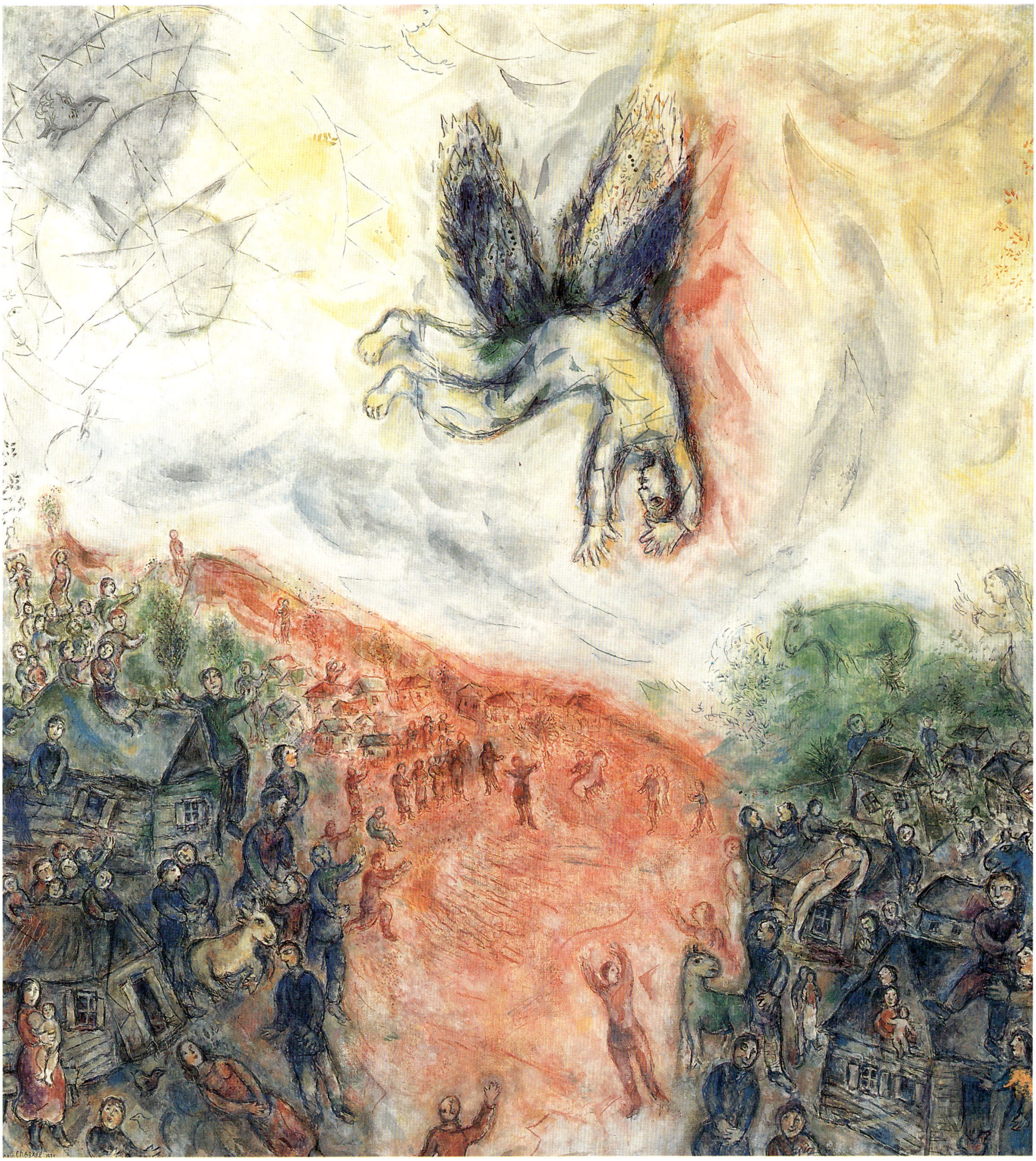

72 Bouquet

1975
Olio su tela, cm 91,5×73
Firmato in basso a destra:
Marc Chagall
New York, Enrico Navarra Gallery

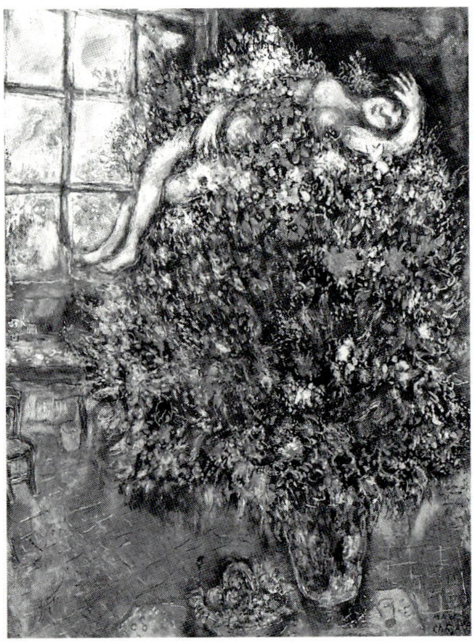

Fiori, *1970, olio su tela*

Un monumentale *bouquet*, sfavillante di colori, occupa tutto lo spazio della tela. Si erge maestoso su un paesaggio appena schizzato con tratti leggeri, nel quale si distingue il villaggio natale. In primo piano, un canestro di frutti si accorda alle tonalità vibranti del *bouquet*. L'energia cromatica che lo anima ne fa una sorta di potenza tutelare che protegge la coppia che gli sta vicina.

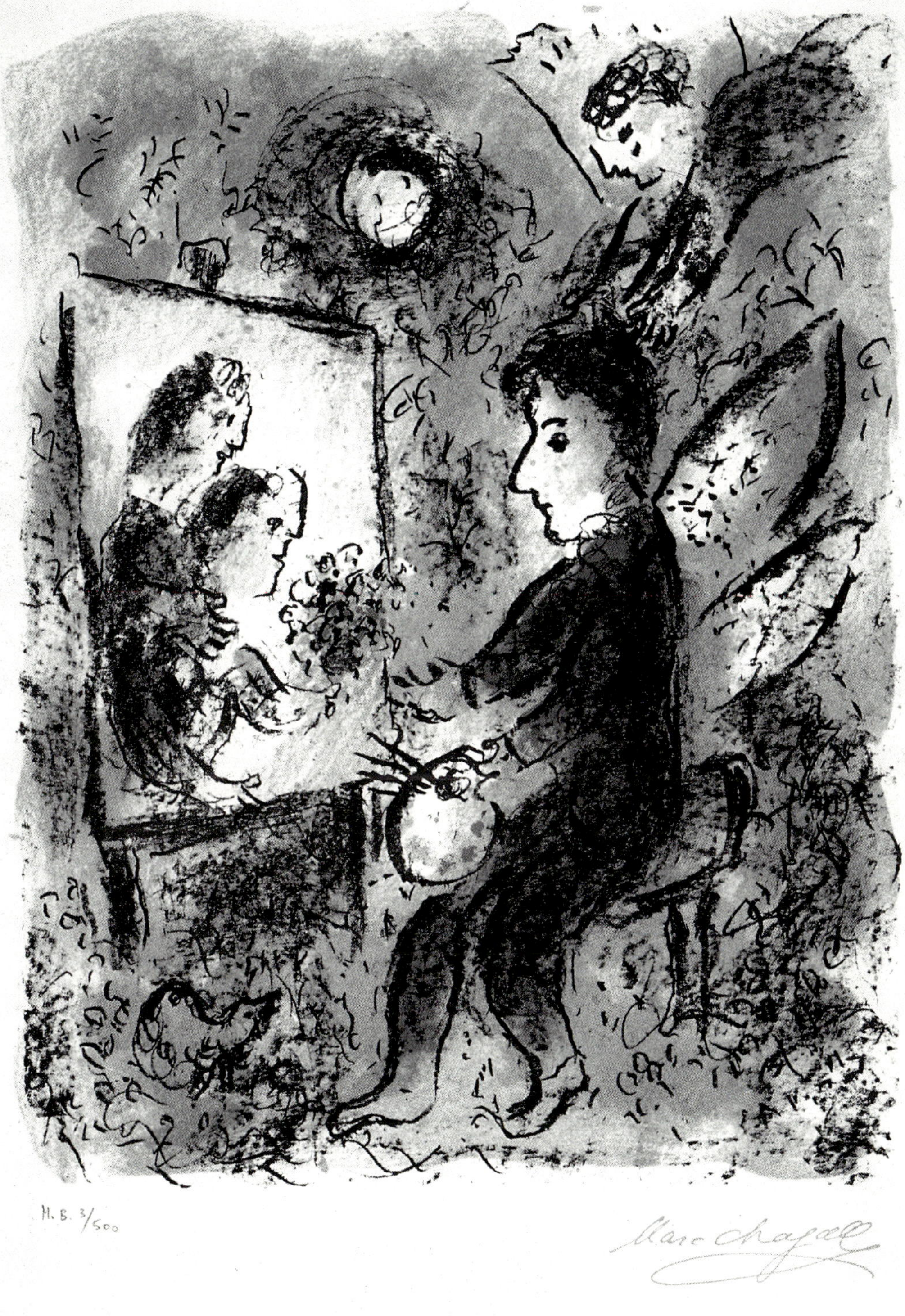
H.B. 3/500
Marc Chagall

LE ANIME MORTE

74 Il commiato di Čičikov
Tavola 12
Acquaforte e puntasecca,
cm 23×29,5

75 Assembramento di contadini
Tavola 23
Acquaforte e puntasecca,
cm 29,5×23

76 La signora Sobakevič
Tavola 33
Acquaforte e puntasecca,
cm 29,5×23

77 La camera di Pliuščin
Tavola 41
Acquaforte e puntasecca,
cm 29,5×23

78 Pliuščin offre da bere
Tavola 44
Acquaforte e puntasecca,
cm 29,5×23

79 Le rivelazioni di Nozdrëv
Tavola 64
Acquaforte e puntasecca,
cm 29,5×23

80 La nascita di Čičikov
Tavola 79
Acquaforte e puntasecca,
cm 29,5×23

81 Čičikov dorme sulla scrivania
Tavola 81
Acquaforte e puntasecca,
cm 23×29,5

82 In chiesa
Tavola 82
Acquaforte e puntasecca,
cm 29,5×23

83 Il nuovo capo
Tavola 83
Acquaforte e puntasecca,
cm 23×29,5

84 La cavallerizza
Acquaforte e puntasecca,
cm 32,9x24

FAVOLE

85 La volpe e il corvo
Tavola 1
Acquaforte e puntasecca,
cm 29,2×24,5

86 I due muletti
Tavola 3
Acquaforte e puntasecca,
cm 29,2×24,5

87 Il lupo e l'agnello
Tavola 5
Acquaforte e puntasecca,
cm 29,2×24,5

88 La Morte e l'infelice
Tavola 7
Acquaforte e puntasecca,
cm 29,2×24,5

89 La volpe e la cicogna
Tavola 9
Acquaforte e puntasecca,
cm 29,2×24,5

90 Il gallo e la perla
Tavola 11
Acquaforte e puntasecca,
cm 29,2×24,5

91 Il lupo accusa la volpe dinanzi alla scimmia
Tavola 13
Acquaforte e puntasecca,
cm 29,2×24,5

92 L'uccello ferito da una freccia
Tavola 15
Acquaforte e puntasecca,
cm 29,2×24,5

93 L'aquila e lo scarabeo
Tavola 17
Acquaforte e puntasecca,
cm 29,2×24,5

94 L'asino carico di spugne e l'asino carico di sale
Tavola 19
Acquaforte e puntasecca,
cm 29,2×24,5

LA BIBBIA

95 La creazione dell'uomo
1931-34
Tavola 1 (Genesi II, 7)
Acquaforte, cm 31x23,1

96 Noè libera la colomba
1931-34
Tavola 2 (Genesi VII, 6-9)
Acquaforte, cm 32x24,3

97 Noè offre un sacrificio all'Eterno
1931-34
Tavola 3 (Genesi VII, 20-22)
Acquaforte, cm 30,3x24,2

98 L'arcobaleno
1931-34
Tavola 4 (Genesi IX, 8-17)
Acquaforte, cm 30,7x23,3

99 Il mantello di Noè
1931-34
Tavola 5 (Genesi IX, 20-23)
Acquaforte, cm 30,9x23,4

100 La circoncisione
931-34
Tavola 6 (Genesi XVII, 10)
Acquaforte, cm 30,4x24,2

101 Abramo e i tre angeli
1931-34
Tavola 7 (Genesi XVIII, 1-8)
Acquaforte, cm 30,9x24,7

102 La discesa verso Sodoma
1931-34
Tavola 8 (Genesi XVIII, 16)
Acquaforte, cm 30,9x24

103 Lot e le figlie
1931-34
Tavola 9 (Genesi XIX, 31-35)
Acquaforte, cm 32,2x25,1

104 Il sacrificio di Abramo
1931-34
Tavola 10 (Genesi XXII, 9-14)
Acquaforte, cm 31x24,2

105 Abramo piange Sara
1931-34
Tavola 11 (Genesi XXIII, 1)
Acquaforte, cm 29,7x24,5

106 Rebecca alla fonte
1931-34
Tavola 12 (Genesi XXIV, 12-14)
Acquaforte, cm 30,5x24

107 La benedizione di Giacobbe
1931-34
Tavola 13 (Genesi XXVII, 26-29)
Acquaforte, cm 29,9x24,1

108 Il sogno di Giacobbe
1931-34
Tavola 14 (Genesi XXVIII, 12-15)
Acquaforte, cm 30x24,8

109 L'incontro di Giacobbe e di Rachele
1931-34
Tavola 15 (Genesi XXIX, 7-10)
Acquaforte, cm 29,6x23,5

110 La lotta di Giacobbe con l'angelo
1931-34
Tavola 16 (Genesi XXXII, 24-28)
Acquaforte, cm 30x24

111 La tomba di Rachele
1931-34
Tavola 17 (Genesi XXXV, 19-20)
Acquaforte, cm 24,1x30,9

112 Giuseppe pastore
1931-34
Tavola 18 (Genesi XXXVII, 2)
Acquaforte, cm 30,5x24

113 Giuseppe spogliato dai fratelli
1931-34
Tavola 19 (Genesi XXXVII, 23-24)
Acquaforte, cm 26,9x24,5

114 Giacobbe piange Giuseppe
1931-34
Tavola 20 (Genesi XXXVII, 31-35)
Acquaforte, cm 30,7x25

115 Anna prega l'Eterno
1952-56
Tavola 58 (I Samuele I, 9-11)
Acquaforte, cm 28x24

116 Samuele chiamato da Dio
1952-56
Tavola 59 (I Samuele III, 1-4)
Acquaforte, cm 29,5x24,7

117 Unzione di Saul
1952-56
Tavola 60 (I Samuele IX, 27; X, 1)
Acquaforte, cm 32,4x22,5

118 David canta dinanzi a Saul
1952-56
Tavola 61 (I Samuele XVI, 19-23)
Acquaforte, cm 30,7x24,8

119 David e il leone
1952-56
Tavola 62 (I Samuele XVII, 34-36)
Acquaforte, cm 32,5x26,3

120 David vincitore di Golia
1952-56
Tavola 63 (I Samuele XVII, 48-51; I Re XVII)
Acquaforte, cm 28,5x24,3

121 David si presenta dinanzi a Saul
1952-56
Tavola 64 (I Samuele XVII, 55-58)
Acquaforte, cm 32x24

122 Morte di Saul
1952-56
Tavola 65 (I Samuele XXXI, 2-6)
Acquaforte, cm 28,5x24

123 David piange la morte di Gionata
1952-56
Tavola 66 (II Samuele I, 17-27)
Acquaforte, cm 32x24

124 L'Arca dell'alleanza portata a Gerusalemme
1952-56
Tavola 67 (II Samuele VI, 1-5)
Acquaforte, cm 32,9x23,2

125 Il re David
1952-56
Tavola 68 (II Samuele VI, 4-5)
Acquaforte, cm 32x24,7

126 David e Betsabea
1952-56
Tavola 69 (II Samuele XI, 2-3)
Acquaforte, cm 29x25,3

127 David e Assalonne
1952-56
Tavola 70 (II Samuele XIV, 28-33)
Acquaforte, cm 31,5x25

128 David sale sulla collina degli olivi
1952-56
Tavola 71 (II Samuele XV, 30)
Acquaforte, cm 33,2x25,5

129 Morte di Assalonne
1952-56
Tavola 72 (II Samuele XVII, 9)
Acquaforte, cm 31,9x24,5

130 David piange Assalonne
1952-56
Tavola 73 (II Samuele XIX, 1-4)
Acquaforte, cm 32,5x23,4

131 Cantico di David all'Eterno
1952-56
Tavola 74 (II Samuele XXII)
Acquaforte, cm 32,1x23

132 Betsabea ai piedi di David
1952-56
Tavola 75 (I Re I, 15-20)
Acquaforte, cm 33,1x26

133 Salomone proclamato re d'Israele
1952-56
Tavola 76 (I Re I, 32-40)
Acquaforte, cm 30,5x25

134 Il sogno di Salomone
1952-56
Tavola 77 (I Re III, 5-9)
Acquaforte, cm 32,7x21,4

DAFNI E CLOE

135 Dafni e Cloe al bordo della fonte
Tavola VII
Litografia a colori, cm 42x64
136 La morte di Dorcone
Tavola XIII
Litografia a colori, cm 42x64
137 Il frutteto di Fileta
Tavola XVI
Litografia a colori, cm 42x64
138 La primavera
Tavola XXVIII
Litografia a colori, cm 42x64
139 Il frutteto
Tavola XXXIV
Litografia a colori, cm 42x64

IL CIRCO

140 I ciclisti
Litografia a colori, cm 43x35
141 La cavallerizza in rosso
Litografia a colori, cm 43x35
142 Gli innamorati
Litografia a colori, cm 43x35
143 Il grande clown
Litografia a colori, cm 43x35
144 Il clown giallo
Litografia a colori, cm 43x35
145 La pista
Litografia a colori, cm 43x35
146 La ragazza col bouquet
Litografia a colori, cm 43x35
147 Il clown musicista
Litografia a colori, cm 43x35

POESIE

148 Frontespizio
Tavola I
Xilografia, cm 37x28,5
149 Come un barbaro
Tavola II
Xilografia, cm 37x28,5
150 Il giardino
Tavola III
Xilografia, cm 37x28,5
151 Verso la riva
Tavola IV
Xilografia, cm 37x28,5
152 In eredità
Tavola V
Xilografia, cm 37x28,5
153 Se il mio sole
Tavola VI
Xilografia, cm 37x28,5
154 Per questo giorno
Tavola VII
Xilografia, cm 37x28,5
155 Nella mia memoria
Tavola VIII
Xilografia, cm 37x28,5
156 Tregua
Tavola IX
Xilografia, cm 37x28,5
157 Tu mi hai riempito le mani
Tavola X
Xilografia, cm 37x28,5
158 A terra
Tavola XI
Xilografia, cm 37x28,5
159 Solo è mio
Tavola XII
Xilografia, cm 37x28,5
160 Dov'è il giorno
Tavola XIII
Xilografia, cm 37x28,5
161 Sul nuovo paese
Tavola XIV
Xilografia, cm 37x28,5
162 Con del blu, del rosso, del giallo
Tavola XV
Xilografia, cm 37x28,5
163 Essa vola
Tavola XVI
Xilografia, cm 37x28,5
164 La città
Tavola XVII
Xilografia, cm 37x28,5
165 David
Tavola XVIII
Xilografia, cm 37x28,5
166 Nella nostra strada
Tavola XIX
Xilografia, cm 37x28,5
167 Mi sono allontanato
Tavola XX
Xilografia, cm 37x28,5
168 Quanti anni
Tavola XXI
Xilografia, cm 37x28,5
169 Mia madre
Tavola XXII
Xilografia, cm 37x28,5
170 Delle strade
Tavola XXIII
Xilografia, cm 37x28,5
171 Abito la mia vita
Tavola XXIV
Xilografia, cm 37x28,5

ODISSEA

172 Frontespizio (Chagall e Omero)
Tavola 1, volume 1
Litografia a colori, cm 43x33
173 Il consiglio degli dei
Tavola 2
Litografia a colori, cm 43x33
174 Atena guida la nave di Telemaco
Tavola 3
Litografia a colori, cm 43x33
175 Sacrificio ad Atena
Tavola 4
Litografia a colori, cm 43x33
176 Il festino di Menelao
Tavola 5
Litografia a colori, cm 43x33
177 Proteo
Tavola 6
Litografia a colori, cm 43x33
178 Il lamento di Ulisse
Tavola 7
Litografia a colori, cm 43x33
179 Ulisse dinanzi a Nausicaa
Tavola 8
Litografia a colori, cm 43x66
180 Il palazzo di Alcinoo
Tavola 9
Litografia a colori, cm 43x33
181 Ares e Afrodite
Tavola 10
Litografia a colori, cm 43x33
182 Atena e il cavallo
Tavola 11
Litografia a colori, cm 43x33
183 ... io sono Ulisse
Tavola 12
Litografia a colori, cm 43x33
184 Polifemo
Tavola 13
Litografia a colori, cm 43x66
185 L'isola di Eolo
Tavola 14
Litografia a colori, cm 43x33
186 Circe
Tavola 15
Litografia a colori, cm 43x66
187 L'anima di Elpenore
Tavola 16
Litografia a colori, cm 43x33
188 Tizio
Tavola 17
Litografia a colori, cm 43x33
189 Sisifo
Tavola 18
Litografia a colori, cm 43x33
190 I flutti inghiottono Ulisse
Tavola 19
Litografia a colori, cm 43x33
191 Le sirene
Tavola 20
Litografia a colori, cm 43x66
192 Frontespizio
Tavola 21, volume 2
Litografia a colori, cm 43x33
193 Ulisse ospite di Alcinoo
Tavola 22
Litografia a colori, cm 43x33
194 Ulisse travestito da mendicante
Tavola 23
Litografia a colori, cm 43x33
195 Ulisse ed Eumeo
Tavola 24
Litografia a colori, cm 43x33
196 Ulisse e i suoi compagni
Tavola 25
Litografia a colori, cm 43x33
197 Atena e Telemaco
Tavola 26
Litografia a colori, cm 43x33
198 Il presagio, l'astore e la colomba
Tavola 27
Litografia a colori, cm 43x33
199 Ulisse si rivela
Tavola 28
Litografia a colori, cm 43x33
200 Poseidone
Tavola 29
Litografia a colori, cm 43x33
201 I preparativi del festino dei Proci
Tavola 30
Litografia a colori, cm 43x33
202 La lotta di Ulisse e di Iro
Tavola 31
Litografia a colori, cm 43x33
203 Ulisse ed Euricleo
Tavola 32
Litografia a colori, cm 43x33
204 Atena addormenta Ulisse
Tavola 33
Litografia a colori, cm 43x33
205 Teoclimene
Tavola 34
Litografia a colori, cm 43x33
206 Penelope e l'arco di Ulisse
Tavola 35
Litografia a colori, cm 43x33
207 L'arco di Ulisse
Tavola 36
Litografia a colori, cm 43x33
208 Il massacro dei Proci
Tavola 37
Litografia a colori, cm 43x33
209 Ulisse e Penelope
Tavola 38
Litografia a colori, cm 43x33
210 La festa
Tavola 39
Litografia a colori, cm 43x33
211 Il letto di Ulisse
Tavola 40
Litografia a colori, cm 43x33
212 Agli Inferi
Tavola 41
Litografia a colori, cm 43x33
213 Eupite
Tavola 42
Litografia a colori, cm 43x33
214 La pace ritrovata
Tavola 43
Litografia a colori, cm 43x33

Le anime morte

di Nikolaj Gogol'
118 illustrazioni ad acquaforte di Marc Chagall
[1923-27]
Opera in 2 volumi, tirata in 368 copie,
di cui 33 fuori commercio
Parigi, edizioni «Verve» di Tériade, 1947
Parigi, Mazo Lebouc S.A.

Nell'autunno del 1923 Chagall torna a vivere a Parigi, richiamatovi da un amico, il poeta Blaise Cendrars. «Torna,» gli aveva scritto Cendrars «sei famoso e Vollard ti attende.» In effetti il grande editore e mercante d'arte aveva notato da Coquiot alcune tele di Chagall. Una volta preso contatto, Vollard chiede a Chagall di illustrare *Le anime morte* di Gogol', poi le *Favole* di La Fontaine, e infine il Vecchio testamento. Un lavoro monumentale, che avrebbe assorbito l'artista per degli anni. Alcune litografie in bianco e nero, come *La tinozza*, proseguono il lavoro intrapreso a Berlino presso Paul Cassirer e Hermann Struck. Ma è l'acquaforte a divenire, per tutto questo periodo, la tecnica grafica privilegiata dall'artista. Applicandola a testi molto differenti fra di loro, come *Le anime morte*, le *Favole* e la Bibbia, Chagall dà prova di un'inventiva plastica costante e smagliante, di una padronanza del disegno e della luce che lo mette sullo stesso piano dei più grandi maestri, come Rembrandt e Goya.

Le anime morte vengono incise fra il 1923 e il 1927: 96 tavole ad acquaforte e puntasecca che rendono con forza, devastante umorismo, tenera comicità, quel mondo della Russia contadina che Chagall conosce così bene. «Si tratta» scrive Jacques Lassaigne «della rappresentazione comune più fedele e veritiera che sia mai stata data della realtà russa che oggi è stata rivoluzionata...». È anche, sotto l'impietoso tratto chagalliano, una galleria di ritratti, di tipi umani, feroce nella verità dell'osservazione psicologica.

Una eccezionale complicità si stabilisce fra il testo di Gogol' e l'illustrazione che Chagall ne dà: realistica nei particolari, non per questo essa può dirsi naturalista. La libertà del tratto restituisce pienamente lo svolgersi della narrazione, così come l'invenzione plastica del nero e del bianco che modulano lo spazio del foglio ne costituisce l'equivalente poetico.

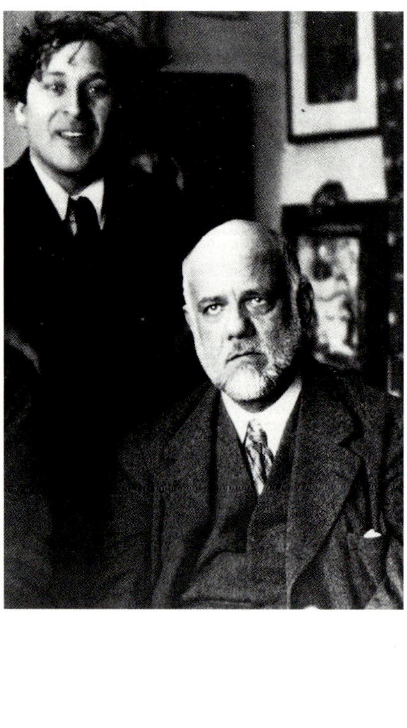

A sinistra, Chagall con Ambroise Vollard in un'immagine degli anni Trenta

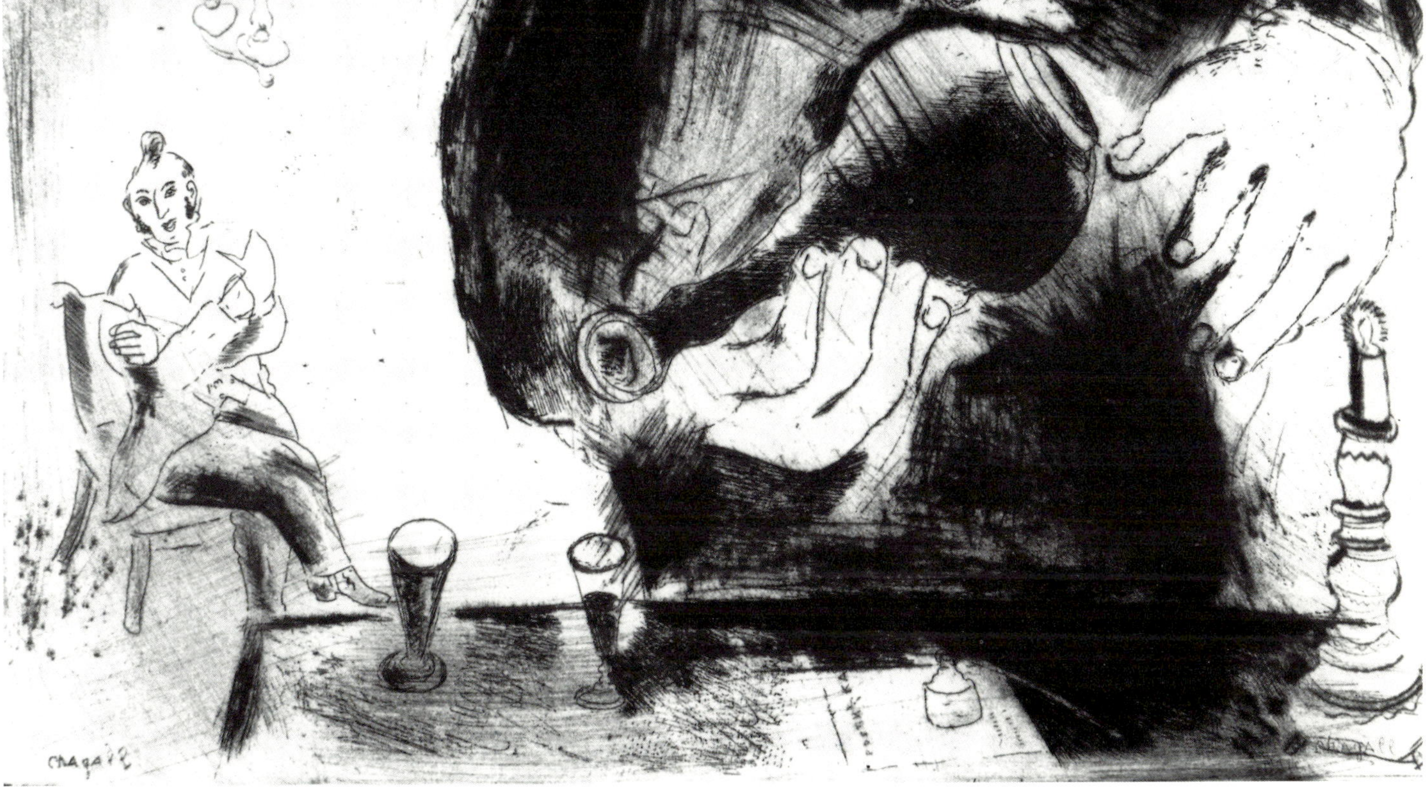

Pliusčin offre da bere *(n. 78, tavola n. 44)*

Favole

di Jean de La Fontaine
100 illustrazioni ad acquaforte di Marc Chagall
[1927-30]
Opera in 2 volumi tirata in 200 copie,
di cui 15 fuori commercio
e 45 con ritocchi a tempera di mano dell'artista
Parigi, edizioni Tériade, 1950
Parigi, Mazo Lebouc S.A.

Quando Chagall conclude il lavoro sulle *Anime morte*, nel 1927, Vollard gli propone di illustrare le *Favole* di La Fontaine. Le tempere preparatorie vengono esposte alla galleria Bernheim-Jeune, e l'accoglienza è assai sfavorevole. Ciò nonostante, Chagall esegue, fra il 1927 e il 1930, una serie di 100 acqueforti, caratterizzate da una tecnica e da un'ispirazione assolutamente nuove. In quel periodo Chagall viaggia attraverso il Midi, in Alvernia: grazie ad un soggiorno sul lago Chambon scopre e apprezza il paesaggio francese.

Ai detrattori che contestano la sua scelta, Ambroise Vollard replica: «Tutto quel che vi è di tipicamente orientale nelle fonti del favolista, Esopo, i racconti indù, persiani, arabi e cinesi [...] mi ha fatto concludere che, meglio di chiunque altro, ne poteva dare un'adeguata trascrizione plastica solo un artista al quale le proprie origini hanno reso familiare e per così dire naturale quel favoloso Oriente [...]. E se adesso qualcuno mi domanda: 'Perché scegliere Chagall?', io rispondo: 'Ma proprio perché la sua estetica mi pare del tutto vicina, e, in un certo senso, affine a quella di La Fontaine, nello stesso tempo ingenua e scaltra, realistica e fantastica.'» Ma Ambroise Vollard non riuscirà a pubblicare l'opera da lui concepita, e sarà soltanto nel 1950 che Tériade ne porterà a compimento l'edizione. Poiché, per motivi tecnici, Chagall aveva dovuto rinunciare ad eseguire le incisioni a colori, su alcuni esemplari dell'opera effettua ritocchi a tempera.

La maestria di Chagall è davvero eccezionale; usa contemporaneamente diversi procedimenti: l'incisione diretta sulla lasta, la patinatura, tratteggi più o meno densi, intagli e controintagli che gli permettono di ottenere l'effetto delle mezzetinte e delle gradazioni dal bianco al nero. Così facendo, opera una vera e propria trasposizione plastica del colore: bianchi sfolgoranti, neri profondi, grigi sottili e teneri nei quali si diffondono tutte le sfumature del chiaroscuro.

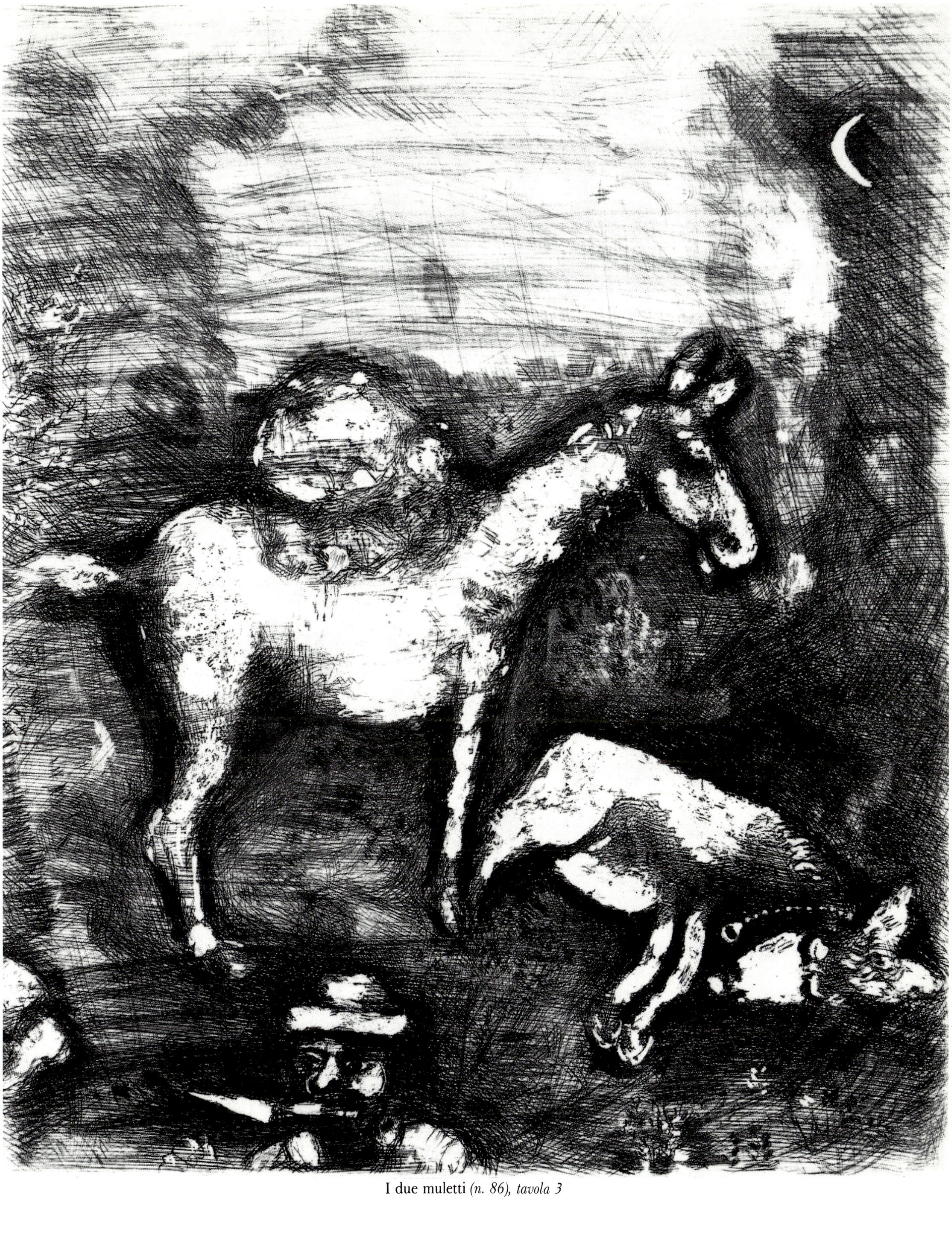

I due muletti *(n. 86), tavola 3*

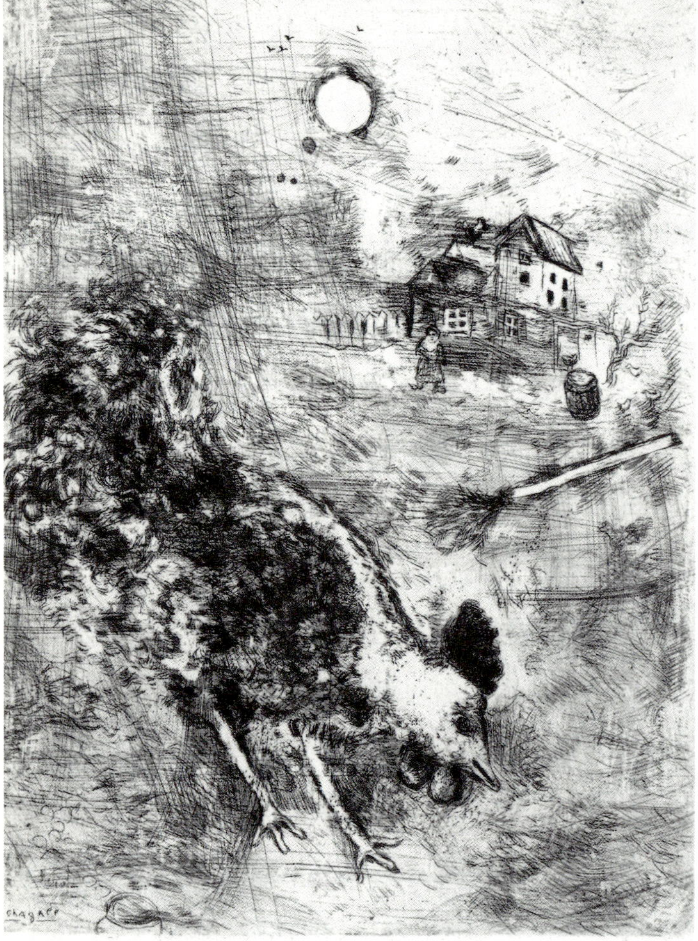

Il gallo e la perla *(n. 90, tavola 11)*

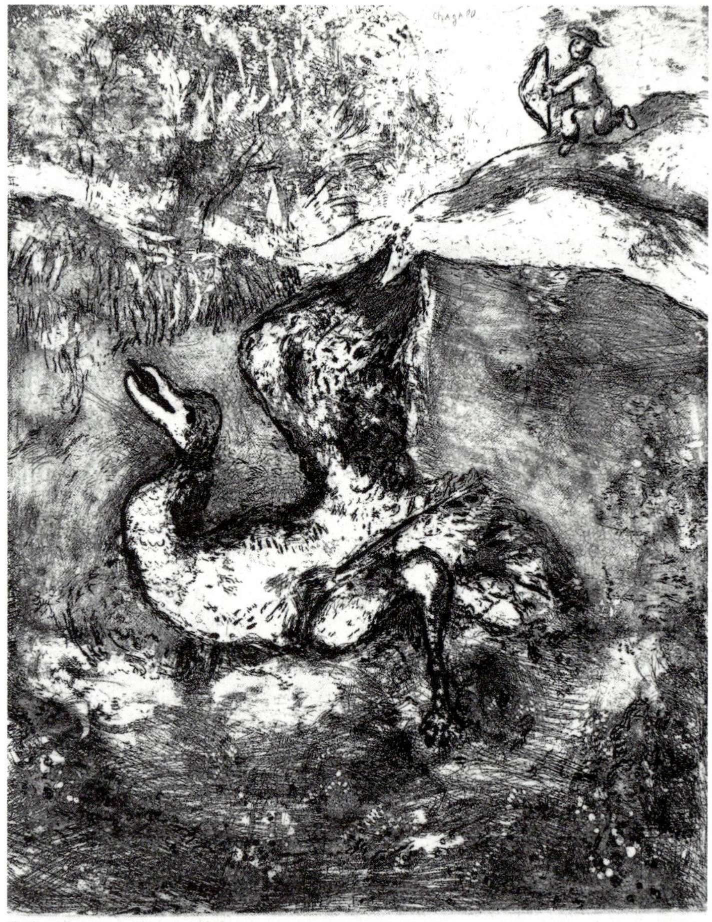

L'uccello ferito da una freccia *(n. 92, tavola 15)*

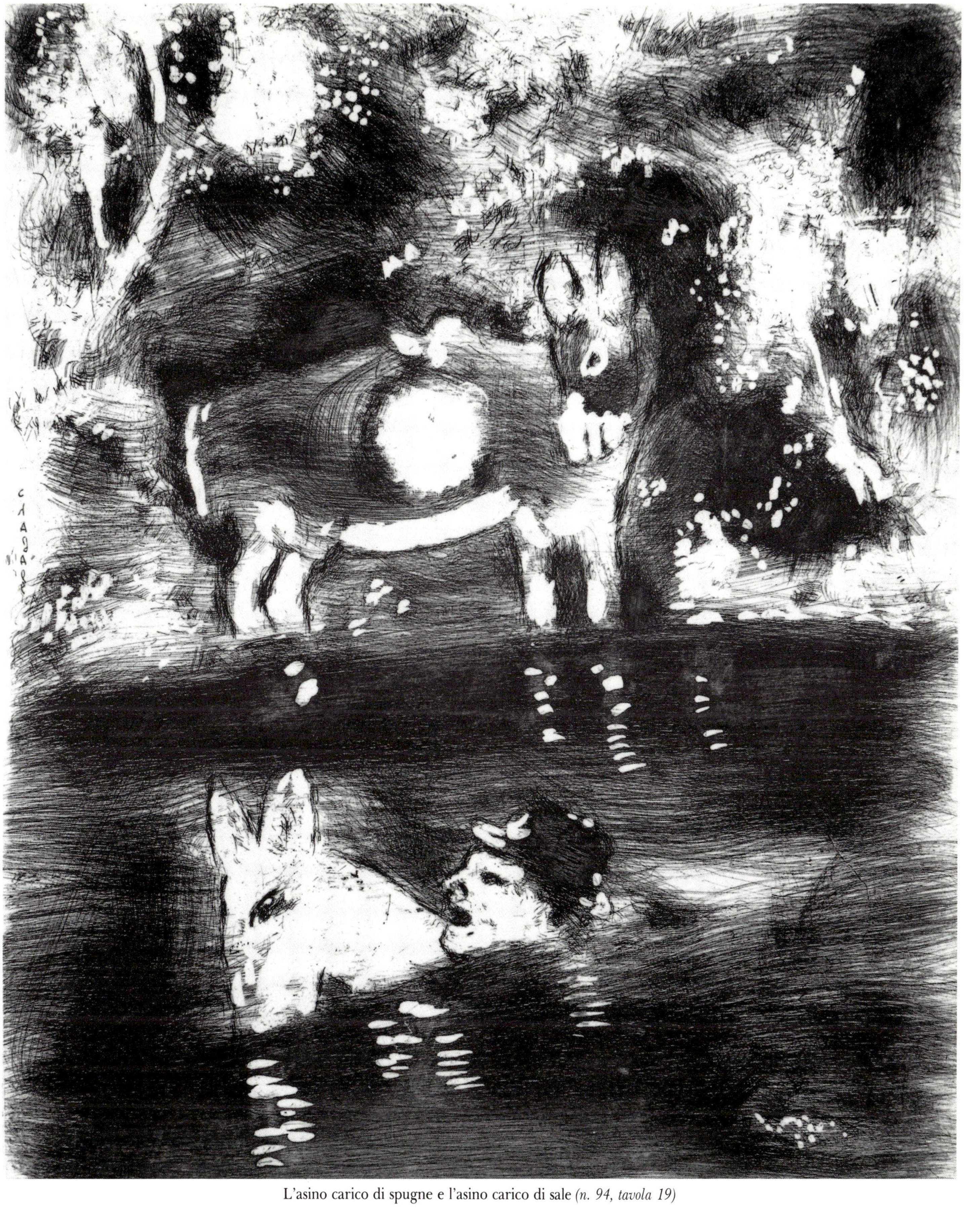

L'asino carico di spugne e l'asino carico di sale *(n. 94, tavola 19)*

La Bibbia

Testo stabilito in base alla traduzione dall'ebraico
condotta dalla Chiesa di Ginevra pubblicata nel 1638
105 illustrazioni ad acquaforte di Marc Chagall
Opera in 2 volumi tirata in 275 copie
di cui 20 fuori commercio
Parigi, edizioni «Verve» di Tériade, 1956
Parigi, Mazo Lebouc S.A.

L'opera, le cui illustrazioni erano state richieste a Chagall da Vollard, viene portata a termine e pubblicata da Tériade nel 1956. Il pittore, dopo il viaggio in Palestina fra il 1930 e il 1931, esegue una serie di tempere preparatorie, incidendo le 105 lastre di rame fra il 1931 e il 1939. Alla morte di Vollard, nel 1939, 65 tavole sono già stampate. Dopo il suo ritorno in Francia, Chagall riprende a lavorare al progetto, e le ultime 39 tavole vengono stampate nell'atelier di Raymond Haasen. La Bibbia di Chagall è uno dei vertici dell'arte dell'incisione. «Per la loro grandezza e la loro forza evocativa, queste tavole sembrano parlare lo stesso linguaggio della Bibbia» ha affermato Frantz Meyer.

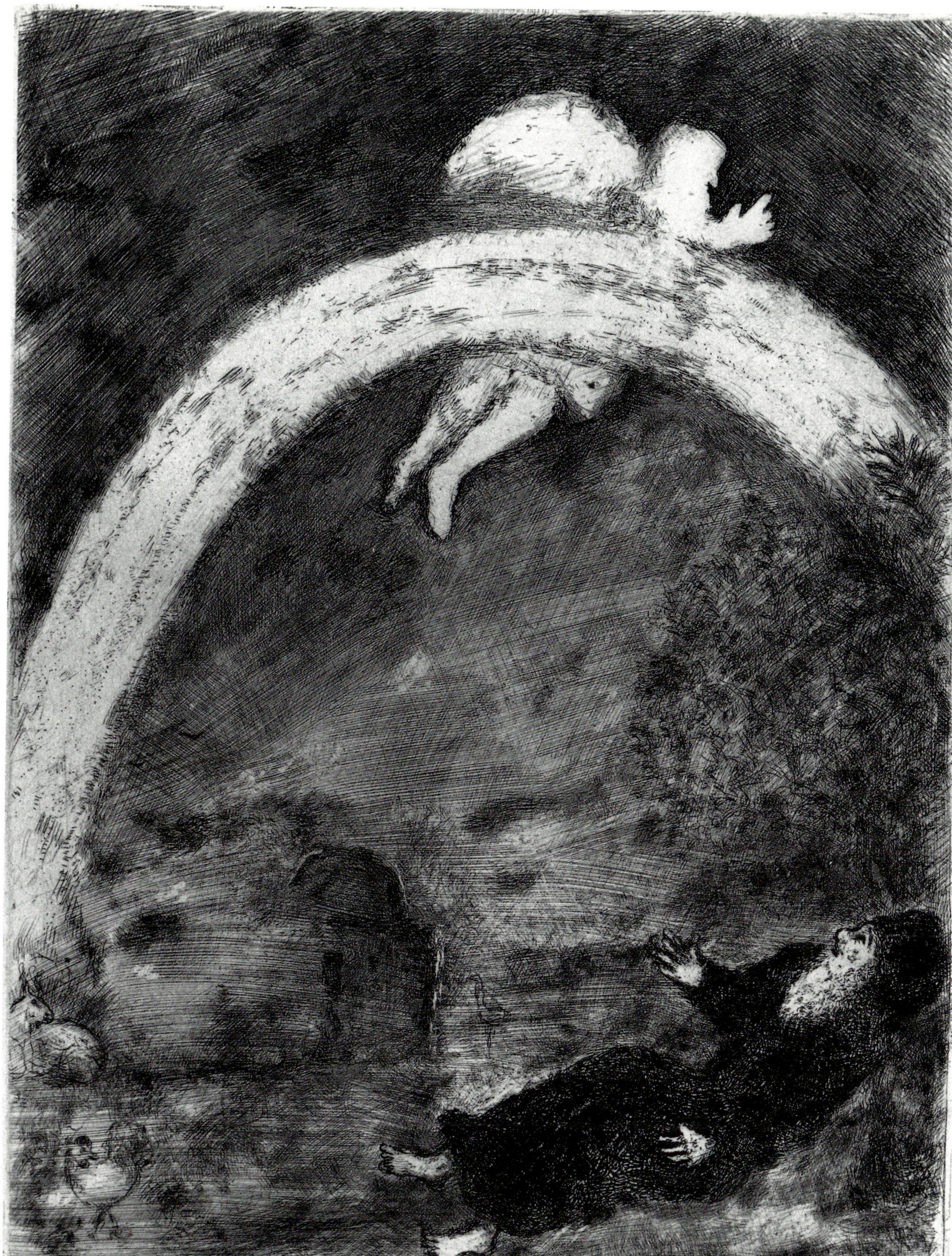

L'arcobaleno *(n. 98, tavola 4)*

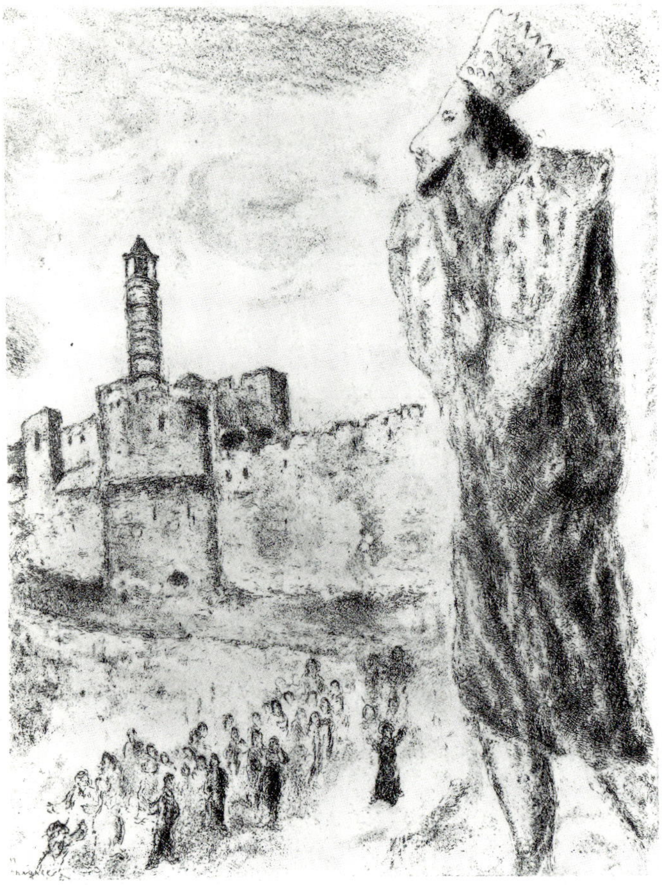

Il re David *(n. 125, tavola 68)*

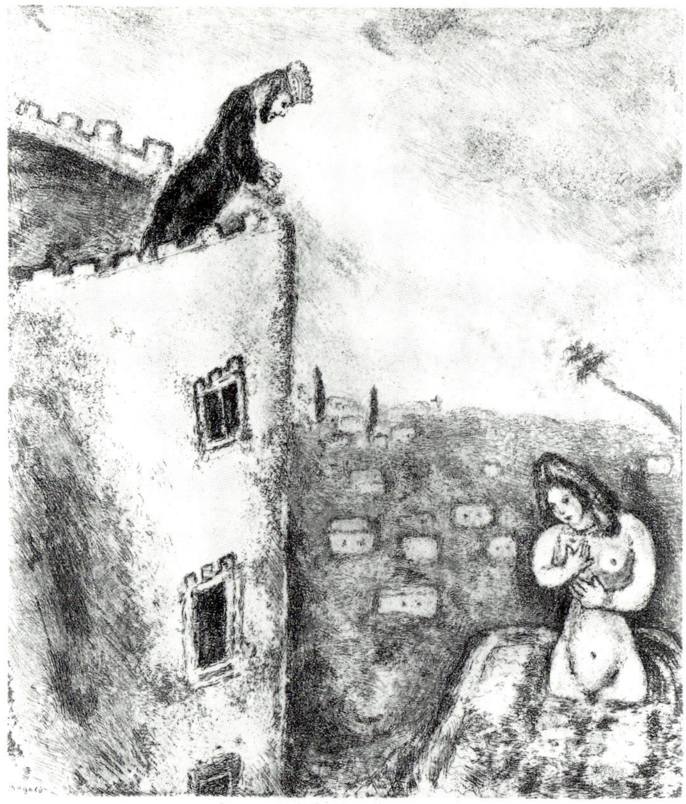

David e Betsabea *(n. 126, tavola 69)*

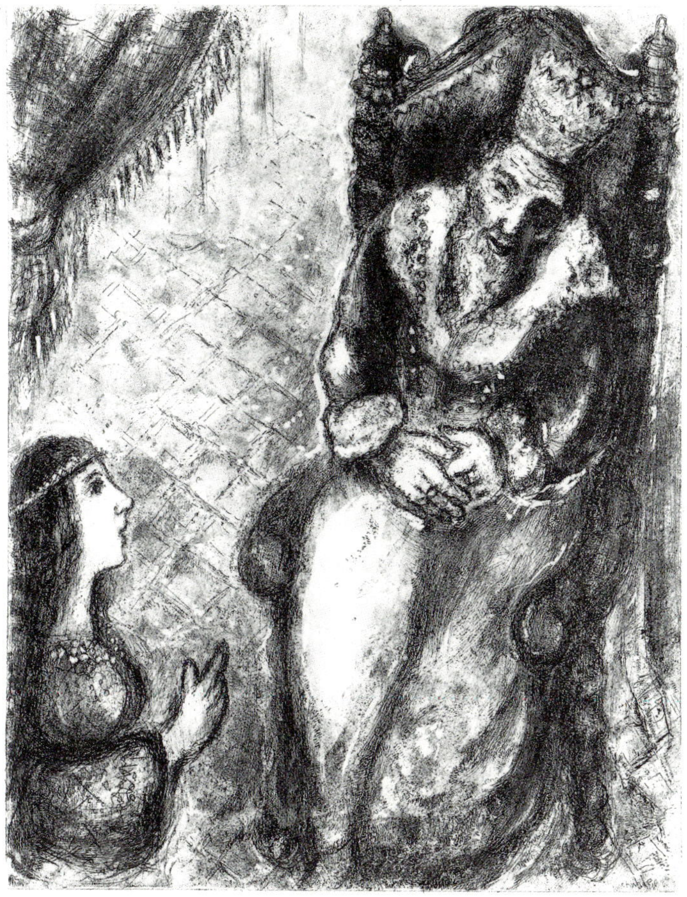

Betsabea ai piedi di David *(n. 132, tavola 75)*

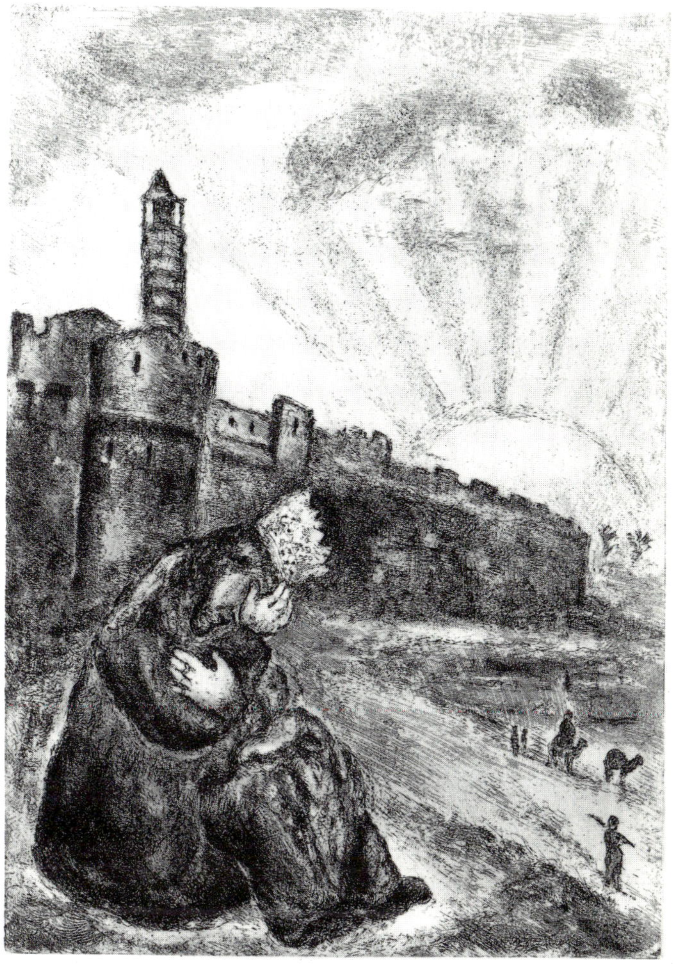

David piange Assalonne *(n. 130, tavola 73)*

Dafni e Cloe

di Longo Sofista
42 litografie a colori di Marc Chagall
1961
Opera in 2 volumi tirata in 250 copie,
di cui 20 fuori commercio
Parigi, edizioni «Verve» di Tériade, 1961
Collezione privata

Nel 1950, durante la preparazione di un manifesto per la sua prima mostra alla Galleria Maeght, Chagall conosce Fernand Mourlot, stampatore litografo. Nel suo studio di Parigi, in rue de Chabrol, dove hanno lavorato Braque, Picasso, Mirò, Chagall riscopre il colore, e crea una cospicua opera litografica. Già negli Stati Uniti, l'artista aveva dato un nuovo sbocco in questo senso al proprio lavoro pittorico, affinandosi nelle tecniche dell'incisione nello studio di William Stanley Hayter, che stava mettendo a punto dei procedimenti per la stampa simultanea dei colori. Chagall, d'altronde, aveva già illustrato, con una serie di tredici litografie, i racconti delle Mille e una notte. *Come al solito, l'artista aveva prodotto in precedenza una serie di tempere, assai prossime allo spirito fantastico e misterioso delle scene e dei costumi di* Aleko *e dell'*Uccello di fuoco. *Al ritorno in Francia, un nuovo radicamento e la pace recuperata, nell'equilibrio del suo nuovo matrimonio con Vava, Valentina Brodskij, determineranno, a partire dal 1954, il rigoglio dello straordinario impulso creativo degli anni successivi. In esso, l'opera litografica occupa una posizione non trascurabile. La conoscenza della tecnica litografica e l'illuminata assistenza di specialisti come Mourlot e Sorlier spingeranno l'artista a dedicarvisi. La litografia gli permetterà di moltiplicare le proprie immagini interiori, di espanderle «come un grande fiume». In virtù della sua flessibilità nell'uso, la tecnica litografica gli consentirà una spontaneità d'espressione che può corrispondere anche alle esigenze dell'illustrazione. Così come aveva fatto Vollard, alcuni grandi editori d'arte, quali Tériade, Aimé Maeght, Gérald Cramer, propongono all'artista di illustrare numerosi testi: pagine di amici scrittori, quali Aragon, Eluard, Malraux; testi della letteratura universale, come* Dafni e Cloe *(1961) o l'Odissea (1974-75); o scritti dello stesso Chagall, come* Il circo *(1967) o le* Poesie *(1968).*

Il romanzo pastorale del poeta greco Longo racconta la storia di due adolescenti abbandonati e raccolti da alcuni pastori sull'isola di Lesbo. Il testo è stato tradotto nel XVI secolo dal grecista Jacques Aymot, e riveduto nel 1810 da Paul-Louis Courier. Fu Tériade a proporre a Chagall di illustrarlo. Il celebre editore greco, successore di Vollard, era proprio nativo di Lesbo, l'odierna Mitilene.
L'editore conosceva bene il testo originale ed era profondamente convinto del buon esito del lavoro di Chagall. Il pittore aveva già soggiornato in Grecia, nel 1952. Ma Tériade lo trascinò in un secondo viaggio, nel 1954, durante il quale l'artista si compenetrò totalmente della straordinaria luce greca. Così eseguì una notevole serie di tempere, nelle quali il colore risplende in tutta la sua ricchezza e profondità.
L'impressione litografica fu condotta a buon fine, dal 1957 al 1960, da Fernand Mourlot e Charles Sorlier, che seppero rendere ammirevolmente il colore di Chagall, fluido e radioso.

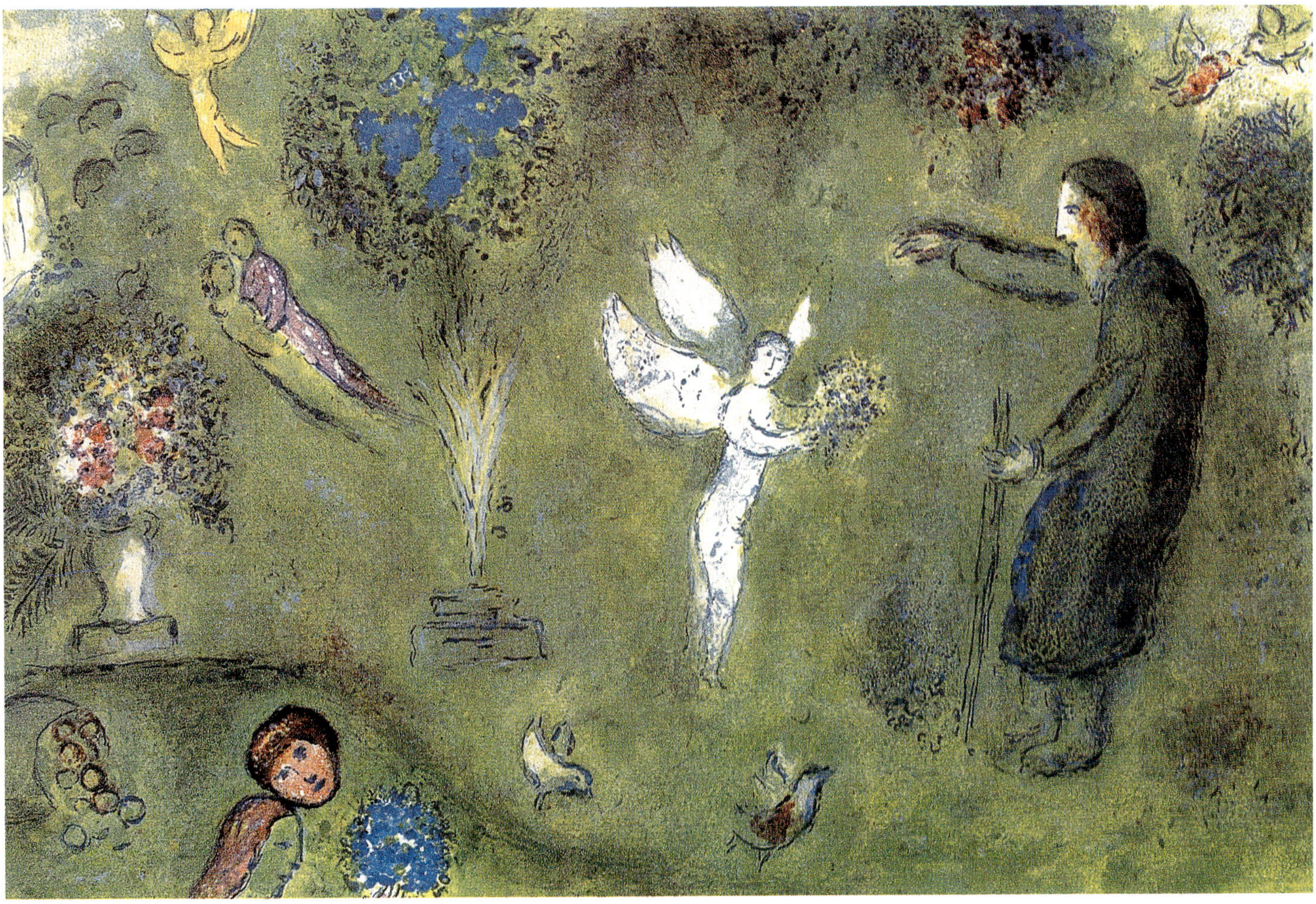

Il frutteto di Fileta *(n. 137), tavola XVI di* Dafni e Cloe

84 La cavallerizza

1926-27

Acquaforte e puntasecca,

cm 32,9×24

Firenze, collezione privata

Il tema del circo, assai diffuso nei dipinti, è stato all'origine anche di numerose creazioni grafiche, incisioni e, successivamente, litografie. La maestria di Chagall nel disegno e nell'incisione si manifesta con evidenza in questa prova d'artista ad acquaforte, dal tratto fine ed elegante. La tavola fu stampata in due tirature successive, la prima da Maurice Polin e l'altra da Paul Haasen.

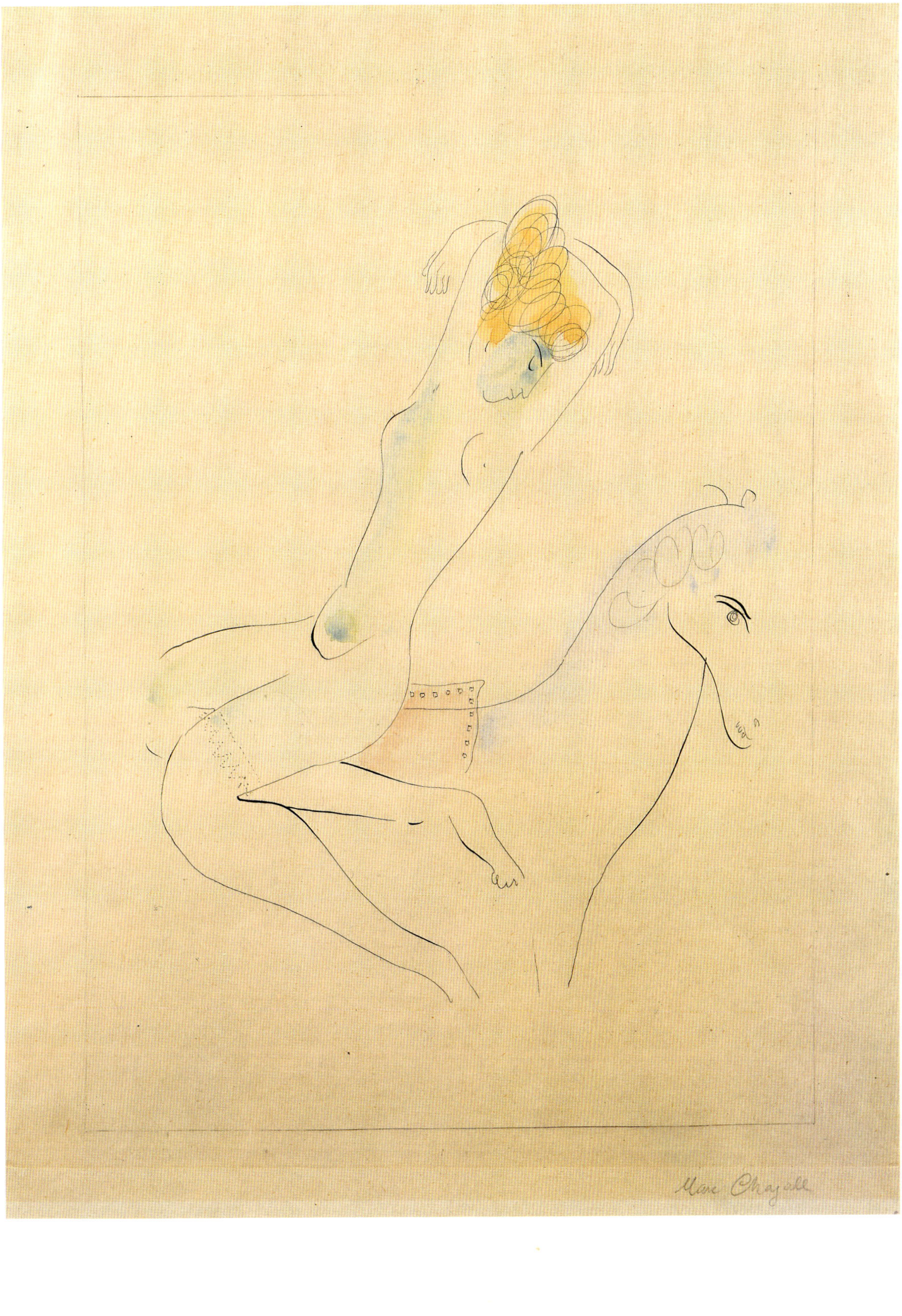
Marc Chagall

Il Circo

38 litografie e testo di Marc Chagall

[1962-67]

Opera tirata in 250 copie

di cui 20 fuori commercio

Parigi, edizioni «Verve» di Tériade, 1967

Parigi, Mazo Lebouc S.A.

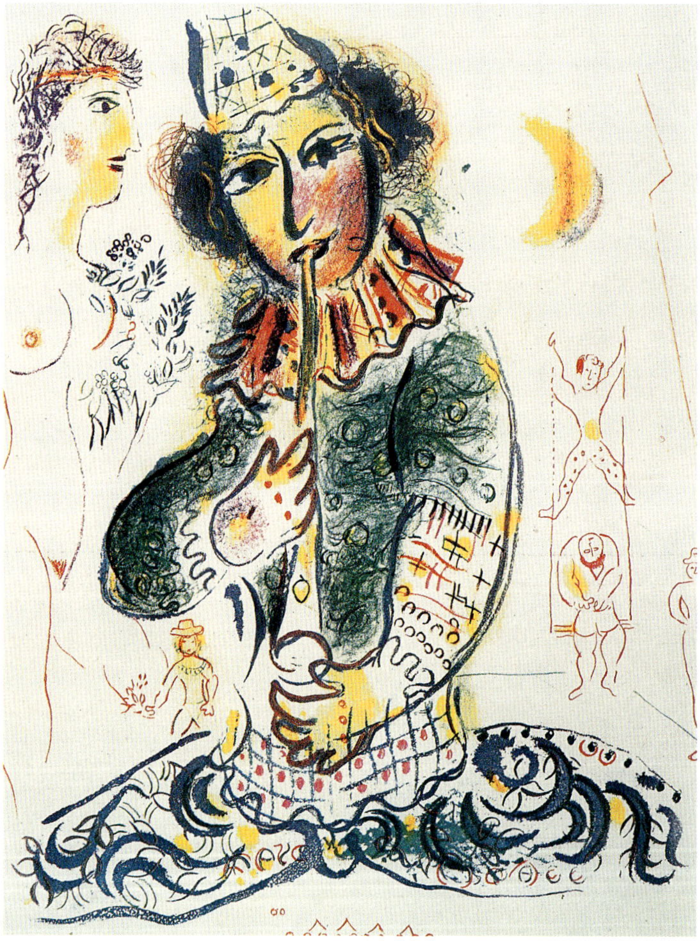

Il clown musicista *(n. 147)*

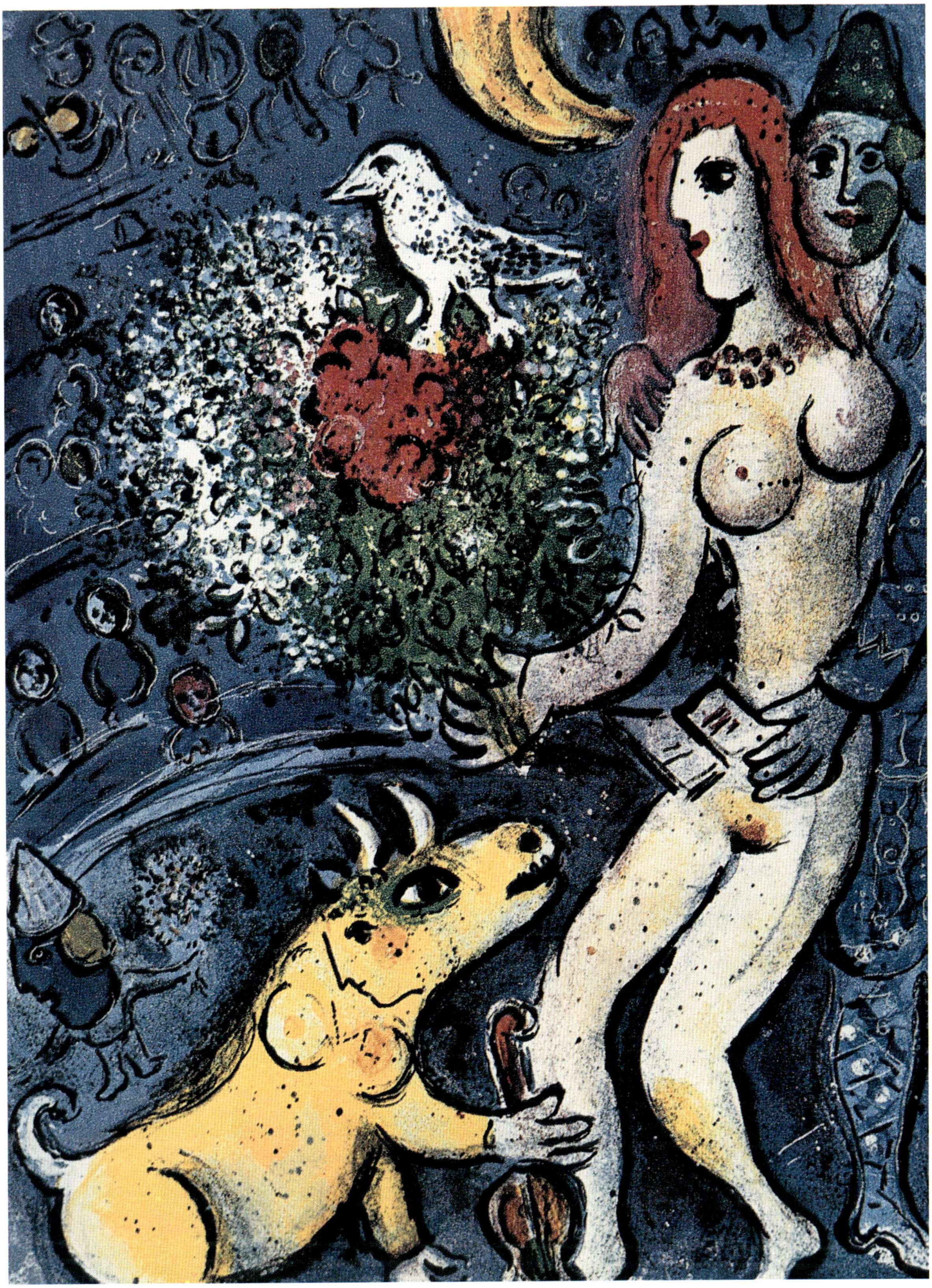

La ragazza col Bouquet *(n. 146)*

Poesie

Componimenti in versi scritti dall'artista dal 1930 al 1964,
illustrati da 24 incisioni originali su legno
Opera tirata in 226 copie di cui 12 fuori commercio
Incisioni stampate nell'atelier Lacourrière e Frélaut
da Jaime Herrera
Finito di stampare a Parigi, il 19 dicembre 1968
Ginevra, Gérald Cramer editore, 1968
Nizza, Musée National Message Biblique Marc Chagall

Chagall ha sempre scritto versi, sia in russo che in yiddish, prolungamenti lirici dell'opera pittorica. In essi si ritrovano i temi cari all'artista: il mondo russo e la città natale, Vitebsk, le umili figure familiari e popolari, tutta la vita comica e tenera dello *shtetl*, realtà specificamente ebraica, legata al ghetto. Le poesie esprimono il lungo lamento di un uomo in esilio, le sue preghiere, le sue gioie e la sua incrollabile esperienza di Dio.
La parola chagalliana ha la stessa forza della pittura: le incisioni su legno, o xilografie, recuperano l'energia semplice ed espressiva delle immagini popolari russe, i *lubok*, o delle insegne dei villaggi. La bellezza che ne emana fa delle *Poesie* e delle loro illustrazioni un'opera commovente e singolare.

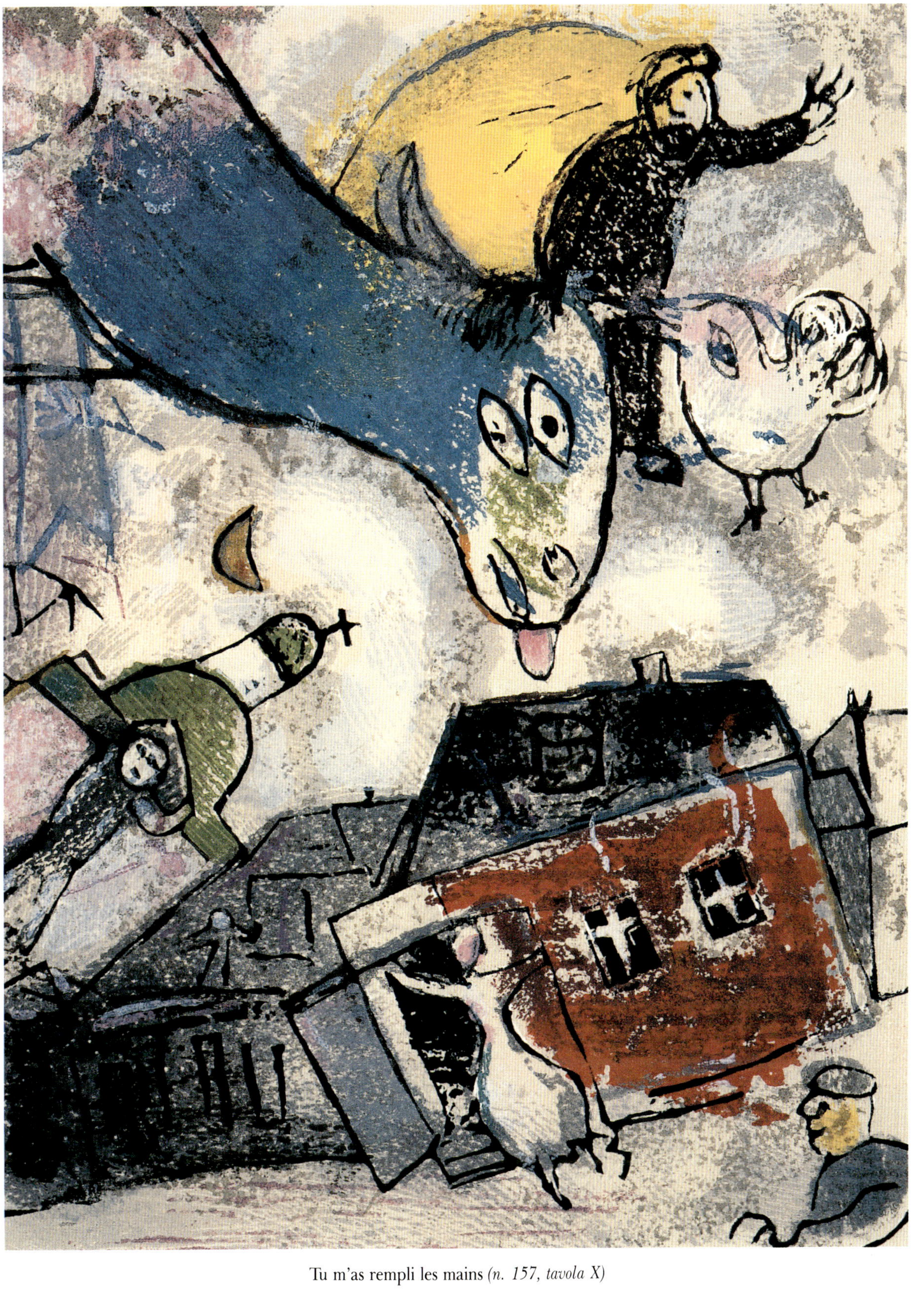

Tu m'as rempli les mains *(n. 157, tavola X)*

Avec du bleu, du rouge, du jaune

J'ai peint les murs clairs
J'ai peint les musiciens, les danseurs en scène
Avec du bleu, du rouge, du jaune
Pour vous, j'ai peint le tabernacle

Jouez, chantez, bondissez
Vous jouiez le rôle du vieux Roi
Avec moi. Vous m'engloutissiez
On riait aux larmes

Avec vous, silencieux
Nous sauterons jusqu'à la lune
Dans la nuit blanche
On entendra de nouveau notre voix

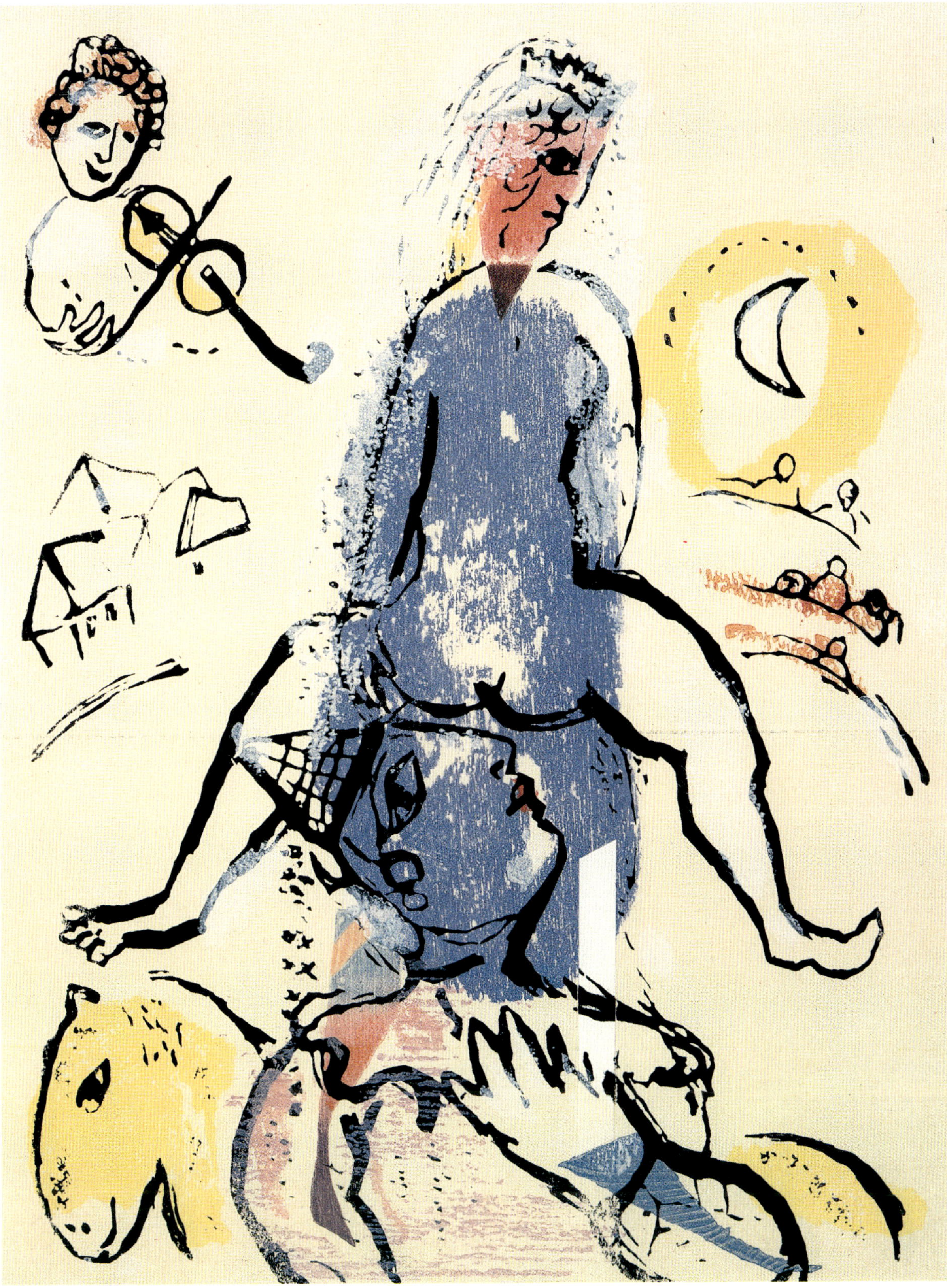

Avec du bleu, du rouge, du jaune *(n. 162, tavola XV)*

J'HABITE MA VIE

Dans mes tableaux
J'ai caché mon amour
J'habite ma vie
Comme l'arbre la forêt

Qui entend ma voix
Qui aperçoit mon visage
Enfoui dans la lumière de la lune
Comme un mort d'il y a mille ans

Ma mère m'a fait un don
Il rayonne dans mon corps

Je n'ouvre pas la bouche
Pour que mon cœur ne se sauve
Et ne pas me lamenter
Comme un oiseau dans la nuit

Dans mes tableaux
J'ai peint mon amour
Les anges le voient
Et les fiancées qui ne sont pas allées
Vers le dais de mariage

Le parfum d'une fleur
Allume les bougies
En bleu se lève
Le jour de ma naissance

Mes rêves je les ai cachés
Sur les nuages
Mes soupirs
Volent avec les oiseaux

Je me vois immobile et en marche
Je me défais
Devant le feu qui vient du monde
Mon amour est comme de l'eau dispersée
Aux quatre coins

Derrière moi vont mes tableaux

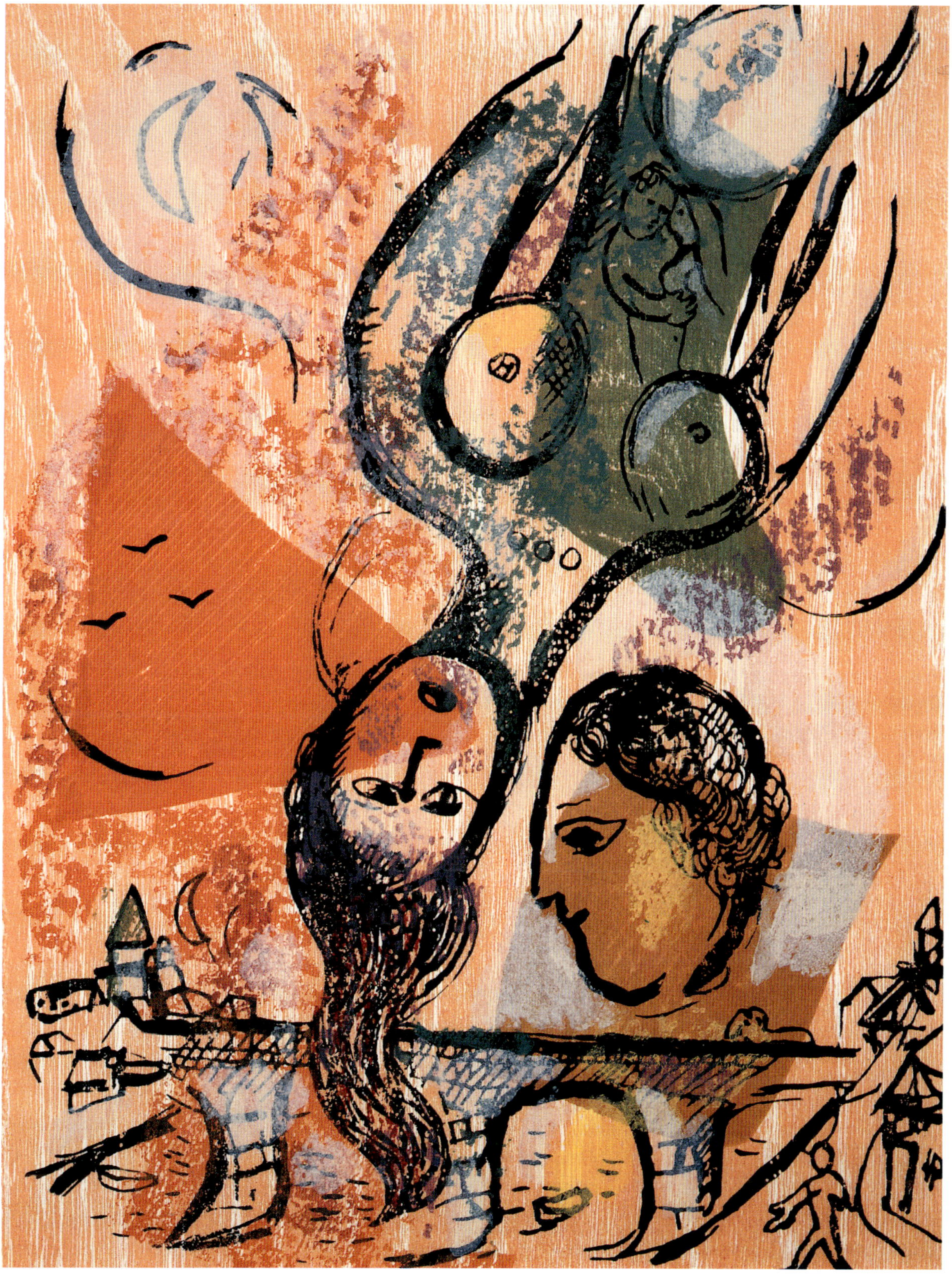

J'habite ma vie *(n. 171, tavola XXIV)*

Odissea

Poema di Omero
Traduzione di Dacier e Ripert, illustrata da
43 litografie originali a colori di Marc Chagall
1974-75
Opera in 2 volumi tirata in 250 copie
di cui 20 fuori commercio
Parigi, Fernand Mourlot editore, 1975
Parigi, Mazo Lebouc S.A.

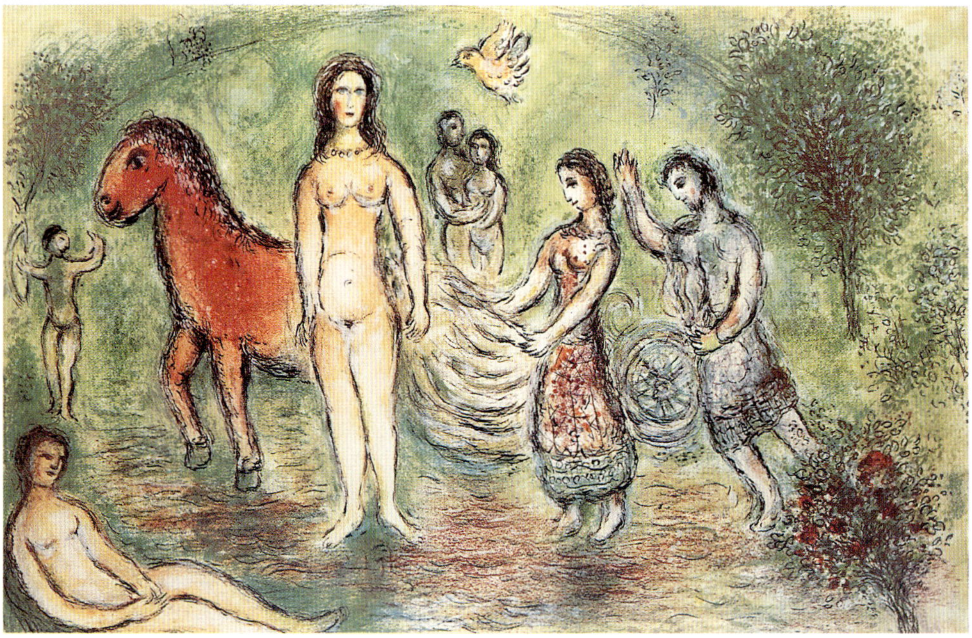

Ulisse dinanzi a Nausicaa *(n. 179, tavola 8)*

Quando Chagall esegue, fra il 1974 e il 1975, le 43 litografie che illustrano l'Odissea, si è ormai da tempo impregnato del mondo mediterraneo e della sua cultura. Orfeo, Icaro, Ulisse appartengono ai personaggi che hanno ispirato il pittore, che trova in essi l'universalità di un messaggio umanista del quale la pittura è il mezzo espressivo privilegiato. Nel 1968 esegue, per la facoltà di giurisprudenza dell'Università di Nizza, un mosaico monumentale dedicato alle avventure di Ulisse. Il testo di Omero gli è ben noto, e le illustrazioni che intraprende su richiesta di Fernand Mourlot rendono con rara efficacia l'afflato ispirato del racconto omerico.

Chagall lavora senza tregua con i suoi litografi, Mourlot, Sagouirin e Sorlier. La rara spontaneità delle sue tavole litografiche è il risultato di una lunga maturazione, di un bisogno di perfezione assoluta. Per rendere la freschezza e la densità cromatica degli originali è stato necessario talvolta stampare a più di 20 colori.

Quando si recava a Parigi alla stamperia Mourlot, in rue de Chabrol, Chagall amava dare ai giovani artisti il seguente consiglio: «Bisogna lavorare, bisogna sempre lavorare, riflettere, ricominciare. Non si può tentare di realizzare un ideale senza un lavoro immenso; bisogna dare se stessi al cento per cento; se non si dà che l'ottanta per cento, non si ha abbastanza passione oppure non si ha abbastanza talento. Bisogna lavorare fino in fondo, assolutamente, non per fare i soldi, ma per la qualità dell'opera. La qualità dà un significato alla vita.»

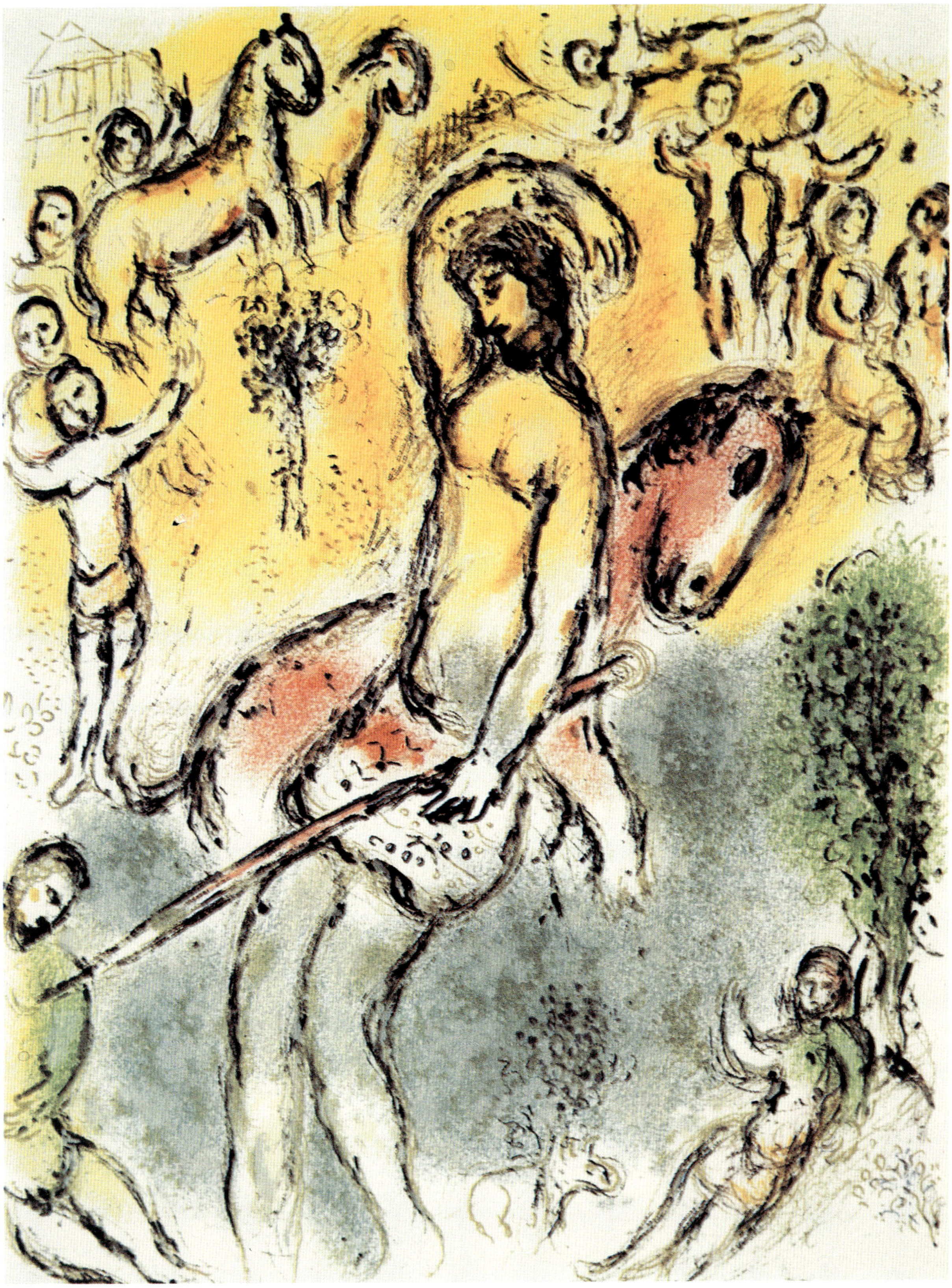

... Io sono Ulisse *(n. 183, tavola 12)*

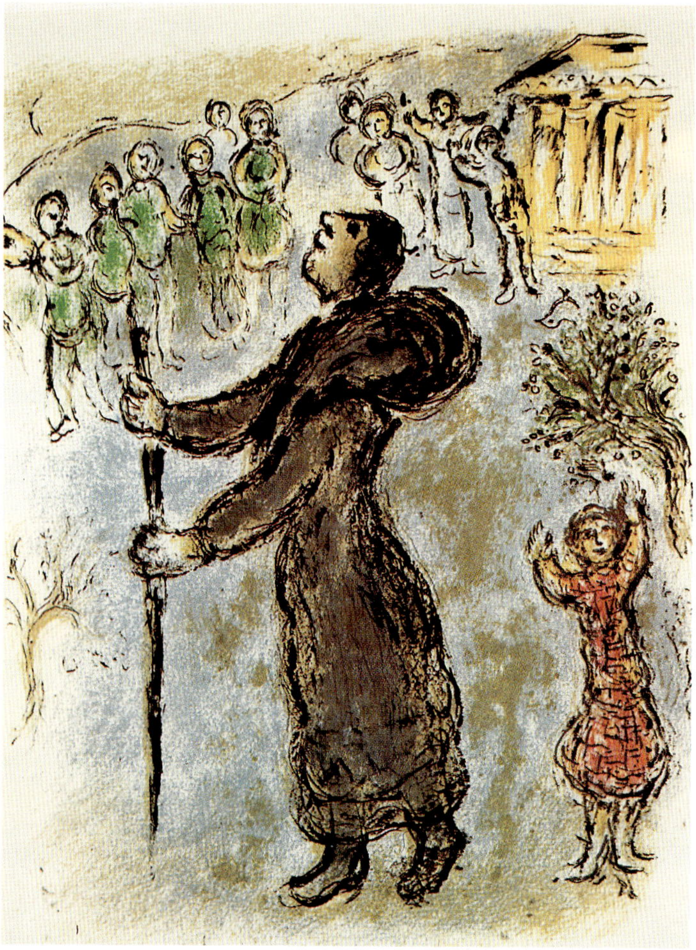

Ulisse travestito da mendicante *(n. 194, tavola 23)*

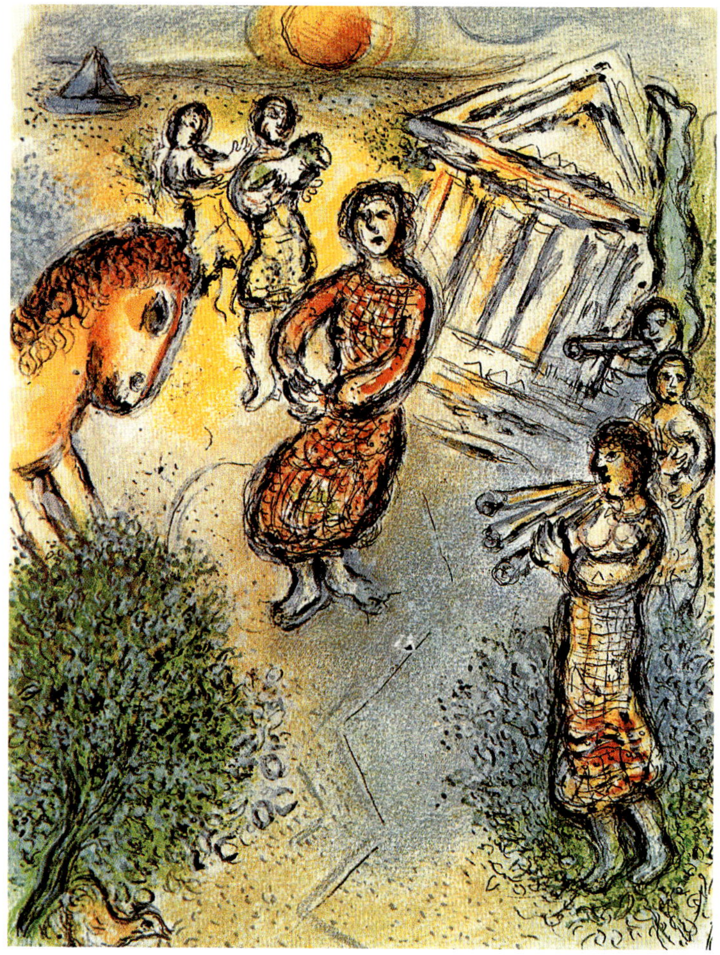

I preparativi del festino dei Proci *(n. 201, tavola 30)*

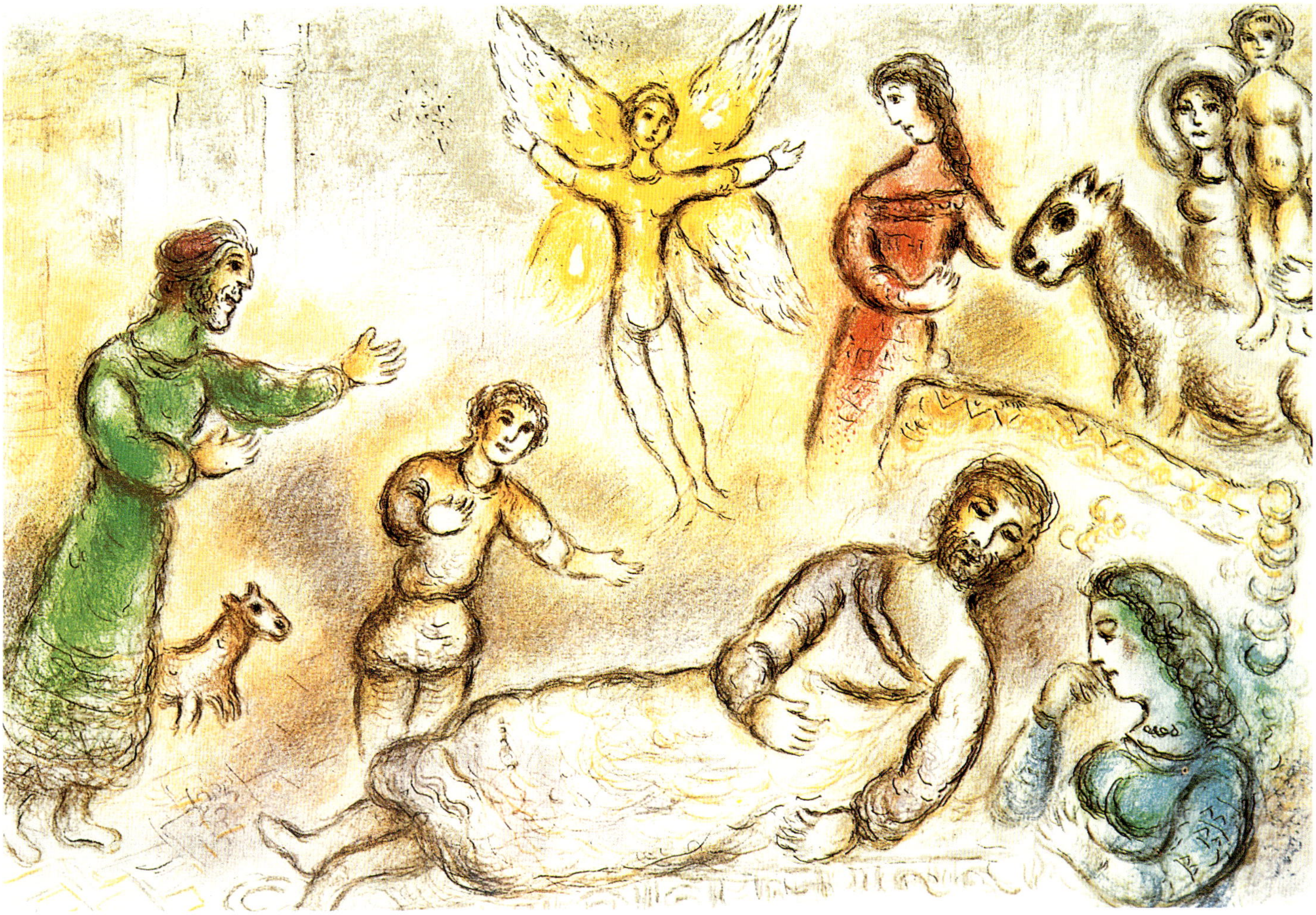

La pace ritrovata *(n. 124, tavola 43)*

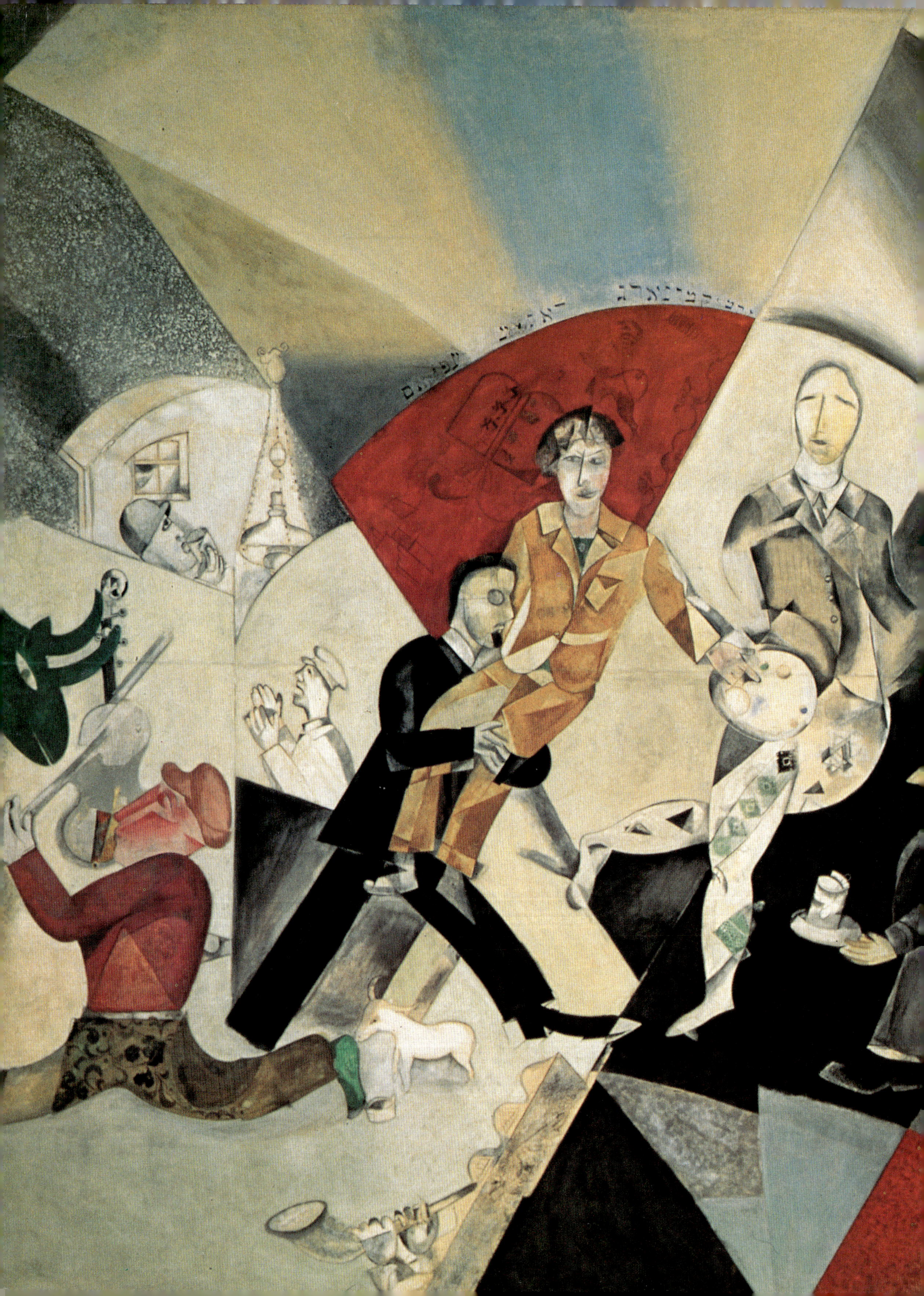

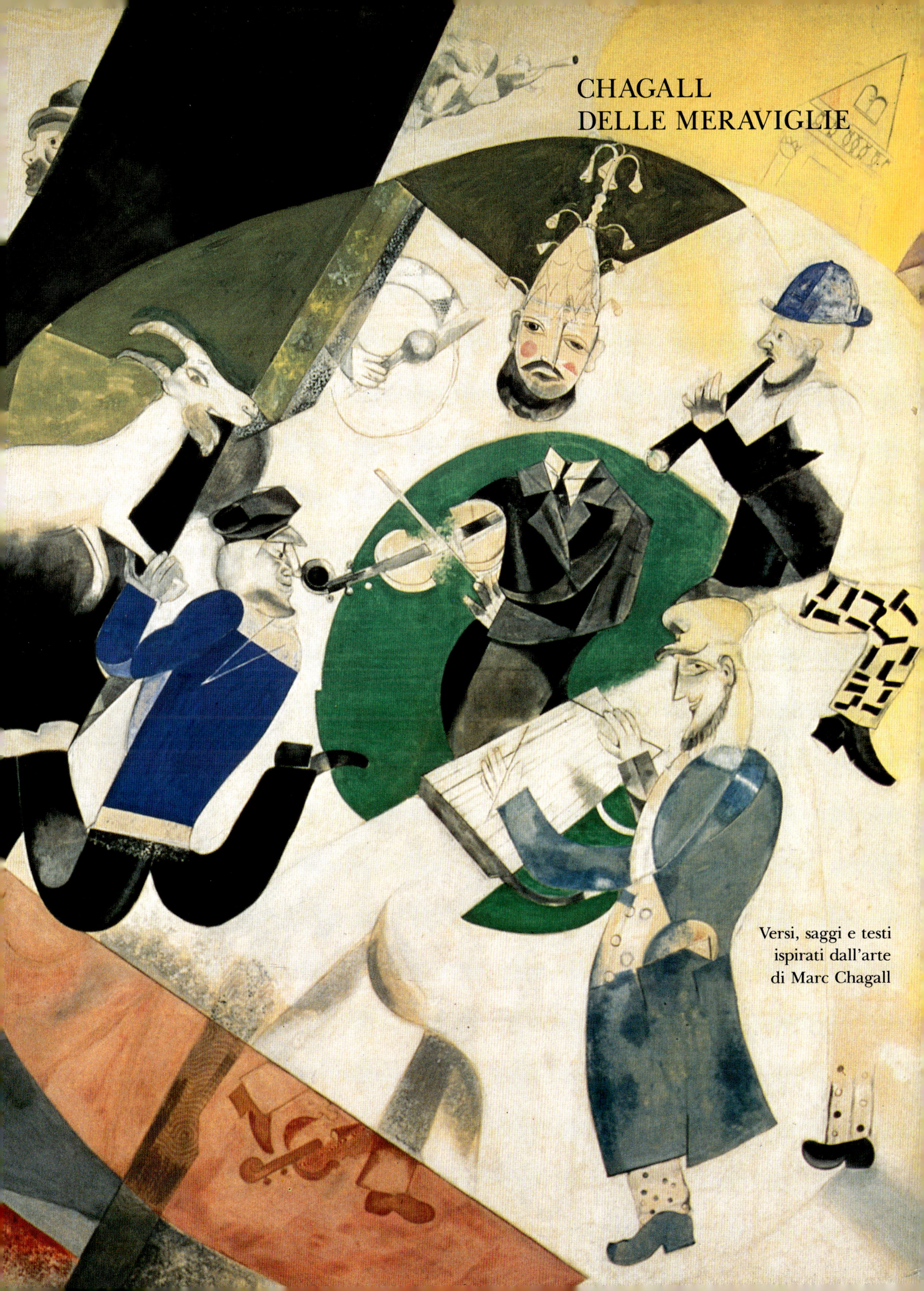

CHAGALL DELLE MERAVIGLIE

Versi, saggi e testi
ispirati dall'arte
di Marc Chagall

*Alla pagina precedente, l'*Introduzione al Teatro Ebraico, *uno dei pannelli eseguiti da Chagall nel 1920 per il Teatro Ebraico da camera di Mosca*

APOLLINAIRE

Rodsoge

Ton visage écarlate ton biplan transformable en hydroplan
Ta maison ronde où il nage un hareng saur
Il me faut la clef des paupières
Heureusement que nous avons vu M. Panado
Et nous sommes tranquilles de ce côté-là
Qu'est-ce que tu vois mon vieux M.D.
90 ou 324 un homme en l'air un veau qui regarde à
[travers le ventre de sa mère

J'ai cherché longtemps sur les routes
Tant d'yeux sont clos au bord des routes
Le vent fait pleurer les saussaies
Ouvre ouvre ouvre ouvre ouvre
Regarde mais regarde donc
Un vieux se lave les pieds dans la cuvette
Una volta ho inteso dire Ach du lieber Gott
Et je me pris à pleurer en me souvenant de nos enfances
Et toi tu me montres un violet épouvantable

Ce petit tableau où il y a une voiture m'a rappelé le jour
Un jour fait de morceaux mauves jaunes bleus verts et rouges
Où je m'en allais à la campagne avec une charmante
cheminée tenant sa chienne en laisse

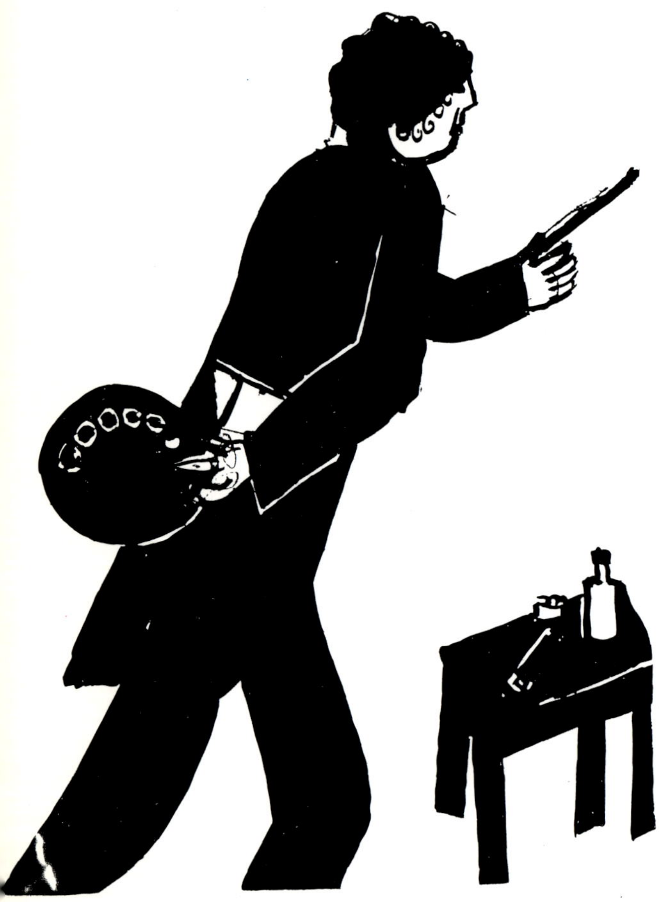

Il n'y en a plus tu n'as plus ton petit mirliton
La cheminée fume loin de moi des cigarettes russes
La chienne aboie contre les lilas
La veilleuse est consumée
Sur la robe ont chu des pétales
Deux anneaux d'or près des sandales
Au soleil se sont allumés
Mais tes cheveux sont le trolley
A travers l'Europe vêtue de petits feux multicolores.
[1913]

Omaggio ad Apollinaire, *1911-12,*
Eindhoven, Stedelijk Van Abbe Museum

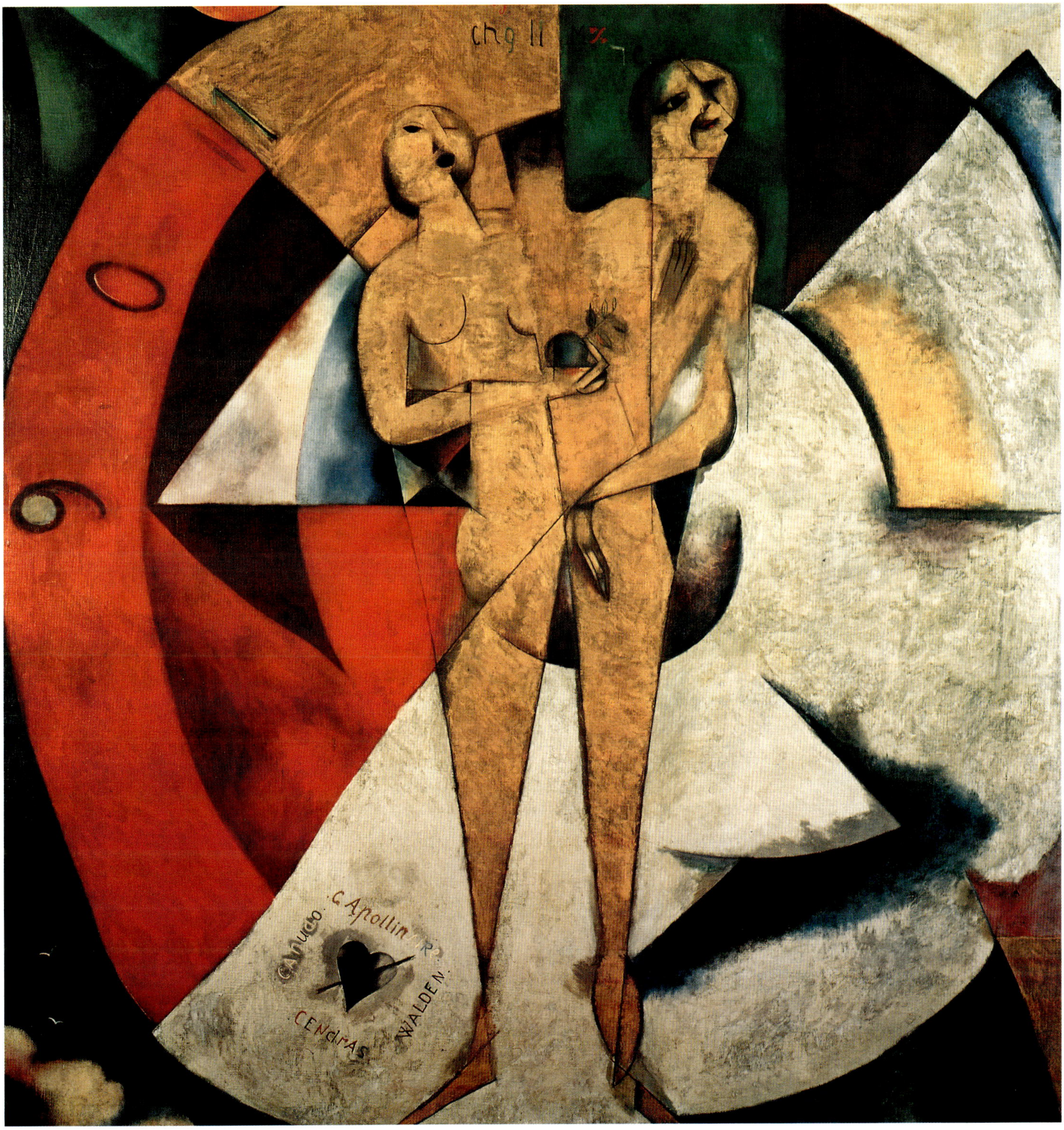

BLAISE CENDRARS

[1913]

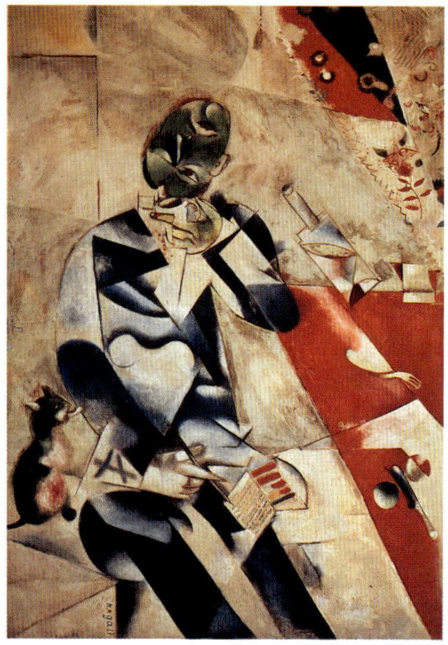

Il poeta (Tre e mezzo), *1911, Filadelfia, Philadelphia Museum of Art.*

Portrait

Il dort
Il est éveillé
Tout à coup, il peint
Il prend une église et peint avec une [église
Il prend une vache et peint avec une [vache
Avec une sardine
Avec des têtes, des mains, des couteaux
Il peint avec un nerf de bœuf
Il peint avec toutes les sales passions d'une [petite ville juive
Avec toute la sexualité exacerbée de la [province russe
Pour la France
Sans sensualité
Il peint avec ses cuisses
Il a les yeux au cul
Et c'est tout à coup votre portrait
C'est toi lecteur
C'est moi
C'est lui
C'est sa fiancée
C'est l'épicier du coin
La vachère
La sage-femme
Il y a des baquets de sang
On y lave les nouveau-nés
Des ciels de folie
Bouches de modernité
La Tour en tire-bouchon
Des mains
Le Christ
Le Christ c'est lui
Il a passé son enfance sur la croix
Il se suicide tous les jours
Tout à coup il ne peint plus
Il était éveillé
Il dort maintenant
Il s'étrangle avec sa cravate
Chagall est étonné de vivre encore

Atelier

La Ruche
Escaliers, portes, escaliers
Et sa porte s'ouvre comme un journal
Couverte de cartes de visite
Puis elle se ferme
Désordre, on est en plein désordre
Des photographies de Léger, des [photographies de Tobeen, qu'on ne [voit pas
Et au dos
Au dos
Des œuvres frénétiques
Esquisses, dessins, des œuvres frénétiques
Et des tableaux...
Bouteilles vides
«Nous garantissons la pureté absolue de [notre sauce Tomate»
Dit une étiquette
La fenêtre est un almanach
Quand les grues gigantesques des éclairs [vident les péniches du ciel à grand fracas [et déversent des bananes de tonnerre
Il en tombe
Pêle-mêle
Des cosaques le Christ un soleil en [décomposition
Des toits
Des somnambules des chèvres
Un lycanthrope
Pétrus Borel
La folie l'hiver
Un génie fendu comme une pêche
Lautréamont
Chagall
Pauvre gosse auprès de ma femme
Délectation morose
Les souliers sont éculés
Une vieille marmite pleine de chocolat
Une lampe qui se dédouble
Et mon ivresse quand je lui rends visite
Des bouteilles vides
Des bouteilles
Zina
(Nous avons parlé d'elle)
Chagall
Chagall

PAUL ELUARD

[1946]

In questa pagina, il manoscritto della poesia di Paul Eluard A Marc Chagall, *riprodotto nel catalogo* Hommage à Marc Chagall *edito da Berggruen nel 1967 in occasione dell'ottantesimo genetliaco dell'artista. L'illustrazione a lato riproduce una litografia espressamente realizzata da Chagall per la copertina di quel catalogo: l'originale può essere ammirato in mostra*

A Marc Chagall

—

Âne ou vache coq ou cheval
Jusqu'à la peau d'un violon
Homme chanteur un seul oiseau
Danseur agile avec sa femme

Couple trempé dans son printem

L'or de l'herbe le plomb du ciel
Séparés par les flammes bleu
De la santé de la rosée
Le sang s'irise le cœur tinte

Un couple le premier reflet

Et dans un souterrain de neig
La vigne opulente dessine
Un visage aux lèvres de lune
Qui n'a jamais dormi la nuit

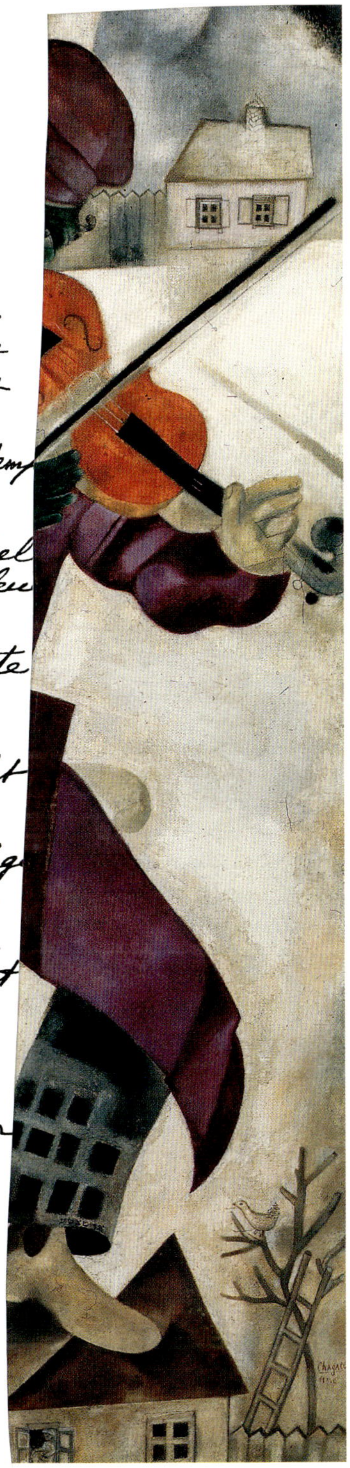

alla tradizione ariana delle immagini incise a tratto, senza privarlo delle sue qualità orientali, il senso pieno del colore e della decorazione, impartì delle coordinate al suo lavoro e gli impose il senso dello spazio. Le pietre grigie dei quartieri di Parigi gli insegnarono a percepire i contorni degli oggetti molto più nettamente di quanto non potessero fare i muri ingobbiti delle coloratissime case di provincia.
Chagall è entrato in contatto con la pittura cubista, ma non è andato oltre. Non si è fossilizzato psicologicamente come tanti altri: per lui, la forma non è mai divenuta un feticcio.

Quando Chagall si stabilì a Parigi ed ebbe l'opportunità di conoscere intimamente il mondo dell'arte, nella sua opera l'equilibrio fra pittura di genere ed elemento visionario fu sconvolto. Il piccolo mondo di Lyosno, con le sue minuscole dimensioni e la ristretta scena domestica, fu schiacciato dalle vaste prospettive e dagli spazi della grande città. D'altronde, ciò che era valso a Chagall l'accesso al mondo artistico parigino scardinava tutti i vincoli delle sue figure e dei temi tipici della pittura di genere. La natura stessa del misticismo, e segnatamente il suo sforzo di dare una nuova forma mistica al volto quotidiano della vita, celava in sé una forza centrifuga che

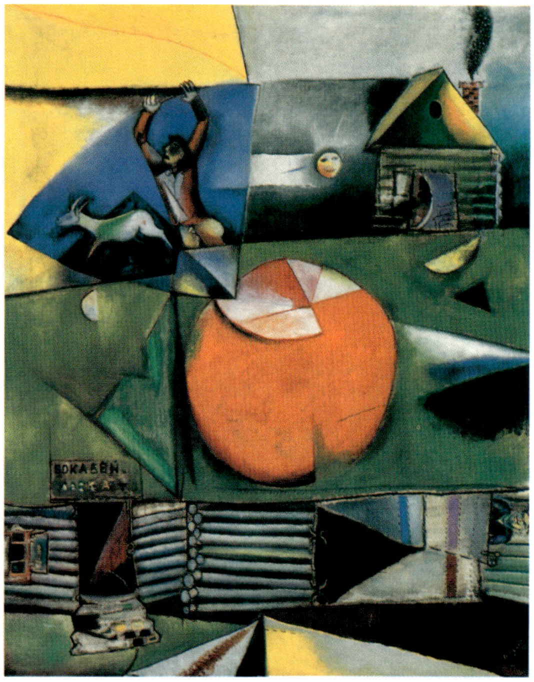

Il villaggio russo, dalla Luna, *1911, olio su tela, Monaco, Bayerische Staatsgemälde-sammlungen, Staatsgalerie moderner Kunst*

tendeva ad espellere le forme fossilizzate dell'esistenza. Però quel primo Chagall era troppo radicato alla terra, troppo legato alla 'sua Lyozno' per poter tenere in scacco la propria immaginazione. Ora Parigi rimuoveva l'ultimo ostacolo, e il mondo di Lyozno era ridotto in briciole.

Chagall arrivò a Parigi proprio nel momento in cui il cubismo era all'apogeo. In altre parole, fu obbligato a confrontarsi con un programma estetico coinvolgente, che agì su di lui dall'esterno nella stessa direzione in cui agivano le matrici interiori della sua arte. Il cubismo frammentava e sparpagliava l'integrità del mondo visibile in ossequio a un principio estetico astratto. Ma altrettanto il misticismo, nell'opera di Chagall, cercava di strappar via gli strati superficiali dell'esistenza, pur seguendo principi differenti. [...] Questo principio aprì la strada all'immaginazione di Chagall, permettendole di germogliare in un nuovo terreno. Un cataclisma mandò all'aria l'ambiente familiare all'artista, la piccola città ebraica. Quel ciclo di dipinti fantastici, del quale abbiamo parlato poc'anzi, e che sancì la fama di Chagall fra gli artisti moderni e i loro seguaci, suscitando l'indignazione congiunta del pubblico e dei pittori accademici, quel ciclo appare come una sconvolgente confessione, un distruttivo saggio dell'infernale tempesta che doveva rovesciarsi sull'arte di Chagall a Parigi. «Trucchi del mestiere... bazzecole...»: e invece non conosco niente di più concreto, più vivo, niente che abbia conseguito un risultato più convincente e onesto di queste straordinarie immagini. Ci sono voluti senza dubbio molto coraggio e molto talento artistico per raffigurare la furia delle potenze infernali in modo così diretto e plastico. Forse coloro che giudicano altissimo il valore di questo ciclo di Chagall sono nel giusto, perché l'artista non ha più saputo riproporre un legame così stretto fra intensità del sentimento ed espressione artistica. Eppure, in fondo, tanto apprezzamento sarebbe giustificato solo se ciò che Chagall esprime in quel ciclo non fosse esclusivamente di carattere circoscritto, personale, se la validità generale dell'esperienza che caratterizza i suoi altri due periodi fosse già venuta in luce in questo caso.

Il ritorno in Russia, allo scoppio della Grande Guerra, è stato una medicina per Chagall. È tornato al mondo quotidiano della piccola città ebraica, come il figliol prodigo, applicandosi ad esso con lo stesso ardore e la stessa forza intellettuale con cui ne aveva smembrato le povere forme a Parigi. [...] I frammenti della vita di Lyozno sono nuovamente ricomposti a formare un intero: le 'anime delle cose', strappatene dall'universale mulinare, rientrano negli oggetti, proprio come l'originario mondo ebraico si reintroduce nella pittura di Chagall. L'artista dipinge anche la più piccola strada, ogni persona, ogni casa della città natale. Nel ciclo di Vitebsk tutta la sua famiglia sfila in parata davanti ai nostri occhi, gli amici d'infanzia, vecchi e giovani, vicini, monelli di strada, mendicanti, case, capanne, alberi, erba e bestiame. Chagall dipinge con trasporto perfino l'impuro maiale, poiché in questa sua nuova esistenza tutto, proprio tutto è oggetto di devozione, è sacro. Ma, contemporaneamente, che enorme differenza con i quadri d'ambiente russo del suo primo periodo, prima di Parigi! Allora l'elemento mistico premeva per usci-

Strada di Vitebsk, 1914, *inchiostro su carta, San Pietroburgo, Museo Statale Russo*

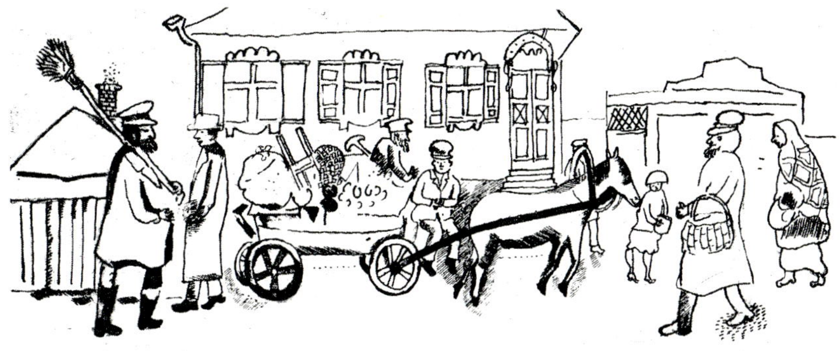

re fuori dagli oggetti, adesso sta lottando in direzione diametralmente opposta. Nelle *Nozze* del 1908 i personaggi camminano ancora poggiando i piedi sul suolo, e possiamo soltanto presagire che da un momento all'altro potrebbero staccarsi da terra e librarsi in aria, dove li guida l'essenza della loro vita. Nei dipinti di Vitebsk, sebbene i personaggi fluttuino in aria, come in quelli del periodo parigino, adesso stanno scivolando giù verso terra, e presto dovranno posarsi definitivamente e radicarsi nel suolo. Ad esempio, una giovane coppia plana sulla città in *La donna*, un vecchio ebreo col sacco vola sulla città in *Dintorni di Vitebsk*, nel *Compleanno* il giovanotto è librato in aria al di sopra della ragazza col mazzolino, mentre la bacia sulla bocca. E in questi dipinti anche ciò che si è già posato al suolo ha ancora un certo grado di instabilità, quella sorta di incertezza che si prova toccando terra dopo un lungo volo. È come se la nuova esistenza di Chagall dovesse ancora prendere pienamente possesso della gravità. È per questo che i personaggi e gli oggetti nei quadri di Vitebsk hanno un appoggio così debole e lieve sul suolo, e che persino le case e le stanze hanno un legame così esile colla terra. Da qui germoglia lo strano colore degli oggetti, i corpi e le facce verdi, viola e rossi. È l'eredità del rabbioso periodo di Chagall a Parigi, la sua inclinazione mistica, il riflesso dei suoi fiammanti colori.

È difficile accostarsi a Chagall, perché bisogna essere in grado di scioglierne le contraddizioni, crearne una sintesi e rivelarne il nocciolo, la forza che tiene insieme gli elementi disparati. Chagall è un pittore scolastico, ma è anche un visionario. Chagall è un narratore, ma è anche un filosofo, un ebreo russo, un ebreo chassidico, e insieme un discepolo dei modernisti francesi, e infine anche un fantasista cosmopolita, che vola intorno al mondo come una strega su un manico di scopa, portando nella sua scia innumerevoli parti differenti, innumerevoli esistenze differenti, che sciamano sopra le sue tele quando giunge il momento del raccoglimento e della creazione, quando i fluidi e burrascosi elementi delle visioni di Chagall si trasformano in forme plastiche e colori. Se Chagall fosse solo un visionario, sarebbe facile afferrarlo [...]. Sarebbe egualmente facile se Chagall fosse semplicemente l'esponente di una scuola, anche se appartenesse all'ala più rivoluzionaria di coloro che attualmente stanno creando i canoni della nuova pittura di genere. [...]. Dopotutto, sarebbe facile togliersi lo sfizio di decifrare l'oscura e complicata allegoria dei verdi personaggi senza testa di Chagall, se questi davvero altro non fossero che allegorie, pronte a convertirsi in storie semplici e comprensibili, come i personaggi mostruosi e deformi delle incisioni di Goya.

Ma Chagall non è né questo, né quello, né quell'altro. In lui l'elemento visionario è totalmente immerso nell'esistenza quotidiana, e l'esistenza quotidiana è totalmente visionaria. La natura degli spettri traluce dalle persone e dagli oggetti che la popolano, ma gli spettri di Chagall non sono mere ombre, del tutto prive di solidità, colore e dimensioni, ombre che sarebbe vano colpire, così com'è vano colpire l'aria. Il popolo degli spettri di Chagall possiede interamente la concretezza, lo stesso peso delle cose e dei corpi normali. E sebbene sia governato da un principio che manda in frantumi le cose, fa volare da tutte le parti uomini, animali e oggetti e porta una confusione totale nella logica delle dimensioni e del sistema di relazioni vigenti sulla Terra, con questo non c'entrano niente le misere leggi dell'allegoria, né il principio generale dello scioglimento degli enigmi. Qui non abbiamo più a che fare con un gioco logico, ma con una genuina, incondizionata struttura di immensa saturazione interna.

Ci stiamo avvicinando all'essenza più

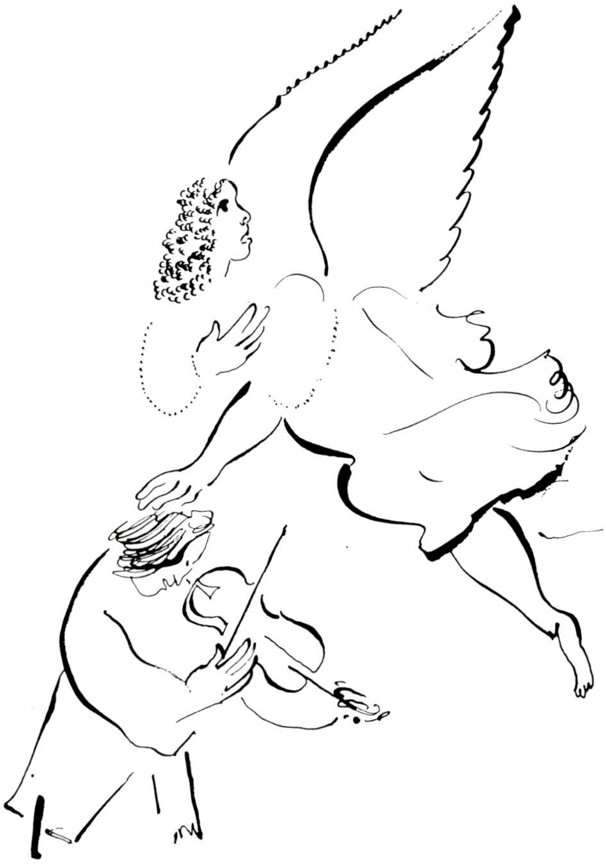

vera del talento di Chagall, che mette nitidamente a fuoco il mondo reale ed ha il presentimento di un altro mondo dietro di esso. Nelle sue ciniche invenzioni grottesche si cela furtivo l'elemento fiabesco del *capriccio*. Chagall percepisce un'esistenza sublime nella vita quotidiana di provincia... Da questo punto di vista, la formula autobiografica di Rozanov, «Sion, Babilonia e Vilna», può correttamente essere applicata anche a Chagall. Basta solo sostituire Vitebsk a Vilna. Chagall è cresciuto entro i confini di un ghetto di provincia, e le figure della vita di tutti i giorni lo perseguitano insistenti, anche quando dipinge il tenero, sobrio e lirico amore di Pierrot per Colombina. Ma dal 'provinciale', dalla mia strada, dalla mia casa, la vista spazia su sconfinate, mistiche immensità.

ANDRÉ BRETON

La metafora in pittura

C'è stata una grave e annosa lacuna, all'origine dei movimenti — Dada, surrealismo — che si proponevano la fusione della poesia con le arti plastiche: quella di non rendere completamente giustizia a Chagall. I poeti, per parte loro, gli debbono parecchio: Apollinaire, al quale ha ispirato forse la più celebre poesia del secolo, *A travers l'Europe*; il Cendrars della *Prose du Transsibérien*, persino Majakovskij ed Esenin, che lo evocano nei loro più accesi toni parossistici. La resistenza, da parte dell'ambiente dei poeti, è venuta solo più tardi, alimentata da un sospetto di misticismo gettato su Chagall e senza dubbio parzialmente fondato (negli anni Venti e Trenta un simile sospetto aveva l'effetto di determinare l'ostracismo). Oggi l'opera di Chagall può essere considerata con maggiore equità. La sua definitiva esplosione lirica risale al 1911. È da questo momento, e con lui soltanto, che la metafora fa il suo ingresso trionfale nella pittura moderna. Per consumare lo sconvolgimento dei piani spaziali preparato dalla *longa manus* di Rimbaud, e nello stesso tempo affrancare l'oggetto dalle leggi del peso, della gravità, abbattere le frontiere degli elementi e dei mondi, in Chagall la metafora scopre il proprio supporto plastico nell'immagine ipnagogica e nell'immagine eidetica (o esteti-

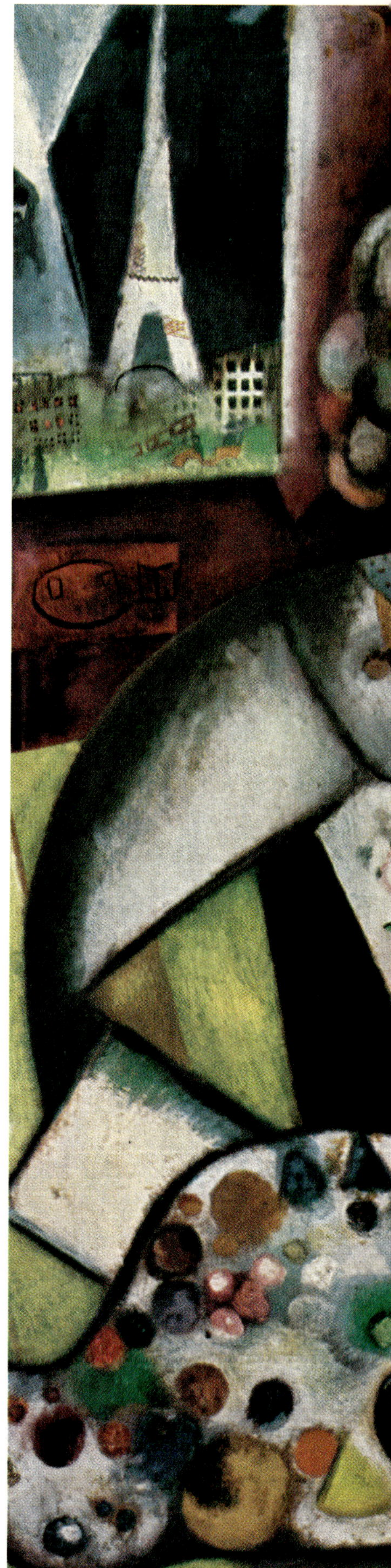

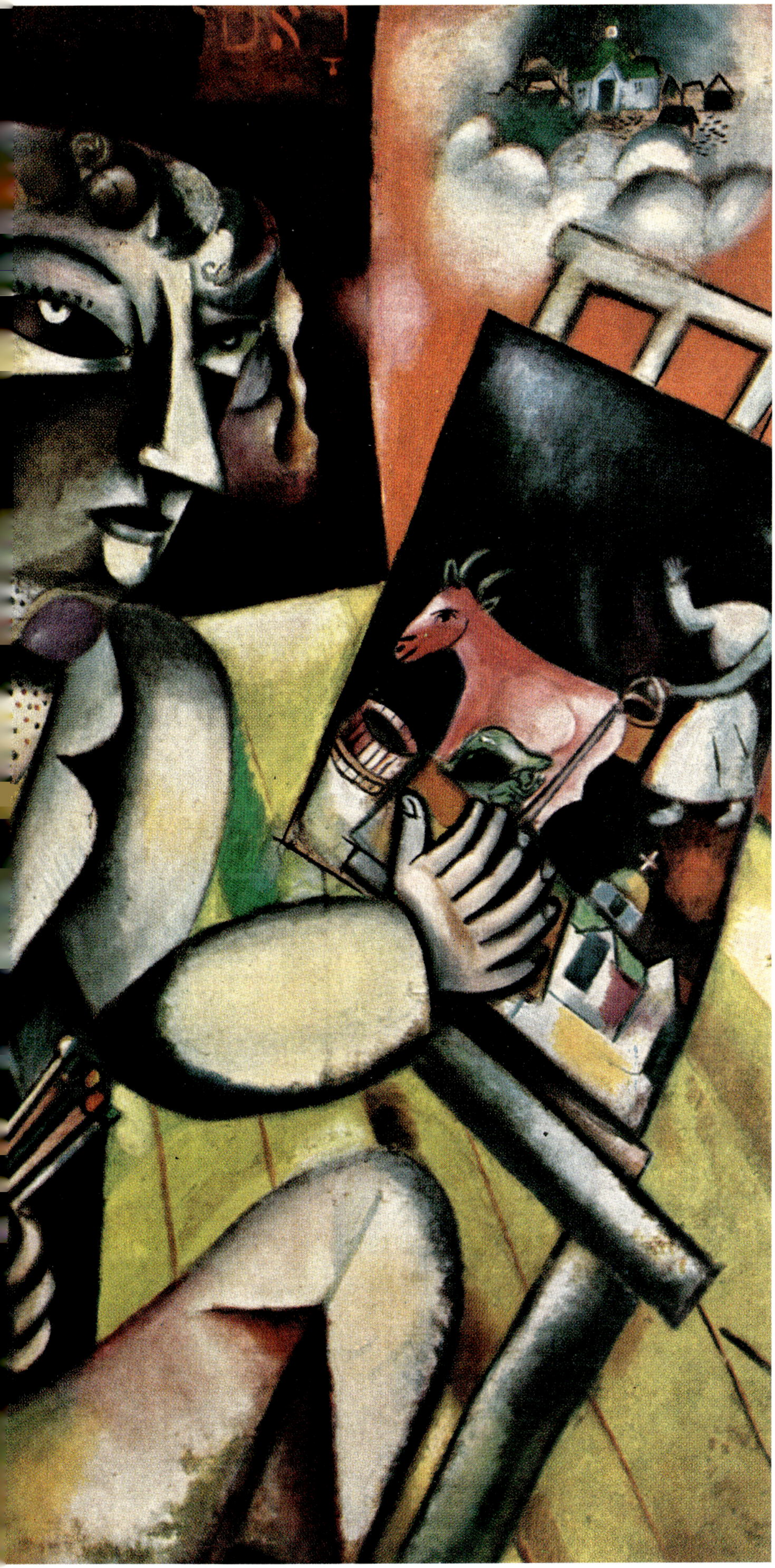

Autoritratto con sette dita, *1911-12, olio su tela Amsterdam, Stedelijk Museum*

ca), che sarà descritta, con tutti i caratteri che Chagall ha saputo attribuirle, solo più tardi. Non c'è stato niente di più risolutamente magico delle sue opere, in cui gli stupendi colori fondamentali portano in sé e trasfigurano il tormento moderno, pur conservando l'antica ingenuità nel raffigurare ciò che nella natura proclama il principio del piacere: i fiori e l'espressione dell'amore. [1941]

Qualche osservazione sull'arte e la vita

Molti hanno fatto dell'umorismo sui miei dipinti, soprattutto sui miei quadri con le teste all'ingiù. Le critiche che mi sono state mosse non mettevano a fuoco la trasposizione che operavo sulle forme. Del resto, è stata la rozzezza, in tutte le sue forme, a sancire la moda della deformazione, l'interpretazione plastica! Non ho fatto

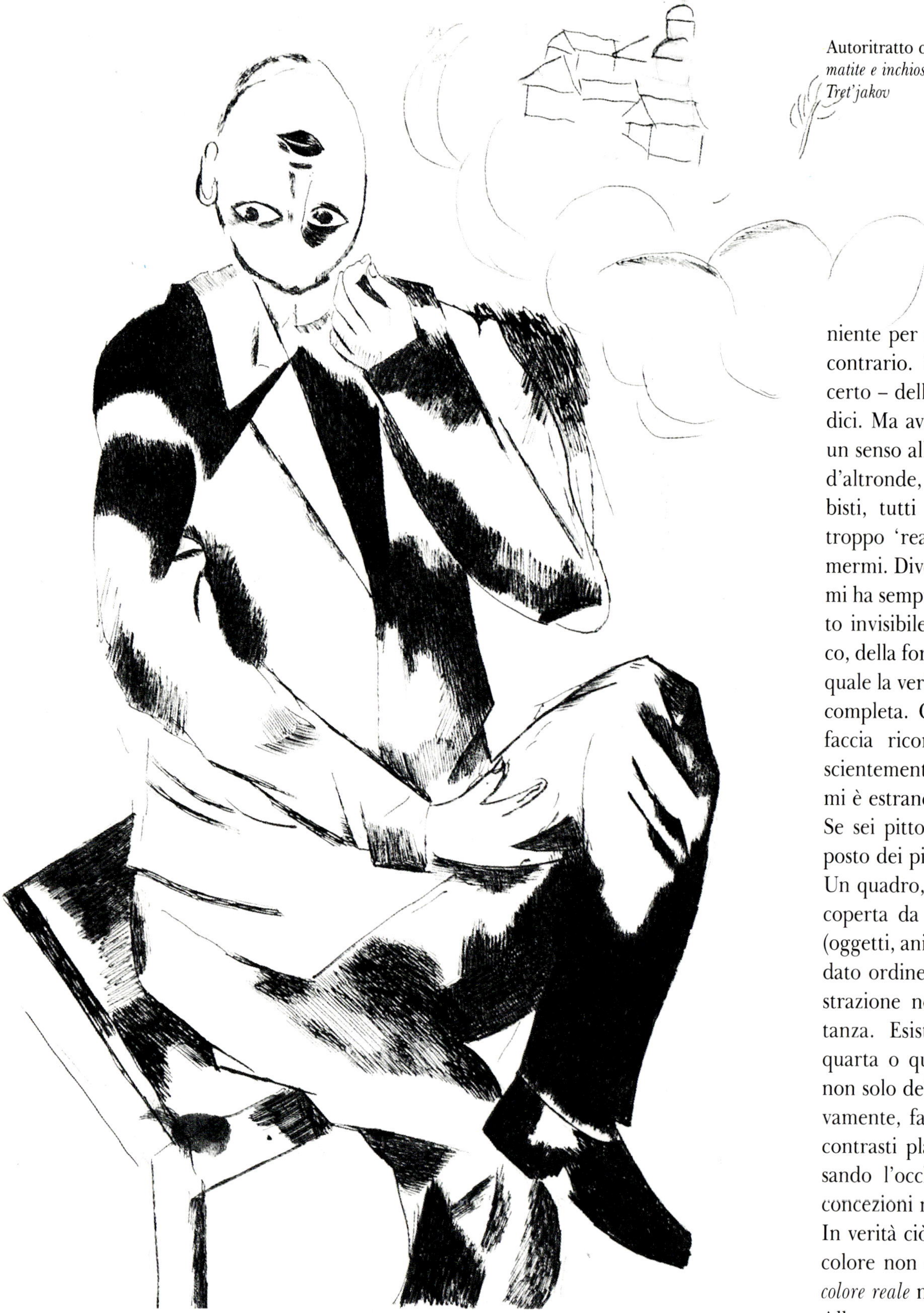

Autoritratto con la testa capovolta, *1918, matite e inchiostro su carta, Mosca, Galleria Tret'jakov*

niente per evitare quelle critiche. Al contrario. Sorridevo – tristemente, certo – della meschinità dei miei giudici. Ma avevo, malgrado tutto, dato un senso alla mia vita. Attorno a me, d'altronde, dagli impressionisti ai cubisti, tutti i pittori mi sembravano troppo 'realisti', se così posso esprimermi. Diversamente da loro, ciò che mi ha sempre tentato di più, è l'aspetto invisibile, quello cosiddetto illogico, della forma e dello spirito, senza il quale la verità esteriore per me non è completa. Ciò non vuol dire che io faccia ricorso al fantastico. L'arte scientemente, volutamente fantastica, mi è estranea.

Se sei pittore, puoi avere la testa al posto dei piedi, e resterai pittore.

Un quadro, per me, è una superficie coperta da rappresentazioni di cose (oggetti, animali, forme umane) in un dato ordine, nel quale logica ed illustrazione non hanno alcuna importanza. Esiste forse una misteriosa quarta o quinta dimensione – forse non solo dello sguardo – che, intuitivamente, fa nascere un equilibrio di contrasti plastici e psichici, attraversando l'occhio dello spettatore con concezioni nuove e insolite.

In verità ciò che dà all'oggetto il suo colore non è quello che si chiama il *colore reale* né il *colore convenzionale*.

Allo stesso modo la profondità non

scaturisce dalle pretese leggi della prospettiva.
È la vita, dunque, a creare i contrasti senza i quali l'arte sarebbe inimmaginabile e incompleta. [1947]

JEAN PAULHAN

Chagall, al suo posto

Dunque Chagall è pittore, e pittore moderno. Fa propri tutti i canoni della pittura moderna (quando non li inventa), fissati fra il 1900 e il 1910 (ed è precisamente nel 1910 che Chagall, partito dalla sua Vitebsk, arriva a Parigi). Quali canoni? Non è facile definire ciò che accettano. Ma si vede benissimo quel che respingono. [...]
Per quanto si ripercorra la storia della sola pittura che conosciamo — la pittura europea —, la si vede sempre caratterizzata da un insieme di procedimenti... Ora, non uno solo di quei procedimenti sussiste ancor oggi. Sono decaduti uno dopo l'altro: la prospettiva lineare con Daumier e Manet, la definizione del particolare con Gauguin e Van Gogh, la correzione anatomica con Ingres e Cézanne, il colore dominante con Monet, l'illusione del volume con Gauguin, l'illusione della materia con Matisse, e tutto ciò insieme con Braque e Picasso. [...] La pittura astratta nasce nel giorno in cui un pittore chiama *ritratto* una tela in cui nessuno riconoscerebbe una bocca, una fronte o degli occhi. Cosa si vede in una tela non figurativa? Dei riflessi senza specchio, corridoi senza uscita, stalattiti senza grotte. Tutto accade stranamente, nella pittura moderna, come se il nostro mondo fosse stato urtato, nella sua corsa, da qualche altro mondo, e l'urto non avesse lasciato che frammenti, talvolta riconoscibili, talvolta no...
Chagall accetta tutte queste condizioni, tutte le regole della pittura moderna. Nelle sue opere non vediamo né prospettiva lineare né prospettiva coloristica, né volume né, beninteso, correzione anatomica o colore dominante. Aggiungiamo che non imbroglia: non è certo lui che insinuerebbe nelle proprie immagini qualche 'prospettiva curiosa', qualche tratto realistico e una sorta di ammiccamento (un po' furbesco) allo spettatore. [...]
D'altronde, non ha mai avvelenato la gioia delle immagini. A vent'anni, disegna ancora come un bambino. È senza dubbio un fatto assai positivo che nelle scuole si insegni il disegno dal vero e tutto il resto. Forse lo scopo è scoraggiare i ragazzini — e ce ne sono tanti! — che vorrebbero diventare pittori. Ma Chagall non ha nemmeno dovuto difendersi. Nessuno gli ha mai spiegato il lavoro, lo scoraggiante lavoro della somiglianza: il falso volume, la falsa materia, il trompe-l'œil, la falsa distanza, il falso colore. Quel che lo stupisce, dei cubisti, sono proprio i loro scrupoli, l'eccessivo realismo.
Ma intanto i cubisti proseguono nel loro lavoro. Che lavoro? Sappiamo che l'esperienza mistica nasce dal rifiuto e dalla negazione: rifiuto della ricchezza e della gloria, rifiuto dei bei vestiti e dei bei corpi, rifiuto delle sensazioni gradevoli, rifiuto dell'intellet-

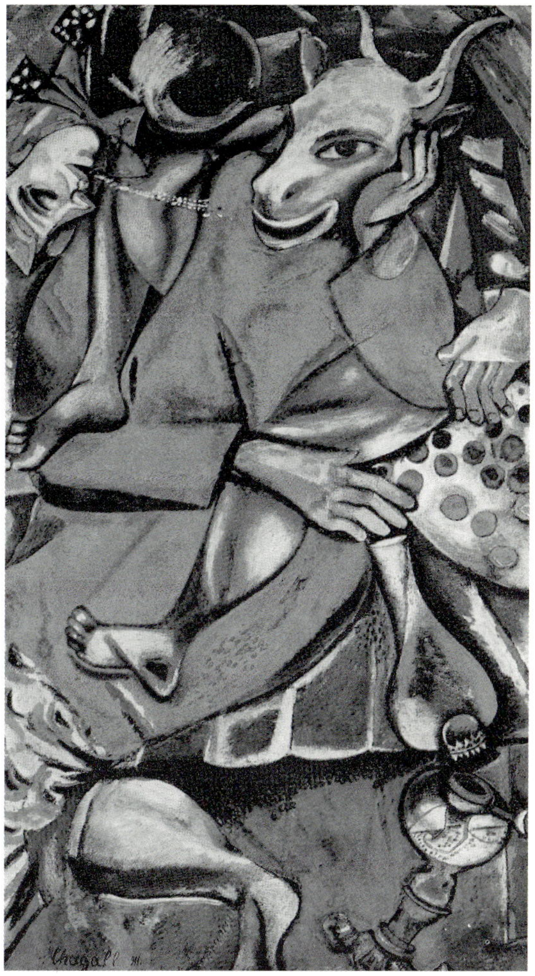

Dedicato alla mia sposa, *1911, Berna, Kunstmuseum*

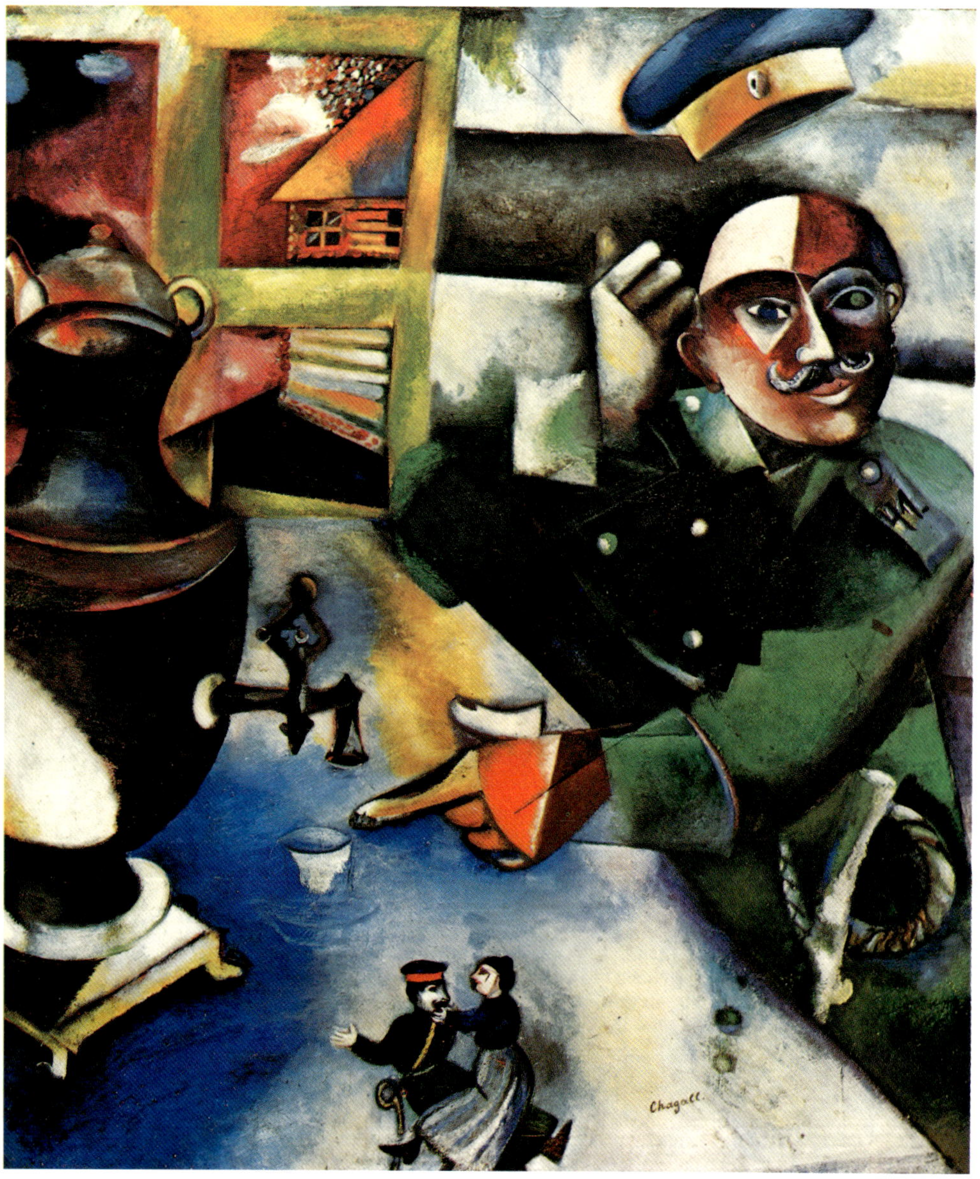

Il soldato che beve*, 1912, New York, The Solomon R. Guggenheim Museum*

to stesso e dello spirito. Tante assenze compongono la vita mistica come un paesaggio pieno di errori e d'imperfezioni, come un quadro moderno. Non credo che nessuno l'abbia mai notato: i tre momenti che i mistici di tutti i tempi hanno distinto nel proprio cammino, la vita purgativa, il sonno dei poteri, l'illuminazione, corrispondono esattamente ai tre periodi della pittura moderna o, è tutt'uno, del cubismo: il cubismo analitico, il cubismo ermetico, il periodo di cristallo.
Ma Chagall pare giungere di primo acchito al cristallo, all'illuminazione. Non senza turbamento, certo, né senza confusione. Talvolta la realtà lo assale e lo disturba. Oppure è il vecchio mondo di prima, con i venditori ambulanti che volano, la neve e le barricate, che ha dei problemi a ritrovarsi in un mondo di foreste bionde e di torri Eiffel: a risiedervi senza confondervisi troppo.
Macché: fin dal primo istante Chagall si trova in sintonia col divino. È soltanto di adorazione che si può parlare, davanti ai suoi asini azzurri, orologi volanti, cavalli in fiamme. E lui, osa anche parlare, senza intimidirsi minimamente, di ciò che ci assilla tutti fin dall'infanzia: la nascita, il matrimonio, la morte.

[1958]

G.BACHELARD

Introduzione alla Bibbia di Chagall

Un occhio d'oggi, un occhio di pittore, che proietta su tutto luce e splendore, guarda, in ogni pagina di questo libro, al fondo stesso delle tenebre della storia leggendaria. Un esilio vivente che guarda il più grande dei passati: scopre, vede, mostra gli esseri della vita primeva; fa vivere per noi quel grande tempo immobile in cui gli esseri nascono e crescono come tronchi inflessibili, in cui gli uomini sono, di primo getto, esseri sovrumani. Sì, Marc Chagall, il pittore che sa disporre, come un creatore di universi, rosso e ocra, blu notte e blu cielo, ci racconta i colori dei tempi del Paradiso. Chagall legge la Bibbia, ed ecco: la sua lettura è luce. Sotto il suo pennello, sotto la sua matita, la Bibbia diviene, naturalmente, in tutta semplicità, un libro d'immagini, un libro di ritratti. Ed ecco riuniti i ritratti di una delle più grandi famiglie dell'umanità.

Quando, nella mia solitudine di lettore, meditavo sul Libro Sacro, la voce era così forte che non sempre riuscivo a vedere il profeta. Tutti i Profeti avevano per me la voce delle Profezie. Adesso, guardando le tavole di questo bel volume, leggo il vecchio libro in un altro modo. Sento più chiaramente, perché ci vedo più chiaro, perché Chagall, il veggente, disegna la voce che parla.

In verità Chagall mi ha messo una luce nell'orecchio. [...]

Su uno sfondo di uccelli, in questo Paradiso che canta prima di parlare, appare l'uomo, l'uomo creato doppio, maschio e femmina, come dice il versetto della Genesi (I. 26-28). Un sogno androgino attraversa parecchie tavole del libro. I corpi sono uniti, primitivamente uniti, prima di essere separati. E, fantasticandoci bene, Chagall non separa l'uomo dalla donna al momento della tentazione. Eva si espone un po' di più, ma Adamo non la trattiene affatto. Eva ha delle «idee» sul frutto, ma la mano di Adamo è lì pronta, già tesa verso i frutti. Il pittore è qui un bravo psicologo della tentazione condivisa. Mentre il serpente parla, Adamo sta un po' indietro, ma è lì. Com'è sottile la psicologia della tentazione delegata. Come dice Adamo all'Eva di Chagall: «Va', mia cara, conosci la tentazione, la tentazione soltanto. Accarezza, ma non cogliere.» O ancora, sfumatura più sottile, «Non cogliere, ma accarezza»...

Nell'ebbrezza del vedere, un pittore sente tutto questo; lui, accarezza con lo sguardo i bei frutti del mondo senza staccarli dall'albero. Così colui che disegna ci offre una delle grandi «istantanee» del destino umano. [...]

Ma la donna ha colto il frutto. Quel solo gesto è stato sufficiente a devastare il Paradiso. Dio creatore è adesso Dio giudice. Nei suoi quadri Chagall disegna questa rivoluzione di Dio e degli uomini. Dio, in cielo, appare come un indice vendicatore. Eva e Adamo fuggono dinanzi al dito levato di questo Dio del Corruccio.

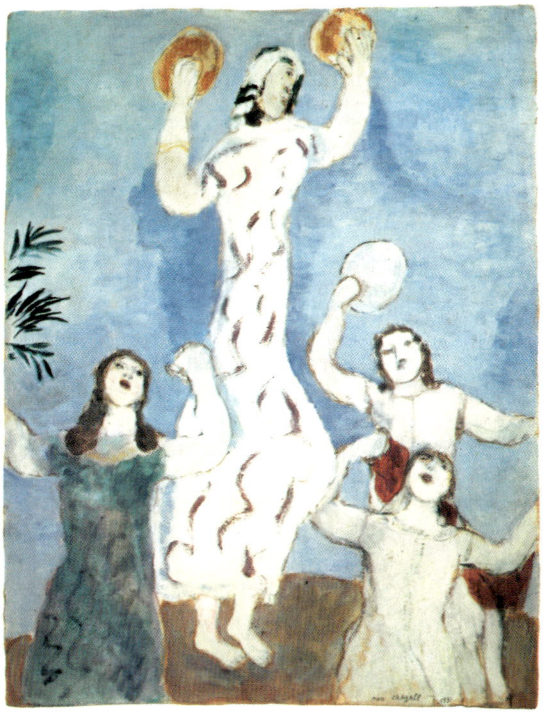

Miriam che danza, *1931, tempera su carta*

Ma bontà chagalliana, nella tavola a colori in cui Dio maledice Eva, davanti alla donna schiacciata dai suoi errori, Chagall ha disegnato un agnello stupefatto. Un agnello? O piuttosto, un animale chagalliano, ibrido di asino e di capra, androgino animale che si insinua in parecchie tele di Marc Chagall. Questo piccolo segno della tranquilla innocenza degli animali serve forse a sottolineare la drammatica responsabilità degli uomini di fronte alle gioie della vita. [...] [1956]

[1963]

Marc Chagall e l'amore del cosmo

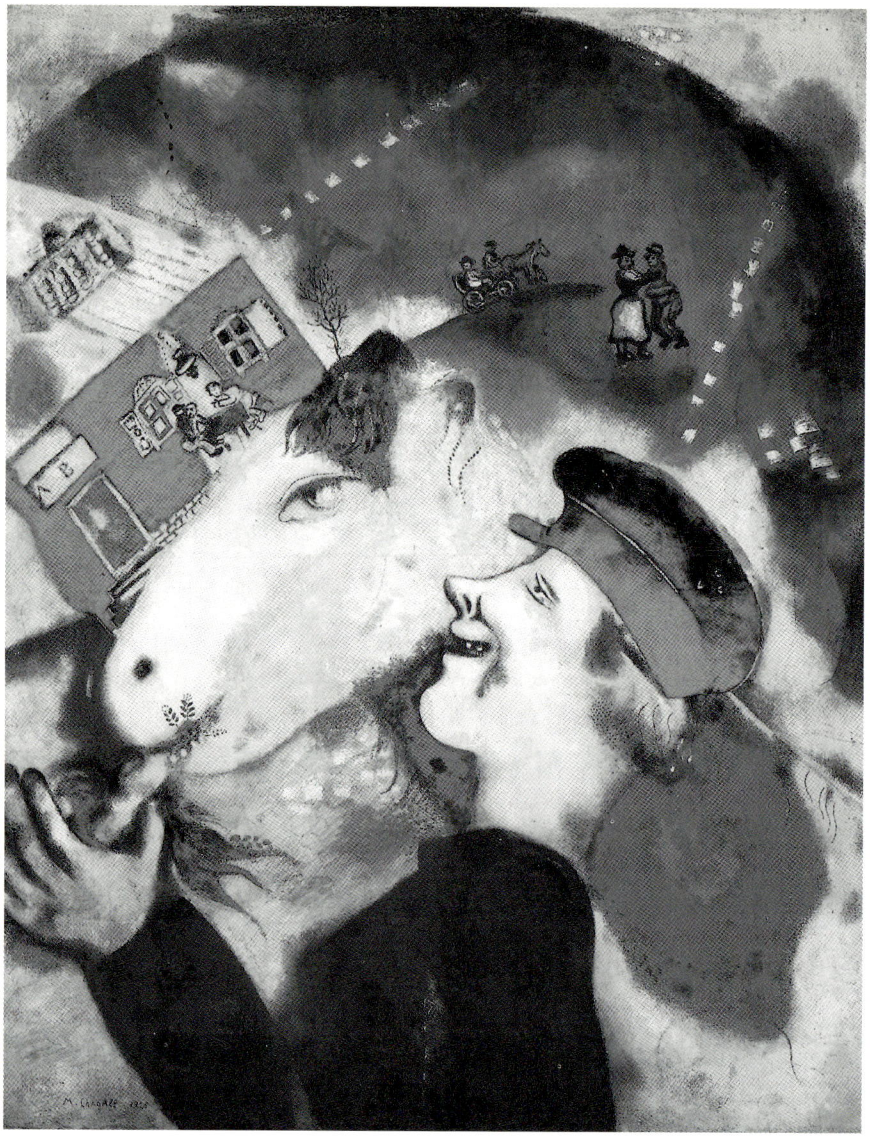

«Perché oggi siamo divenuti così inquieti?» si chiede Chagall. E trova il motivo principale della nostra inquietudine collettiva nella dissoluzione dei valori che hanno retto le società occidentali per duemila anni (sulla quale anche Bourbon-Busset ha attirato la nostra attenzione). Il processo ha preso varie forme. Naturalmente, Chagall, che è prima di tutto un pittore, osserva la dissoluzione dei valori tradizionali principalmente nella storia recente della pittura. Ed è evidente che in questo ambito assistiamo ad esperienze artistiche che hanno lo scopo di delegittimare e dissolvere l'universo plastico tradizionale.

Non è questo il luogo per affrontare le cause o il significato profondo di tale volontà di distruzione. Chagall riconosce di aver tentato anche lui, come altri, in un determinato periodo della sua carriera, di distruggere il cosmo «naturale» e di sostituirlo con un mondo alla rovescia, tagliando le teste dei propri personaggi e lasciandole fluttuare in aria. Ma, fatto rarissimo ai nostri tempi, Chagall ha resistito alla tentazione di demolire interamente il mondo dei suoi maestri e dei suoi antenati.

Ultimo, forse, dei grandi creatori, Chagall non soccombe al fascino che la distruzione esercita generalmente sui nostri contemporanei. Anche quando deforma e capovolge gli oggetti, non desidera mai realmente improvvisare un altro mondo. Anche nelle deformazioni persiste il suo amore per il cosmo 'naturale', che si esprime soprattutto nel modo in cui crea i suoi animali.

Contemporaneamente, il suo rifiuto di identificarsi nell'esperienza cubista e in quelle successive non ha implicato affatto l'accettazione d'un universo tradizionale, quale quello, per esempio, del naturalismo, del romanticismo o dell'impressionismo.

Rifiutandosi di trasformare la natura vivente in forme astratte e piani geometrici, non ha ceduto neanche alla tendenza di alcuni suoi predecessori: privare l'universo del suo carattere sacro a pro di una ricerca realista (non ha detto Paul Valéry che un artista si distingue per quel che ricusa? Chagall ha espresso rifiuti legittimi).

Ha fatto di più. Non ha screditato il sacro; al contrario, ha riscoperto il mistero e il carattere sacro della natura. Sta in questo uno dei tratti più significativi del suo genio. La natura, tale quale la studiano gli scienziati e la riproducono i fotografi, non l'interessa. La natura creata da Chagall è primitiva e materna — un luogo in cui l'uomo, l'animale e l'angelo vivono insieme, in pace, sotto l'occhio di Dio,

Alla pagina precedente, La vita campestre, *1925, Buffalo (N.Y.), Albright-Knox Art Gallery. In questa pagina, in basso,* Il sogno, *1927, olio su carta, Parigi, Musée d'Art Moderne de la Ville de Paris*

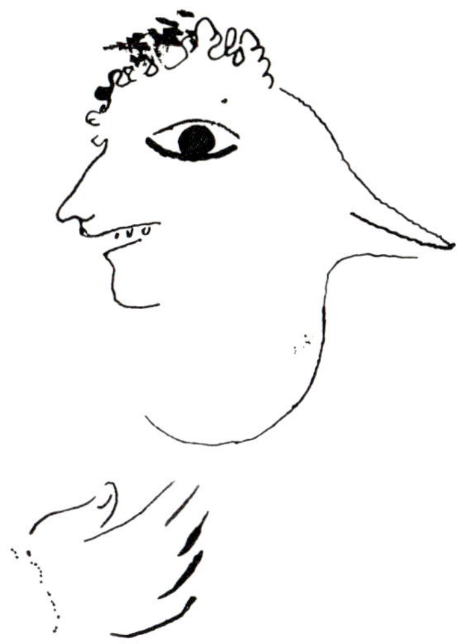

o sotto una grande luna, così com'era alla creazione del mondo. Per Chagall, l'archetipo dell'animale è l'asino; ed è risaputo che l'asino è, per eccellenza, l'animale del Messia.

La natura di Chagall è ricca d'immagini e di simboli del paradiso. In effetti, l'amicizia fra uomo e mondo animale è un sintomo paradisiaco: e Chagall ama illustrare tale amicizia attraverso l'onnipresenza dell'asino. Sappiamo che, prima della Caduta, l'uomo viveva in pace fra gli animali e ne comprendeva il linguaggio. Fu soltanto dopo la cacciata dal paradiso che Adamo divenne nemico degli animali e ne disimparò il linguaggio. E così possiamo dire che la natura di Chagall è trasfigurata dalla memoria e dalla nostalgia del paradiso. Le fidanzate che frequentano i suoi dipinti, gli angeli che fluttuano al di sopra dei villaggi, sono anch'essi immagini paradisiache.

Il mondo di Chagall, la natura materna e primitiva abitata da coppie di fidanzati, da asini e da angeli, è il mondo sacro e mitologico dell'infanzia. Più che di una memoria nostalgica, siamo in presenza di un passato riveduto e ricreato. Il mistero del mondo si rivela nell'infanzia, per essere poi in genere dimenticato. La maturità abolisce il mistero e sopprime la sacralità dell'universo e dell'esistenza umana. Chagall ha saputo riappropriarsi delle rivelazioni dell'infanzia. Esse sono incontestabilmente di ordine religioso, anche se l'artista non ne ha sempre coscienza.

È per questo che l'opera di Chagall ha per noi un'importanza così grande. Chagall ha un suo posto fra i rarissimi artisti contemporanei che hanno riscoperto la presenza del sacro nel mondo e nella vita umana. Ha un suo posto anche fra i pochissimi esseri che hanno riscoperto la felicità.

Felicità della quale l'élite occidentale, nel suo complesso o quasi, ha perduto il senso, dopo mezzo secolo di crisi e di sconvolgimenti. L'opera di Chagall ci mostra che può essere ritrovato.

LOUIS ARAGON

CHAGALL II

Te mettre en croix sans croix Te donner
En pâture à l'invisible vol d'un néant de
[corbeaux
Les miroirs auront peur tantôt de ton
[visage
Le silence fuira tes pas épouvantés
Il y aura derrière toi des sanglots de
[cauchemar
Il y aura des volets fermés où tu passes
Tu seras le pestiféré fui de toi-même par les
[rues
Le malheur n'aura ni fond ni lumière
[dans l'œil crevé des nuits
Le malheur tremblera dans tes doigts
[mutilés
Patrie atroce le malheur où tous les
[passants se ressemblent
Mais Chagall a peint les amants
[ensemble

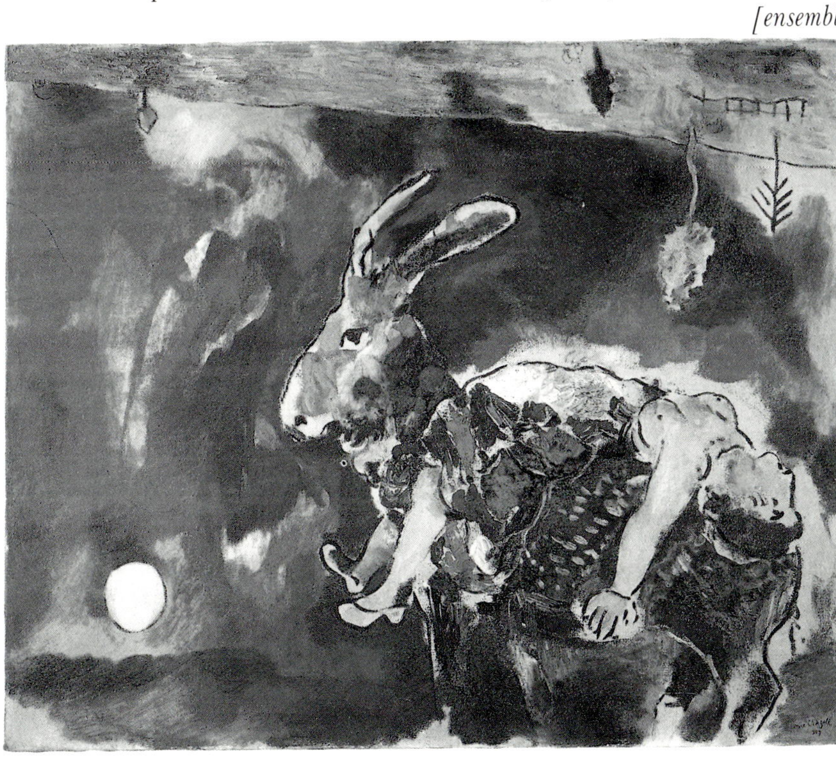

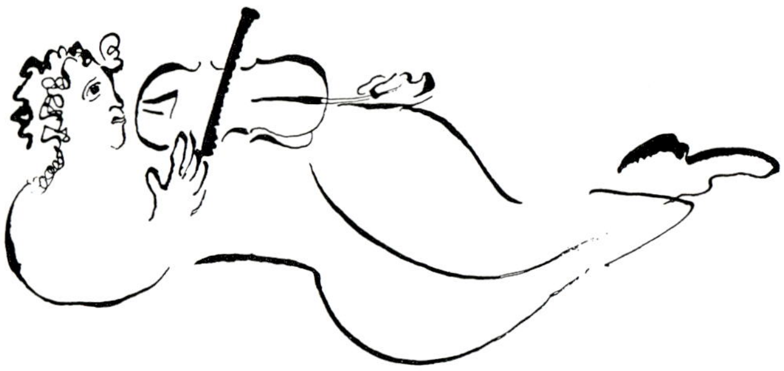

Alla pagina seguente, Fetonte, *1977, Francia, collezione privata*

Chagall III

Tous les animaux et les candélabres
Le violon-coq et le bouc-bouquet
Sont du mariage

L'ange à la fenêtre où sèche le linge
Derrière la vitre installe un pays
Dans le paysage

Les danseurs ont bu le grand soleil
[rouge
Qui se fera lune avant bien longtemps
Sur les marécages

Et le cheval-chèvre assis dans la neige
Aimerait parler avec les poissons
Qui sont trop sauvages

Marchez sur les mains perdez votre tête
Le ciel est un cirque où tout est jonglé
Et le vent voyage

Le peintre est assis quelque part dans
[l'ombre
A quoi réve-t-il si non des amants
Sur leur beau nuage

Au-dessus des toits à l'horizontale
Dans leurs habits neufs avant l'être nus
Comme leurs visages

Chagall IV

D'où venez-vous gens de prière
D'où venez-vous chevaux volants
Enfants la tête la première
L'un se fait noir pour l'autre blanc

Nous sommes tous des acrobates
Seulement qui n'en savent rien
Il faut bien que l'on s'acclimate
Au ciel d'ailleurs que d'où l'on vient

Ce siècle va les pieds en l'air
On y travaille sans filet
On fait semblant que c'est pour plaire
Et que l'on vole où ça nous plaît

La peinture est une mémoire
Où tout s'ordonne à sa façon
Rien n'y est linge dans l'armoire
Autre cirque autre est la chanson
Pourtant Vitebsk et Notre-Dame
Se ressemblent énormément
Ainsi l'amour modèle à l'âme
Le profil commun des amants

Automne automne long automne
Comme le cri du vitrier
De rue en rue et je chantonne
Un air dont lentement s'étonne
Celui qui ne sait plus prier

Mais l'œil demeure au tard d'hiver
Le transfigurateur du temps
Aux arbres nus rend le jour vert
Et verse aux autres dans son verre
Le vin nouveau d'avoir vingt ans

Chagall VII

J'ai dormi sous la voiture
Entre le coq et le chien
D'où venais-je neige neige
Tout est blanc blanc blanc si bien
Que rien n'est grandeur nature

Les hommes de ce village
Avant moi se sont levés
Neige neige d'où venais-je
Pour empêcher de couver
Les poules du voisinage

On ne leur voit que le cuir
Noir sur cet hiver dansant
Arlequins de neige que n'ai-je
Votre grand rire indécent
Qui fait la volaille fuir

Marioles marioles
Où donc avez-vous vécu
Pour donner ainsi manège
Et frapper le sol du cul

O faiseurs de cabrioles

[1966]

ANDRÉ MALRAUX

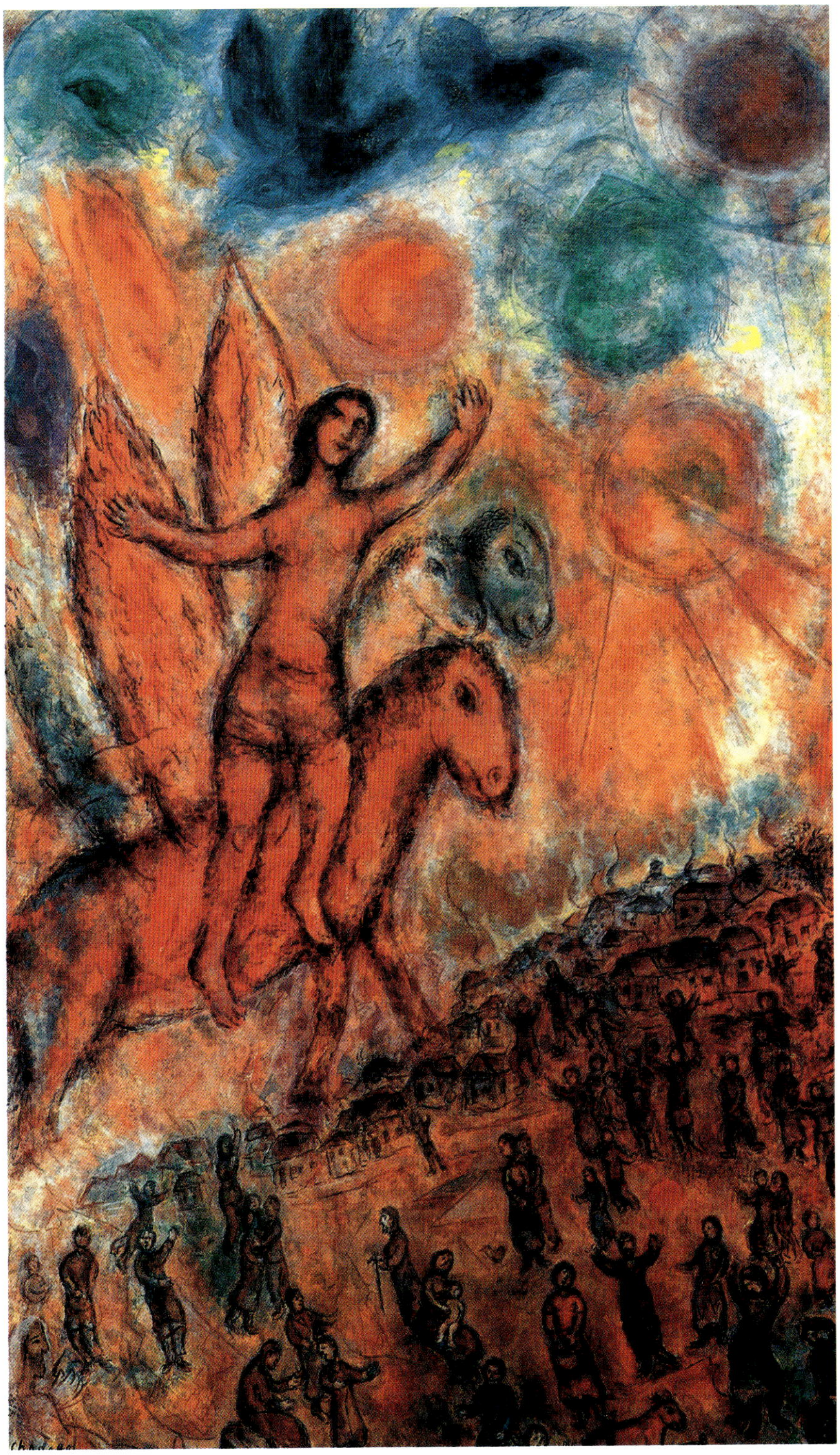

Come un saggio cinese...

Di tutti i grandi pittori del nostro tempo, Chagall è il solo a non aver dato ascolto al richiamo effimero dell'attualità. Lo stesso Braque, alla fine della sua esistenza, ha ritenuto di dover sacrificare la qualità della materia alla quantità, e ha coperto le proprie tele di un impasto spesso che il pennello lavorava come un aratro. Talvolta Picasso ha lasciato che la tinta colasse dal suo pennello, come un macchiaiolo. Chagall, piuttosto che al richiamo dei nuovi «ismi», sembra, invecchiando (termine improprio, dato che la freschezza del suo spirito e la sua resistenza fisica alla fatica sono stupefacenti), sensibile a quello dei grandi predecessori: è la sua maniera di avanzare negli anni, senza vergognarsene, che tradisce le sue origini orientali. Come un saggio cinese, sa amare la gioventù — ed anche con una certa civetteria — pur mantenendo la sua poesia al riparo del tumulto. Un giorno gli raccontavo che Sartre rimproverava a Tiziano (che chiamava Vecellio, per evidenziare il suo disprezzo) di non essere stato un pittore *engagé*. «Come,» rispose Chagall «ma se si impegnava nella sua pittura fino all'ultima stilla di sangue!»

Fino all'ultima stilla di sangue: a più di sessant'anni, Chagall si impegna, con la stessa allegria, nella sua pittura,

*La vetrata con l'*Apostolo Giovanni*, 1978, Tudeley (Kent), All Saints Church*

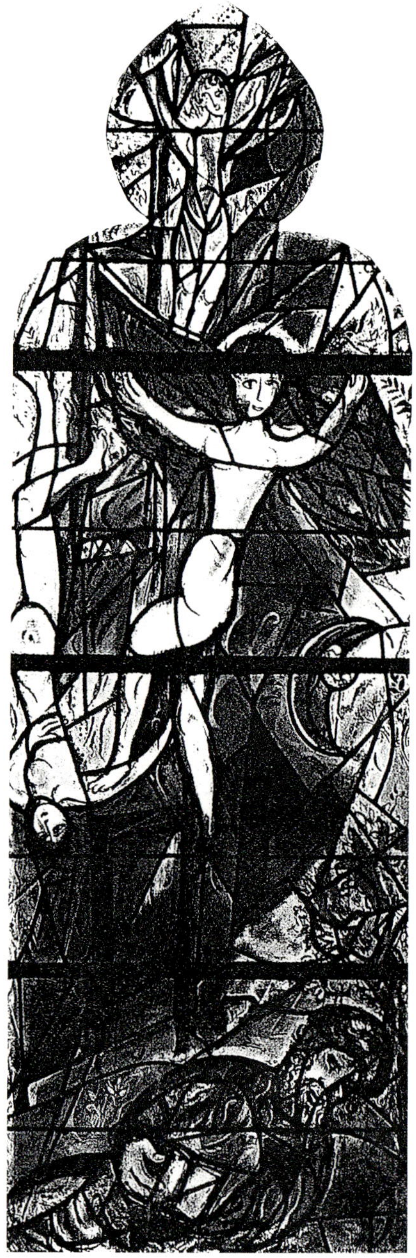

con un vigore, una freschezza, una giovinezza che pochissimi artisti, alla sua età, hanno conosciuto.
L'artista delle vetrate di Gerusalemme — una rara testimonianza del genio ai nostri tempi — ci aveva insegnato quanto fosse importante delimitare ciascun elemento dell'opera racchiudendolo nel suo contorno come in un'armatura, per meglio inserirlo nella composizione, la cui unità si trovava così ad esser ribadita. Nei dipinti, invece, qualsiasi frontiera fra il cielo e la terra, fra l'uomo e il cosmo è cancellata. Chagall cede, a sua volta, all'incantamento. Vien fatto di pensare al celebre verso di Leopardi: «E il naufragar m'è dolce in questo mare.» Ma sarebbe imprudente credere che l'artista abbia detto tutto e dato tutto. Al contrario, sono persuaso che possiamo attendere con fiducia una nuova tappa della sua evoluzione, che costituirà la geniale sintesi della sua opera.

Sulla sua opera non sventola altro vessillo che quello dell'amore: amore dell'uomo e amore della pittura. In un'epoca in cui l'uno e l'altra, con mille pretesti, sono brutalizzati, l'artista ritrova, in questo amore, «il sacro presente nel mondo».
«Così (dice Eliade) si colloca al suo posto fra i pochissimi esseri che hanno riscoperto la felicità», di cui l'élite occidentale ha quasi perduto il significato. Per un pittore, la felicità è innanzitutto felicità di dipingere.

San Lazzaro, maggio 1967

ANDRÉ MALRAUX

La vecchiaia dell'artista

Su quale artista contemporaneo ci si è sbagliati di più? Innanzitutto, perché in questi anni, in cui si rifiutano con tanta veemenza i soggetti, Chagall non è assolutamente scindibile dai suoi. Poco importa che sia il più grande creatore d'immagini del secolo, questo secolo non li ama. Cosa significano le 'immagini' di Matisse, di Braque o di Picasso? Il loro genio le ha subito negate — salvo, forse, Picasso, che sa bene però che quelle delle sua giovinezza altro non sono che la cornice del suo genio futuro.
Parliamo innanzitutto di una galleria d'immagini, poiché l'opera di Chagall è ebbra di immagini. Lo è anche l'opera di Rouault, certo. Ma le sue immagini erano eredi del mondo biblico; quelle di Chagall sono *in margine* al mondo d'Israele. Illustra una Bibbia? Tutto ciò che raffigura appartiene, strettamente o latamente, a una Bibbia popolare che inventa. Affettuosamente. Ma il Bue e l'Asino, presenti lungo molti secoli di pittura cristiana, non sono nel Vangelo. Chagall è il primo pittore che ha l'audacia di inventare profeti apocrifi nati da una poetica apocrifa dell'Antico Testamento. Come i geni di Assisi sapevano che l'asino prega incrociando le orecchie e il bue le corna, Chagall si inventa un popolo innocente della Scrittura: rabbini sulla terra, fidanzati in cie-

Un particolare della decorazione del soffitto del teatro dell'Opéra di Parigi, eseguita negli anni 1962-64

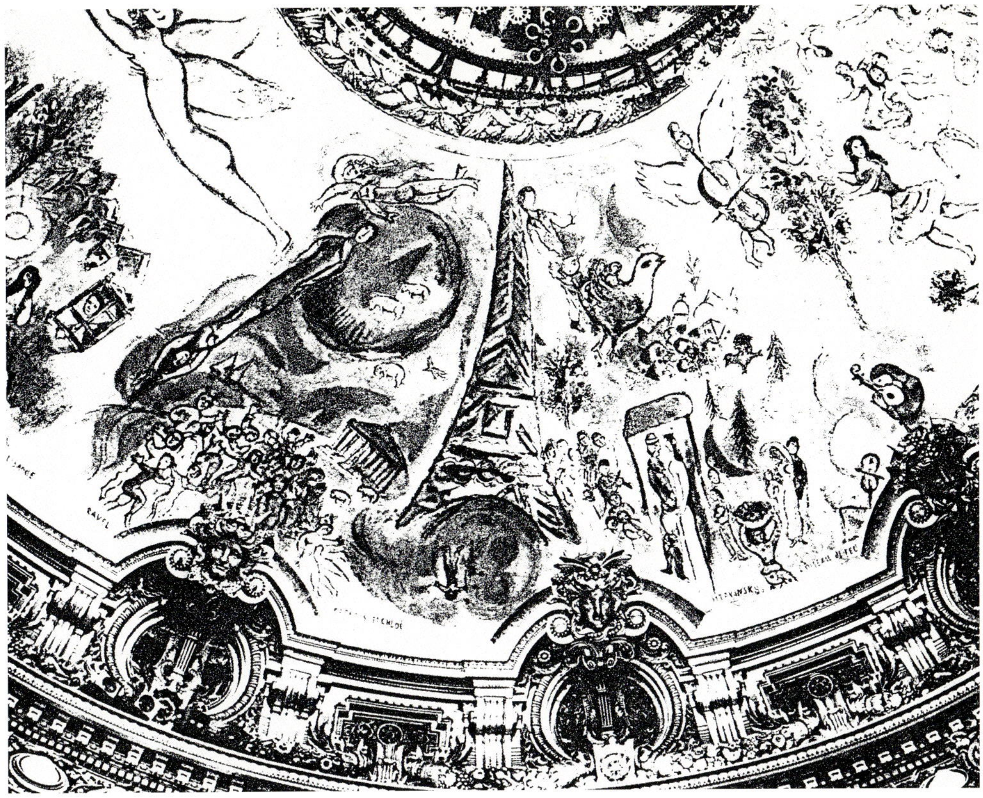

lo, e qualche pendola errante... Il mondo dell'infanzia? Il Bue e l'Asino non avrebbero attraversato i secoli se fossero appartenuti solo all'infanzia. E le figure di Chagall non riguarderebbero tutto l'Occidente, se esse appartenessero unicamente al regno del meraviglioso.

Non lasciamoci fuorviare dalla sua ingenua meraviglia: un'arte come questa non si definisce attraverso il fantastico, ma attraverso la pittura. Mediante una pittura fondamentalmente creatrice di poesia. Quale altro pittore vivente sarebbe stato capace di dipingere in quel modo il soffitto dell'Opéra? Ma come la pittura è creatrice di poesia, la poesia è creatrice di pittura. Senza dubbio, io sono sensibile alla poetica di Chagall (che gli somiglia molto...). Anche se non avesse fatto altro che inventare il regno tremante e candido che gli ispira la Bibbia, inventare il Bue e l'Asino dei Profeti, sarebbe ugualmente un grande artista. Ma temo che quel mondo divenga uno schermo tra la sua opera e il suo pubblico. Benché Chagall sia un poeta (come Hieronymus Bosch, Piero di Cosimo e molti altri), è *prima di tutto* uno dei massimi maestri del colore del nostro tempo. Anche se non avesse mai dipinto un rabbino, né le sue tele tricolori attraversate da fantasmi. La sua forza poetica è la stessa nelle opere della giovinezza e in *La mia vita*: fra le une e l'altra, quel che è cambiato non è la poesia, è il colore. Ha giocato tardi il grande gioco del colore. Chiamo così la passione che unisce gli ultimi Monet agli ultimi Tiziano, a tanti altri... L'elenco potrebbe essere lungo; voglio soltanto distinguere il genio di Chagall da quello di Rembrandt, Caravaggio o Vermeer. Che dire? L'orchestrazione? È Grünewald, non è Fouquet. Da trecento anni, ormai, distinguiamo le due famiglie. Qualcuno ha detto che Chagall aveva scoperto il proprio genio di colorista con le vetrate. Però la luce, nelle vetrate, è data dalla trasparenza. Lui, invece, ha dovuto inventare la sua, e la luce di un dipinto non è data dalla trasparenza. Tutti i pittori figurativi d'un tempo hanno ammirato degli spettacoli; ma fra questi hanno riconosciuto *La lettrice* di Vermeer, e non *Notre-Dame-de-la-Belle-Verriere* di Chartres. Spettacoli illuminati dalla luce, e non attraversati da essa.

Molti dei nostri più grandi artisti sono tornati con splendidi risultati alle vetrate e agli arazzi. Riaprendo un dialogo con l'arte medievale. Nella chiesa di Assy, in quella di Vence, quest'arte ignora le dissolvenze del colore, deliberatamente. Ora, nelle vetrate e negli arazzi, ci sarà un prima e un dopo Chagall, così come ci sono le vetrate e gli arazzi di prima del XX secolo. Perché Chagall è il primo ad adottare dissolvenze senza ombra, che non sono evidentemente quelle del XIX secolo: ma nemmeno quelle di Evreux.

Il suo mondo immaginario (mondo *allusivo*, perché Chagall non vuole mai realmente proporre un universo onirico, alla maniera, diciamo, di Hieronymus Bosch) nasce spesso da elementi plastici: una coppia di fidanzati non diventa arabesco, un arabesco diventa una coppia. Esiste senza dubbio in Chagall una costante dell'immaginario, dagli ebrei di Vitebsk fino ai grandi quadri odierni; credo comun-

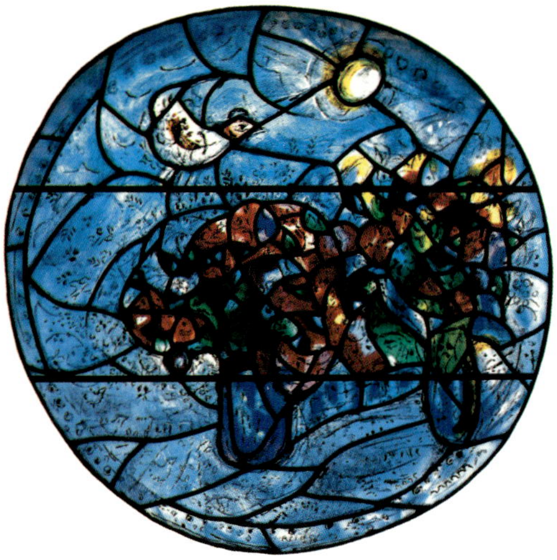

Il rosone della chiesa parrocchiale di Le Saillant, per la quale Chagall ha eseguito alcune vetrate nel 1978-82

que che quell'immaginario non appartenga al pittorico, ma a ciò che egli chiama Amore. Ma se le tele della sua giovinezza sono toccanti, e di un talento esplosivo, esse non sono della stessa natura delle grandi tele del *Messaggio biblico* di Nizza. Se fosse morto a quarant'anni, non parleremmo di lui come facciamo adesso. Fra Chagall e il colore si è stabilito un dialogo simile a quello che si stabilì fra Venezia e il colore verso il 1550, quando Tiziano oppose il diritto sovrano del lirismo pittorico (la *Callisto* di Vienna) all'*ambrato* della sua gioventù. Parecchie opere di Chagall, il soffitto dell'Opéra, introducono un genere d'illustrazione che, lo sappiamo, appartiene alla poesia più intima e vera del nostro tempo, così come Tiziano esprime la più alta poesia del suo. Di fronte a *La ninfa e il pastore* Ronsard pare leggero; e dopo tutto, l'ultimo erede di Apollinaire è forse proprio Chagall. E i personaggi del soffitto dell'Opéra sono ancora dipinti su fondo chiaro. L'inventiva cromatica di Chagall cambia natura allorché egli contrappone colore a colore: prima di tutto perché il fondo chiaro è sottilmente erede dell'illusionismo e della falsa prospettiva, mentre l'opposizione di un azzurro e di un rosso, *se riempiono la tela*, crea un mondo che non ha altro referente che la pittura.

Supponiamo che gli ultimi quadri di Chagall siano ancor meno figurativi, ancor più allusivi. Ciò che propone emergerebbe con maggior evidenza, come ogni volta che vediamo riunite le sue opere più recenti. Il suo colore attuale non ha precedenti. Quello dei maestri della generazione precedente, per esempio Bonnard, affettava di riferirsi a una visione. Fino a quando è pertinente il termine impressionismo (salvo che nei quadri fantastici di Ensor, che non sono impressionisti) un ambito coloristico (una 'tavolozza', dicono i pittori) resta acquisito e più o meno costante, sia per Van Gogh che per Bonnard, e anche per i *fauves*. La tavolozza cambia quando cambiano i punti di riferimento della pittura. Tuttavia, il primo cubismo è monocromatico, e così i primi quadri di Chagall. La maggior parte dei capolavori di Picasso, anche *Guernica*, sono monocromie. Qualche anno ancora dovrà passare prima che il colore — che pare improvvisamente dimenticarsi dei *fauves* — scopra anch'esso il *diritto all'arbitrarietà* acquisito dal disegno e dal dipinto. «L'arte moderna» ho scritto altrove «non è legittima, è contagiosa.» Ma scopre tardi il contagio del colore. Malgrado la vittoria di Matisse e quella, più tarda, di Rouault. Per non parlare di Braque. Matisse prosegue, fino ai *découpages*, impostigli dalla sua malattia, con un colore affine, malgrado la sua genialità, a quello di un *fauvisme* raffinato; il mondo grandioso e plumbeo di Rouault è certamente trasfigurato, ma non è affatto *arbitrario*. Ricordiamoci del *Vecchio re*. Quanto a Braque, il suo colore infallibile è legato al disegno, in un modo diverso. Il colore di Chagall, nelle sue tele magistrali, continua a suscitare le forme, come l'arabesco di poc'anzi innalzava la coppia nel cielo. Esso è, in alcune occasioni, totalmente arbitrario. E padroneggiato, senza dubbio; ma non lo sembra affatto. Degli artisti dei quali parliamo, Chagall è il più lirico. Ciò che evidentemente vuol dire, come potremmo dire anche del Delacroix degli schizzi, quello che sottomette al colore un irreale simile al gioco misterioso della musica: grandi macchie lampone, tele in cui si affrontano il rosso e il blu come in certe vetrate di Chartres... Dinanzi agli ultimi quadri di Chagall, a chi pensare, se non allo Stravinskij della *Sagra*?

Quel che caratterizza il pittore di genio è spesso il fatto di sottrarsi al colore del suo tempo. In che cosa consiste la rottura dei quadri più attraenti (e spesso, più recenti) di Chagall con i loro illustri predecessori? Innanzitutto, nel fatto che egli oppone all'armonia una dissonanza affine a quella tipi-

Sogno d'una notte d'estate, *1939, olio su tela, Grenoble, Musée de Peinture et de Sculpture*

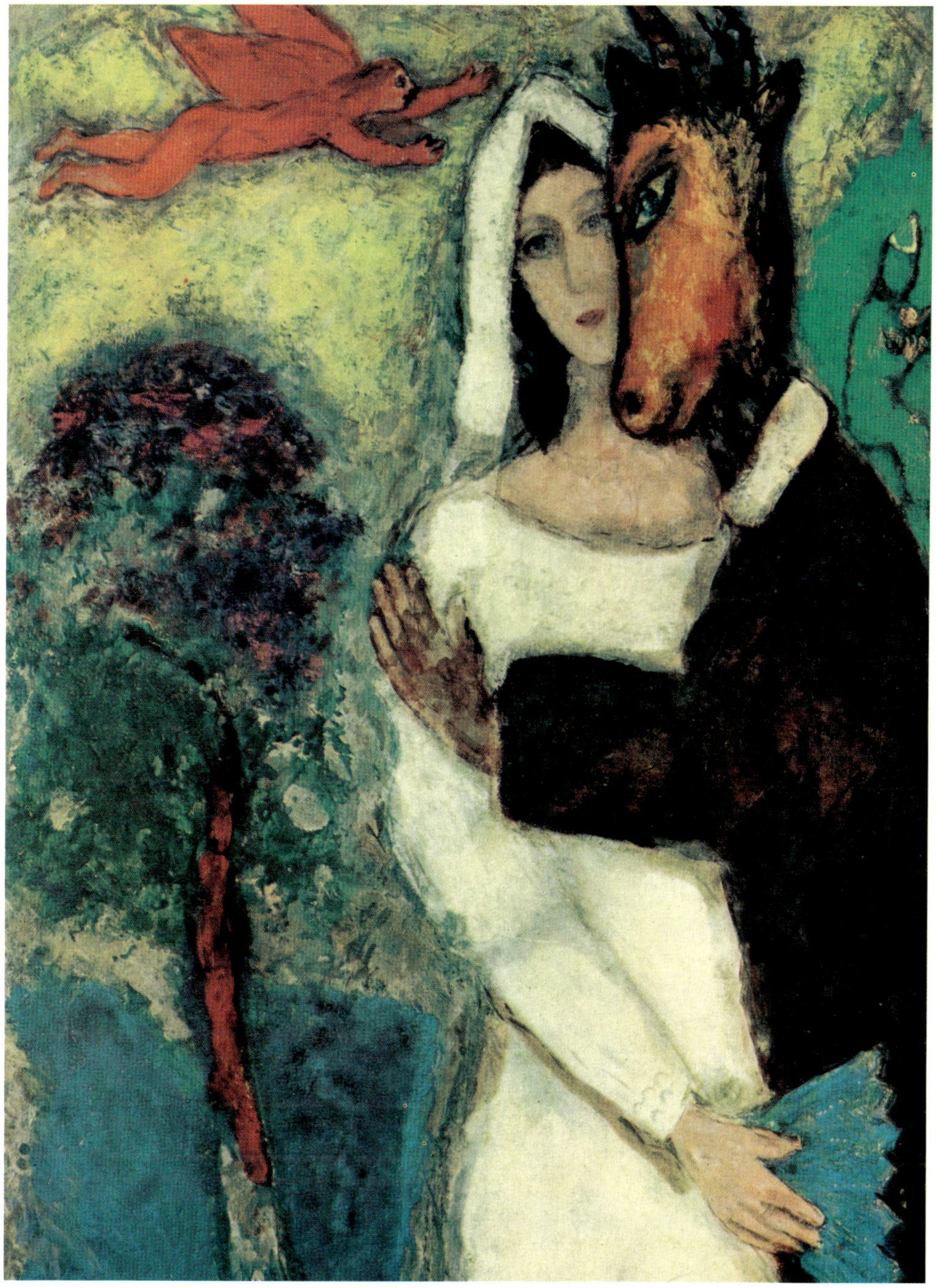

ca della musica moderna. Uscendo dalla mostra delle sue vetrate, o dalla retrospettiva del Grand Palais, i suoi predecessori più diversi fra di loro parevano formare una sola famiglia. Conosciamo pochi scritti relativi al colore perché non se ne è parlato con precisione se non dopo la nascita della riproduzione del colore. Ne consegue che lo studio del disegno o del mondo poetico dei più grandi artisti è assai più elaborato di quello del loro colore; e la secolare confusione dell'ambito del colore con quello della visione. Tutti sanno che fra il disegno antico e il disegno bizantino c'è una differenza di *stile*, ma solo i pittori sanno che la differenza fra il colore di Rubens e quello di Giotto è altrettanto profonda. Chagall introduce nelle vetrate, nelle tele della seconda parte della sua vita, una relazione dei colori fra di loro tanto differente da quella che la precede, quanto la tavolozza impressionista lo era da quella di Delacroix (che è come dire da quella di Venezia). Acidità, dissonanza, conflitto di tonalità nel quadro come nella vetrata. Chi potrebbe confondere il colore di Chagall con quello, per esempio, di uno dei grandi cubisti? Dove, in tutta la pittura, si può trovare un simile stridore?

Ho accarezzato, qualche tempo fa, il sogno di organizzare una mostra intitolata *La vecchiaia degli artisti*. Gli ultimi Hals, anche gli ultimi quadri di Rembrandt, pure se morto prima dei settant'anni, gli ultimi Tiziano, senza dubbio, il *Castello nero*, forse qualche grande impressionista? Una mostra piena di turbamento, perché *Le Reggenti* non somiglia ad Hals, *La ninfa e il pastore* non somiglia all'*Amor profano*. Mi è tornato in mente quel progetto, a Vence, davanti a una decina degli ultimi Chagall; se il mio successore riuscisse a raccogliere insieme tanti capolavori misteriosamente affini, amerei veder figurare fra di loro il massimo colorista lirico vivente... [1967]

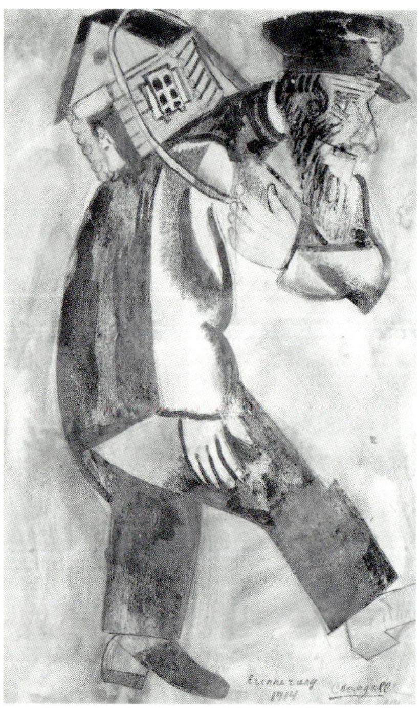

MARC CHAGALL

Non ci sono storie

Non ci sono storie nei miei quadri, né fiabe, né leggende popolari. Maurice Denis ha detto, dei sintetisti francesi del 1889, che i loro quadri erano *superfici coperte di colori disposti in un certo ordine*. Per i cubisti un dipinto era una superficie coperta di forme in un certo ordine. Per me una pittura è una superficie coperta dalla rappresentazione di elementi (oggetti, animali, esseri umani) in un dato ordine, nel quale logica e illustrazione non hanno alcuna importanza. Ciò che conta è l'effetto visivo della composizione. Ogni altra considerazione che non riguardi la struttura è secondaria.

Prima della Grande Guerra, sono stato accusato di cadere nella *letteratura*. Oggi la gente mi considera un pittore di fiabe e di fantasticherie. In realtà il mio scopo principale è quello di costruire le mie pitture architettonicamente, proprio come hanno fatto gli impressionisti e i cubisti, a modo loro, utilizzando gli stessi mezzi formali.

Gli impressionisti riempivano le loro tele di macchie d'ombra e di luce; i cubisti di cubi, triangoli e coni. Io cerco di riempire le mie tele, in una data maniera, con oggetti e figure trattate in quanto forme – forme sonore, come i suoni – forme ardenti fatte per una nuova dimensione cui né la geometria dei cubisti, né le macchie degli impressionisti possono arrivare.

Sono ostile alle parole *fantasia* e *simbolismo*. Tutto il nostro mondo interiore è realtà, forse persino più reale del mondo esterno. Chiamare tutto ciò che sembra illogico *fantasia* o favola in realtà significa ammettere che non si capisce la natura.

L'impressionismo e il cubismo sono relativamente facili da capire perché presentano, al nostro sguardo, un solo aspetto di un oggetto: semplici contrasti di ombra e di luce. Ma un solo aspetto di un oggetto non basta a render conto di tutto il soggetto di un dipinto. Ogni oggetto ha diversi aspetti. Non sono avverso al cubismo; ho ammirato i grandi cubisti ed ho tratto profitto dal loro lavoro. Ma ho discusso dei limiti del loro punto di vista, anche con il mio amico Apollinaire, l'uomo che ha veramente dato al cubismo il suo posto. Secondo me, il cubismo sembrava limitare le possibilità espressive della pittura. Avevo bisogno di maggiore libertà.

Più tardi, quando in Germania ho visto svilupparsi la tendenza favorevole all'espressionismo, ho sentito che i fatti mi davano, in qualche modo, ragione; e ancor più quando ho visto nascere il surrealismo in Francia.

Il surrealismo era il più recente risveglio del desiderio di liberare l'arte dai moduli tradizionali d'espressione. Se fosse stato più profondo nella sua

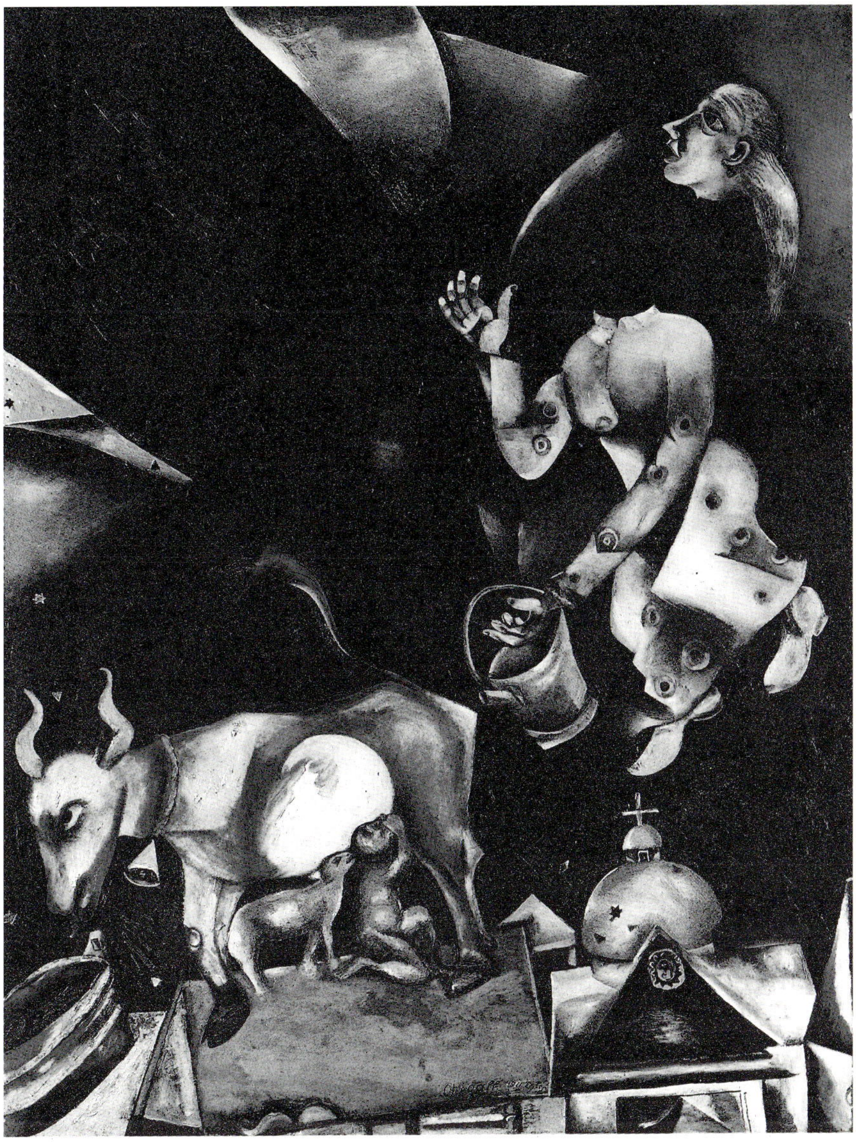

Alla Russia, agli asini e agli altri, *1911-12, olio su tela, Parigi, Musée National d'Art Moderne, Centre Georges Pompidou.*
Alla pagina precedente, Rimembranza, *1914, tempera, olio e inchiostro su carta, New York, The Solomon R. Guggenheim Museum*

estrinsecazione interiore ed esteriore, avrebbe potuto cristallizzarsi in un movimento artistico paragonabile a quelli dei periodi immediatamente precedenti.

Per quel che concerne la presunta *letteratura* nel mio lavoro, ho a volte l'impressione, nell'uso degli elementi pittorici, di essere più astratto di Mondrian o Kandinskij; astratto, ma non nel senso di non-reale. La pittura astratta di quel tipo è, a mio modo di vedere, più che altro ornamentale e decorativa, e sempre limitata per quel che concerne i fini. Ciò che definisco astratto è qualcosa che nasce spontaneamente da tutto un insieme di contrasti psichici e plastici, che oppongono all'occhio dello spettatore la creazione di oggetti sconosciuti. Nel caso della donna senza testa con i secchi di latte in uno dei miei quadri del 1910-11, ho avuto l'idea di separare la testa dal corpo per creare il vuoto in quel punto preciso.

Nel mio quadro *Io e il villaggio*, ho dipinto una piccola mucca ed una lattaia nella testa di una grande mucca perché avevo bisogno proprio di quel tipo di forma in quel punto della composizione.

Ho utilizzato mucche, lattaie, galli e l'architettura tipica della provincia russa come fonte d'ispirazione formale perché questi elementi appartengono al mio paese d'origine; ed essi probabilmente hanno lasciato nella mia memoria visiva un'impressione più profonda di tutte le impressioni che ho ricevuto successivamente. Ciascun pittore è nato da qualche parte, e, anche se in seguito reagisce alle influenze di nuovi ambienti, una certa essenza, un certo profumo del suo paese natale persisterà sempre nel suo lavoro. Pertanto non bisogna sbagliarsi: ciò che conta qui non è il soggetto nel senso in cui i vecchi accademici sceglievano dei soggetti per i loro quadri. Gli influssi originari determinano la scrittura dell'artista. Ciò è evidente negli alberi e nei giocatori di carte in Cézanne, nato in Francia; negli orizzonti ventosi di Van Gogh, nato in Olanda; nell'ornamentalismo quasi arabo di Picasso, nato in Spagna, o nel disegno, sensibile alla maniera del Quattrocento [in italiano nel testo, *ndt*] di Modigliani, nato in Italia.

Molto spesso, ciò che mi disturba nell'arte, a partire dall'impressionismo, è l'imperfezione del linguaggio artistico, un linguaggio che sovente è solo approssimativo. Come potremmo spiegarci diversamente le deviazioni di percorso dell'arte, alla ricerca di nuovi stili e di nuovi contenuti?

Io e il villaggio, *1911, olio su tela, New York, Museum of Modern Art*

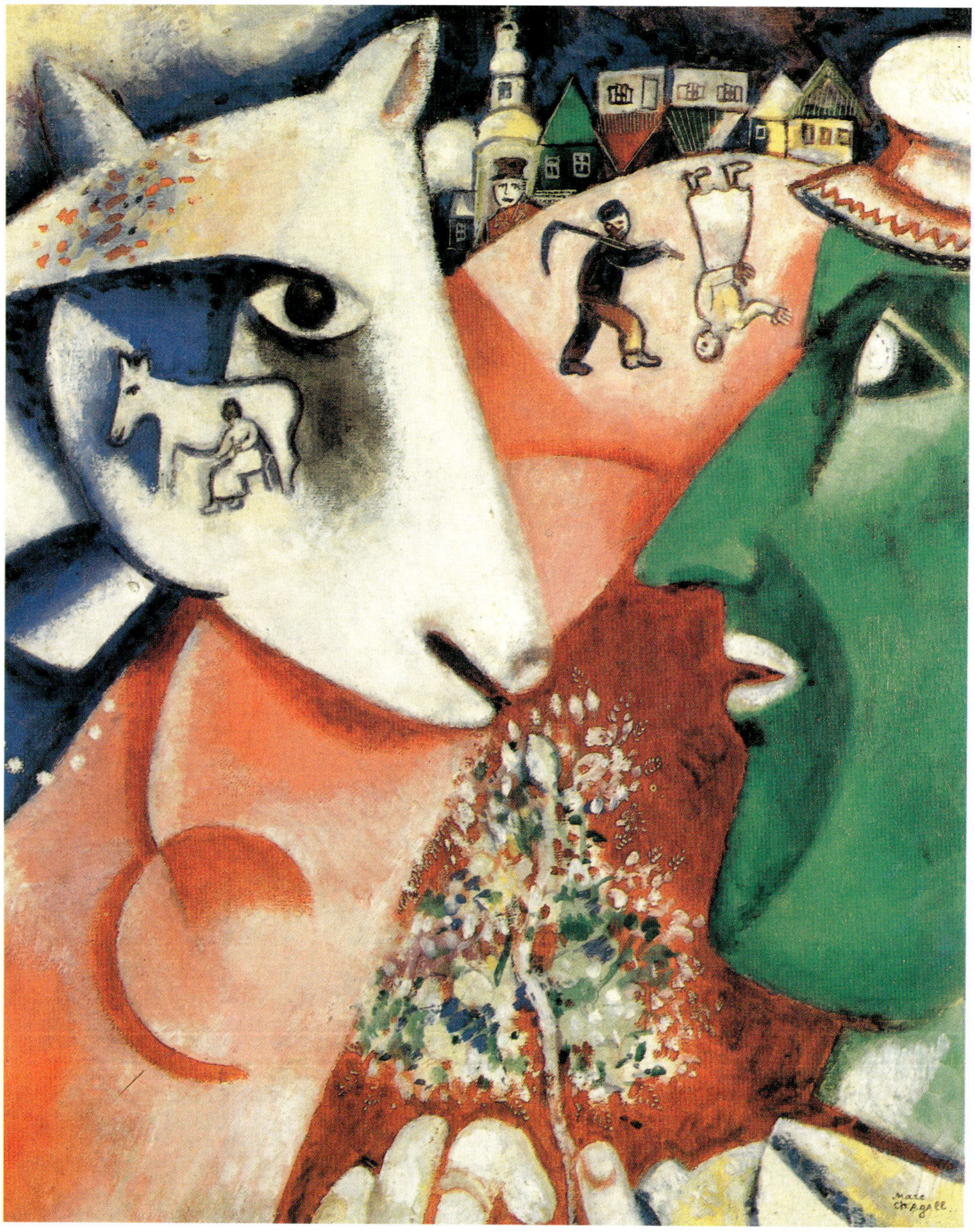

L'uomo cerca qualcosa di nuovo; deve riscoprire l'originalità del proprio linguaggio: un linguaggio identico a quello dei primitivi, di quegli uomini che quando hanno incominciato a parlare hanno parlato della loro unica verità. La specie umana vuole riscoprire questo linguaggio senza, tuttavia, ridursi all'imitazione degli stili.

[1947]

LOUIS ARAGON

[1972]

Chagall delle meraviglie

Dipingere. Un uomo ha passato la sua vita a dipingere. E quando dico la vita ascoltatemi bene. Il resto è gesticolazione. Dipingere è la sua vita. Cosa dipinge? Frutta, fiori, l'ingresso di un re in una città? Tutto ciò che si spiega è altro rispetto alla vita. Alla sua vita. La sua vita è dipingere. Inesplicabilmente. Dipingere o parlare, forse: egli vede come noi udiamo. Le cose dipinte sulla tela, in foggia di frasi. Le parole si concatenano. Tutto fa frase, infine, non c'è niente da capire: se questo è la musica, allora perché la pittura? Bisognerebbe riprendere tutto dall'inizio: come ha incominciato a scriversi questo mondo mai portato a termine, questo paese dello spaesamento? In questo paese senza forza di gravità, in cui non c'è nessuna differenza tra uomo e uccello, in cui l'asino abita il cielo, tutto diventa circo: si cammina così bene sulla testa, non c'è alcun bisogno di spiegare perché il colore assimila il gallo al braccio d'un suonatore di flauto, e disegna all'ombra della sua nuca una donna nuda, mentre lontano il villaggio si indora contemporaneamente della luce del sole e della luna. Siamo sempre alle soglie del tempo. La lancetta ci indica il passo da fare, e lo oltrepassa. Lo spettacolo è *dato*. Uomini e donne sono *in*cinti di apparizioni: animali selvatici, personaggi d'un teatro ambulante, sabba di nessun Brocken, oss[illegible] sione, in un altrove, dei giorni dell'infanzia, teste perdute, ginnasiarchi di un mondo alla rovescia, saltimbanchi, saltimbanchi accompagnati da un invisibile violino. È il sogno a occhi aperti di un popolo in cui ci sono talmente tanti innamorati da non sapere quale scegliere. Senza dubbio, nessuno mai mi ha inondato gli occhi di tanta luce, facendo però sempre divinamente, su di me, regnare la notte. C'è una dialettica chagalliana a cui riconosco come precedente soltanto il *Sogno d'una notte di mezza estate*. Non c'è bisogno di orpelli per agghindarne gli attori, su cui tutto diventa ornamento, come un piumaggio, e i *bouquets* sono il più delle volte boschetti, in paragone ai danzatori. E più avanza negli anni, più il pittore prende un piacere pagano dello splendore dei colori. Il miraggio, qui, non è ai confini del deserto, ma nello scintillio degli esseri, in cui animale e uomo si confondono; non si sa quale sogno della mano sminuzzoli amorosamente l'ombra e la luce, sembra che palpi coi polpastrelli lo sparpagliarsi di un verde o di un arancio. E il pittore a volte appare, con la tavolozza in mano, ai piedi della tela con un volto animale, come Bottom, in modo tale che il mondo intero, davanti a lui, sembra il modello di una parata immaginaria in cui si

[illegible] delle mani, [illegible] ma chi altro ha [illegible] Un bue in lontananza passa lento, così lento che il violino sfuma e ogni abbraccio prende stranamente qualcosa dell'idillio: o silenzio dell'amore sempre reinventato! Se si fa è sempre per la prima volta, lo stesso incanto dell'adolescenza.

La meraviglia, qui più che altrove, rinuncia a capire. Perché tutto ciò che distinguo non diminuisce il mistero, lo aumenta. I contadini, i clown, gli amanti di una sera. E i villaggi lontani che possono essere anche Notre-Dame o la tour Eiffel o l'Opéra. Ma Parigi stessa è la campagna, ci sono lumi che forse sono dei lillà. È proprio nei personaggi secondari, quelli che un tempo i pittori lasciavano completare agli allievi, alla bottega, con minute rifiniture, dette *posticci*, nella prospettiva delle loro maestose composizioni, è in questi che Marc Chagall smentisce la lettura sommaria che si può fare dei suoi quadri per ridurli al buon senso. Uno di loro si è messo a scorrazzare per la strada sulle mani, un altro se ne va per il cielo a testa in giù, il volto girato: provate a darne una spiegazione razionale o almeno

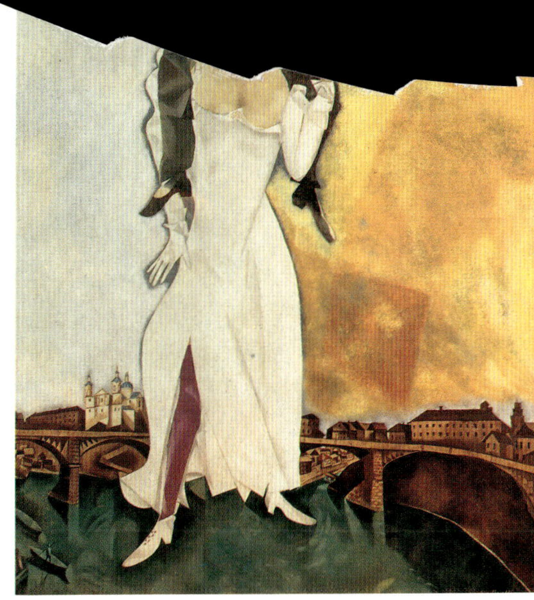

coerente ad una mitologia definibile! Il pittore smentisce nel particolare la composizione d'insieme, sino all'equilibrio di ciò che essa sembra esprimere a prima vista, come quando agli esseri umani si accoppia un bestiario cui sfido chiunque a dare senso o valore simbolico. E il tempo non influisce minimamente su quest'opera che

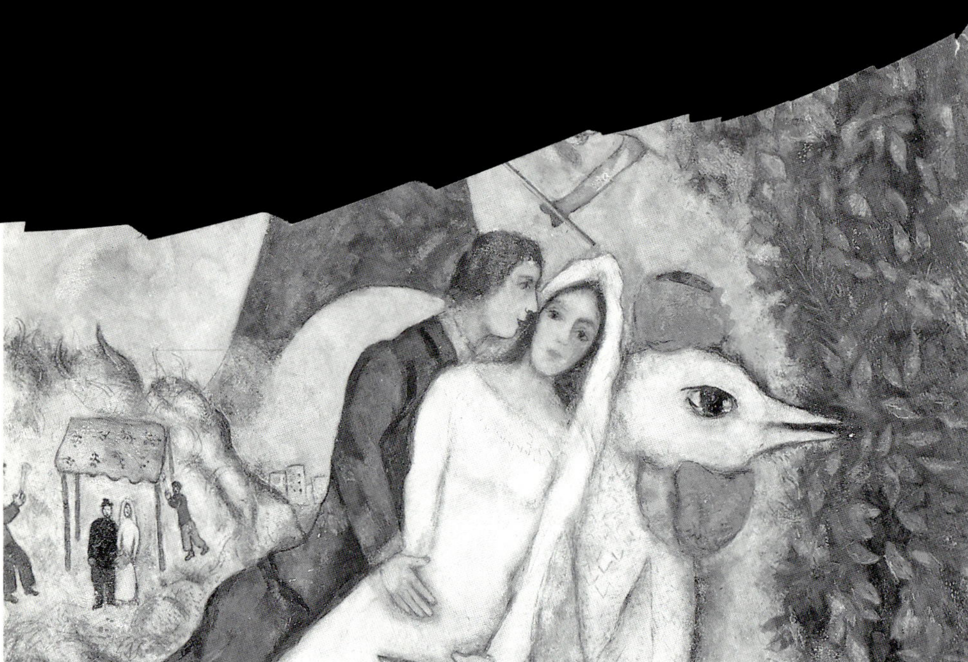

estende per più di sessant'anni, anzi: ai giorni nostri in essa predomina la logica dell'arbitrarietà in virtù di una sfida lanciata all'età, una burla al tempo e al suo potere. Mi si dirà, d'accordo, che ci sono dei quadri di Chagall che contraddicono il mio assunto, si invocherà la coerenza del soggetto, in particolare in quella grande e meravigliosa serie biblica in cui il pittore sembra piegarsi alla *storia* narrata, attenersi al racconto, illustrarlo. E questo cosa dimostra, a parte il fatto che può fare l'una cosa e l'altra? E che una mitologia non esclude l'altra?

Ci sono dei quadri che guardiamo, abituati come siamo al fare di tanti anni, senza più neanche notarne la stranezza, l'irriducibile, l'irrazionale. Tuttavia proprio in questo consiste il prodigio, in poche parole, la poesia. Se una scena di Chagall non è riconducibile ad una scena della vita corrente (carino, non è vero, l'aggettivo *corrente* riferito alla vita?), meno ancora un significato comune è deducibile dai suoi elementi, meno ancora questi elementi sembrano premesse di altri, o viceversa. Il rigore della composizione, in questo artista, sta nella sua libertà. Sono portato a credere che egli, piuttosto che da ciò che rappresenta, è dominato dal piacere che trae dalla pittura, dall'egemonia dei colori. Ma quel che mi piace soprattutto in lui è l'apparente contraddittorietà in cui sembra perdersi o sciogliersi. In cui sembra giocare con uno strano caleidoscopio che, al contrario di tutti gli altri, distrugge sempre l'equilibrio geometrico, mentre in quelli normali questo sembra essere il vero scopo, il compimento dell'opera d'arte.

C'è nei dipinti di Chagall un bestiario da riunire e, malgrado l'affinità che può esservi a volte fra uccelli e cavalli, bisogna sempre aspettarsi delle variazioni nella loro morfologia. Mi basta citare, come esempio, quel recente quadro in cui, in una notte di un azzurro profondo, la luna è nera e il suolo sostiene una volta di più un villaggio bielorusso: c'è un personaggio seduto, intorno a lui pare organizzarsi il delirio del cielo attraverso una specie di lampo che cade, come una sciarpa obliqua, sulla sua spalla... provate un po' a descriverlo! Quando invece sta proprio lassù l'indescrivibile, due uccelli, un bambino nudo, una figura femminile a lato tracciata in bianco su fondo scuro, un pony, e quel viso che rischiara la parte superiore del quadro appartiene a quel corpo tagliato di marrone, di nero, di verde, di sangue fresco? E al di sotto, sulla sinistra, si accende la testa rosa di un cavallo dal corpo verde, la sua zampa blu si posa su di una livida superficie lunare (e se fosse un sasso?), l'altra con la sua

caviglia sotti...
la misteriosa genitrice...
datelo: e non ci vedrete niente di ciò che dico, e sia benedetto il vostro sguardo che decifra la notte come meglio crede! Voglio solo mettervi in guardia da ogni tendenza a imporre sia a questi notturni che ai quadri solari il senso di una mitologia arbitraria. Non svegliate il pittore! Sogna, e il sogno è sacro. Segreto. Avrà sognato la sua pittura e la sua vita. La sua notte è il mondo, in cui porta la sua luce. [...]

Come si pone una pietra sul limitare di una casa da costruire, quando i muri sono ancora sulla carta e il tetto pura ipotesi, così con un titolo, all'inizio di queste pagine, ho detto Chagall 'delle Meraviglie', come si escogitò di chiamare tal Ruysbrock, un tempo, nel Brabante. Meraviglia, così come qui lo scrivo, lo utilizzo, lo plasmo, è un 'nome futuro', se, a vantaggio del sostantivo, è consentito togliere al verbo il privilegio di immaginare l'avvenire. Non per contrapporre un pittore a un altro pittore, d'oggi o di domani. Ma, e non se ne abbiano a male i nuovi iconoclasti, per situarlo all'alba di un giorno che non finirà.

tà di disobbed...
re gli occhi a neanche vent...
quel periodo, sopraggiunse la guerra. Una pittura, anche, attraverso la quale tutto veniva rimesso in discussione, tutto era diverso da come lo raccontavano. Per quanto da fare si dessero per imporci, degli avvenimenti, una visione conforme alle loro abitudini, [...] per quanto ci presentassero la vita secondo le loro idee, ci dessero della primavera una versione militare, spostassero tutti i giorni sulla cartina gli spilli con le bandierine, noi avevamo cessato di creder loro, cercavamo maestri diversi da quelli che ci avevano imposto, eravamo del partito dell'indisciplina, rifiutavamo la visione dei nostri anziani, sovvertivamo lo scenario, ridevamo dei vostri simboli, anche dubitare ci sembrava infantile, sono troppo incredulo, diceva più o meno Jarry, per non credere ai fantasmi...

Mi ricordo di aver fissato al muro, in una caserma, con le puntine, uno Chagall che aveva provocato le risate dei sottufficiali di servizio. Era il quadro conosciuto col titolo: *Io e il villag-*

gio... ma che dal 1917 ho sempre chiamato soltanto com'era scritto, fortunatamente in caratteri piccoli, in basso nella riproduzione provocatoriamente affissa: *Ich und das Dorf*... Ad esso vi rimando.
[...] Perché il più delle volte sembra che Chagall sia l'artista che ha cambiato meno nel corso del secolo, che sia stato in cinquant'anni e oltre il pittore più fedele a se stesso, quello in cui non si distinguono le epoche, i soggetti a malapena, insomma il pittore meno agevole per coloro che vogliono sorvolarne la geografia; però, a guardare da vicino, se gli anni introducono delle costanti, forse questo permette di comparare non tanto le maniere, cioè le sfumature dello stile, quanto quello che chiamerei la natura del dipingere: che è fatta nello stesso tempo di rassomiglianze e di dissomiglianze. [...]
Ecco, [il soggetto] del circo, ripreso in tre quadri, uno del 1966, gli altri due del 1967. E guardate i circhi di dieci anni prima: 1956, 1957... Niente

…o- …dete *Il circo* …*erizza verde*, già così diversi tra loro: cosa hanno in comune con *Il gran circo* del 1956? Né la luce, né la composizione, né il dettaglio. Nei quadri recenti, sia che si tratti di scene circensi o delle grandi composizioni bibliche vedute al Louvre, si afferma una sorta di *decisione* nel colore, in particolare in un rosso vivo, come il cavallo della *Cavallerizza verde*, o nel suolo della *Visita degli angeli in casa di Abramo*. C'è del rosso in molti pittori di oggi, ma non quel rosso. Se gli si dovessero trovare dei precedenti, li si potrebbe trovare probabilmente solo in Delacroix, ma Chagall qui ne fa un uso completamente diverso.
Siccome parlo delle scene di circo, potrei confessare davanti a questi Chagall un pensiero che mi era venuto prima, a proposito delle cavallerizze. Avete notato come sono *posate* sui cavalli? Non parlo delle cavallerizze in piedi, ma di quelle sedute. Vorrei attirare la vostra attenzione sul rapporto tra la donna e il cavallo. La cavallerizza non *monta* l'animale, sta sopra di esso come su di un sofà. Così che le cavallerizze di Chagall, ed è un'invenzione di questo pittore, hanno una segreta somiglianza con *Olympia*. Sono delle Olympia che non ci ricevono più in una camera, ma tra i riflettori dello spettacolo, abbagliano, passano in una città o in un villaggio, sotto il tendone circolare, come grandi innamorate, e noi le sogneremo con i garzoni o con i taglialegna. Molti hanno dipinto il circo, da Seurat a Lautrec, da Rouault a Léger. Mi piacerebbe che un giorno si riunissero le loro tele con quelle di Chagall. [...] Ci si accorgerebbe allora, con una certa sorpresa, che forse solo Chagall ha lasciato predominare lo scatenamento dei sensi, e che in lui, nello splendore della corsa circolare, l'odore del cavallo e quello della donna sconvolgono in realtà altrettanto noi che la luce e i semplici spettatori delle gradinate. Tanto che tutti, acrobati, funamboli, clown, qui mi sembrano riuniti non per altro che per la gloria della cavallerizza, il suo scintillio, il suo invito volteggiante; e che, lo giuro, sempre, nei circhi chagalliani — ciò che li rende d'altronde incomparabili —, è il movimento in cui siamo presi che trascina in cerchio la donna, sfuggente, attesa al suo ritorno e, per tutti gli uomini col fiato sospeso, bella della bellezza del rischio, da essere gelosi del cavallo. [...]
[Nel 1967] Chagall raggiunge quel luogo di se stesso in cui si tratta di dare compimento a tutto l'immenso

Cavallerizza, *1927, tempera su carta, Svizzera, collezione privata*

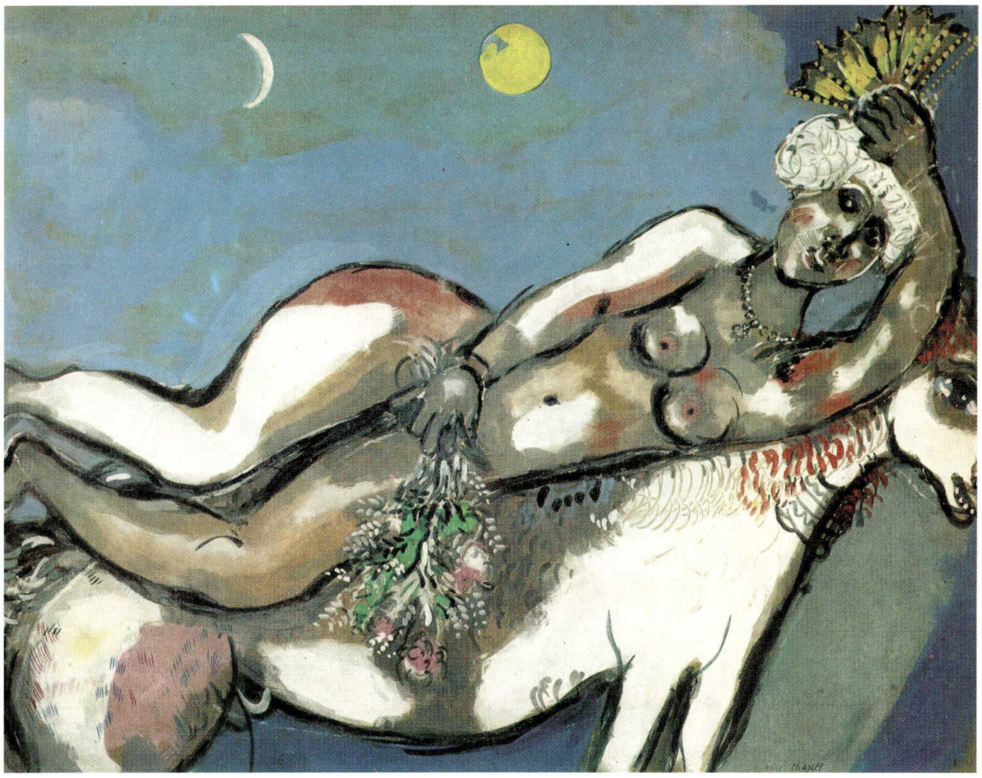

lavorìo della sua vita, come una porta finalmente aperta sul cielo inaccessibile, e già le grandi opere di Parigi e di New York, già le cattedrali di Metz e di Reims sono segnate da questi primi tentativi che restituiscono alla pittura di oggi il suo posto dominante e il suo significato supremo. Eccoci ai giorni *della luce*: si riconoscerà il carattere di crescita di quest'opera; [Matisse], a settantadue anni, mi diceva che presto sarebbe approdato *alla grande pittura*: là dove Chagall, in questi ultimi anni, approda e si stabilisce. Bisogna capire che siamo nel periodo in cui il pittore compie questo superamento di se stesso, e non ha mai raggiunto splendore più grande.

E c'è, in questo momento supremo, qualcosa di cui non parlerò qui, attenendomi alla pittura, una straziante grandezza della cosa detta, che si riconosce in particolar modo nelle tele bibliche di questi ultimi anni, l'umanità profonda rivelata qui dalla maestria di tutta una vita. [...]

Ecco arrivare il 1968 [...], ecco quest'anno in cui tutto ciò che siamo stati noi stessi è rimesso in questione, e l'uomo aspetta di momento in momento l'annientamento delle sue ragioni d'essere. [...]

In quest'anno di cui parlo, ed eccolo entrato nell'ultimo quarto solare, sono almeno di fronte a questa certezza: che l'uomo dà un senso all'apocalisse, e con ciò nega che sia la nostra fine. L'uomo, e qui con questo termine abborracciato voglio dire chiaramente il pittore Marc Chagall, avrà in quest'anno di estrema confusione, di massacri, di sconvolgimenti e, senza dubbio peggio di tutto, più che di scosse del suolo, di scosse nello spirito, l'incertezza e la lacerazione... l'uomo, voglio dire il pittore Marc Chagall, avrà raggiunto l'alba della sua affermazione verso cui, lo sapeva solo lui, avanzava con ogni possibile esitazione, e insieme con tutto lo slancio della sua vita. Vi chiedo [...] di guardare queste dieci tele del 1968 come il compimento, il superamento di un'arte, probabilmente, ma anche come l'affermazione, che è ormai impossibile respingere, della grandezza dei tempi che furono quelli della nostra vita, e che al di là di noi parlano a coloro che verranno dopo di noi.

Immagino che se Chagall leggerà questo, sgranerà gli occhi, che lo stupore rende immensi, e forse sarà anche infastidito dal privilegio che accordo alle sue ultime opere rispetto a tutto il resto della sua vita, alla sua lunga esperienza, alla ricerca e alle meravigliose trovate della sua pittura passata. Ma che ci possiamo fare? È questo il Sermone della montagna. Da qui la voce ci porta nell'avvenire, da qui si sente, al di là di noi stessi, il canto che non si spegnerà. E non tanto per ciò che avrà oltrepassato, quanto per la luce che proietta sulla strada percorsa, su ciò che ha condotto sin qui il pittore. Perché questa pittura stessa è l'alba della sua incoronazione. E che si tratti di *La fattoria verde*, dei *Papaveri*, del *Piccolo concerto* o del *Gallo su fondo nero*, non è la novità dei temi, ma al contrario la ripresa, per esempio, di quella pastorale, nel senso dei grandi artisti barocchi della fine del XVI secolo, che il giovanissimo Chagall presagiva già all'inizio del XX secolo, il tema del suo villaggio, quello dei primi amori... è la ripresa

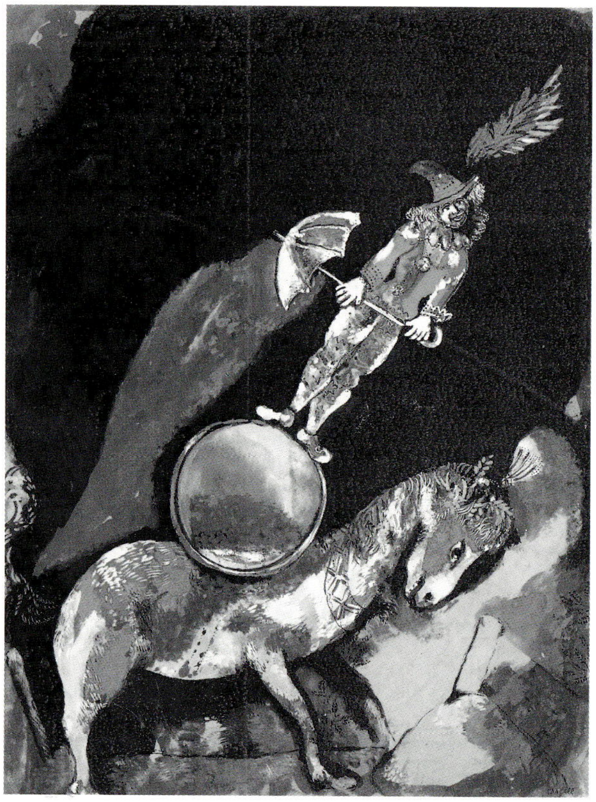

Clown sul cavallo, *1927, tempera, Canada, collezione privata. Sotto,* Il grande circo, *1968, olio su tela, New York, Galleria Pierre Matisse. Alla pagina seguente,* Acrobata, *1918, matita e china su carta, collezione privata*

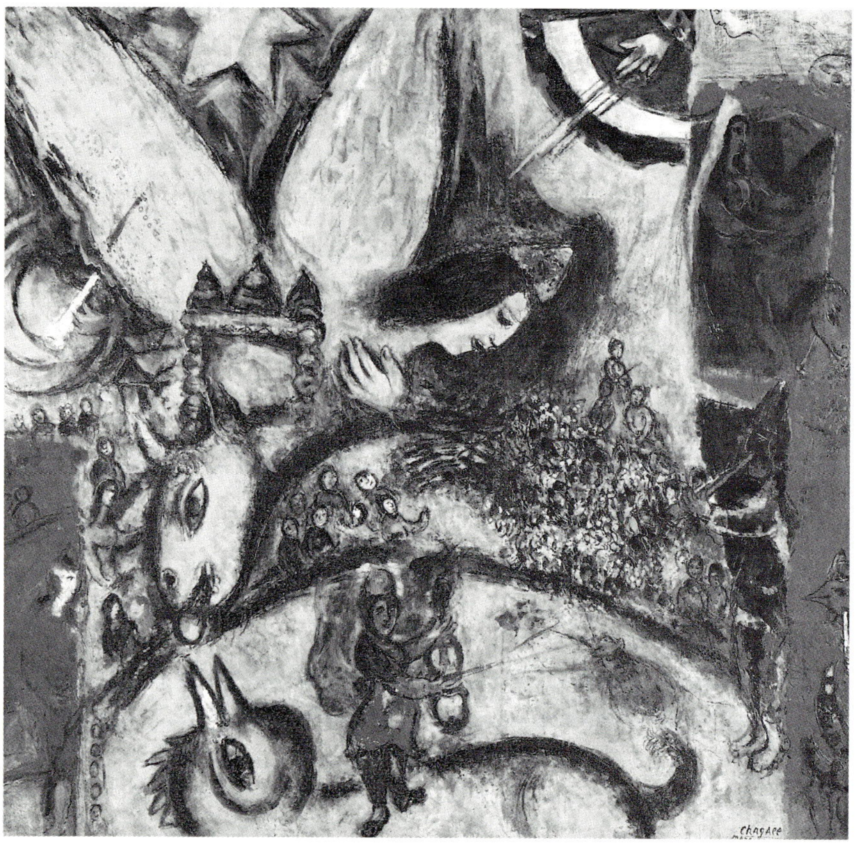

di questa enorme egloga che fa di lui il Virgilio grazie al quale la Russia scopre da lontano a perdita d'occhio il mondo, è la persistenza della pastorale e l'arte in essa diffusa come un calar del sole, che fanno degli Chagall del 1968 la realizzazione di cui parlavo. Nelle quattro tele che ho appena ricordato, questa straordinaria decisione nel colore ci cattura proprio in quanto che, a prima vista, pensiamo di trovarci di fronte a quelle scene della campagna russa a cui il pittore ci aveva da tempo abituati, nonostante, a dire il vero, il legame con il passato sia realizzato attraverso i quadri del 1967 [...]; per ricordarne solo uno, *Gli uccelli nella notte*, in cui l'esperienza del nero contrasta con i primi due quadri del '68 di cui parlo: *I papaveri*, in cui la massa floreale in piena luce relega i soggetti umani o animali ai margini dell'opera; *La fattoria verde*, in cui il verde, cielo o prateria, invade in piena luce quello che negli *Uccelli* è il posto del nero notturno, che torna nella composizione del *Piccolo concerto*, e, sposato al blu, fa del *Gallo su fondo nero* uno dei capolavori di Chagall. Parlavo di *decisione* nel colore, e forse non mi avete seguito; ma penso che a questo punto mi capirete. Ma non posso concludere questa scelta agreste senza segnalare in *La fattoria verde* un singolarissimo uso del colore, che sullo sfondo verde stacca come forme geometriche colorate i blu, i rossi, i verdi scuro e, nell'angolo superiore, una singolare mescolanza di neri e di bianchi da cui nasce una figura femminile. Mi sembra, se la memoria non m'inganna, che il taglio del colore impiegato in questo modo sia una novità in Chagall e coniughi all'antica mitologia dei suoi quadri un'audacia ancora mai vista. [...] [1968]

ANDREJ VOZNESSENSKIJ

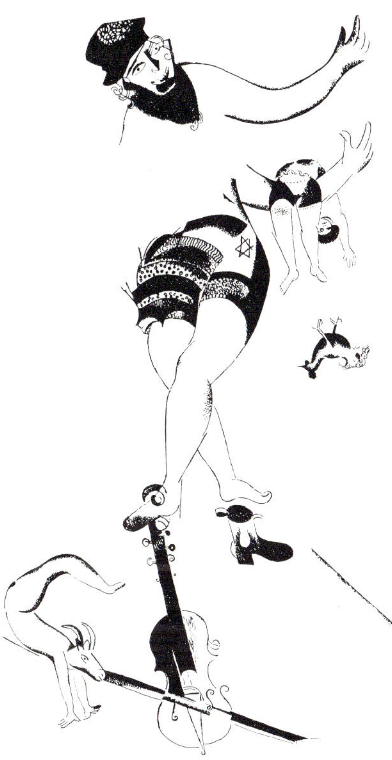

Marc Chagall
L'itinerario di un ritorno

Le centauree di Chagall

Il vostro viso argenteo, quale
[un'alabarda.
Gesti leggeri.
Nel vostro albergo piuttosto misero,
Delle centauree strette in un boccale.

È questo che amate veramente!
Ferito, da esse amato
da Vitebsk in poi.
Tubetti che spuntano selvaggiamente
E il loro blu
spremuto
dal diavolo o quasi!

Fiore orfano imparentato con la
[bardana,
Il tuo blu senza rivali ci viene tuttavia ad
[assillare.
Enigma di Marc Chagall, fiore raro —
Un rublo il mazzo alla stazione.

Questo spuntava da Boris e Gleb,
Nelle risate grasse della NEP.
Pezzetto d'azzurro in mezzo a un campo,
L'uomo vive di cielo solamente.

Vetrate dagli intagli blu
Tese verso l'empireo goticamente.
Campo amato, ma cielo venerato
[visceralmente.
L'uomo vive di cielo solamente.

Nel cielo planano vacche e ondine:
Aprite il vostro ombrello uscendo.
Patrie differenti, ma unico è il cielo.
L'uomo vive di cielo solamente.

Quale vento, seme di centaurea,
Ti portò via verso gli Champs-Elysées?
Oh, come vennero intrecciate le
[centauree
Sul soffitto dell'Opéra!

Nel secolo dei consumi, non più cieli.
Agli storpi è simile la sorte dell'artista.
Gettargli denaro è assurdo veramente
L'uomo vive di cielo solamente.

Le vostre tele un tempo avevano fuggito
Il delirio fascista, i mostri dementi.
Bisognò arrotolare il cielo vietato,
Ma di cielo l'uomo vive solamente.

Non hanno, le trombe dell'Altissimo,
Suonato sopra l'ecatombe universale —
Urlano le tele avvolte in rotoli,
Come tromba di arcangelo del cielo!

Chi abbracciava i tuoi campi, Russia,
Prima che spuntassero le centauree?
La tua malerba ha avuto un successo
[mondiale,
Bella al punto da poterla esportare.
In aperta campagna, come ci chiamano!
Un fremito percorre i campi.
Le centauree li speronano, li incalzano
Si resta piantati lì, resistendo al proprio
[corpo...

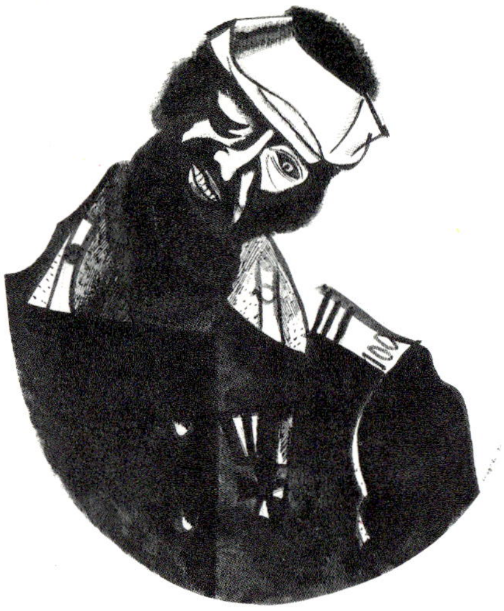

Il soldato ferito, *1914, matite, inchiostro e ritocchi a pennello su carta, Mosca, Galleria Tret'jakov. Alla pagina seguente,* Sopra la città, *1914-18, olio su tela, Mosca, Galleria Tret'jakov*

La sera è come se si avesse un male
[improvviso,
Come se ai campi si aprissero le pupille
[di Ouglich.
Ah Marc Chagall, Marc Chagall,
Tutte le vostre centauree, le vostre
[centauree...

Né di Geova, né di Gesù
Ah Marc Chagall non dipingete
[nient'altro che
L'invincibile blu comandamento:
L'uomo vive di cielo solamente.

[...] Chagall arrivò a Mosca [nel 1973] accompagnato da sua moglie Vava e da Nadia Léger. Da me, alla dacia di Peredelkino, Chagall si fermò improvvisamente in mezzo ad un sentiero, alzò le braccia e restò pietrificato. «Ecco il più bel paesaggio che abbia mai visto al mondo!» esclamò. Qual era il paesaggio sorpreso dall'occhio del maestro? Una vecchia siepe, alberi abbattuti, un abete e delle ortiche languenti. E, tuttavia, quanta poesia, quanto genio in questo lembo di paesaggio, quanta angoscia e mistero! Doveva essere lui a rivelarcelo, lui che era un poeta. Doveva ricordarsi dei torrenti di Vitebsk? Quella Vitebsk che, ripeto, fu per lui un'altra Parigi. [...] La guerra aveva praticamente demolito Vitebsk. Una commissione venuta dagli Stati Uniti aveva giudicato impossibile ricostruirla nel sito originario e aveva consigliato di incominciare i lavori un po' più lontano. La provvidenza ha tuttavia risparmiato la casa del pittore e un palazzo falso Impero dell'inizio del secolo, che aveva offerto riparo a Unovis, agli atelier di Malevič e di El Lissitskij.
Negli archivi della città ho trovato il mandato n. 3051, deliberato da Lunačarskij: «Il compagno pittore Marc Chagall è nominato commissario alle Belle Arti per il governo di Vitebsk. Tutte le autorità rivoluzionarie sono invitate a offrire la loro completa collaborazione al compagno Chagall». Vi si può leggere anche, in un decreto firmato dal severo commissario, il 16 ottobre 1918: «Tutte le persone e le organizzazioni in possesso di cavalletti sono tenute a consegnarli provvisoriamente alla commissione incaricata della decorazione della città di Vitebsk per i festeggiamenti di ottobre. Chagall, delegato alle Belle Arti del governo di Vitebsk.»
Guardo un cinegiornale sfarfallante di vecchiaia, che mostra i festeggiamenti in occasione del primo anniversario della Rivoluzione in una Vitebsk decorata da Chagall. Cittadini con lunghi baffi, vestiti con cappotti militari e con soprabiti dalle spalle strette e con un vistoso nastro rosso all'occhiello, sfilano al piccolo trotto e ci salutano con i loro cappelli dalle larghe falde. Alcune donne camminano sui trampoli. Le strade sono ornate di ghirlande; si vede un pannello dovuto a Chagall, sul quale si legge: «Pace alle capanne, guerra ai palazzi» e un altro in cui, sullo stemma di Vitebsk, un allegro trombettiere ha disarcionato il cavaliere che brandisce una clava. Alcuni slogan, nello stesso tempo intransigenti e ingenui, del tipo «Rivoluzione delle parole e dei suoni». Un tram, coperto di graffiti suprematisti, si lancia in una folle corsa. Chagall, che aveva allora 33 anni, scriveva a Pavel Ettingher, corrispondente di Rilke da lunga data: «C'erano molti pali, maiali e palizzate in quel periodo a Vitebsk, mentre i talenti artistici sonnecchiavano da qualche parte. Staccandomi dalla tavolozza, sono andato a Pietro[burgo] e a Mosca e alla fine del 1918 la scuola [delle Belle Arti] è stata fondata. [...] Circa 500 giovani [...] vi compiono i loro studi. Tra gli insegnanti [...] senza contare me, Dobužinskij, Puni, [...] Malevič, Lissitskij. [...] C'è un teatro in città che ha allestito *La vittoria sul sole* di Kruchenykh.»
Tutta questa gente, pur morendo di fame, e con loro Tatlin, Falk ed altri, elessero il proprio domicilio a Vitebsk su istanza di Chagall. Così questa città

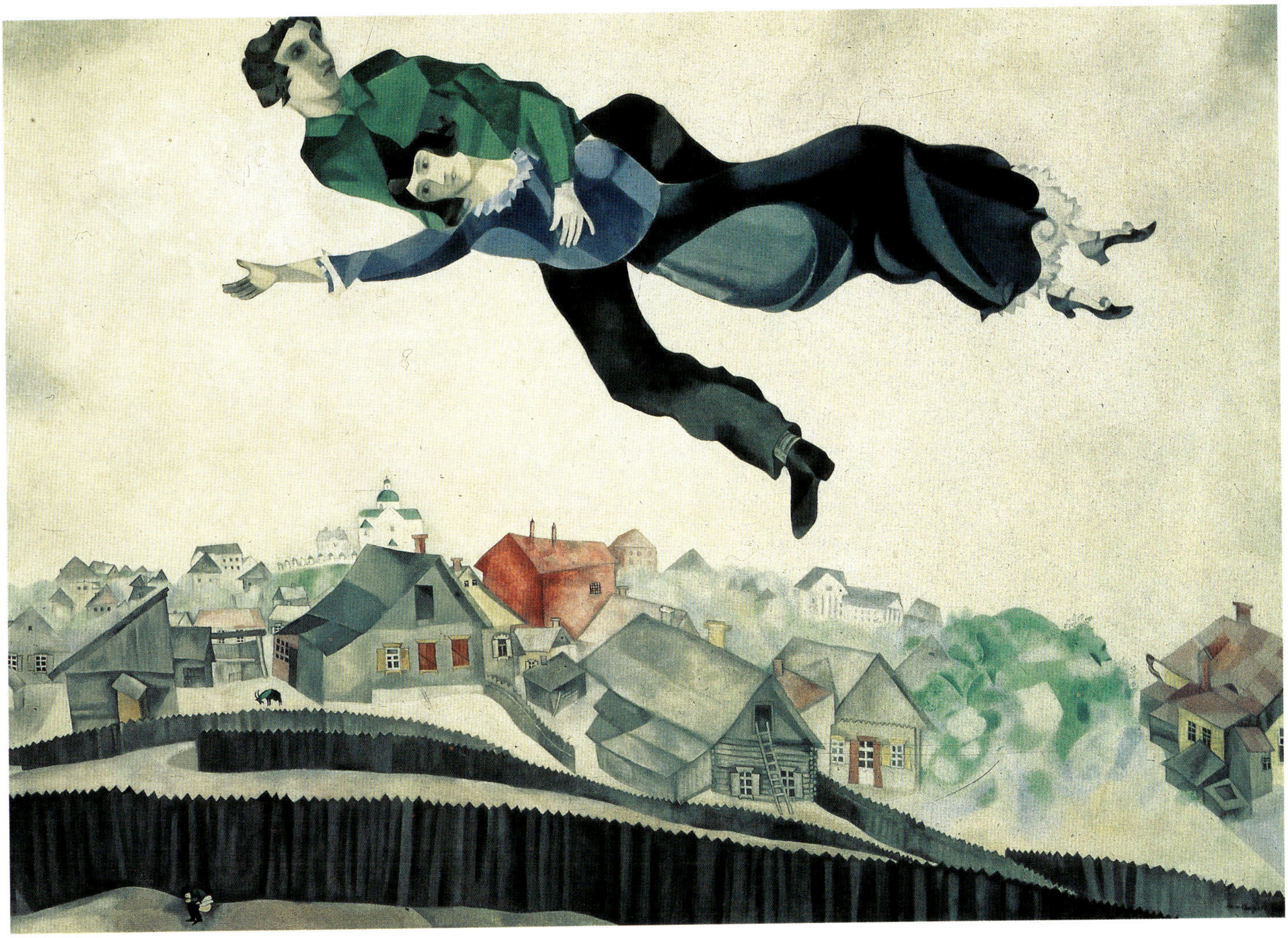

divenne un centro dell'intelligentsija rivoluzionaria. [...]
Eiženstejn, venendo a Vitebsk, restò stupefatto: «Qui nelle strade principali è stato dato il bianco sul rosso dei mattoni. E, sullo sfondo bianco, cerchi verdi sono sparsi qua e là. Quadrati arancione. Rettangoli blu. È Vitebsk nel 1920. I suoi muri di mattoni sono stati visitati dal pennello di Kazimir Malevič.» Quest'ultimo, carattere forte, non tarderà a diventare, ahimè, il *maître à penser* di Vitebsk. Chagall fu abbandonato dai suoi allievi. I pittori non hanno il dono della socievolezza. Allo stesso modo, Mandel'stam un tempo aveva sfidato a duello Khlebnikov e Blok a Biely.

Chagall, che preparava piatti molto piccanti con forti dosi di quotidiano, non aveva niente a che fare con le ricette del suprematismo. Non faceva sciamanismo, ma chagallismo. Un giorno, ritornato da Mosca, dove si era recato per qualche giorno, trovò sull'ingresso della sua scuola il cartello «Accademia di suprematismo» invece di «Accademia libera». I suoi allievi l'avevano tradito. Ferito nel suo amor proprio, lasciò la sua città natale e, un paio d'anni dopo, il suo paese.
[...] Dopo la pubblicazione di uno dei miei saggi su Marc Chagall, ho ricevuto questa lettera:
«Terrei molto a raccontarle su Marc Chagall qualcosa che probabilmente non sa. Nel 1922 è stato insegnante di disegno nella Colonia di lavoro di Malakhovka, dove noi, da bambini, abbiamo lavato il pavimento, abbiamo cotto il pane, siamo stati di servizio in cucina, abbiamo tirato su l'acqua dai pozzi insieme ai nostri insegnanti, tra cui Chagall. Ci hanno iniziato al lavoro e all'arte, e hanno fatto di noi delle persone perbene. Chagall manifestava per me un'accesa simpatia ed ero amica di sua figlia Ida. Anche lei era un'ospite della colonia di Malakhovka. Pochi di noi anziani sono ancora in vita, ma ci ricorderemo sempre del nostro caro maestro. Abbiamo mandato a Chagall, per il suo novantesimo compleanno, le foto in cui compare

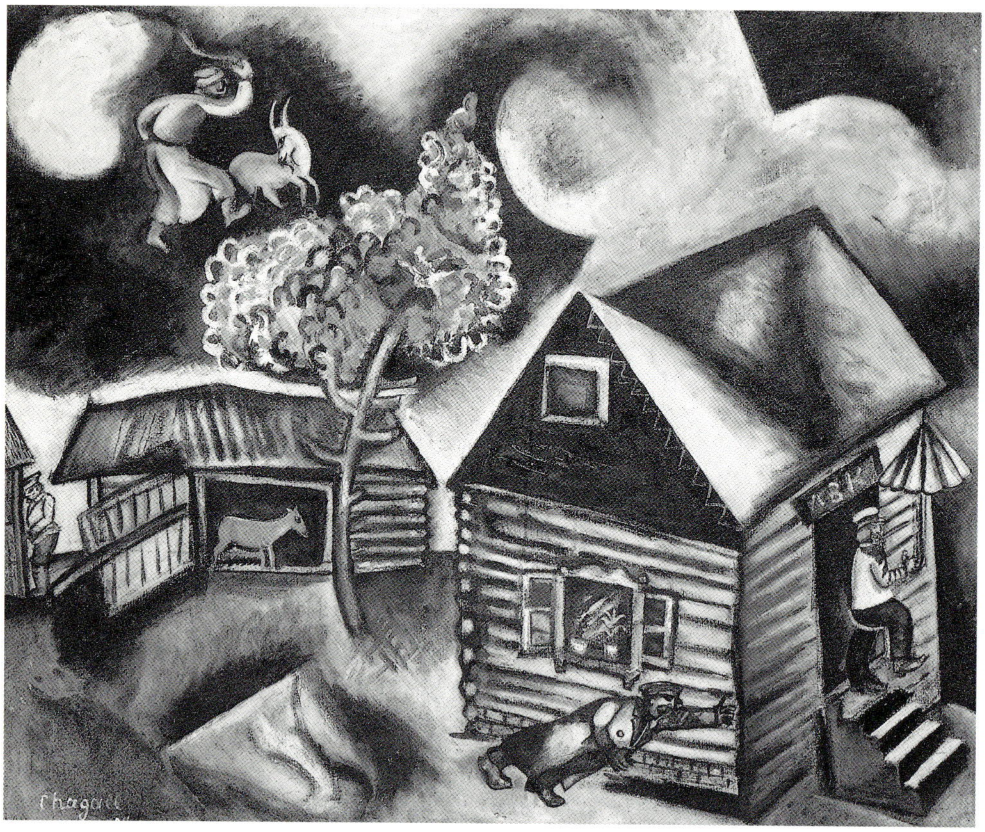

La pioggia, *1911, olio su tela, Venezia, The Peggy Guggenheim Collection*

con noi. Si è commosso e ci ha detto che si ricordava di tutti noi e che, per quanto ricco e celebre, non avrebbe mai dimenticato la nostra colonia di Malakhovka in cui aveva vissuto, al primo piano, con sua moglie Bella e aveva dormito in un letto di ferro... Sono una veterana del lavoro. La ringrazio ancora per quell'articolo sul nostro caro maestro e grande pittore. I. Fialkova.»

Ecco, quindi, che cosa c'è dietro il blu idilliaco di queste tele: il lavoro nelle colonie di Malakhovka e della III Internazionale. [...]

Il significato di un pittore non è di competenza esclusiva dei musei, della storia; è piuttosto nella freschezza con cui egli guarda le cose. Mi è accaduto di tradurre dei versi di Michelangelo. Le sue strofe posseggono un rilievo scultoreo. Le poesie di Picasso assomigliano a rebus, a un gioco analitico. Chagall è stato per tutta la sua vita un poeta, sia in senso proprio che in senso figurato. La poesia di Chagall ha la stessa natura della sua grafica, in cui abitanti di Vitebsk e capre blu volano ad ali spiegate. È modesta e realistica nella tecnica. [...] I suoi versi, non rimati, evocano le immagini care alla sua pittura. La sua intonazione è marcata, come il vigore del suo pennello, dall'impronta dei motivi propri della «cultura popolare ebraica, della cultura popolare bielorussa e dell'iconografia popolare russa», come nota Likhacev. Così la faccia verde di un rabbino diviene un viso verde ornato di una bozza a forma di patata.

Sia la sua pittura, dal colorito ineffabile, che i suoi versi nostalgici, ispirati all'Antico testamento, che la sua grafica aerea si fondono nella peculiare poesia di Chagall. Lasciamo che i versi del maestro dai capelli argentei volteggino come farfalle, in questa immensa mostra di un Marc Chagall che finalmente si è ricongiunto ai suoi penati.

È soltanto mio

È soltanto mio
Il paese che è nell'anima mia
Vi entro senza passaporto
Come a casa mia
Vede la mia tristezza
E la mia solitudine
Mi addormenta
E mi copre con una pietra profumata

In me fioriscono giardini
I miei fiori sono inventati
Le strade mi appartengono
Ma non ci sono case
Sono state distrutte sin dall'infanzia
Gli abitanti vagano nell'aria
Alla ricerca di una dimora
Abitano nell'anima mia

Ecco perché sorrido
Se il mio sole brilla appena
O piango
Come una leggera pioggia
Nella notte
Ci fu un tempo in cui avevo due teste

Ci fu un tempo in cui questi due visi
Si coprivano di amorosa rugiada
E si struggevano come il profumo di una rosa

Ora mi sembra
Che anche quando indietreggio
Vado avanti
Verso un alto cancello
Dietro cui si allungano muri
Dove dormono tuoni estinti
E bagliori infranti
È soltanto mio
Il paese che è nella mia anima.

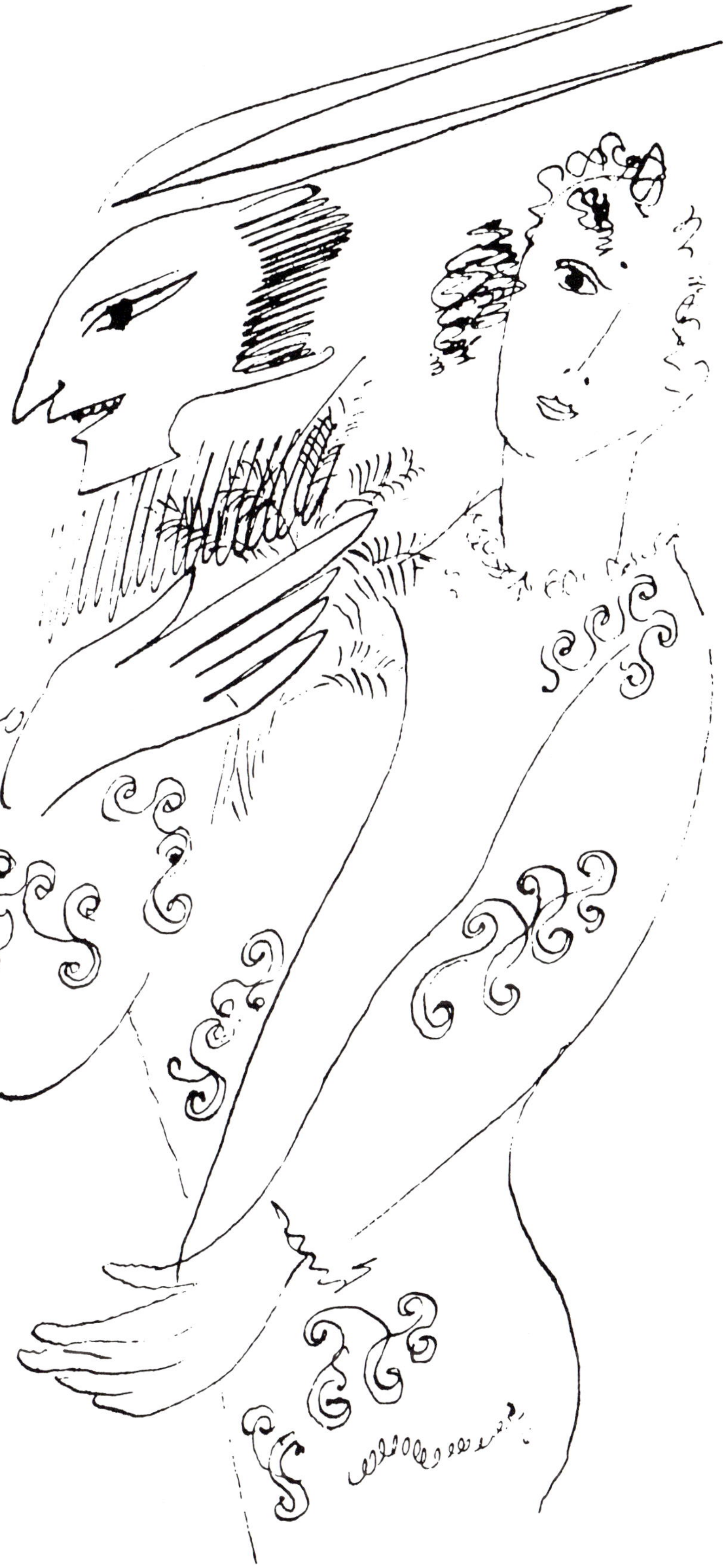

La mia bianca fidanzata

Cammino per il mondo come in una foresta
Sui piedi, sulle mani, di qui di là
Di albero in albero le foglie cadono
Mi svegliano, ho paura

Dipingo come addormentato in sogno
Quando la foresta si copre di neve
Il mio quadro sembra un altro mondo
Io soltanto, da tanti anni! resto qui

Aspetto che un miracolo appaia
Che mi scaldi, che mandi via la mia paura
Aspetto che da ogni parte tu venga da me

Allora mi alzerò in volo
Salirò con te sulla scala di Giacobbe
Al di sopra delle nuvole, mia bianca fidanzata.
[1989]

Guillaume Apollinaire

Rodsoge

Il tuo volto scarlatto il tuo biplano convertibile in idrovolante / La tua casa rotonda dove nuota un'aringa affumicata / Mi ci vuole la chiave delle palpebre / Fortunatamente abbiamo visto Monsieur Panado / E da quel lato lì stiamo tranquilli / Cos'è che vedi mio vecchio M. D. / 90 o 324 un uomo in aria un vitello che guarda attraverso il ventre della madre / Ho cercato a lungo sulle strade / Tanti occhi sono chiusi al bordo delle strade / Il vento fa piangere i salici / Apri apri apri apri / Guarda ma guarda insomma / Un vecchio si lava i piedi nel catino / Una volta ho inteso dire Ach du lieber Gott / Mi misi a piangere ricordando le nostre infanzie / E tu mi mostri un viola spaventoso / Questo piccolo quadro dove c'è una piccola vettura mi ha ricordato il giorno / Un giorno fatto di pezzi malva gialli azzurri verdi e rossi / In cui me ne andavo in campagna con un affascinante / Camino che teneva la sua cagna al guinzaglio / Non ve ne sono più non hai più il tuo piccolo zufolo / Il camino fuma lontano da me sigarette russe / La cagna abbaia contro i lillà / Il lumino da notte è consumato / Petali son caduti sulla tua veste / Due anelli d'oro vicino ai sandali / Al sole si sono accesi / Ma i tuoi capelli sono il trolley / Attraverso l'Europa vestita di piccoli fuochi multicolori.

Blaise Cendrars

Ritratto

Dorme / Ora è sveglio / D'un tratto dipinge / Afferra una chiesa dipinge con una chiesa / Afferra una mucca dipinge con una mucca / Con una sardina / Con teste mani coltelli / Dipinge con un nerbo di bue / Con tutte le sporche passioni di una cittadina ebrea / Con tutta la sessualità esacerbata del profondo della Russia / Per la Francia / Senza sensualità / Dipinge con cosce / Ha gli occhi sul sedere / Ecco la vostra faccia / Sei tu caro lettore / Son io / È lui / La sua sposa / Il bottegaio all'angolo / La vaccaia / Ostetrica / In secchi di sangue si lavano neonati / Infinita pazzia / Musi sputano mode / La torre Eiffel uguale a un cavatappi / Mani / Cristo / Lui stesso è Gesù Cristo / A lungo sulla croce ha vissuto la giovinezza / Un nuovo suicidio ogni nuovo giorno / D'un tratto non dipinge più / Era sveglio / Ora dorme / Si strangola con una cravatta / Chagall è sbalordito di vivere ancora.

Atelier

L'alveare / Scale, porte, scale, / E la sua porta si apre come un giornale / Coperta da biglietti da visita / Poi si chiude / Disordine, si è in grande disordine / Fotografie di Léger, fotografie di Tobeen che non si vede / E alle spalle / Alle spalle / Opere frenetiche / Schizzi, disegni, opere frenetiche / E quadri... / Bottiglie vuote / «Garantiamo la purezza della nostra salsa di Pomodoro» / Dice un'etichetta / La finestra è un almanacco / Quando le gigantesche gru dei lampi svuotano le chiatte del cielo con gran frastuono e versano banane di tuono / Ne cade / Alla rinfusa / Cosacchi il Cristo un sole in decomposizione / Tetti / Sonnambuli capre / Un licantropo / Pétrus Borel / La follia l'inverno / Il genio spaccato come una pesca / Lautréamont / Chagall / Povero bambino vicino alla mia donna / Delizia accidiosa / Le scarpe sono scalcagnate / Una vecchia marmitta piena di cioccolato / Una lampadina che si sdoppia / E la mia ebbrezza quando vado a trovarlo / Bottiglie vuote / Bottiglie / Zina / (abbiamo parlato di lei) / Chagall / Chagall.

Louis Aragon

Chagall II

Metterti in croce senza croce darTi / In pasto all'invisibile volo di un nulla di corvi / Gli specchi presto temeranno il tuo viso / Il silenzio fuggirà i tuoi passi spaventati / Vi saranno dietro di te singhiozzi da incubo / Vi saranno persiane chiuse là dove passi / Sarai l'appestato fuggito per le strade da te stesso / La sventura non avrà né fondo né luce nell'occhio cavo delle notti / La sventura ti vibrerà tra le dita mutilate / Patria atroce la sventura in cui tutti i passanti si somigliano / Ma Chagall ha dipinto gli amanti vicini.

Chagall III

Tutti gli animali e i candelabri / Il violingallo e il bouquet-capro / sono del matrimonio / L'angelo alla finestra dove la biancheria asciuga / Dietro il vetro sistema un paese / Nel paesaggio / I ballerini hanno bevuto il gran sole rosso / Che diverrà luna fra non molto tempo / Sulle paludi / Ed il cavallo-capra seduto nella neve / Vorrebbe parlare coi pesci / Che son troppo selvaggi / Camminate sulle mani perdete la testa / Il cielo è un circo dove tutto è destrezza / Ed il vento viaggia / Il pittore è seduto da qualche parte nell'ombra / Che cosa sogna se non gli amanti / Sulla loro bella nuvola / Al di sopra dei tetti distesi / Nei loro vestiti nuovi prima di essere nudi / Come i loro visi.

Chagall IV

Da dove venite uomini di fede / Da dove venite cavalli volanti / Ragazzi a testa in giù / Uno si fa nero per l'altro bianco / Siamo tutti degli acrobati / Solo chi non sa nulla / Bisogna che si ambienti / Al cielo diverso da quello da cui si viene / Questo secolo se ne va i piedi per aria / Si lavora senza rete / Si fa finta che sia per piacere / E che si voli là dove ci piace / La pittura è una memoria / Dove tutto è ordinato a modo suo / Niente sta come biancheria nell'armadio / Altro il circo, altra è la canzone / Tuttavia Vitebsk e Notre-Dame / Enormemente si somigliano / Così l'amore modella sull'anima / Il comune profilo degli amanti / Autunno autunno lungo autunno / Come il grido del vetraio / Di strada in strada e canticchio / Un'aria che stupisce lentamente / Chi non sa più pregare / Ma l'occhio resta al tardo inverno / Il trasfiguratore del tempo / Agli alberi nudi rende il giorno verde / E versa nel suo bicchiere agli altri / Il vino nuovo d'aver vent'anni.

Chagall VII

Ho dormito sotto la vettura / Tra il gallo ed il cane / Da dove venivo neve neve / Tutto è così bianco bianco bianco / Che nulla è in grandezza naturale / Gli uomini di questo villaggio / Prima di me si sono alzati / Neve neve da dove venivo / Per proibire di covare / Alle galline del vicinato / Gli si vede soltanto la pelle / Nera su questo inverno che danza / Arlecchini di neve perché non ho / La vostra oscena risata / Che fa fuggire il pollame / Marioli marioli / Dove dunque avete vissuto / Per giocare così / E colpire la terra col culo / O voi che fate capriole.

Paul Eluard

A Marc Chagall

Asino mucca gallo o cavallo / Sino alla cassa di un violino / Uomo che canta lui stesso un uccello / Che danza agile con la sua donna / Coppia immersa nella sua primavera / Oro dell'erba piombo del cielo / Separati da fiamme blu / Dalla salute della rugiada / Il sangue cangiante il cuore che batte / Una coppia il primo riflesso / E in un sotterraneo di neve / Disegna una carica vite / Un viso con labbra di luce di luna / Che mai dorme la notte.

Acrobata, *1914, olio su tavola, Buffalo, N.Y., Albright-Knox Art Gallery*

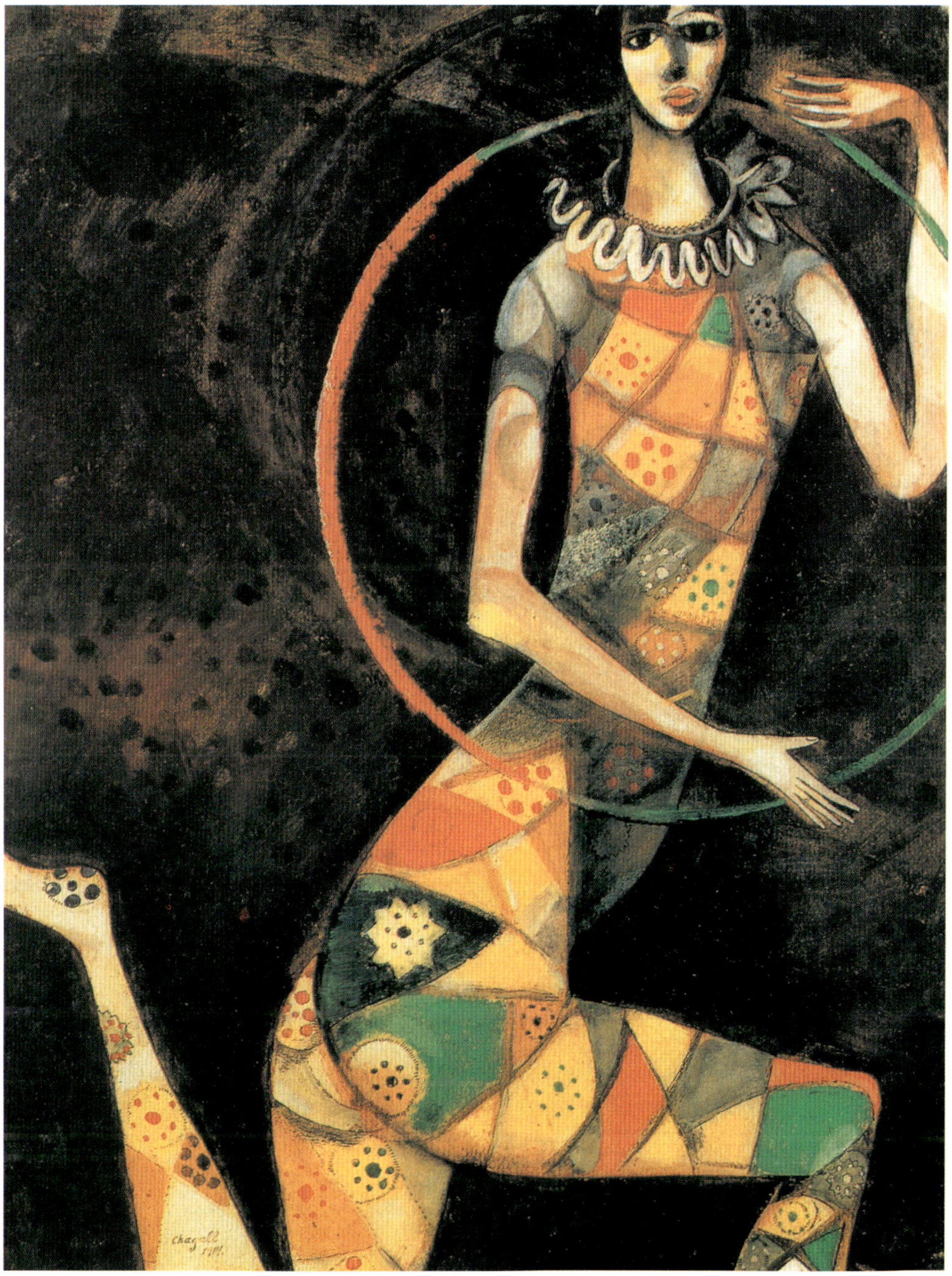

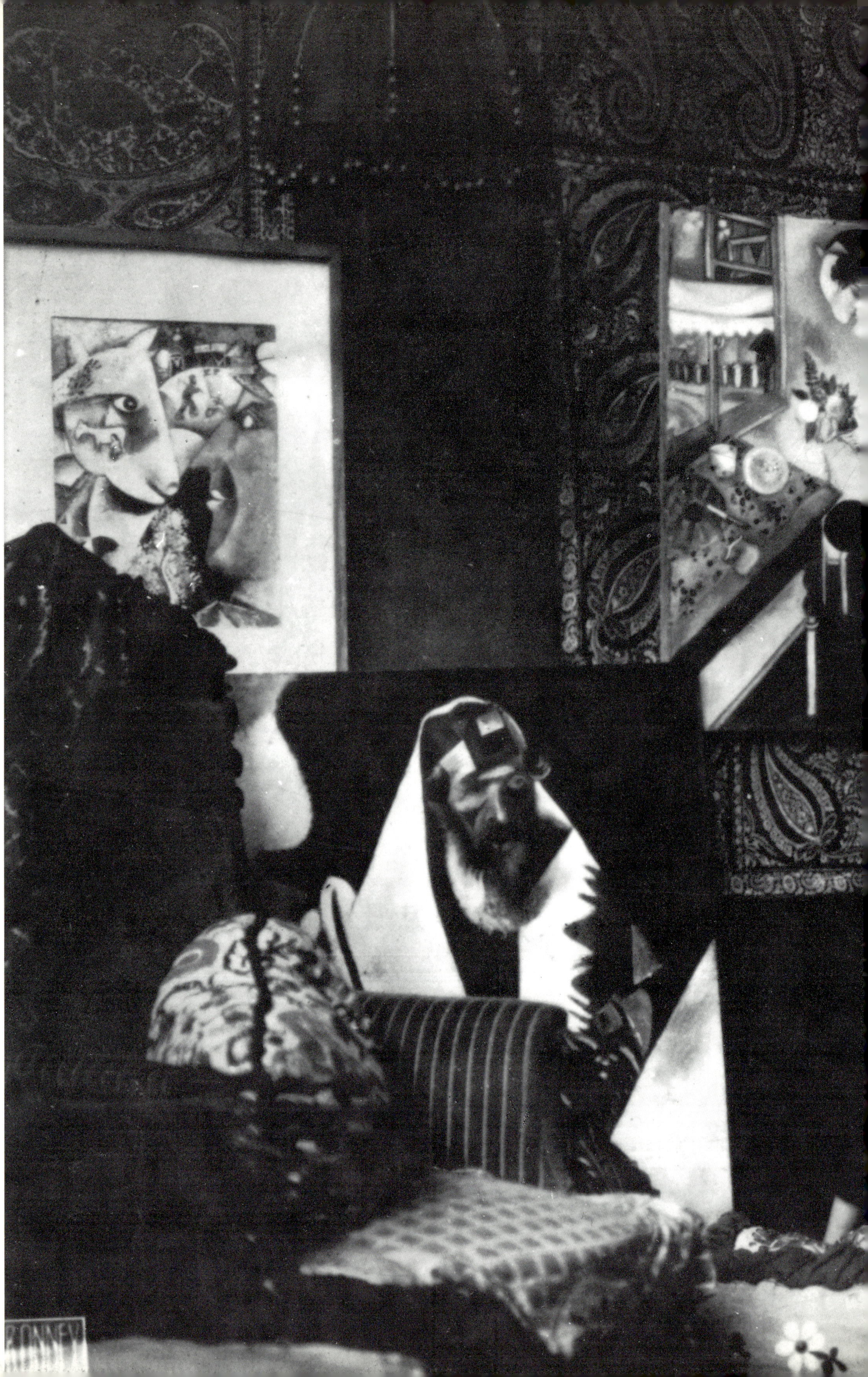

MARC CHAGALL

La vita e le opere
1887-1985

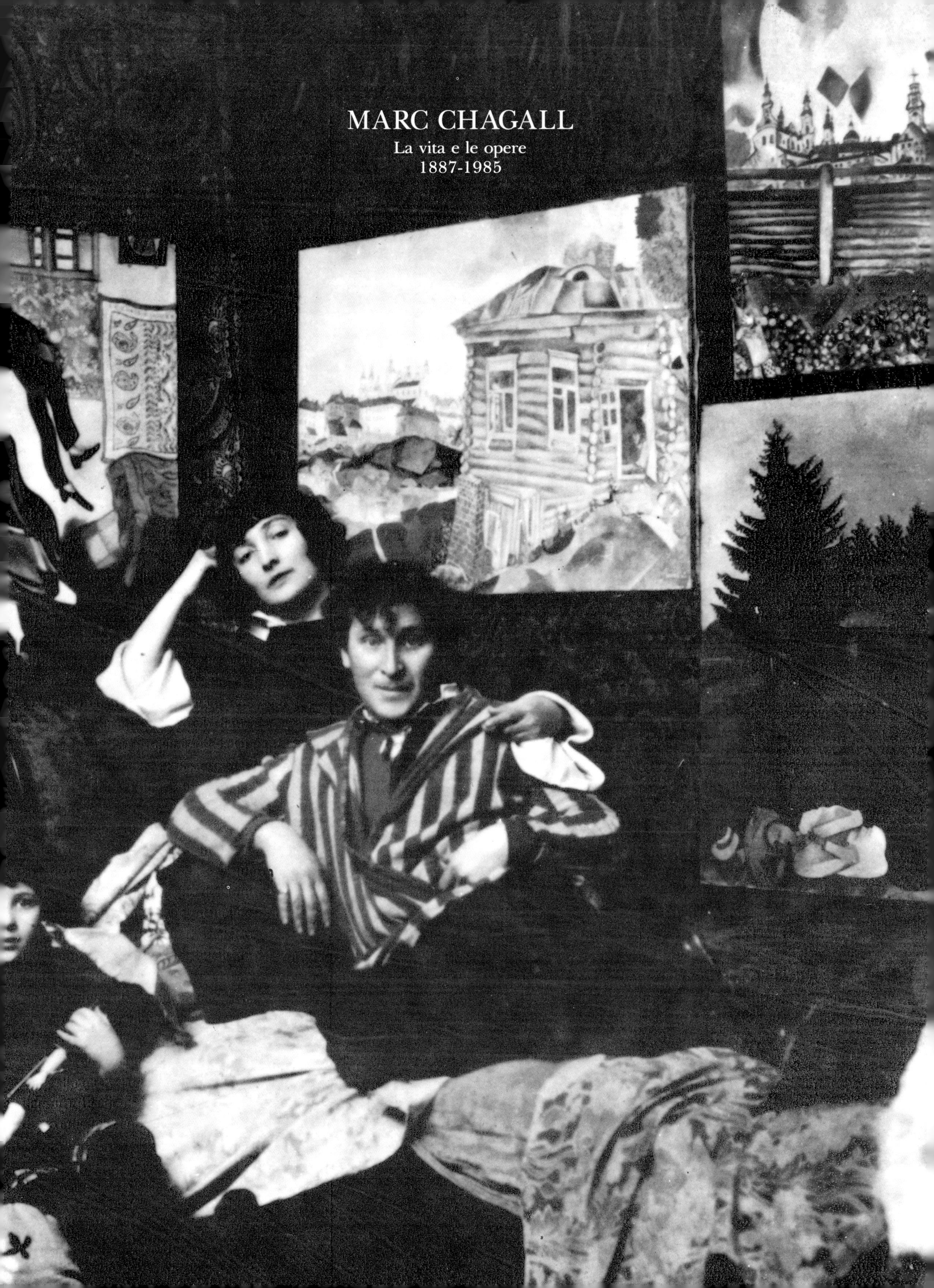

Marc Chagall
La vita e le opere
1887-1985

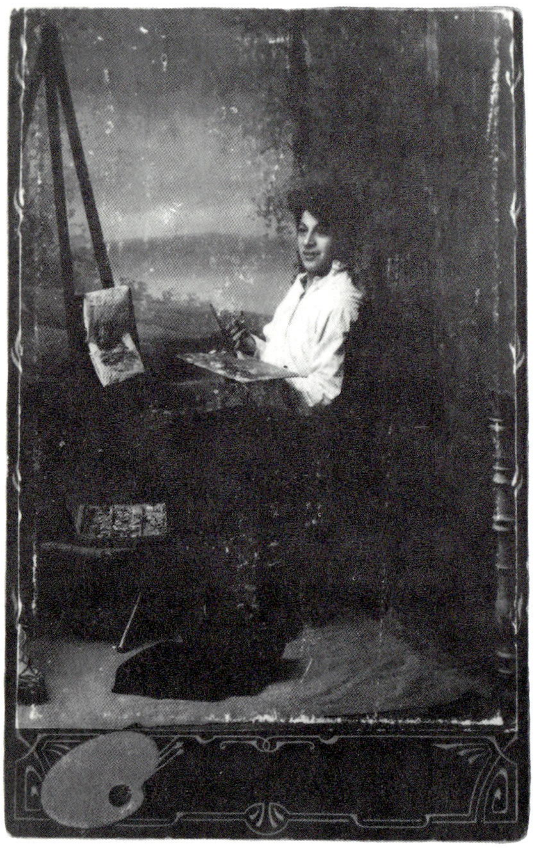

Marc Chagall a 16 anni, a Vitebsk, davanti al cavalletto. Nella pagina precedente, Chagall con la moglie Bella e la figlia Ida nel suo studio di Parigi, nel 1924: sulla parete alle loro spalle si riconoscono alcune opere dell'artista, fra cui L'ebreo in preghiera, La casa blu *(esposto in mostra, n. 25), e* Il poeta giacente

Gli anni dell'apprendistato in Russia (1907-1910)

«Tutto il nostro mondo interiore è realtà, forse anche più reale del mondo apparente; chiamare fantasia ciò che appare illogico significa non capire la natura.»

Non sempre la biografia di un artista è strumento necessario a comprenderne il processo creativo: nel caso di Chagall invece essa si offre come una delle fonti principali cui riferirsi per meglio seguire e penetrare quel mondo interiore che si riflette nella sua opera.

Chagall nasce a Lyozno, nei dintorni di Vitebsk, la «città triste e gaia», sulle rive della Dvina, il 7 luglio 1887 da una famiglia di modesti commercianti ebrei. L'infanzia trascorsa a Vitebsk segna tutta la sua opera che si nutre infatti dei temi iconografici legati a quei luoghi: le vecchie case di legno, le viuzze strette, le insegne dei negozi, gli animali e tutti i personaggi della collettività ebraica, ove viene educato nella stretta osservanza delle tradizioni comunitarie e religiose. Così il suo sguardo attento e incantato di bambino, attratto dal colore violaceo di un cielo notturno, dai bagliori delle stelle e delle lampade a petrolio, dallo spettacolo multiforme dei mercati o delle feste del Sabbat, fissa nella memoria quelle immagini poi tradotte con grande libertà poetica nelle sue tele (cfr. Chagall, *Ma vie*). Tuttavia Chagall non vorrà mai essere indicato come un pittore di 'fantasia', l'illustratore dei racconti popolari russi: le mucche, i galli e le casupole di Vitebsk sono motivi formali, quel 'profumo del paese natale' che influenza la scrittura di ogni artista: ma ciò che più lo interessa, fin dall'inizio, non è tanto la logica, l'illustrazione, bensì l'effetto visivo della composizione.

Chagall afferma giovanissimo la volontà di essere pittore e, dopo gli studi scolastici, convince la madre a 'salvarlo' da una carriera di contabile o di commesso accompagnandolo all'atelier del pittore Jehuda Pen; in quel periodo è anche apprendista presso due fotografi locali come ritoccatore, esercizio che detesta non capendo la necessità di «tappare buchi e rughe».

Nel 1907 lascia Vitebsk per Pietroburgo, dove vive dapprima molto poveramente; per ottenere, in quanto ebreo, il permesso di soggiorno diventa artigiano e dipinge insegne di negozi, prima di conoscere personaggi influenti come Goldberg o Vinaver. Iscrittosi alla scuola della Società imperiale delle Belle Arti — dove i suoi lavori sono notati dal direttore Rœrich che lo ricompensa con una borsa di studio — Chagall passa a una scuola privata, diretta dal pittore Saidenberg, ma, deluso dall'insegnamento troppo accademico, preferisce

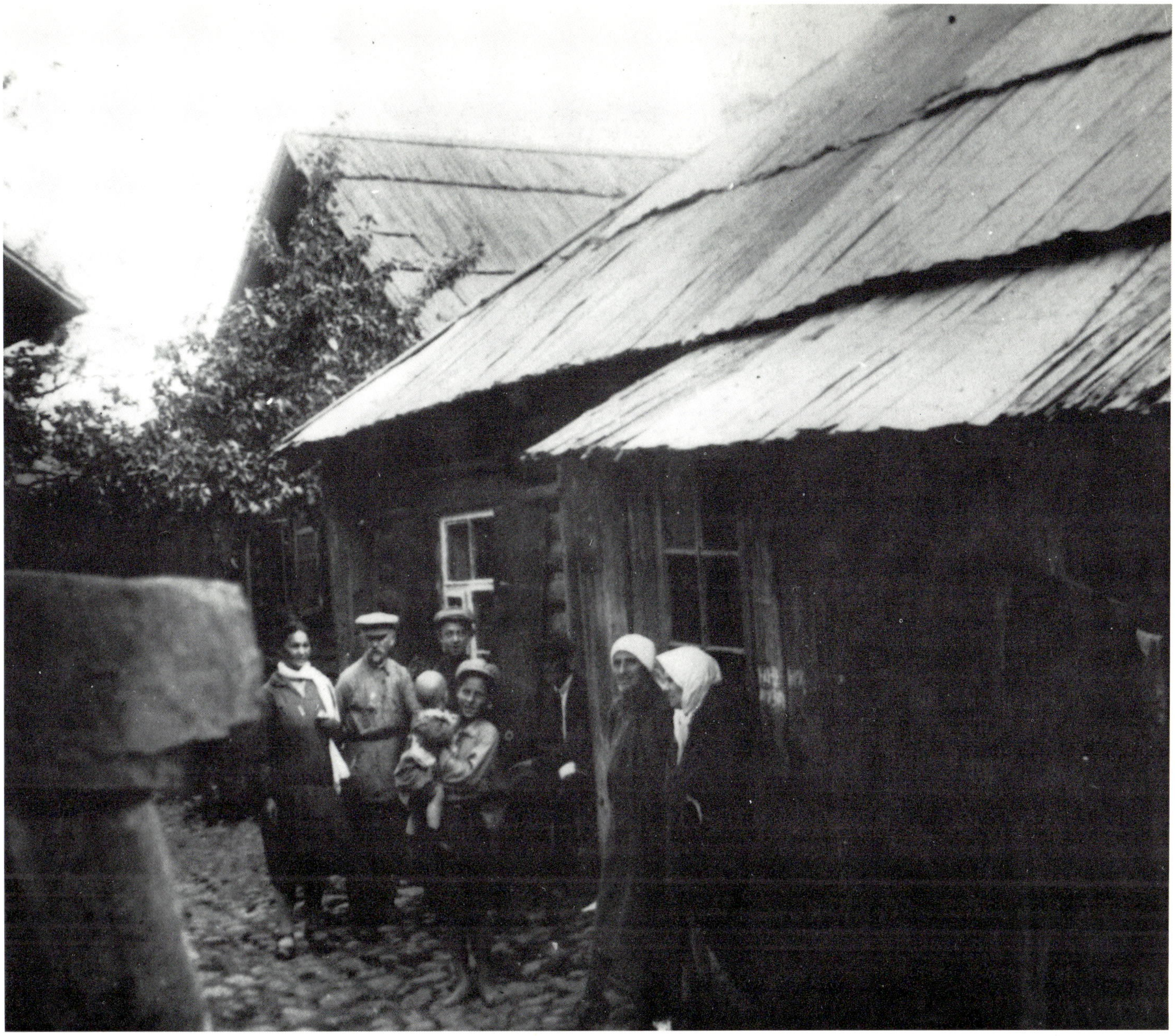

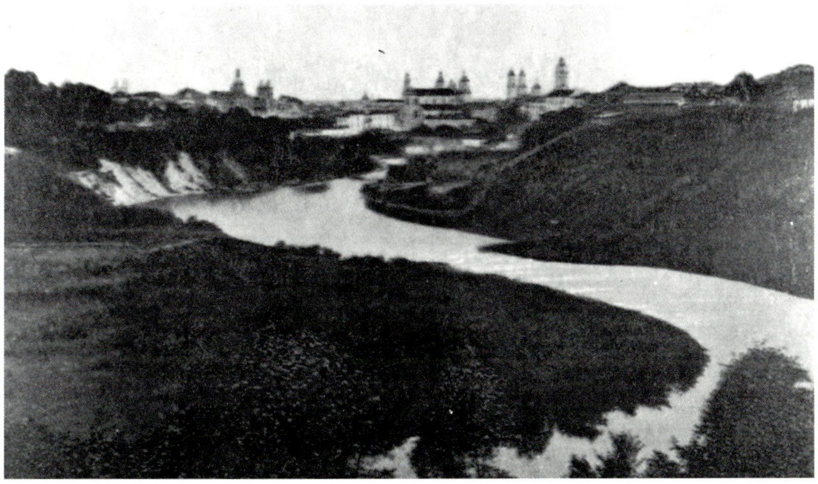

Sopra, una casa di Vitebsk: di fronte ad essa, fra i vicini di casa della famiglia dell'artista, il suo primo maestro di pittura, Jehuda Pen (l'uomo col berretto). Sotto, il corso del fiume Witsba nei dintorni della città, visibile in lontananza

I grandi poeti francesi sono stati fortemente affascinati dall'arte di Marc Chagall, sul significato della quale hanno avuto intuizioni acutissime, spesso più penetranti e rivelatrici del giudizio dei critici e degli studiosi. Dall'alto, i ritratti di Blaise Cendrars, Paul Eluard e André Breton; alla pagina seguente, Guillaume Apollinaire, che qualificò la pittura di Chagall come «soprannaturale»

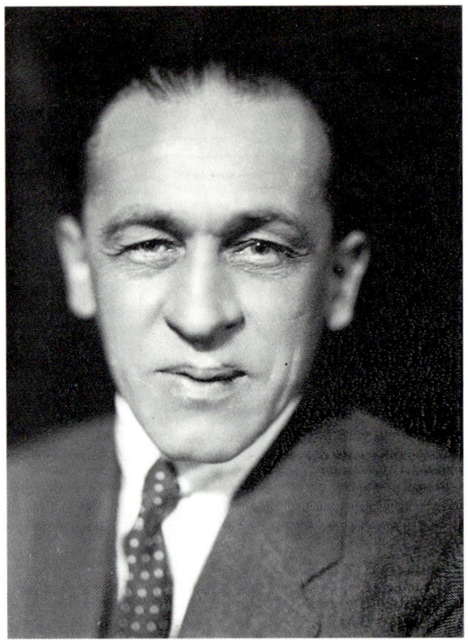

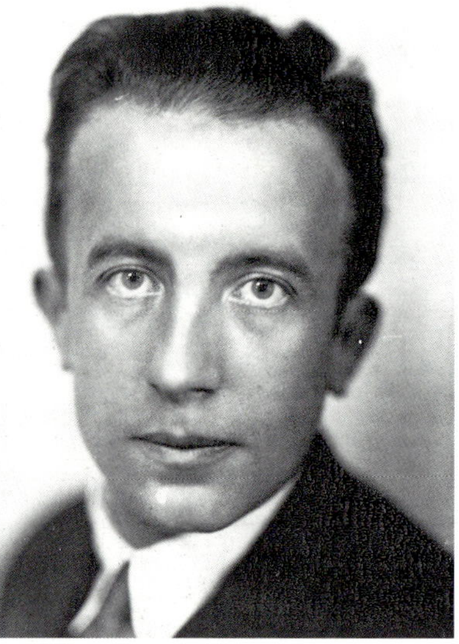

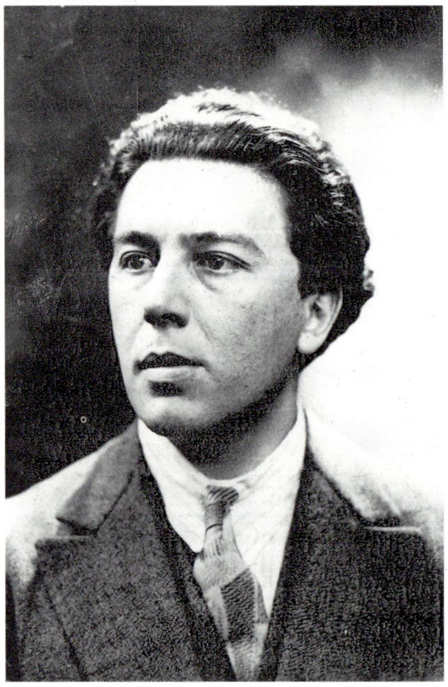

la scuola della Zvanceva, «un'Europa in miniatura», frequentata anche dalla contessa Tolstoj e dal ballerino Nijinskij, il cui direttore Léon Bakst, di ritorno da Parigi, apre al giovane artista gli orizzonti sulla nuova arte. Il clima artistico di Pietroburgo era d'altronde molto animato, grazie soprattutto alla rivista «Il vello d'oro», che svolgeva un vivace dibattito sulle tendenze artistiche europee e organizzava nel 1908 un'importante mostra d'arte russa e francese con opere di Cézanne, Van Gogh, Matisse, Braque e Derain. In un soggiorno a Vitebsk Chagall conosce, tramite una sua amica e modella, Thea, Bella Rosenfeld — pallida, eterea e dai grandi occhi neri —, musa ispiratrice e sua futura moglie. Anche Bella posò per Chagall come modella, ma il nudo spiacque alla madre del pittore, sì ch'egli trasformò poi la tela in un altro dipinto, una *Processione*; di quel periodo, 1909, è invece *Bella con i guanti neri*. Nel 1910, dopo aver esposto alla scuola Zvanceva *Le nozze, Il morto, Un contadino che mangia*, grazie all'aiuto di Vinaver, suo mecenate, Chagall lascia la Russia per Parigi.

Parigi (1910-1914)

«Nessuna Accademia avrebbe potuto darmi tutto quello che ho scoperto divorando le esposizioni di Parigi, le sue vetrine, i suoi musei». Dal primo atelier — 18, Impasse du Maine (ora Impasse Bourdelle) — Chagall si trasferisce alla Ruche, un insieme di circa cento atelier circondati da un piccolo giardino e abitati dalla bohème artistica di tutti i paesi; tra gli altri da Léger, Laurens, Archipenko, Modigliani e Soutine. In questo scenario si apre una grande stagione creativa: nel disordine del suo atelier, dove spesso dipinge nudo, tra gusci di uova, riproduzioni di El Greco o di Cézanne, croste di pane e resti di aringa, nascono i primi capolavori: *Alla Russia, agli asini e agli altri, Il Santo vetturino, Io e il villaggio*. «Ho portato dalla Russia i miei oggetti, Parigi vi ha versato sopra la sua luce». Chagall frequenta molti letterati, tra cui Max Jacob, André Salmon, e si lega in particolare a Blaise Cendrars — che parla russo e gli dedicherà quattro dei *Poèmes élastiques* — e ad Apollinaire che un giorno nello studio del pittore, impressionato di fronte alle sue opere, mormora l'aggettivo «soprannaturale» (siamo agli albori del surrealismo) scrivendo poi per l'amico *Rodsoge*. La poesia sarà la prefazione del catalogo della prima personale di Chagall a Berlino nel 1914, organizzata da Herwarth Walden, letterato e mercante, conosciuto tramite lo stesso Apollinaire. E questi nomi, insieme a quello di Canudo (che esaltò in Chagall il più grande colorista di tutti i tempi), circondano il cuore trafitto del pittore che appare in un angolo del famoso *Omaggio ad Apollinaire*, del 1911.

Nel soggiorno parigino Chagall, pur interessato al cubismo, esprime alcune riserve nei riguardi di una pittura che gli sembra limitare le possibilità dell'espressione ed essere fin troppo «realista», attaccata al lato fisico delle cose, sentendosi lui più attratto «dal lato invisibile, per così dire illogico della forma e dello spirito, senza il quale la verità esterna non è completa.» Così pure, rappresentando qualcosa che nasce spontaneamente da un insieme di contrasti fisici e plastici e ponendo lo spettatore di fronte alla creazione di oggetti sconosciuti, Chagall si considererà più «astratto dei suoi contemporanei astratti», Mondrian e Kandinskij.

Nel 1911 e nel 1912 espone al *Salon des Indépendants* e, sempre nel 1912, presenta alcune tele, tra cui *Golgota*, al *Salon d'Automne* su invito dello scultore Kogan, di Delaunay e di Le Fauconnier.

Con Delaunay Chagall stringe un'amicizia feconda: entrambi infatti variano la lezione del cubismo e svolgo-

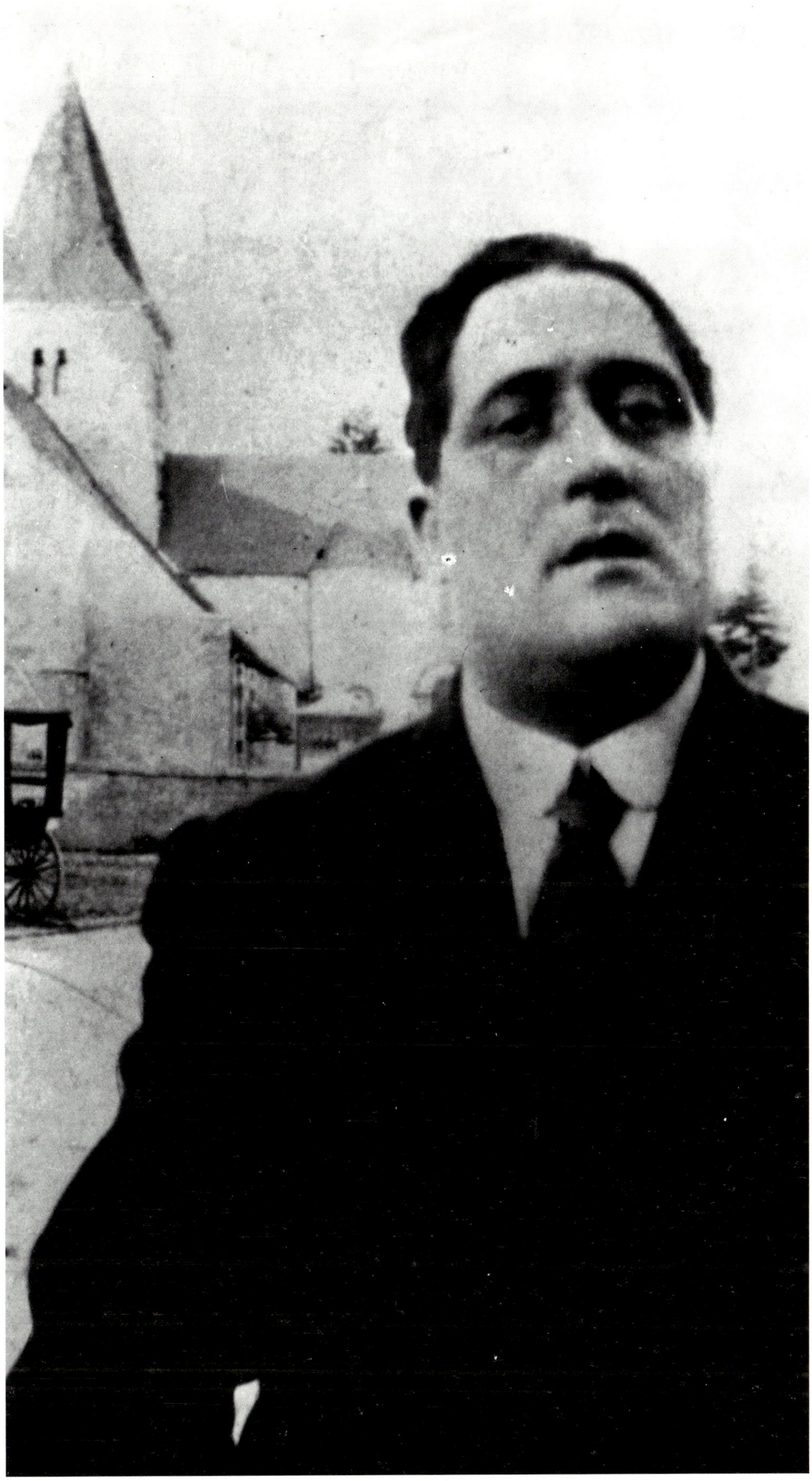

Sui gradini dell'ingresso della colonia di Malakhovka, nel 1921, Chagall (il primo, seduto) assieme ai componenti del personale ed alcuni allievi. Nella pagina seguente, dall'alto, il poeta Vladimir Majakovskij, il pittore suprematista Kazimir Malevič, grande avversario di Chagall, e infine il poeta Sergej Esenin

no ricerche sul colore, pur giungendo a esiti differenti.
L'anno seguente partecipa di nuovo al *Salon des Indépendants* di Parigi con *La grande nascita, Adamo ed Eva*, e a quello di Amsterdam con *Il pittore e la fidanzata* e *Un musicista*. Dopo l'inaugurazione della mostra di Berlino nel 1914 decide di rientrare per un breve periodo in Russia, ma la dichiarazione di guerra lo tratterrà lontano vari anni; non potrà recuperare i suoi quadri esposti alla galleria Der Sturm di Walden, che però circolarono in Germania tra artisti come Kokoschka, Marc, Kandinskij.

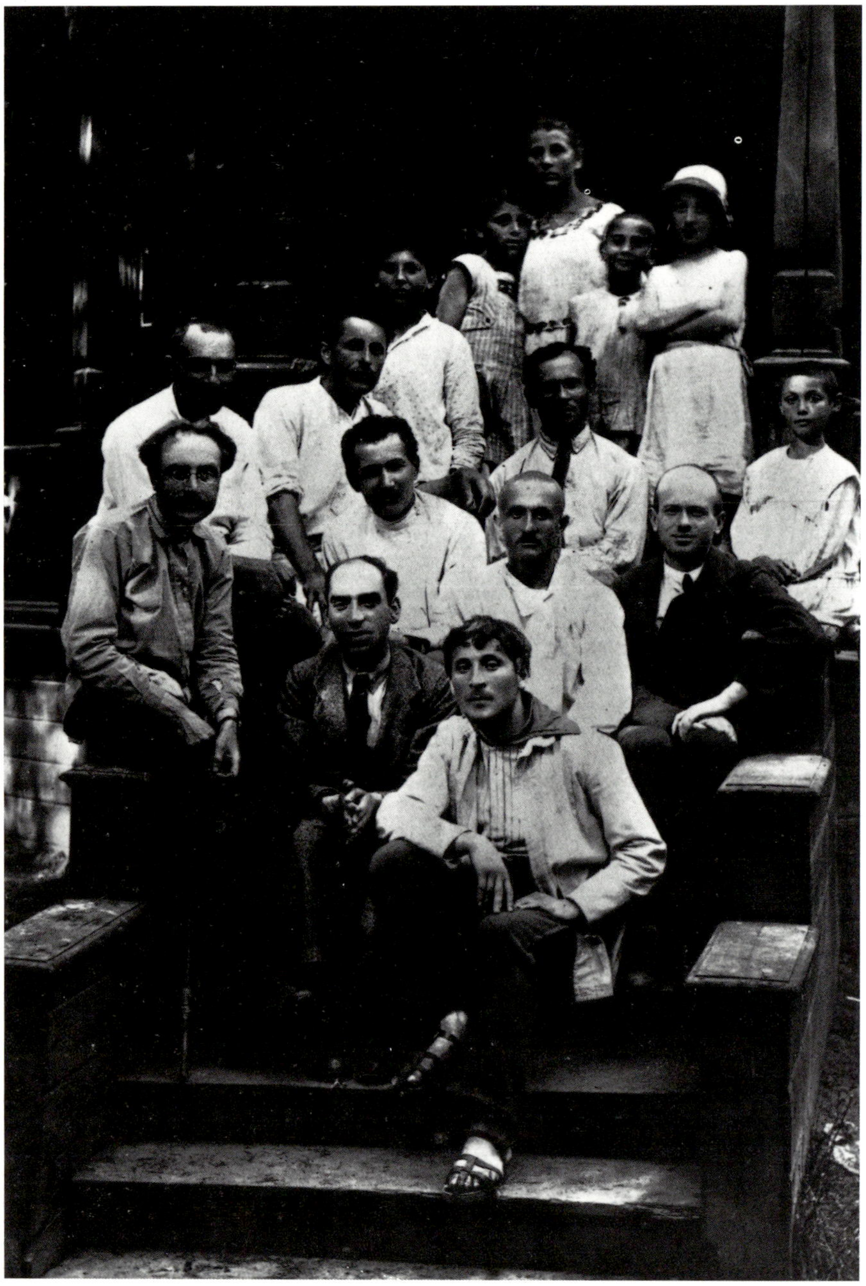

La Russia
Gli anni rivoluzionari
(1914-1922)

A Vitebsk, dove ritrova la famiglia, Chagall dipinge opere come *L'ebreo in verde, L'ebreo in preghiera, Il ritratto della madre sopra Vitebsk*, la serie degli *Innamorati* (in rosa, blu, verde). Nel 1915 sposa Bella, e la gioia di quest'evento si riflette, tra gli altri, in *La passeggiata* (1917), *Il compleanno* o *Doppio ritratto col bicchiere di vino*, di freschezza e lirismo dispiegati.
In sostituzione del servizio militare,

Chagall lavora al Ministero della guerra di Pietroburgo dove conosce il collezionista Kagan-Čabčaj. Incontra i grandi poeti russi: Aleksandr Blok, Esenin, Majakovskij e Pasternak ed espone al Salone artistico di Mosca nel 1915, alla Galleria Dobičina di San Pietroburgo nella rassegna «Arte russa contemporanea» del 1916 e del 1917. Tra le opere esposte, le prime illustrazioni di libri e di giornali. Nel 1916 nasce sua figlia Ida.

Allo scoppio della Rivoluzione d'ottobre Chagall è nominato responsabile per le belle arti del Ministero dei Beni Culturali insieme a Majakovskij per la poesia e a Mejerchol'd per il teatro, ma dissuaso da Bella declina l'incarico. Torna a Vitebsk, deciso a perseguire il lavoro cominciato a Parigi, ispirato ora dalla sua terra natale e dallo slancio rivoluzionario che sembrava propizio alla nuova arte. A Vitebsk ottiene da Lunačarskij — conosciuto a Parigi ed ora commissario del popolo per la cultura — il permesso di aprire una scuola di belle arti. Al primo anniversario della Rivoluzione decide di far decorare tutta la città di grandi manifesti e striscioni ed incita «tutte le persone e tutti gli organismi che posseggono dei cavalletti a consegnarli provvisoriamente alla commissione incaricata delle decorazioni di Vitebsk» (l'episodio è citato da Voznessenskij), invitando pittori vecchi e giovani ad abbandonare gli atelier e portare il proprio contributo alla preparazione della festa. Così, non i ritratti di Marx o di Lenin, ma vacche e cavalli che volteggiano nell'aria accolgono le autorità in visita alla città.

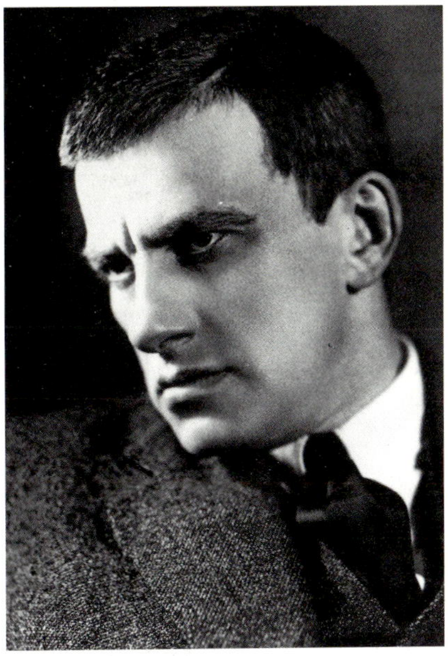

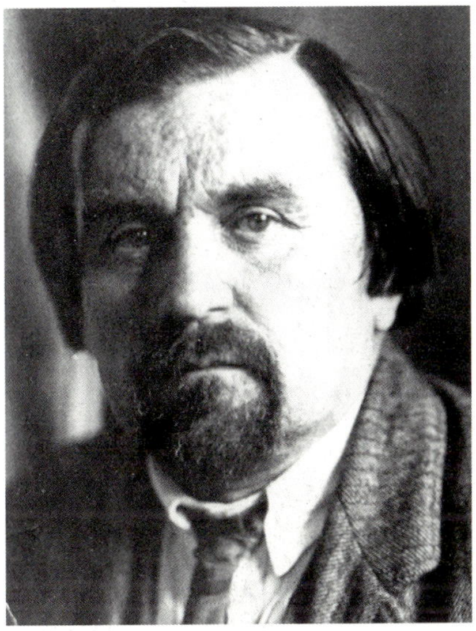

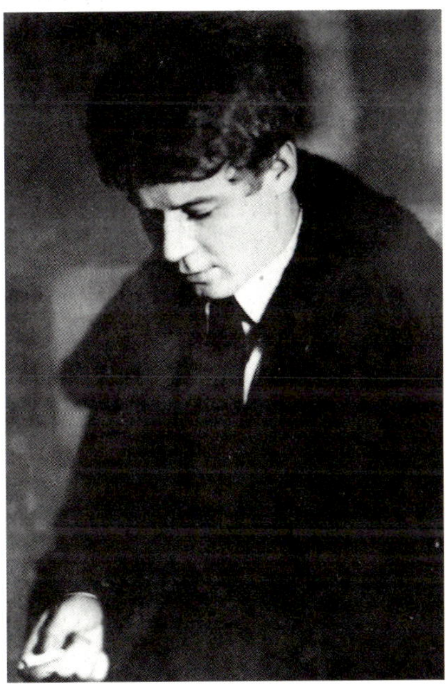

Purtroppo sin dall'inizio i rapporti tra Chagall, direttore della scuola, e gli altri insegnanti dell'accademia di Vitebsk sono difficili, specie con Malevič, sia sul piano dei rapporti umani che su quello delle teorie artistiche; tornando da Mosca, dove si era recato per chiedere sovvenzioni al Ministero, Chagall trova affissa sulla porta, al posto di «Accademia libera», l'iscrizione «Accademia Suprematista»: Malevič ed El Lissitskij avevano approfittato della sua assenza per imporre la propria volontà e Chagall, amareggiato e pur supplicato dagli allievi, dà le dimissioni. Ciononostante, il contatto col suprematismo si riflette in alcune opere di quel periodo come *Profilo alla finestra* (1918) o in alcuni bozzetti per il teatro. A Mosca infatti l'artista, con la stessa fede nell'immagine, espressione di un mondo interiore, accetta di lavorare alle scene del Teatro Ebraico da camera di Granovskij (decorandone anche la sede) concepite come insiemi unitari e con vita propria: disegna perfino gli abiti di scena ed il trucco degli attori, influenzando-

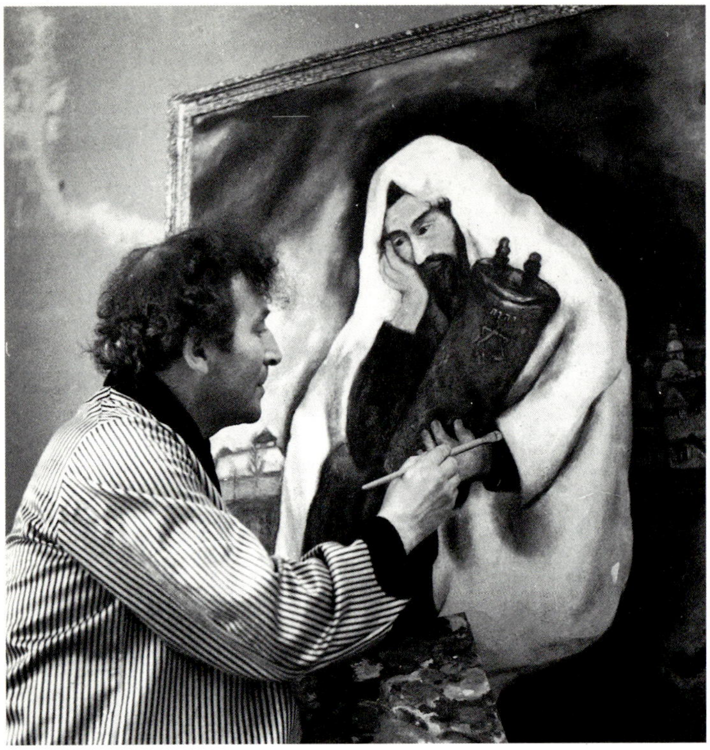

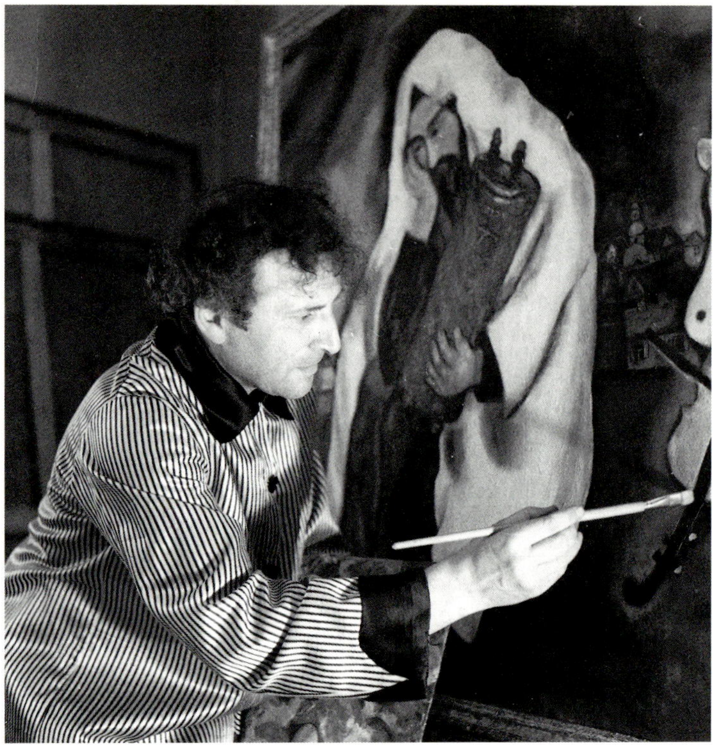

ne la recitazione (Chagall racconta che uno di questi, Michoels, gli disse di essersi ispirato alle espressioni date dal pittore ai bozzetti del suo personaggio). Nel 1921 insegna quasi tutto l'anno nelle colonie di orfani di guerra Malakhovka e III Internazionale e comincia a redigere la sua autobiografia *Ma vie*. La fama di Chagall è ormai diffusa: i critici Efros e Tugendhold gli dedicano, nel 1918, una monografia; ma nel 1922, tramite il poeta Jurgis Baltrusaitis, allora ambasciatore di Lituania a Mosca, che gli permette di inviare le sue tele a Kaunas, egli coglie l'occasione per lasciare la Russia. Rivolgendosi idealmente alla Francia, scrive: «Tornerò con mia moglie e la mia bambina. E forse l'Europa mi amerà e con essa anche la mia Russia».

Nella sequenza in alto, Chagall lavora al dipinto Solitudine *del 1933, esposto in mostra (n. 35). Nelle due immagini in basso, del 1934, Chagall ritrae la moglie Bella, che (alla pagina seguente) posa dinanzi all'opera finita*

In Francia (1923-1940)
Gli anni dell'esilio
Gli Stati Uniti (1940-1948)

A Berlino è accolto come un maestro da critici e artisti; si dedica soprattutto alla grafica e realizza, per conto di Cassirer, 20 incisioni sul tema *Ma vie* e qualche litografia. Ma presto Cendrars richiama l'amico a Parigi: «Ritorna, sei famoso, Vollard ti aspetta».

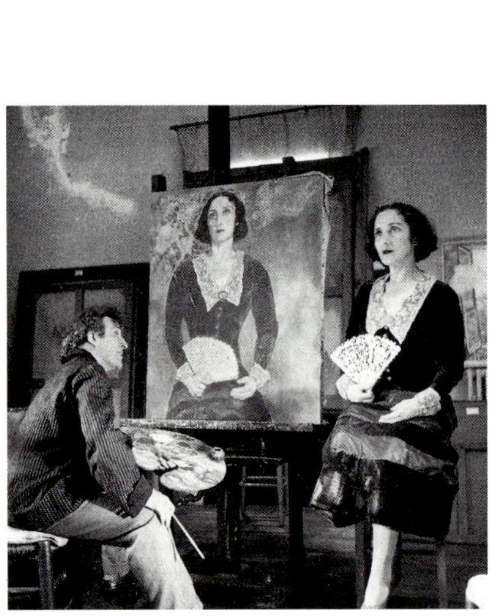

Il grande editore ha infatti notato le opere di Chagall acquistate dal critico Coquiot (che però, credendo Chagall morto in Russia, aveva indirizzato Vollard a Cendrars per averne notizie). Nel 1923 a Parigi l'artista riannoda rapporti con i vecchi amici Cendrars e Delaunay. Vollard gli commissiona l'illustrazione di *Le anime morte*, sintesi della visione chagalliana della vita russa attraverso Gogol' (queste acqueforti, che pur piacquero a Vollard, saranno pubblicate solo nel '48 dall'editore Tériade).

In questi anni Chagall, più sereno, si rivolge con amore alla natura: la campagna gli offre forti suggestioni nei soggiorni in Normandia e in Bretagna, all'Ile de Breaht (1924), a Montchauvet e a Mourillon, presso Tolone (1926). Dipinge opere quali *Fiori a Mourillon* o *Ida alla finestra*, pur non abbandonando i motivi russi o riprendendo temi già affrontati come *Gli sposi della Tour Eiffel* (1928), che rimanda a *Parigi dalla finestra* del 1913.

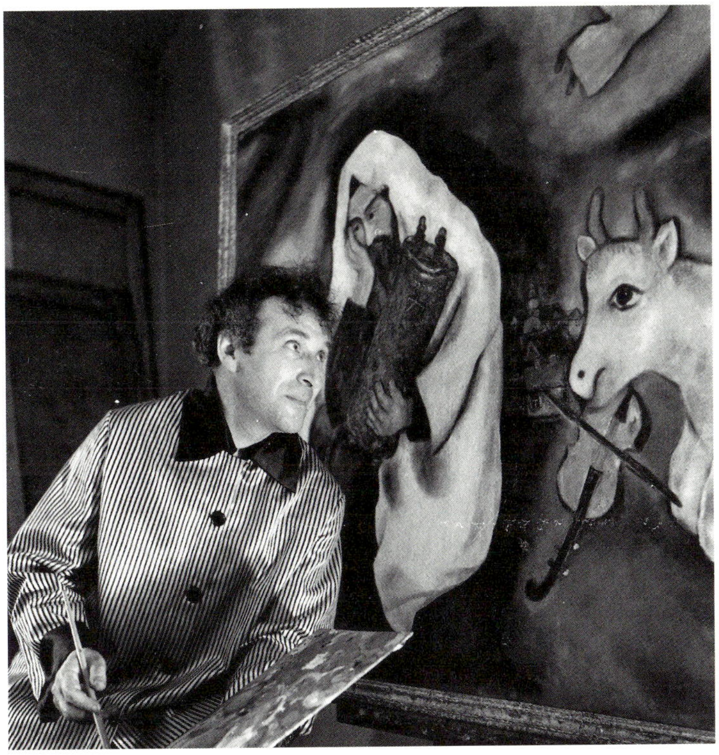

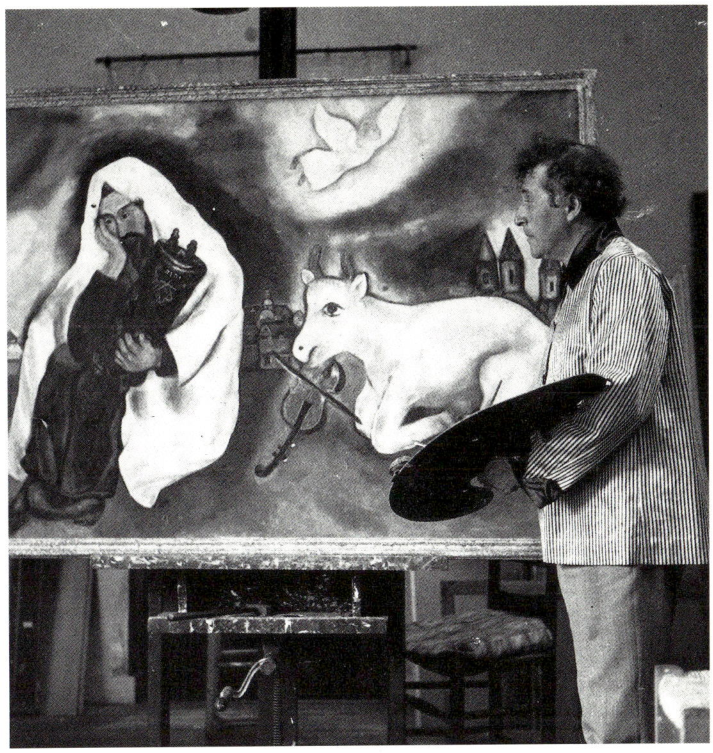

Ma il suo stile è assai mutato, più libero e armonioso nella cromia e più sciolto nelle forme (si veda anche *Il canestro di frutti* del 1927, opera esposta in mostra, cat. n. 32).

Già dal 1924 Chagall si era trasferito in un atelier al 101 di Avenue d'Orléans. Max Ernst e Paul Eluard lo invitano ad aderire al surrealismo, ma egli rifiuta, non potendo condividere principi come l'automatismo delle associazioni fra le immagini fluenti dall'inconscio, così diverse dalle proprie che, pur nell'apparente analogia, non ubbidiscono al caso ma rispondono ad un preciso disegno fatto di sentimenti e di ricordi. I surrealisti lo sospettano di 'misticismo', ma lo stesso Breton, anni più tardi, nel 1941, riconoscerà il valore «assolutamente magico» dell'opera di Chagall, «in cui gli stupendi colori fondamentali portano in sé e trasfigurano il tormento moderno, pur conservando l'antica ingenuità nel raffigurare ciò che nella natura proclama il principio del piacere: i fiori e l'espressione dell'amore.»

Nel 1926, su invito di Vollard, esegue le tempere per le *Favole* di La Fontaine, conosce l'editore Tériade, Maioll, Rouault, Vlaminck e Bonnard; per la prima volta espone a New York alla Galleria Reinhart. Continua i suoi viaggi in Francia (Savoia, Nantes, Saint-Jean-de-Luz, Carcassonne) e conosce Jean Paulhan che nel 1928 con Ludmilla Gaussel aiuterà Bella nella traduzione di *Ma vie*, l'autobiografia di Chagall che uscirà nel 1931.

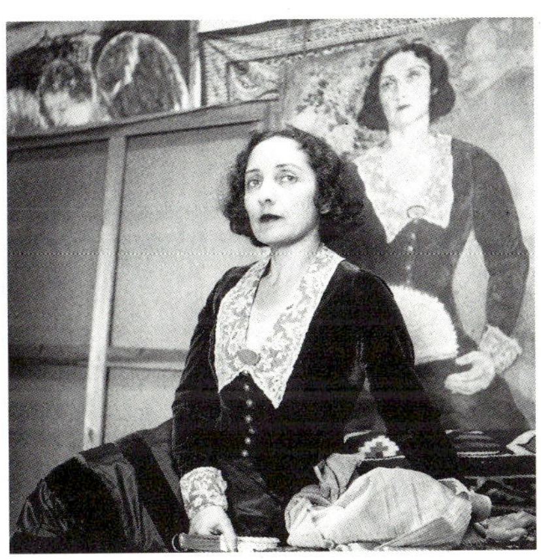

Nel '27 esegue 19 grandi tempere sul tema del *Circo*, che resta un motivo ricorrente negli anni della maturità. Alcune opere di questo periodo, come *Bella col garofano*, suggeriscono, nella rigorosa purezza formale e nella severa impostazione classica, la partecipazione di Chagall a quel clima di 'ritorno all'ordine' diffuso in Europa, che tuttavia non ebbe sull'artista grande presa e rimase circoscritto a poche opere. Nel 1930 Chagall comincia la serie di tempere su tema biblico, a lui particolarmente caro da sempre, ma ora affrontato con nuova consapevolezza spirituale. Per le illustrazioni della Bibbia, cui si dedica per conto di Vollard, dal 1931 al 1956, si reca in Palestina e visita Egitto e Siria, nel 1932 è in Olanda per vedere Rembrandt, nel 1934 in Spagna per El Greco. Nel 1935 accetta l'invito della città di Vilna, allora in Polonia. Nel 1936 si trasferisce in un

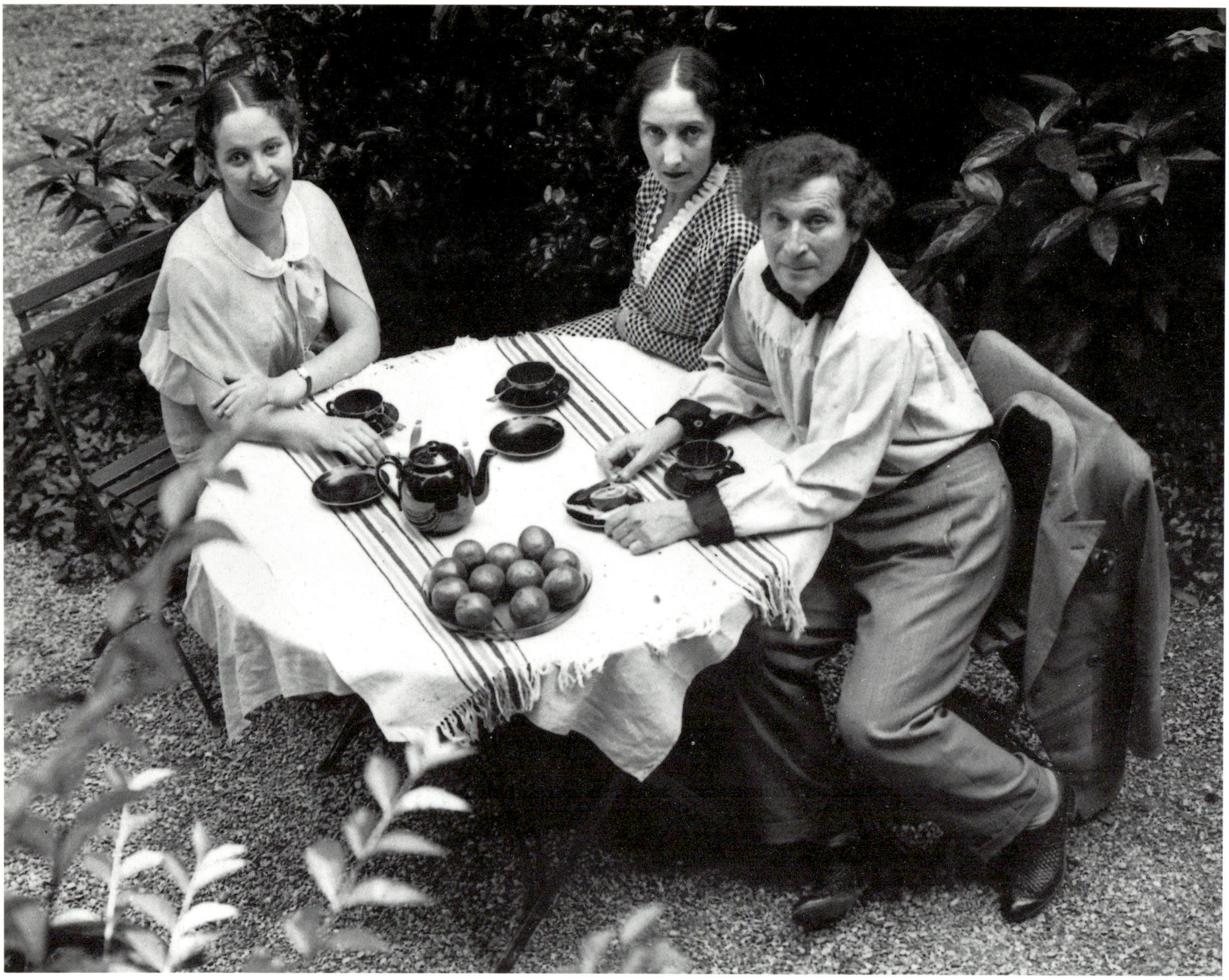

nuovo studio al Trocadero (4, villa Eugène Manuel); nel 1937 visita l'Italia e soggiorna a Firenze. Ma in quello stesso anno il regime nazista fa staccare le sue opere dai musei tedeschi, ed egli prende la nazionalità francese.
Così, anche nelle opere profane, talvolta apparentemente liete come *Sogno di una notte di mezza estate* o *Il tempo è un fiume senza rive* (dove aleggia una sospensione quasi metafisica), precedenti l'inizio del conflitto, trapela una profonda malinconia pur nella sontuosità calda e opulenta del colore. La serie delle *Crocifissioni* (dal 1938) esprime invece già l'angoscia del momento storico, come anche *Il martire* (1940) o *Il gallo rosso*, soggetto ricorrente, immagine aggressiva, sintomo di forte inquietudine che si riflette nei forti contrasti cromatici.
Fin dal 1939 Chagall si rifugia con la famiglia e le sue tele a Saint-Dye-sur-Loire, pur esponendo nel 1940 da Yvonne Zervos a Parigi, dove frequenta Picasso. Dopo essersi ritirato, su consiglio di André Lhote, a Gordes, presso Avignone, per circa un anno, accoglie l'invito del Museum of Modern Art di New York, tramite il console americano di Marsiglia. Approda così negli Stati Uniti il 23 giugno del 1941, data dell'attacco della Germania alla Russia. Lì ritrova Léger, Masson, Maritain, Mondrian e André Breton; già in novembre presenta le sue opere alla galleria di Pierre Matisse a New York dove esporrà regolarmente. Il coreografo Leonid Massine nel 1942 lo invita in Messico per dipingere i costumi e le scene del balletto *Aleko*, con musiche di Čajkovskij, sul tema degli *Tzigani* di Puškin; il successo di quest'opera gli farà poi realizzare nel 1945 per il Bal-

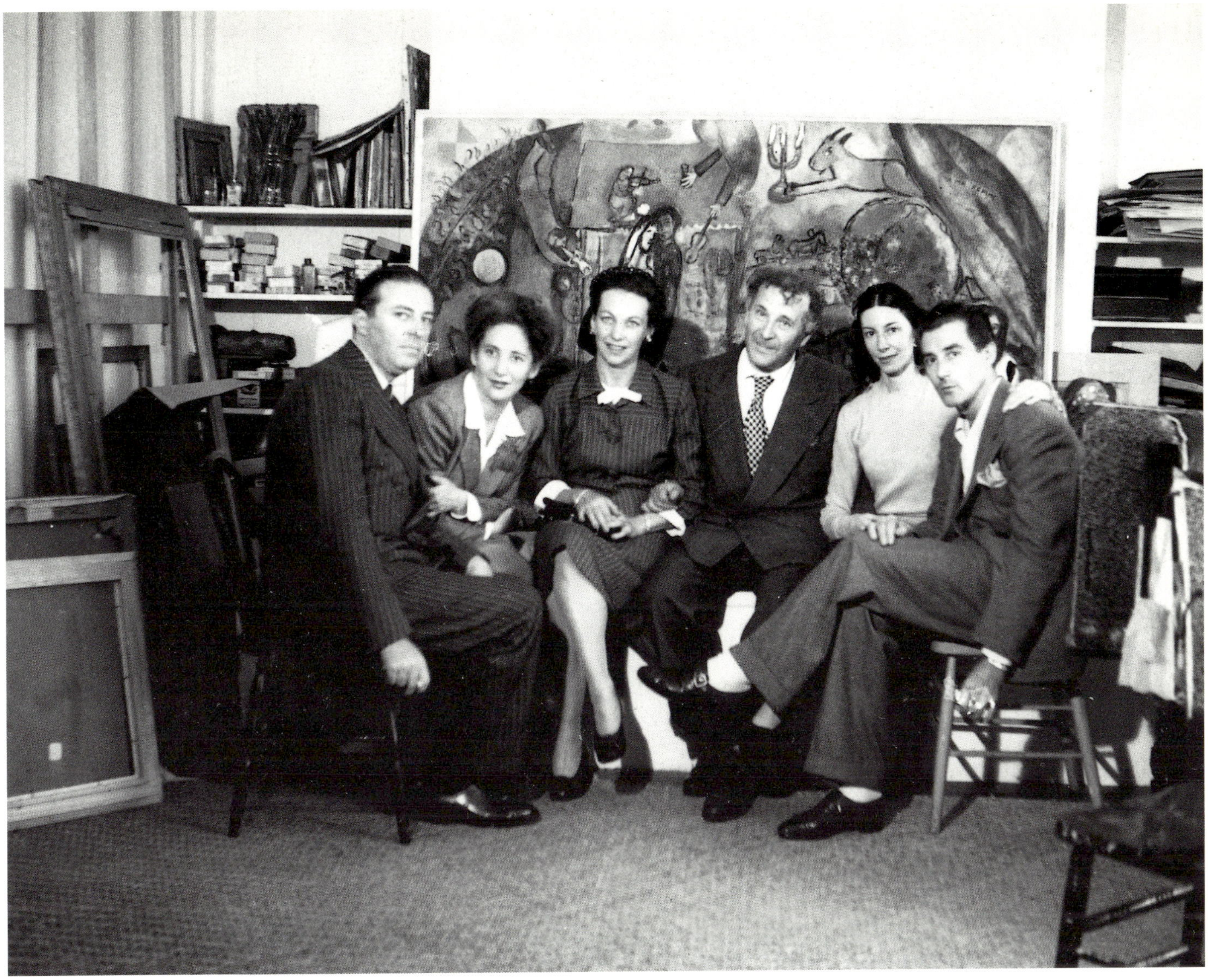

let Theater gli scenari e i costumi di *L'uccello di fuoco* di Stravinskij. Dipinge una serie di quadri a Cranberry Lake dove risiede, ma nel settembre del 1944 Bella si ammala e muore. Il dolore impedirà a Chagall di lavorare per dieci mesi finché, dividendo la tela degli *Arlecchini*, dipinge *Intorno a lei* e *Le luci del mattino*. Del 1946 è la grande retrospettiva al Museum of Modern Art di New York. Ma Chagall è impaziente di tornare in Europa: vi soggiorna tre mesi nel 1946 (a Parigi) e nel 1947, quando gli sono dedicate una serie di mostre (allo Stedelijk Museum di Amsterdam, alla Tate Gallery di Londra, alla Kunsthaus di Zurigo e alla Kunsthalle di Berna).

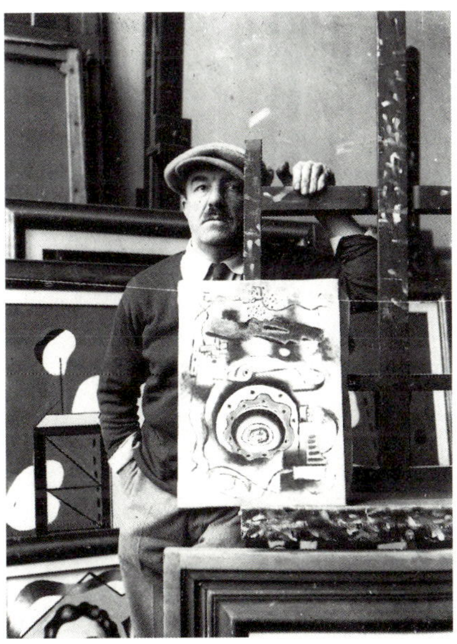

Chagall (al centro) e sua figlia Ida (la seconda da sinistra) con alcuni amici nello studio dell'artista a New York, nel 1942.
A lato, un altro artista emigrato in America negli anni della guerra, Fernand Léger. Alla pagina precedente, Ida, Bella e Marc Chagall negli anni Trenta, in Francia

Dall'alto, Henri Matisse nel 1947; André Malraux nel 1954; infine, Chagall esamina con Serge Lifar un bozzetto per la messa in scena di Daphnis et Chloé *all'Opéra di Parigi, nel 1958*

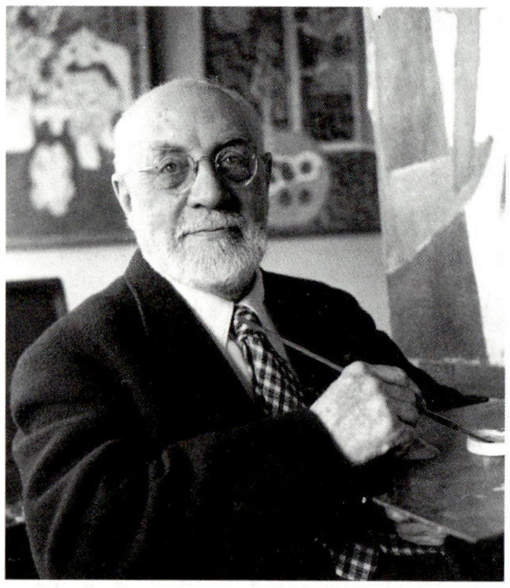

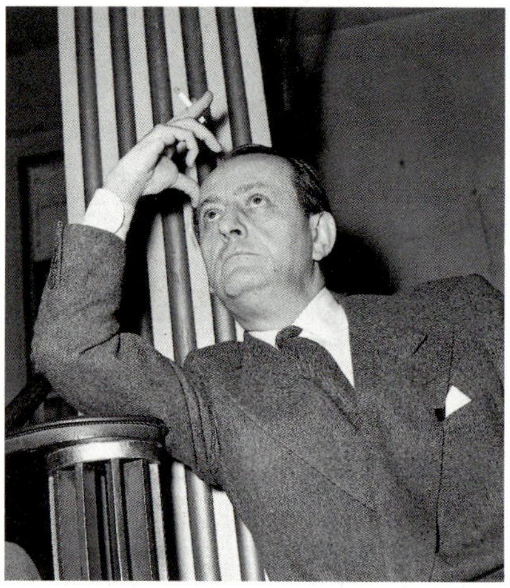

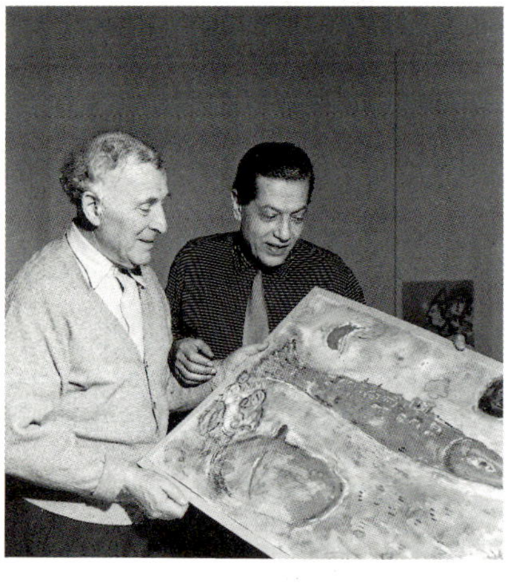

Il ritorno definitivo in Francia (1948-1985)

Durante l'estate del 1948 Chagall rientra definitivamente in Francia: risiede dapprima a Orgeval, vicino a Saint-Germain-en-Laye, nei dintorni di Parigi: stordito dalla guerra e dai drammi personali ancora recenti, preferisce la campagna al disordine metropolitano. Qui conosce Aimé Maeght che diverrà suo mercante in Francia. Alla XXV Biennale di Venezia gli è dedicata un'intera sala e riceve il premio d'incisione. Nel 1949, attratto dal Mediterraneo, si stabilisce a Saint-Jean-Cap-Ferrat, poi acquista una casa (Le Colline) a Vence, dove si dedica alla ceramica, prima da madame Bonneau, poi da Serge Romel ad Antibes e soprattutto da George e Suzanne Ramie negli atelier Madoura a Vallauris.

Dall'anno seguente (1950) a Vence, frequenta Henri Matisse e Picasso che abitano rispettivamente a Nizza e Vallauris; esegue inoltre il primo manifesto litografico per una mostra da Maeght. Nel 1951 è in Israele per l'inaugurazione di una mostra a Gerusalemme, poi da qui si reca a Haifa e Tel Aviv.

Nel 1952 conosce Valentina (Vava) Brodskij e si sposa a Clairefontaine (Rambouillet) presso Parigi. Questo matrimonio darà un grande slancio all'artista.

Dal 1952 si apre infatti per Chagall una nuova stagione creativa: quell'anno visita, in giugno, la cattedrale di Chartres per studiare la concezione e la tecnica delle vetrate antiche. Durante l'estate con Vava visita Roma, Napoli, Capri e la Grecia, dove soggiorna ad Atene, Delfi e l'isola di Poros; vi tornerà nel 1954 ancora con la moglie Vava, sempre fermandosi prima in Italia tra Milano, Firenze, Ravenna e Venezia. I viaggi in Grecia, oltre ad ispirarlo per l'illustrazione di *Dafni e Cloe* di Longo Sofista, edito da Tériade, influenzano anche il suo stile che, di fronte ai paesaggi spogli e selvaggi e all'intensità cromatica del mare e del cielo, si fa più rapido e conciso.

Nelle opere degli anni successivi il colore si rivela sempre più autonomo dalla forma e, posato come lingue di fuoco sulla tela, riflette le sue esperienze di ceramista.

Dal 1955 Chagall si dedica alla serie di pitture del *Messaggio Biblico*, compiute nel 1966 e collocate, dal 1973, nel Museo Nazionale Message Biblique Marc Chagall a Nizza.

Nel 1957 Chagall esegue il suo primo mosaico murale, *Il gatto blu*, e termina la decorazione del battistero della chiesa Notre-Dame-de-Toute-Grâce di Assy con bassorilievi ispirati ai salmi, figure allungate memori dell'arte bizantina, una ceramica murale (*Il*

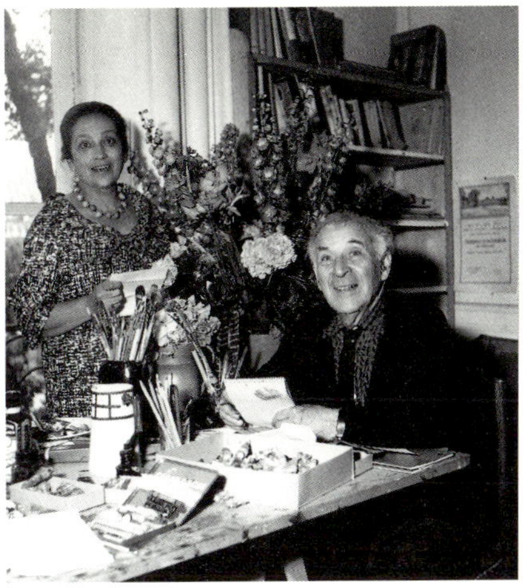

Chagall e la sua seconda moglie Vava, nel giugno del 1962

passaggio del Mar Rosso) sotto cui appone la scritta «Nel nome della libertà di tutte le religioni», e due vetrate.
Nel 1958 conosce Charles Marq, maestro vetraio e direttore degli atelier Jacques Simon a Reims: da quest'amicizia nascerà la feconda collaborazione per le grandi vetrate cui Chagall si dedica intensamente negli anni successivi. Tra queste, quella dell'abside e del transetto della cattedrale di Metz con *Storie del Vecchio e Nuovo Testamento* (1958-63, esposte al Museo di Reims e di Rouen nel 1964); della sinagoga dell'ospedale Hadassah a Gerusalemme (*Le dodici tribù d'Israele*), esposte al museo d'Arti decorative di Parigi nel 1961 e al Museo d'arte moderna di New York.
Dal 1962 comincia, su invito del generale De Gaulle e di André Malraux, allora ministro della Cultura in Francia, i bozzetti per il soffitto dell'Opéra di Parigi.
Continua a viaggiare, ricevendo grandi riconoscimenti: nel 1959 è nominato dottore *honoris causa* all'Università di Glasgow, nel 1960 all'Università di Brandels negli Stati Uniti; nel '63 espone in Giappone a Tokyo e Kyoto. Soggiorna inoltre a più riprese tra New York e Washington, realizzando nel 1966 le vetrate della cappella del Pocantico Hill (*Profeti*), due grandi decorazioni per il Metropolitan Opera di New York (*Le sorgenti della Musica*, cat. n. 63, e il *Trionfo della Musica*) e nel 1965 le scene ed i costumi di *Il flauto magico* di Mozart, presentato nel 1967 all'inaugurazione del Metropolitan. Per il suo ottantesimo compleanno, nel 1967, gli sono dedicate le mostre retrospettive di Zurigo, di Colonia e della Fondazione Maeght «Omaggio a Chagall» a Saint-Paul-de-Vence; Chagall e Valentina donano al Louvre le pitture del *Messaggio biblico*, che sono lì temporaneamente esposte, prima di essere trasferite nel Museo di Nizza.
Nello stesso anno l'artista installa nel suo studio un torchio con il quale eseguire incisioni e monotipi. Pubblica inoltre un suo testo, illustrato da 38 litografie sul *Circo*. Lo spettacolo del circo riveste infatti grande importanza nella poetica di Chagall, considerando egli «clown, acrobati e attori come esseri tragicamente umani somiglianti ai personaggi di certi dipinti religiosi».
E confessa di provare le stesse sensazioni dipingendo soggetti pur così apparentemente diversi: «Tuttavia non c'è niente di letterario in queste pitture ed è difficile spiegare perché trovo una somiglianza fisico-plastica tra questi generi compositivi».
Sempre nel 1968 realizza un mosaico sul tema di Ulisse per la facoltà di Legge e scienze economiche dell'Università di Nizza; ed è proprio in quella città che, l'anno dopo, nel 1969, viene posta la prima pietra del Museo Nazionale Message Biblique Marc Chagall, il solo museo nazionale in Francia consacrato ad un artista vivente, voluto da De Gaulle e Malraux. Una grande amicizia lega d'altronde Chagall allo scrittore, di cui illustra gli *Antimémoires*.
Nel giugno del 1969 Chagall è a Gerusalemme per l'inaugurazione del nuovo Parlamento, dove ha eseguito un mosaico per il pavimento, uno murale (*Il muro del pianto*) e tre grandi arazzi (*La profezia di Isaia, L'esodo, L'entrata a Gerusalemme*), realizzati presso la manifattura dei Gobelins a Parigi tra il 1964 e il 1968.
Nuove mostre sono dedicate all'artista a Parigi: tra il dicembre del 1969 e il marzo del 1970, «Omaggio a Chagall» al Grand Palais ed una retrospettiva della sua opera grafica alla Biblioteca nazionale. E si moltiplicano gli incarichi di decorazioni: le vetrate della chiesa della Fraumunster di Zurigo (inaugurate nel 1970), il mosaico per la First National City Bank di Chicago, e le vetrate per la sala dei concerti del Museo di Nizza (*La creazione del mondo*).
Il 1973 è segnato da eventi molto significativi: invitato dal ministro sovie-

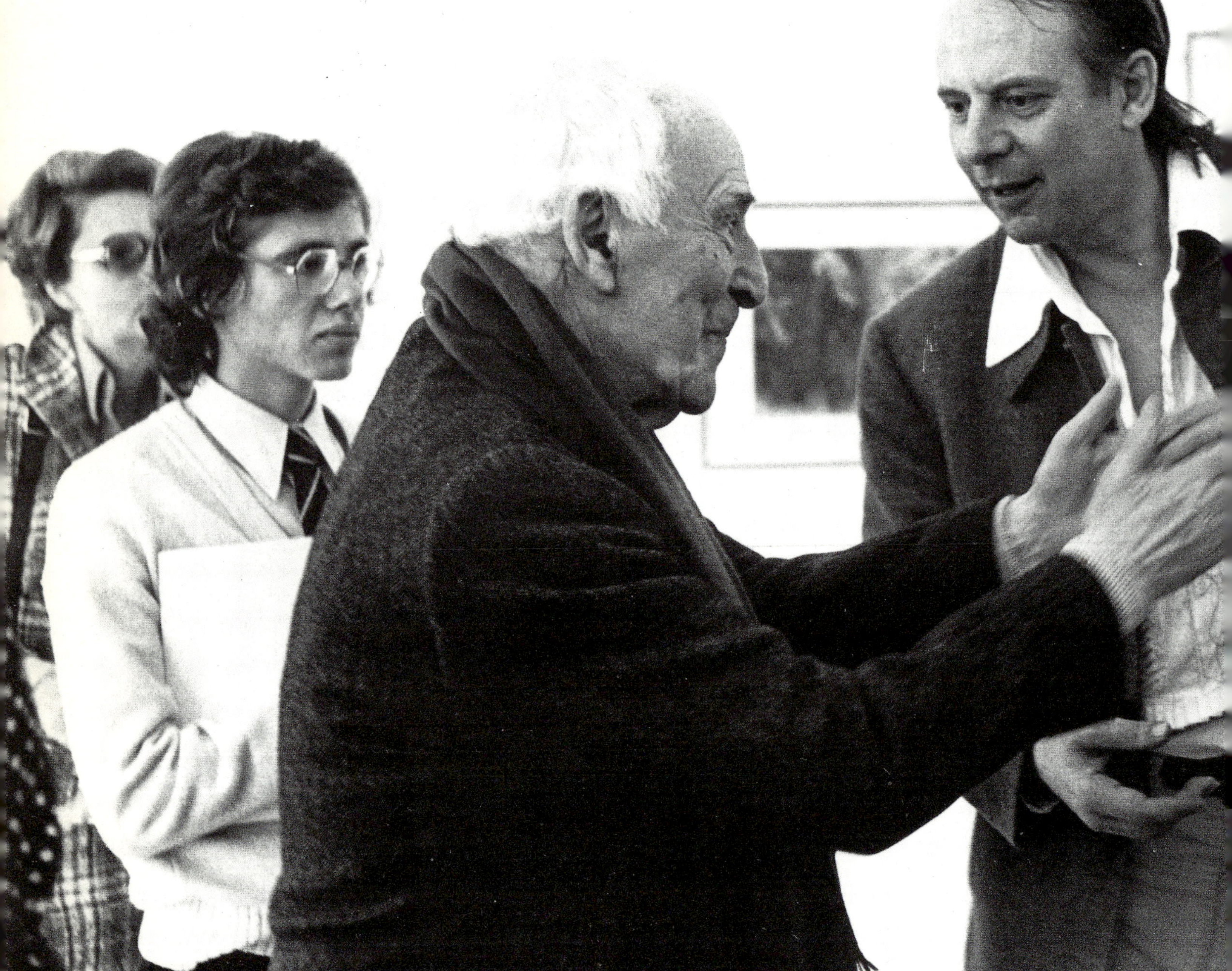

Chagall, in tarda età, fa gli onori di casa nel suo museo (il Musée National Message Biblique Marc Chagall di Nizza, l'unico museo francese ad essere dedicato ad un artista ancora in vita), salutando, al termine di un concerto, il compositore tedesco Karl Heinz Stockhausen e il figlio

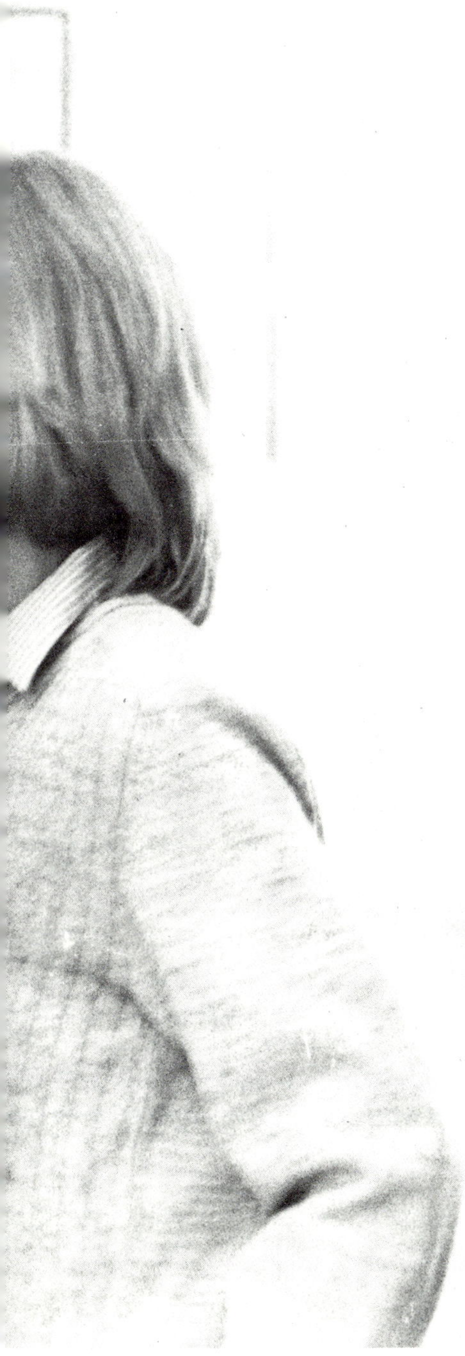

tico della cultura, Chagall si reca, con la moglie Vava, a Mosca e a Leningrado; qui ritrova, dopo cinquant'anni, una delle sorelle; si rifiuta però di andare a Vitebsk. A Mosca viene allestita dal governo una mostra alla Galleria Tret'jakov.
Al suo ritorno in Europa, e proprio il giorno del suo compleanno (7 luglio), si inaugura a Nizza — presente anche l'amico André Malraux — il Museo Nazionale Message Biblique Marc Chagall. Ma Chagall non è certo ancora giunto al termine della sua attività artistica che prosegue con fervore e vitalità: dalle incisioni a colori per la raccolta di poesie *Celui qui dit les choses sans rien dire* di Louis Aragon (1974) a quelle per i Salmi di David (1978), esposte da Patrick Cramer a Ginevra nel 1979, o alle litografie per *La Tempesta* di Shakespeare (1975), o per l'Odissea; dalle grandi tele (*La caduta di Icaro, Don Chisciotte, Il ritorno del figliol prodigo*), alle vetrate per la cappella dei Penitenti di Sarrebourg in Francia (*La pace*) sempre nel 1975, o quelle per l'Art Institute di Chicago (1977), per la chiesa di Santo Stefano a Magonza (due serie, 1978-79) o per la cattedrale di Chichester in Inghilterra (1978). Viaggia nuovamente in Italia: è a Firenze nel 1976, quando un suo autoritratto entra a far parte della collezione degli Uffizi, e nel 1978 per inaugurare una sua mostra a palazzo Pitti.
Ma in Francia Chagall è ormai una vera gloria nazionale: il presidente della Repubblica, Giscard d'Estaing, lo nomina cavaliere di gran croce della Legion d'onore e un'altra mostra s'inaugura al Louvre nell'ottobre del 1977; durante l'estate l'artista espone le pitture bibliche più recenti al Museo Message Biblique Marc Chagall di Nizza, mentre l'editore Maeght pubblica *Et sur la Terre* di Malraux. A New York Chagall espone, nel 1979, le sue opere recenti (1975-78) da Pierre Matisse, che allestirà un'altra mostra nell'82.
Tra le numerose esposizioni di quel periodo si ricordano quella di «Opere su carta» del 1984 al Centre Georges Pompidou di Parigi, «Vetrate e Sculture» (1957-84) al Museo di Nizza o la retrospettiva dell'opera pittorica alla Fondazione Maeght di Saint-Paul-de-Vence (luglio-ottobre 1984). Ed è proprio a Saint-Paul, dove ormai da anni risiede, che l'artista muore, colpito da un attacco cardiaco, il 28 marzo 1985 all'età di 98 anni.

Bibliografia*

Scritti e opere di Marc Chagall

1. *scritti di marc chagall*

1931

Ma vie (trad. dal russo di Bella Chagall), prefazione di André Salmon, Stock, Paris [ried. 1983]. (Trad. ital. di Massimo Mauri, *La mia vita*, Il Saggiatore, Milano 1960).

1944-45

Quelques impressions sur la peinture française (conferenza tenuta al Mount Holyoke College nel 1943), in «Renaissance», rivista trimestrale pubblicata dalla Scuola di Studi Superiori di New York, voll. II-III, pp. 45-57.

1947

The Artist, the Work of the Mind, The University of Chicago Press, Chicago.

1964

Pourquoi sommes-nous devenus si angoissés? (Conferenza tenuta all'Università di Chicago), in *Bridges of Human Understanding*, University Publishers, New York, pp. 115-120.

2. *opere illustrate da marc chagall*

Opere illustrate con acqueforti

1923

Mein Leben, testo di Marc Chagall, 26 acqueforti e puntesecche in bianco e nero tirate in 110 esemplari, Paul Cassirer, Berlin.

1926

Maternité, testo di Marcel Arland, 5 acqueforti in bianco e nero tirate in 960 esemplari, Au Sans Pareil, Paris.

Les Sept Péchés capitaux, testi di Jean Giraudoux, Paul Morand, Pierre Marc Orlan, André Salmon, Max Jacob, Jacques de Lacretelle e Joseph Kessel, 15 acqueforti in bianco e nero tirate in 300 esemplari, KRA, Paris.

1928

Chagall, testo di André Salmon, un'acquaforte tirata in 60 esemplari, Chroniques du jour, Paris.

1929

Marc Chagall, testo di Paul Fierens, un'acquaforte in bianco e nero tirata in 50 esemplari, Revue d'Art, Anvers.

1945

Chagall et l'âme juive, testo di Réné Schwob, 2 acqueforti in bianco e nero tirate in 50 esemplari, Pierre Matisse, New York.

1949

Les Ames Mortes, testo del romanzo di Nikolaj Gogol', 107 acqueforti in bianco e nero, Verve, Paris, 2 voll.

Poésie des morts inconnus, testo di Iliaz, un'acquaforte in bianco e nero tirata in 170 esemplari, le Degré 41, Paris.

1952

Les Fables de La Fontaine, 100 acqueforti in bianco e nero tirate in 200 esemplari, 85 dei quali acquerellati dall'artista, Verve, Paris, 2 voll.

1956

La Bible, 105 acqueforti in bianco e nero tirate in 295 esemplari, più 100 acquerellati dall'artista, Verve, Paris, 2 voll.

Un poème dans chaque livre, testo di Paul Eluard, un'acquaforte in bianco e nero illustrante il poema *L'Amoureux*, tirata in 120 esemplari, Louis Broder, Paris.

1958

Des mauvais sujets, testo di Jean Paulhan, 10 acqueforti a colori tirate in 153 esemplari, Les Bibliophiles de l'Union Française, Paris.

1962

Paroles peintes, testo di Louis Aragon, un'acquaforte a colori tirata in 233 esemplari, O. Lazar-Verner, Paris.

1970

Lettre à Marc Chagall, testo di Jerzy Ficowski, 5 acqueforti in bianco e nero tirate in 190 esemplari, Maeght, Paris.

1976

Celui qui dit les choses sans rien dire, testo di Louis Aragon, 25 acqueforti a colori tirate in 205 esemplari, Maeght, Paris.

1977

Et sur la Terre, testo di André Malraux, 15 acqueforti in bianco e nero tirate in 225 esemplari, Maeght, Paris.

1979

Psaumes de David, 32 acqueforti in bianco e nero tirate in 175 esemplari, Gérald Cramer, Genève.

1981

Songe, 20 acqueforti in bianco e nero e

acquetinte a colori, Gérald Cramer, Genève.

Opere illustrate da incisioni su legno

1968
Poèmes, testo di Marc Chagall, 24 incisioni a colori tirate in 238 esemplari, Gérald Cramer, Genève.

Opere illustrate da litografie

1948
Four Tales from the Arabian Nights, testo in inglese, 13 litografie a colori tirate in 111 esemplari, Pantheon Books, New York.
1950
Contes de Boccace, dipinti del manoscritto del Duca di Borgogna, 26 lavis a inchiostro, Verve, Paris.
1952
La lumière des origines, testo di Gaston Bachelard, 2 litografie a colori, «Derrière le Miroir» 44-45, Maeght, Paris.
Visions de Paris, 3 litografie a colori e 5 in bianco e nero, Verve 27-28, Paris.
1954
Paris de Marc Chagall, testo di Lionello Venturi, 9 litografie a colori e 2 in bianco e nero, «Derrière le Miroir» 66-68, Maeght, Paris.
1956
De Klokken Van Chagall, testo di Bernard Majorik, una litografia in bianco e nero, Steendrukkerij de Jong e Cie, Hilversum.
La Bible, con testi di Meyer Schapiro e Jean Wahl, 18 litografie a colori e 12 in bianco e nero, Verve 33-34, Paris.
1957
Chagall à sa juste place, testo di Jean Paulhan, 4 litografie a colori e 3 in bianco e nero, «Derrière le Miroir» 99-100, Maeght, Paris.
Marc Chagall, testo di Jacques Lassaigne, 13 litografie a colori e 2 in bianco e nero, Maeght, Paris.
1958
Sur quatre murs, una litografia a colori, «Derrière le Miroir» 119, Maeght, Paris.
1960
Poètes - Peintres - Sculpteurs, una litografia a colori, «Derrière le Miroir» 119, Maeght, Paris.
Regard sur Paris, testo di Gérard Bauer, 3 litografie a colori tirate in 180 esemplari, Sauret, Monte Carlo.
Dessins pour la Bible, testo di Gaston Bachelard, 25 litografie a colori e 24 in bianco e nero, Verve, Paris.
1961
Daphnis et Chloé, testo di Longo Sofista, 42 litografie a colori tirate in 270 esemplari, Verve, Paris, 2 voll.
1962
La Religion de Chagall, testo di Yves Bonnefoy, 2 litografie a colori, «Derrière le Miroir» 132, Maeght, Paris.
Kronenhall 1962, testo di Gustave Zumsteg, una litografia in bianco e nero, Buchdruckerei N 22, Zurich.
Vitraux pour Jérusalem, testo di Jean Leymarie, 2 litografie a colori e 6 litografie supplementari, tirate in 250 esemplari, Sauret, Monte Carlo.
1964
Avec Chagall, testo di Marcel Arland, 2 litografie a colori e una in bianco e nero, «Derrière le Miroir» 147, Maeght, Paris.
Douze maquettes pour les vitraux de Jérusalem, testo di Julien Cain, 2 litografie a colori tirate in 85 esemplari, A.C. Mazo, Paris.
1965
Le Plafond de l'Opéra de Paris, testo di Jacques Lassaigne, una litografia a colori, Sauret, Monte Carlo.
1966
The Story of the Exodus, testo in inglese, 24 litografie a colori tirate in 285 esemplari, Leon Amiel, New York.
Quatre Thèmes, una litografia a colori, «XXe siècle», Paris.
1967
Sur la terre des Dieux, testo di Robert Marteau, 12 litografie a colori tirate in 125 esemplari, A.C. Mazo, Paris.
Nice et la Côte d'Azur, testo di Jean Adhémar, 2 litografie a colori tirate in 85 esemplari, Mourlot, Paris.
Vers un nouvel humanisme, una litografia a colori, «XXe siècle», Paris.
Le Cirque, testo di Marc Chagall, 23 litografie a colori e 15 in bianco e nero tirate in 270 esemplari, Verve, Paris.
1969
Comme un parfait chimiste, testo di Claude Esteban, 2 litografie a colori, «Derrière le Miroir» 182, Maeght, Paris.
Elégies des Alizés, poemi di L.S. Senghor, una litografia a colori tirata in 450 esemplari, Seuil, Paris.
Le Ballet, testo di Jacques Lassaigne, una litografia a colori, «XXe siècle», Paris.
La mise en mot, testo di Elsa Triolet, una litografia a colori tirata in 225 esemplari, Skira, Genève.
1970
Hommage à Marc Chagall, una litografia a colori, «XXe siècle», Paris.
Panorama 70, una litografia a colori, «XXe siècle», Paris.
1972
Le Message Biblique, testo di Marc Chagall, prefazione di Jean Chatelain, una litografia a colori, Mourlot, Paris.
Marc Chagall. Céramiques et sculptures, testo di André Malraux e Charles Sorlier, una litografia a colori, Sauret, Monte Carlo.
Chagall l'admirable, testo di Louis Aragon, 3 litografie a colori, «Derrière le Miroir» 198, Maeght, Paris.
1973
La Féerie et le Royaume, testo di Camille Bourniquel, 10 litografie a colori ti-

rate in 250 esemplari, Mourlot, Paris.
1975
L'Odyssée, testo del poema di Omero, 43 litografie a colori e 39 in bianco e nero tirate in 270 esemplari, Sauret, Monte Carlo.
1975
The Tempest, testo originale di Shakespeare, 51 litografie in bianco e nero tirate in 270 esemplari, Sauret, Monte Carlo.
1975
Marc Chagall, testo di André Pieyre de Mandiargues, una litografia a colori, Maeght, Paris.
1976
La Poésie, testo di Georges Pompidou, una litografia a colori tirata in 150 esemplari, Associations des Bibliophiles d'Art et de Poésie, Paris.
Les Ateliers de Chagall, testo di Robert Marteau, 7 litografie e 2 incisioni su legno tirate in 270 esemplari, Mourlot, Paris.
1977
Les Chemins de l'Amitié, testo di Aimé Maeght, una litografia a colori, «Derrière le Miroir» 225, Maeght, Paris.
1979
Chagall, testo di Vercors, 2 litografie a colori, «Derrière le Miroir» 235, Maeght, Paris.

Opere su Marc Chagall

1. monografie

1949
Umbro Apollonio, *Chagall*, Alfieri, Milano.
1950
Lionello Venturi, *Marc Chagall*, Milano.
1956
Lionello Venturi, *Chagall*, Skira, Genève-Paris-New York.
1957
Jacques Lassaigne, *Chagall*, Maeght, Paris.
Frantz Meyer, *L'opera grafica di Chagall*, Milano.
Werner Schmalenbach, *Chagall*, Vallardi, Milano.
1959
François Mathey, *Chagall*, Hazan, Paris, 2 voll.
1962
Frantz Meyer, *Chagall. La vita e l'opera*, Il Saggiatore, Milano.
1963
Jacques Damase, *Chagall*, Marabout Université, Paris.
1965
Raymond Cogniat, *Chagall*, Vallardi, Milano.
1966
André Parinaud, *Chagall*, Bordas, Paris.
1968
Jacques Lassaigne, *Chagall: Unpublished Drawings*, Skira, Genève.
1969
Roy McMullen, Izis Bidernanas, *Le Monde de Marc Chagall*, Gallimard, Paris.
1969
Hommage à Marc Chagall, numero speciale della rivista «XXe siècle», Paris.
1970
Mario Bucci, *Marc Chagall*, Sansoni, Firenze.
1973
Chagall Monumental, numero speciale della rivista «XXe siècle», Paris.
Werner Haftmann, *Marc Chagall*, Garzanti, Milano.
1974
André Pieyre de Mandiargues, *Chagall*, Maeght, Paris.
1975
Werner Haftmann, *Chagall: gouaches, dessins, aquarelles*, tr. G. Floquet, Chêne, Paris (ed. ted. Du Mont Schauberg, Köln 1972).
1978
Sidney Alexander, *Marc Chagall: a Biography*, Putnam, New York.
1979
Charles Sorlier (a cura di), *Marc Chagall de Draeger*, prefazione di Werner Schmalenbach, Draeger-Vilo, Paris.
1982
Jean Cassou, *Chagall*, Somogy, Paris [ried.].
1983
Pierre Provoyeur, *Chagall. Messaggio Biblico*, Jaca Book, Milano.
André Verdet, *Chagall Méditerranéen*, ritratti di Bill Wyman, Repères, Daniel Lelong Editeur, Parigi.
1984
Roger Passeron, *Maîtres de la Gravure, Chagall*, Office du Livre, Freiburg.
AA.VV., *Marc Chagall*, testi di J.-L. Prat, P. Provoyeur, S. Forestier, M. Cadieu, F. le Targat, Collection Les Grandes Expositions, Hors-Série Beaux-Arts, Parigi.
1985
Pierre Provoyeur, *Chagall. I pastelli del Messaggio Biblico*, Jaca Book, Milano.
1986
La collection du Musée National d'Art Moderne, Ed. du Centre Georges Pompidou, Paris.
Virginia Haggard, *My Life with Chagall*, Donald I. Fine Inc. New York.
Charles Sorlier, *Chagall, Litographe* 1980-1985, Sauret, Monaco.
1987
Sylvie Forestier, *Chagall. Opera monumentale: le vetrate*, Jaca Book, Milano.
Michel Makarius, *Chagall*, Hazan, Parigi.
Ingo F. Walther, Rainer Metzger, *Marc Chagall 1887-1985, Malerei als Poesie*, Benedikt Taschen Verlag, Colonia.
1988
AA.VV., *Marc Chagall, Le retour du Maître*, testi di I. Antonova, A. Voznesensky, M. Bessonova, Sovetskij Chudožnik Publ., Mosca.

Sylvie Forestier, *Gli Chagall di Chagall*, Jaca Book, Milano.
Alexander Kamensky, *Chagall, période russe et soviétique 1907-1922*, Ed. du Regard, Parigi.
Alexander Kamensky, *Marc Chagall en Russie*, Revue Iskusstvo, Mosca.
Jean Leymarie, *Marc Chagall. The Jerusalem Windows*, Park Lane, New York.
1989
Charles Sorlier, *Chagall. Le Patron*, Librairie Séguier, Parigi.
1990
Chagall. Le livre des livres/Illustrated Book, testo di Charles Sorlier, André Sauret/Michèle Trinckiel, Parigi.
Sylvie Forestier, *Viaggio in un capolavoro di Marc Chagall. Resistenza, Resurrezione, Liberazione*, Jaca Book, Milano.
Sylvie Forestier, Meret Meyer, *Chagall e la ceramica*, Jaca Book, Milano.
Marc Chagall: Noir et blanc, lavis et sculptures, Galerie Enrico Navarra, Parigi.
Musée National Message Biblique Marc Chagall, Nice, catalogue des collections, a cura e con introduzione di S. Forestier, Réunion des Musées Nationaux, Parigi.
Josè Pierre, *Le Belvedére Mandiargues. André Pierre de Mandiargues et l'Art du XXème siècle*, Arcturiel/Adam Bivo, Parigi.
1991
Howard Greenfield, *Marc Chagall*, Harry N. Abrams, New York.

2. CORPUS

1958-1986
Chagall Lithographe, testi di Julien Cain, Robert Marteau, Fernand Mourlot, Roger Passeron e Charles Sorlier, edizioni Sauret, Monte Carlo, 6 voll.
1987
Chagall. L'opera monumentale, le vetrate, testo e catalogo ragionato dell'opera completa a cura di Sylvie Forestier, Jaca Book, Milano-Paris.

3. OPERE DI CARATTERE GENERALE

1955
Nikolaj Berdjaev, *Le sens de la création, un essai de justification de l'homme* (trad. franc. Lucienne Julien Cain), prefazione di Stanislas Fumet, Desclée de Brouwer, Paris.
1961
Ernst Cassirer, *Filosofia delle forme simboliche* (trad. Eraldo Arnaud), La Nuova Italia, Firenze.
Erwin Panofsky, *La prospettiva come forma simbolica e altri scritti*, a cura di Guido D. Neri con una nota di Marisa Dalai Emiliani, Feltrinelli, Milano.
1962
Erwin Panofsky, *Il significato nelle arti visive*, Einaudi, Torino.
1974
Gershom G. Scholem, *Le Messianisme juif, essai sur la spiritualité juive* (trad. franc. Bernard Dupuy), Calmann-Lévy, Paris.
1987
Pierre Georgel-Anne-Marie Lecoq, *La Peinture dans la peinture*, Adam Biro, Paris.
Ernst Kris-Otto Kurz, *L'Image de l'artiste, légende, mythe, magie*, trad. franc. Michèle Hechter, Rivages, Paris-Marseille.

* La presente bibliografia è tratta da quella pubblicata da S. Forestier nel volume *Chagall* da lei curato per Jaca Book, ed è integrata con alcune voci supplementari.

Nota bibliografica

In questa nota si forniscono le fonti, e talvolta le date di stesura, se notevolmente differenti da quelle di pubblicazione, dei testi riprodotti (spesso con qualche inevitabile abbreviazione, peraltro debitamente segnalata) nella sezione, denominata «Chagall delle meraviglie», che ospita una sintetica antologia di scritti di autori diversi (anche dell'artista stesso) ispirati dall'arte di Marc Chagall.
Elenchiamo i testi nell'ordine in cui essi compaiono, iniziando da pagina 246. La celebre poesia *Rodsoge*, di Guillaume Apollinaire, appartiene ai *Calligrammes*, pubblicati nel 1918, ma (su indicazione dello stesso autore) si ritiene scritta, come altre composizioni che fanno parte della raccolta, attorno all'anno 1913. *Portrait* e *Atelier*, di Blaise Cendrars, tratte dalla raccolta dei *19 Poèmes Elastiques*, sono entrambe del 1913. La poesia di Paul Eluard, *A Marc Chagall*, della quale Berggruen riprodusse nel 1967 il manoscritto nel catalogo celebrativo dell'ottantesimo compleanno del pittore, fu scritta nel 1946. Il saggio *L'arte di Marc Chagall*, di A. Efros e Ya. Tugendhold, fu pubblicato per la prima volta a Mosca, per le edizioni Gelikon, nel 1918. *La metafora in pittura** (il titolo è redazionale, come d'ora in poi tutti quelli contrassegnati da asterisco), di André Breton, è tratto dal volume *Genèse et perspective du surréalisme*, pubblicato per la prima volta a New York nel 1941. Il testo intitolato *Qualche osservazione sull'arte e la vita**, di Marc Chagall, è tratto da *The Artist, the Work of the Mind*, The University of Chicago Press, 1947. *Chagall, al suo posto*, di Jean Paulhan, fu pubblicato nel n. 99-100 di «Derrière le miroir», luglio-agosto 1958, a Parigi. *L'introduzione alla Bibbia di Chagall*, di Gaston Bachelard, scritta quale prefazione all'edizione di Tériade illustrata dall'artista, presentata anche in mostra e nel catalogo, è stata quindi pubblicata a Parigi con l'imprint «Verve» nel 1956.
Marc Chagall e l'amore del cosmo è il testo di una conferenza pronunciata da Mircea Eliade a Washington nel maggio del 1963 e successivamente pubblicata nel volume *Bridges of Human Understanding*, University Publishers, New York 1964.
Tutti gli scritti di Louis Aragon pubblicati nel presente volume sono raccolti in L.A., *Ecrits sur l'Art moderne*, Flammarion, Parigi 1981. Quanto alla data della stesura o della prima pubblicazione, le poesie (*Chagall II, III* ecc.) risalgono agli anni 1966-68, *Chagall delle meraviglie** (originariamente *Chagall l'Admirable*) è del 1972, mentre *Trenta tele di Marc Chagall*, concepito quale prefazione al catalogo di una mostra dell'artista a New York, è del 1968. Gli scritti 'd'occasione' di André Malraux (*Come un saggio cinese** e *La vecchiaia dell'artista**) risalgono all'anno 1967, mentre il testo di Chagall (*Non ci sono storie**) appartiene anch'esso al citato *The Artist, the Work of the Mind* del 1947. Infine, *Marc Chagall. L'itinerario di un ritorno*, di Andrej Voznessenskij, è tratto dal catalogo *Gala Retrospektiva Čagala*, Sovetskij Chudožnik, Mosca 1989.

Finito di stampare
nel mese di settembre 1992 da
Amilcare Pizzi s.p.a. - arti grafiche
Cinisello Balsamo (Milano)